本书系国家社科基金重大项目"中国近代慈善义演珍稀文献整理与研究"（批准号：2017ZDA203）、国家社科基金一般项目"中国近代慈善义演研究"（批准号：2015BZS092）阶段性研究成果。

郭常英

● 编著

中国近代慈善义演文献及其研究

社会科学文献出版社
SOCIAL SCIENCES ACADEMIC PRESS (CHINA)

目 录

导 论 ………………………………………………………… 001

研究编

慈善义演之文化 …………………………………………… 011
  慈善文化：20世纪20年代《北洋画报》慈善艺术传播 …… 011
  晚清都市空间中的慈善、娱乐和社群认同 ………………… 021
  寓善于乐：清末都市中的慈善义演 ………………………… 035
  清末民初义务戏的属性 ……………………………………… 055

慈善义演之力量 …………………………………………… 063
  近代演艺传媒与慈善救助 …………………………………… 063
  抗战时期报纸与难民救助 …………………………………… 069
  民国时期的学校赈灾义演探析 ……………………………… 078

慈善义演之实践 …………………………………………… 087
  南北并举：清末"徐海水灾"筹赈中的慈善义演 ………… 087
  演戏助赈：上海地区慈善义演的出现 ……………………… 095
  剧资兴学：清末京津地区慈善义演的发源 ………………… 105
  民国初年天津义演活动 ……………………………………… 113
  清末民国天津义务戏考察（1906～1937） ………………… 118

文献编

编选说明 …………………………………………………………… 131

《大公报》 ……………………………………………………… 132

演剧助赈（1912年1月1日）………………………………………… 132
红十字会纪事（1912年1月13日）………………………………… 134
再纪妓界善举（1912年1月13日）………………………………… 134
四川红十字分会筹办慈善赈济义务演剧启（1912年2月29日）… 135
戏界热心（1912年3月18日）……………………………………… 135
演艺筹捐（1912年5月30日）……………………………………… 136
对于华洋义赈会感言（1912年6月18日）………………………… 136
警界筹办国民捐义务戏声明（1912年7月23日）………………… 137
北乡水灾赈款义务戏改期广告（1912年8月7日）………………… 138
津武水灾义务戏广告（1912年9月6日）…………………………… 138
浙属水灾筹赈会开会纪（1912年10月9日）……………………… 139
特别音乐游艺会（1912年11月21日）…………………………… 139
演艺助费（1913年6月26日）……………………………………… 140
红十字会纪事（一）（1913年7月27日）………………………… 140
红十字会纪事（二）（1913年8月1日）…………………………… 141
慈善会特告（1913年9月13日）…………………………………… 142
演戏助赈（1914年1月8日）………………………………………… 142
演剧捐款（1914年4月19日）……………………………………… 143
山东筹赈分处紧要布告（1915年1月5日）………………………… 143
优妓热心公债（1915年4月23日）………………………………… 143
剧界热心公债（1915年5月2日）…………………………………… 144
德人募赈（1915年11月16日）……………………………………… 144
演艺筹赈（1916年1月22日）……………………………………… 144
清华学生之新剧（1916年2月14日）……………………………… 145
演剧筹费（1916年5月21日）……………………………………… 145
请看爱国义务戏（1916年11月12日）…………………………… 145

会议演剧筹费法（1917 年 5 月 9 日） ………………… 146

关于红会之种种（1917 年 7 月 18 日） ………………… 146

十字会鸣谢助赈（1917 年 8 月 27 日） ………………… 147

天津水灾义务戏展期广告（1917 年 9 月 1 日） ………… 148

水灾游艺助赈会开会情形（1917 年 10 月 29 日） ……… 149

闽中各界之助赈热（1917 年 11 月 22 日） …………… 150

中央公园又开游艺大会（1917 年 12 月 6 日） ………… 150

安新水灾筹赈经过续志（1918 年 1 月 17 日） ………… 151

义务戏资之助赈（1918 年 2 月 16 日） ………………… 151

恤剧资氂之数目（1918 年 3 月 29 日） ………………… 151

第一舞台之好戏（1918 年 4 月 26 日） ………………… 152

游戏见人心（1918 年 5 月 3 日） ………………………… 152

青年会演剧筹赈（1918 年 6 月 19 日） ………………… 153

筹款恤氂（1918 年 8 月 26 日） ………………………… 153

请看平安电影（1918 年 10 月 6 日、7 日、8 日、9 日、10 日连载）… 154

名伶热心善举（1918 年 12 月 13 日） ………………… 154

筹款恤氂之热心（1919 年 1 月 23 日） ………………… 154

义务赈款之分配（1919 年 2 月 14 日） ………………… 155

演戏恤氂之余声（1919 年 4 月 11 日） ………………… 155

学生演剧助款（1919 年 7 月 25 日） …………………… 156

新剧团演剧助款（1919 年 8 月 2 日） …………………… 156

伶界演戏助赈捐（1919 年 10 月 8 日） ………………… 156

南善堂筹办冬赈（1919 年 11 月 12 日） ………………… 156

红会开会纪事（1919 年 12 月 8 日） …………………… 157

演剧筹款（1920 年 4 月 4 日） ………………………… 157

善堂演剧筹款（1920 年 5 月 26 日） …………………… 158

演剧筹办经费（1920 年 6 月 5 日） …………………… 158

快看特别游艺会（1920 年 8 月 21 日） ………………… 159

筹赈连演义务戏（1920 年 9 月 25 日） ………………… 159

毁家助赈之义举（1920 年 10 月 13 日） ………………… 160

请减房租以襄善举（1920年10月30日）…… 161
预志国际赈济游艺（1920年11月20日）…… 161
梅兰芳紧要启事（1920年12月1日）…… 162
募赈游览会盛志（1921年2月24日）…… 162
旅津日侨之急募赈款（1921年3月14日）…… 163
南善堂启事（1921年4月18日）…… 164
捐款鸣谢（1921年6月29日）…… 164
杨处长开筹赈会（1921年9月29日）…… 165
江苏筹赈游园会（1921年10月18日）…… 165
旅津苏人筹赈会（1921年11月12日）…… 166
水灾筹赈游艺会（1921年12月1日）…… 166
尚义女校游艺会参观记（1922年3月27日）…… 167
北京私立学校游艺大会详志（1922年4月10日）…… 167
三元三角——演剧助药费之总额（1922年7月28日）…… 168
模范女学演剧筹款（1922年8月24日）…… 169
中乐会演剧筹款（1922年10月2日）…… 169
慈善之代价（1922年12月18日）…… 170
评义务戏之第一日（1922年12月18日）…… 170
评义务戏之第二日（1922年12月19日）…… 173
南善堂为恤嫠招梅郎演剧（1922年12月19日）…… 175
评义务戏之第末日（1922年12月20日）…… 175
弦外余音（1922年12月20日）…… 177
义务戏大满人意（1923年1月31日）…… 178
晨钟社开游艺会（1923年3月10日）…… 179
空前未有之鄂赈义务剧（1923年5月31日）…… 179
正义贫民学校义务戏展期（1923年6月26日）…… 180
育校同学会开游艺会（1923年7月26日）…… 180
男女青年会之游艺会（1923年8月20日）…… 181
济青间之日赈游艺大会（1923年9月28日）…… 181
天津急赈会启（1923年10月8日）…… 183

快看日本震灾电影（1923年10月8日） ………… 183
女星社今晚的新剧（1923年11月10日） ………… 183
南开女中之游艺大会（1923年12月29日） ………… 184
旅津德人开游艺会（1924年4月28日） ………… 184
北京市民学校演剧筹款（1924年6月22日） ………… 185
顺直被灾中之急赈（1924年7月25日） ………… 185
湖南赈灾将演义务戏（1924年9月16日） ………… 186
育德小学演剧筹款（1924年10月15日） ………… 187
大中公学力谋发展（1924年11月7日） ………… 187
记吉祥园毅成学校义务戏（1924年12月18日） ………… 188
旅顺会仙台之义务戏（1925年1月7日） ………… 189
志星期二夕之义务戏（1925年1月12日） ………… 190
康德学校演戏筹款（1925年2月6日） ………… 190
豫同乡将演剧募捐（1925年4月25日） ………… 191
青年会之音乐大会（1925年5月8日） ………… 191
新学书院观剧记（1925年5月15日） ………… 192
新学书院观剧记（续）（1925年5月16日） ………… 193
新新戏院将开演援护义务电影（1925年6月16日） ………… 194
南开学生演剧筹款（1925年7月5日） ………… 194
大规模义务戏之先声（1925年7月26日） ………… 195
天津国民同志会沪案后援会演剧助捐（1925年8月2日） ………… 196
八善堂义务戏续志（1926年9月15日） ………… 196
三天义务戏的收入（1926年10月15日） ………… 197
后日起又有热闹游艺会（1926年11月29日） ………… 198
昨夜扶轮会游艺大会参观记（1926年12月2日） ………… 199
冬赈会对邻县有心无力（1927年1月14日） ………… 200
妇女之友社游艺会记（1927年2月22日） ………… 201
绅商官伶各界发起演戏筹款兴学（1927年3月20日） ………… 204
津海中学游艺会（1927年4月25日） ………… 204
青年会感谢金文弼（1927年5月30日） ………… 205

俄国名剧家将演技（1927年6月8日）……………………………………… 205
南开新民小学演剧筹募经费（1927年9月11日）……………………… 206
济南演剧大会极盛一时（1927年10月1日）…………………………… 206
赈灾游艺会赶办结束（1927年11月22日）…………………………… 207
牺牲色相　粉墨登场（1927年12月29日）…………………………… 208
著名票友团演剧助赈（1928年3月22日）……………………………… 209
难民之福音：华北电影公司热心振灾（1928年6月20日）………… 210
红十字会今晚演戏办赈（1928年7月2日）…………………………… 210
义务小学筹款（1928年10月14日）…………………………………… 210
新明院义务戏之热潮（1929年3月22日）……………………………… 211
红十字会义务戏（1929年4月15日）…………………………………… 212
救济冀鲁难民　卍字会办游艺会募捐（1929年5月3日）………… 212
汇文夏令平民学校　昨开募捐游艺大会（1929年6月9日）……… 213
群一社今晚筹赈游艺会（1929年8月20日）…………………………… 214
总工会义务戏（1929年9月26日）……………………………………… 215
劳军义务戏杂讯片片（1929年11月13日）…………………………… 215
义务戏消息（1929年12月12日）……………………………………… 216
华北电影公司捐助有声电影救灾（1930年1月6日）……………… 216
青年会西北筹赈会（1930年1月23日）………………………………… 217
青年会西北筹赈会努力募捐工作（1930年2月3日）……………… 218
大连之慈善义务戏（1930年3月8日）………………………………… 219
观义务戏记（1930年4月26日）………………………………………… 220
观义务戏记（二）（1930年4月27日）………………………………… 220
一宵两院之陕灾义务戏（1930年5月30日）………………………… 221
参观梦不来兮花园赈灾慈善舞蹈会纪（1930年6月30日）……… 222
今日青年会之赈灾游艺会的介绍（1930年7月7日）……………… 223
新艳秋助赈（1930年8月12日）………………………………………… 224
假座法租界新新大戏院　文华学校义务夜戏（1930年9月1日）… 226
辽灾义务戏（1930年9月2日）………………………………………… 226
辽赈篮球赛（1930年11月23日）……………………………………… 227

春和院中之义务戏（1930年12月19日）………………… 228
救世新教会两晚义务剧在春和院中演唱（1931年1月8日）……… 229
伶界救济同业（1931年2月14日）……………………… 230
普惠学校演剧（1931年3月31日）……………………… 230
大同中学演剧 孙菊仙热心公益（1931年4月18日）………… 231
票友义务戏（1931年6月10日）………………………… 231
本报发起"救灾日"运动（1931年8月26日）……………… 232
北平图书馆赈灾展览会盛况（1931年9月20日）…………… 233
梅兰芳义务戏得洋三千余 汇沪充伤兵医药费（1932年3月23日）… 234
平市名伶将演义务戏（1932年4月29日）………………… 234
义务戏（1932年7月3日）……………………………… 235
圣功女学钢琴演奏会（1932年8月16日）………………… 235
救济妇孺会（1932年9月3日）………………………… 236
永兴国剧社今明晚演纪念剧（1932年10月18日）………… 236
北宁花园元旦起演剧振灾民（1932年12月23日）………… 237
育仁学校募基金演义务戏（1933年1月23日）…………… 238
光陆影院救济难民（1933年2月28日）………………… 239
平艺院音乐系演奏慰劳将士（1933年3月17日）………… 239
防假借慈善团体名义演唱义务戏（1933年4月11日）…… 240
春和演义务戏（1933年5月13日）……………………… 241
光明星期早场救济难民（1933年6月2日）……………… 241
两剧团合演振济难民（1933年7月3日）………………… 242
艺人热心赈灾（1933年9月16日）……………………… 242
山东同乡水灾急赈会举办义务戏（1933年10月7日）…… 243
树德小学开游艺会（1933年11月6日）………………… 243
青年会为贫民儿募捐游艺会（1933年12月15日）………… 244
平妇女界筹款赈灾游艺会将开幕（1934年1月9日）……… 244
平市三妇女团体赈灾游艺会志盛（1934年1月14日）…… 245
北平梨园公益总会今晚演唱义务戏（1934年2月10日）… 247
励青社举行募款游艺会（1934年4月19日）……………… 247

梅兰芳等演赈灾义务戏（1934年5月9日）……………………248
女青年会平校筹款游艺会（1934年6月15日）………………248
黄灾画展延长参观钟点（1934年7月6日）……………………249
青年会分会举行音乐联欢会（1934年8月30日）……………249
春和义剧之一夕（1934年11月19日）…………………………250
又一冬赈义务戏（1935年1月31日）…………………………251
记冬赈义剧（1935年2月7日）…………………………………251
北洋义剧记（1935年3月19日）………………………………252
名票会串义务戏（1935年5月28日）…………………………252
水灾音乐会（1935年8月18日）………………………………253
关紫翔赈灾提琴独奏会（1935年9月26日）…………………254
南开校友会主办救灾游艺大会今晚揭幕！（1935年10月2日）……255
东大赈灾游艺会（1935年11月3日）…………………………256
《财狂》再度公演 南开校友会冬赈筹款（1935年12月11日）……256
天津市慈善事业联合会启事（1936年1月17日）……………257
山东水灾义务戏（1936年2月27日）…………………………258
李桂云即将出演北洋（1936年2月27日）……………………258
戏专今天好戏（1936年3月24日）……………………………258
津电国剧社为私立模范学校筹款（1936年4月8日）………259
程砚秋自渝赴蓉演义务戏三日（1936年6月6日）…………259
名坤伶新艳秋明晚在北洋登台（1936年7月16日）…………260
梅兰芳飞平（1936年9月3日）…………………………………261
北平梨园公会大义务戏全部戏码（1936年9月3日）………262
梅兰芳昨抵津筹演义务戏（1936年10月17日）………………264
南开校友筹款援绥 国剧节目极精彩（1936年11月26日）……266
蓝卍字会冬赈戏（1936年11月26日）…………………………267
华乐、中和戏院举办义务戏（1936年11月26日）……………267
平市教育文化记者主办赈灾音乐会（1936年11月26日）……268
南大音乐学会主办募款音乐会（1936年12月15日）…………269
本市妇女界慈善游艺会盛况（1936年12月15日）……………269

其他报纸

出版部告白（1918 年 5 月 2 日） …………………………………… 271

学生游艺大会筹备会门券部启事（1919 年 1 月 24 日） ………… 271

学生游艺大会筹备会总务部启事（1919 年 1 月 29 日） ………… 272

学生游艺大会启事（1919 年 1 月 29 日） ………………………… 272

游艺大会筹备会门券部启事（1919 年 1 月 30 日） ……………… 272

成美学校演剧筹款（1919 年 12 月 27 日） ……………………… 273

日刊课启事（1920 年 10 月 16 日） ……………………………… 273

中国大学筹赈游艺会启事（1920 年 11 月 2 日） ………………… 273

耶稣教会举行友谊会（1921 年 4 月 2 日） ……………………… 274

急振会演义务戏助振（1921 年 9 月 28 日） ……………………… 275

南开学校四省同乡筹赈（1921 年 11 月 4 日） …………………… 275

北大第二平民学校启事（1922 年 3 月 28 日、29 日、30 日） … 276

北大平民夜校启事（1922 年 4 月 13 日） ………………………… 276

请同学诸君注意（1922 年 6 月 14 日） …………………………… 277

北京世界语专门学校筹款游艺会启事（1923 年 6 月 5 日、7 日） … 277

演剧助捐（1925 年 7 月 26 日） …………………………………… 278

演剧筹款报告（1925 年 8 月 6 日） ……………………………… 278

演剧筹款报告（续）（1925 年 8 月 7 日） ……………………… 279

义工部局函请取缔戏棚（1928 年 6 月 4 日） …………………… 279

特训：筹款游艺会圆满闭幕（1928 年 6 月 9 日） ……………… 280

津埠剧院之进步（1929 年 2 月 25 日） …………………………… 280

宝坻演剧兴学风行一时（1929 年 4 月 11 日） …………………… 281

津门游艺界所闻见（一）（1929 年 5 月 15 日） ………………… 282

津门游艺界所闻见（二）（1929 年 5 月 19 日） ………………… 283

津埠游艺界所闻见（三）（1929 年 5 月 26 日） ………………… 284

津埠游艺界所闻见（四）（1929 年 5 月 28 日） ………………… 284

津门游艺界所闻见（五）（1929 年 6 月 16 日） ………………… 285

管理娱乐场所市府昨开审查会议（1929 年 11 月 16 日） ……… 286

娱乐场所踊跃助赈（1930 年 5 月 24 日） ………………………… 287

名伶吃灾民（1930年10月25日）……288
南开学生当仁不让纷起救灾（1931年8月26日）……289
津市各界踊跃救灾（1931年8月27日）……290
市救济会昨开第二次全体委员会
　决先集六万元汇交朱庆澜（1931年8月30日）……290
救济会全体干事会议（1931年9月5日）……291
慈联会昨日开会通过本年冬赈实施方案（1932年10月18日）……291
犹太慈善跳舞大会下月十六日举行（1932年10月20日）……292
社会局取缔滥行募捐（1932年11月21日）……292
共济会成立（1933年6月21日）……293
河北贞淑女校昨举行游艺大会（1933年7月5日）……294
小广寒冬赈义剧（1933年11月9日）……294
青年会为黄灾筹赈（1934年1月5日）……295
八国联合演奏国际音乐会（1934年5月14日）……295
本路济南站员工举办赈灾游艺会
　自六日起演国剧三天票款悉数助赈（1935年9月9日）……296
本路成立救济水灾会（1935年9月9日）……296
社会局再举办冬赈义务戏（1937年12月9日）……297
辅大慈善音乐会明晚举行（1943年4月9日）……297
后晚新新演唱大义务戏（1943年4月22日）……298
辅大同学举行急赈游艺会一日在长安（1943年5月2日）……298
辅大同学急赈游艺会节目蔚为大观（1943年5月6日）……299
辅大同学急赈游艺会
　吴素秋黄玉华决唱流行歌（1943年5月7日）……299
辅大同学急赈游艺会特别加强阵容（1943年5月8日）……300
急赈话剧十六日演出（1943年5月10日）……300
辅大同学急赈游艺会特刊（1943年5月11日）……301
长安戏院昨夜盛况
　辅大举办急赈游艺会圆满演出（1943年5月12日）……304
女三中举办济贫游艺会廿二廿三举行（1943年5月13日）……305

海会寺贫儿院音乐演奏会纯属善举（1943年5月14日） …………… 305

师大话剧团济贫公演（1943年5月19日） ………………………… 305

辅大急赈游艺会账目已结清（1943年5月21日） ………………… 306

北方中学举行募款音乐会（1943年5月22日） …………………… 306

艺生急赈话剧月底可演出（1943年5月22日） …………………… 307

青年会急赈音乐会今明两晚举行（1943年6月4日） …………… 307

青年会急赈话剧《月缺花残》（1943年6月9日） ………………… 307

北方中学重建理化室募款音乐会（1943年6月12日） …………… 308

北法急赈公演《茶花女》（1943年6月22日） …………………… 308

赈济音乐大会后晚在北京饭店举行（1943年10月15日） ……… 309

体育月报社主办慈善话剧（1943年11月28日） ………………… 309

辅大救济委员会主办慈善歌唱大会（1943年12月12日） ……… 309

期刊、画报

葆灵女学赈灾游艺会（1920年11月24日） ……………………… 310

济赈游艺会（1920年12月） ………………………………………… 310

磘湾赈灾游艺会（1921年3月23日） ……………………………… 311

赈饥游艺会（1921年5月） ………………………………………… 311

山海关美以美会爱普务德会游艺会秩序（1923年11月） ……… 312

京汉同人沿线灾区筹赈游艺会

    假城南公园举行游艺大会启（1924年8月30日） …………… 312

上海联青社破天荒游艺会在筹备中（1926年11月15日） ……… 313

北平贝满女子中学举行游艺会（1928年12月22日） …………… 314

赈灾游艺会化装室中之明星大会（1930年） ……………………… 315

三月来本馆各种重要活动事业进行状况（1931年9月） ………… 315

吴素馨在"歌场春色"水灾游艺会中饰《苏三起解》（1931年） … 316

筹赈黄河水灾游艺会假大世界举行（1933年10月） …………… 317

北平"妇女三团体"主办冬赈黄灾游艺会（1934年1月29日） … 318

关于山东寿光县县长宋宪章热心灾赈的"训令"（1934年2月18日）

………………………………………………………………………… 319

汕市救济散兵难民（1934年3月16日） …………………… 319
旱灾义务戏　梅兰芳戏目已排定（1934年12月9日）
　　——《凤还巢》《花木兰》《霸王别姬》 …………… 320
旱灾义务戏　梅兰芳出演盛况（1934年12月16日） …… 320
赈灾游艺会花国总选举（1935年8月17日） …………… 321
水灾游艺会之举行（1935年9月7日） …………………… 321
首都各界举行救灾游艺会　特邀梅兰芳赴京演出（1935年9月8日）
　　 …………………………………………………………… 323
首都妇女赈灾会举行赈灾游艺会（1935年9月15日） … 324
致本市筹赈水灾游艺会函（1935年10月1日） ………… 325
苏北黄灾（1935年10月15日） …………………………… 326
古香斋：花国总统之证书（1935年10月16日） ………… 327
童军参加赈灾游艺会（1935年10月26日） ……………… 327
协助妇女赈灾游艺会（1935年11月3日） ……………… 328
在电影界助赈游艺会后台花红柳绿（1935年11月5日） … 328
续电影界助赈游艺会（1935年11月5日） ……………… 329
沉醉的一夜　记赈灾游艺会（1935年12月1日） ……… 330
北平联青社举行联青夜慈善游艺会（1936年4月10日） … 331
青岛市政府关于赈灾游艺会布置事项的"指令"（1936年8月） … 332
美国水灾：国际妇女友仁会北平分会举行游艺会作慈善救济
　　（1937年3月15日） …………………………………… 333
财政部解释所得税之疑义（1937年4月1日） ………… 334
山西省政府关于小学会考经费不准移作游艺会之用的"指令"
　　（1937年4月3日） ……………………………………… 334
江海关平剧社救灾游艺会彩排（1937年6月25日） …… 335
冬赈国剧表演剧目及演员（以出场先后为序）
　　（1937年12月17日） …………………………………… 336
冬赈游艺会秩序（1937年12月17日） …………………… 336
慈善卖物游艺会（1939年4月） ………………………… 338
平各校团契主办冬赈游艺会（1939年11月18日） ……… 339

三十年前北京妇女匡学会义务戏传单（1939 年） ………… 339
辅大急赈游艺会后记（1943 年 5 月 19 日） ………………… 342
青年会少年组急赈游艺会（1943 年 6 月 19 日） …………… 343
北大文学院冬赈游艺会追记（1944 年 1 月 13 日、16 日） ………… 343
近云馆主演义务戏（1944 年 12 月 9 日） …………………… 345
马连良七日飞沪与梅兰芳演义务戏（1946 年 3 月 11 日） ……… 346
为中国艺术学会筹款：王泊生在平首演义务戏（1946 年 4 月 4 日）… 346
中国艺术学会二期义务戏发生变化（1946 年 4 月 14 日） …… 347
某文化团体筹款义务戏（1946 年 5 月 11 日） ………………… 347
七场大义务戏八月一日长安上演（1946 年 7 月 24 日） …… 348
李世芳奉梅博士电召廿三日飞沪（1946 年 7 月 27 日） …… 348
北京饭店冬赈慈善游艺会之夜：历代妇女服装表演
（1946 年 12 月 27 日） ……………………………………… 349
叶世长在沪大展身手　带着媳妇拜杜家（1947 年 3 月 4 日） ……… 350
义务戏应适可而止（1947 年 3 月 7 日） ……………………… 350
谭富英回演义务戏（1948 年 3 月 24 日） …………………… 351
某学府主办义务戏　谭富英等参加（1948 年 3 月 27 日） ……… 352
童芷苓留神（1948 年 4 月 17 日） …………………………… 352

编后记 …………………………………………………………… 353

导 论[*]

自20世纪80年代开始,国内学界文化史研究、社会史研究相继兴起,随后出现了二者"共生共荣"的态势。[①] 90年代之后,受到当时社会文化的影响,学界以消费和娱乐为取向的大众文化研究开始崛起,原本主流文化一枝独秀的局面被打破,研究视阈也日渐开阔。改革开放以来,中西学术交流日益频繁,西方学界的研究方法逐渐影响中国学术界,促使传统史学研究视角和方法发生重大改变。在社会史、文化史研究繁荣态势下,所见环境史、性别史、医疗史、身体史、娱乐史等研究成果日益增多,社会文化史研究逐渐成为重要的学术生长点。良好的发展势头给学人提出了新问题:社会文化史文献极其丰富,然而又庞杂分散,发掘利用严重不足,需要下大力气进行有效的搜集与整理,否则很难深入真实地反映史实。若以中国近代社会文化史研究所涉的文献传播为视角,以近代娱乐和慈善义演为切口,可以做如下分析和思考。

研究的对象决定了文献来源的广泛性

近二三十年来,大量文献的发现和出版,给学界研究视角的扩展和研究对象的变换带来了许多机遇。社会文化史主要以各个历史时期的民众生活为出发点,研究对象的大众化决定了文献来源的广泛性。随着历史变迁及时空延续,民众所涉衣、食、住、行及其蕴含的娱乐、情感、习俗、风

---

[*] 郭常英:《中国近代社会文化史语境中文献传播若干思考》,《史学月刊》2017年第1期。作为"导论"收入本书。——编者

[①] 刘志琴:《社会史的复兴与史学变革:兼论社会史和文化史的共生共荣》,《史学理论》1988年第3期,第13~23页。

情等事象与风物，可谓包罗万象；在不同阶层、群体和地域，人们各有不同的生活方式与习惯，而相应的历史记载既多样，又多元。相关文献史料，除去官方记载之外，还有非官方及实地调查资料，如碑刻、家谱族谱、文集笔记、戏剧唱本、神话传说、民谚俚语、日记、访谈等，这些也都成为社会文化史研究的重要文献。笔者关注的慈善义演研究，涉及中国近代民众的娱乐生活，深感文献来源特别丰富和广泛，其中既有小说、游记、杂识，亦有城市指南、城市年鉴等，而现存各地图书馆、档案馆的档案文献、老旧报刊文献和回忆性质的文史资料等，对于丰富和深化近代民众娱乐生活史的研究意义更为重大。

在传播途径和方式渐趋发达的近代中国，不仅阅读载体形式多样，而且报刊传媒等发行量日益增大，便于人们从中接受多方面的信息。报纸杂志中有大量的内容面向新兴的市民群体，民众的日常生活也自然反映在报纸杂志的版面中，因此，报刊成为学界开展研究中必不可少的文献来源。对于娱乐生活的研究，学界已认识到报刊文献的搜集和使用的重要价值。报刊文献记载历史可谓方方面面，如新式娱乐作为新闻或经营者发布的宣传广告等，从中反映很多娱乐项目，并由此呈现多样态的社会文化。其内容的广博，可以用"海量"谓之；浩如烟海的文字信息令人目不暇接，搜集和运用文献资料，让人有无从下手之感。各类大报小报，均刊载大众娱乐文献史料，除内容庞杂无从下手之外，若要从中查找有意索取的内容，更如大海捞针。因此可以想象，这些问题一定经常困扰学人研究方向的选择，也影响研究的深入。如何让人们简便地利用文献史料，并通过这些文献去深入探寻、发现具有时代意义和价值的思想内涵及社会呈现，促进社会文化史研究的深入，这必然成为新的学术需要和价值追求。

报刊文献的整合利用与档案文献的发掘

报刊文献和档案文献在近代中国社会文化史研究中占有重要分量。报刊文献丰富，并以量大面广著称；档案文献则立足于官方或者组织团体，具有可靠与权威文献的称誉。目前学界对于报刊文献的汇编与整合已有显著收获，但档案文献的发掘仍需深入。

以近代中国民众娱乐生活为例,20世纪以来报刊文献汇编成效显著,值得关注的有闵杰整理的《清末新式娱乐活动》和姜进主编的《二十世纪上海报刊娱乐版广告资料长编》等。当前学界对社会文化史的研究方兴未艾,需要有丰富且容易索阅的文献推动研究,这些资料的搜集与编撰出版正逢其时,无疑对于该领域新局面的开创具有不容低估的价值与意义。这些文献资料既搜集面广,汇集了近代社会文化大量相关信息,同时又注重分类分期,给阅读者研究者的查找和利用提供了极大的方便。它们不仅使阅读者对当时社会民众某一方面的娱乐生活有较充分的资料把握,也促进研究者对某一地区社会文化活动的演变进行相应的思考与认识。

笔者从事近代慈善义演研究,由上述清末娱乐活动文献产生了若干思考。第一,由西方输入的电影、西洋音乐、舞会、拳击、魔术、杂技、马戏等,给人们的社会生活带来了较为强烈的新鲜感。那么,演出价格的制定与实际消费情况如何?哪些群体是某种类型娱乐活动的消费者?义演等相关问题的产生与状态如何?第二,电影展现可谓最为突出、神奇又过瘾的视觉娱乐,尤以上海、天津、沈阳三地为代表。文献呈现电影故事和放映场所的发展变化,更有社会评价与民众认知等。报刊记载中有关电影的文献资料分量很重,这自然要引发人们对当时社会文化状况的认识和思考。第三,音乐作为新式娱乐活动的中心内容,展示了多种样态。报刊文献反映了社会对音乐的普遍认同,学校音乐活动与歌唱,政府官员填写歌词,校歌出现与歌曲集出版,大型专场音乐会演出等在不同社会群体和阶层中的影响,也带来社会风尚的变化。第四,更多娱乐方式(像社会上层人士喜爱的舞会,人们津津乐道的马戏、魔术以及具有强烈刺激性的拳击比赛、角力比武等),作为民众喜爱的娱乐活动也在社会上形成影响。其中引发研究者省思的不仅是专业化娱乐,更有时代样貌的一些变化。

伴随着近代文化的发展,不断扩充的报刊种类及其发行量提升,显示出报刊日益深入人们的文化生活。从报刊中选择有效的观察点来透视人们的娱乐生活,不啻一个可取的路径。《20世纪上海报刊娱乐版广告资料长编》将报刊广告作为着眼点,以时间划段,按艺术特点归类,不仅将海量庞杂的信息汇集整理，其要点提示也极具价值，既给研究者提供了广为可寻的观察社会的视角，反映出当时的娱乐生活状态，同时还体现了中华传统文化的嬗变。这部资料汇编将视角放在节庆之时，把节日庆典作为观察社会政治与日常生活变迁的窗口，很具代表性。将这样一些文献归类整理与编撰，有助于我们对当时的社会娱乐活动增添更为生动、丰富和深刻的感受，也有助于人们从中受到启发，提出和探讨一些问题。如面对上海等大都市娱乐活动的不同时期——茶园时期、舞台时期、新剧时期、游乐场时期、电影时期各种新兴娱乐项目的展演，一些社会史课题值得思考。例如，如何认识娱乐与社会分层问题，娱乐与性别问题，娱乐与政治问题，娱乐的商业化与民族主义问题等。这些与娱乐相关的深层次问题很值得深入探讨。

此外，上海还有一些新的观察点，如在政治相对平稳、经济向好发展时期，上海的娱乐生活反映出作为移民社会的某些特点；社会分层开始，大都市的社会文化样貌通过娱乐得到展现，娱乐活动项目繁多，室内娱乐场所、露天游乐场所均得到不同程度的发展；抗日战争期间，"孤岛"上海依然"华丽"，日常生活似乎较少受到战事影响，市民的娱乐生活未见减少。在租界区，娱乐活动除了电影之外，另有大量各剧种展演以及游乐场、舞厅等的游艺娱乐活动。

与报刊文献相比，档案文献的整理非常滞后。以近代慈善义演问题为例，目前研究文献多来自报刊，涉及档案极少。慈善义演的一个重要特点是寓善于乐。近代的慈善义演与所在区域的娱乐生活密切关联。上海、北京、天津、南京、武汉、重庆、广州等大城市娱乐业比较发达，各地民众娱乐生活也自有其特点，慈善义演活动通过各种官方记载均有体现。同时，慈善义演方式颇为多样，涉及的民众群体、艺术门类也非常广泛。政府档案反映出来的内容很宽泛，也很深刻。包括义演举办形式、演出内容、募捐方式、赈济对象、捐款管理等，还有关于政府的税收问题，社团组织的组织和参与问题，其他关于在华外国人组织和参与慈善义演的情况等。丰富多样的档案文献，不仅涉及娱乐文化，同时无论对慈善义演历史还是对娱乐史的研究，或对整体社会文化史的研究均有意义。由此，档案文献有待深入发掘和利用。

思维、视角的转换与文献范围的延展

除报刊文献和档案文献之外，时人日记、文集、游记、笔记等珍贵文献的整理和复制、流通与利用，对于社会文化史的研究同样有帮助。现代技术对于文献的传播起到了十分关键的作用。计算机、数码相机、复印机、扫描机、光盘传输等先进技术的普及应用，都使得文献传播的效率大大提高。目前，各种社科文献数据库与电子化的各种文献数据库不少，如"大成老旧刊全文数据库""晚清及民国期刊篇名数据库（1833~1949）""瀚堂近代报刊库""华东师大·中国现代思想数据库"中相关人物日记与报刊，还有"读秀学术搜索"等。其他又如"浙江大学图书馆《东方杂志·总目》及电子版"、《文史资料》电子版、《申报》电子版和"中国地方志数据库"等等。这些数据库中的电子文献，对于开展社会文化史研究意义颇巨。

作为反映民众日常生活的社会文化史，还有一类文献的传播应予重视，利用其作为辅助材料，对于选题的拓展和思考，或是作为导引文献的探索等，都有很高的价值。比如，文学体裁的诗歌、歌谣、竹枝词、楹联等，若从史学的角度给予解读，即为社会文化史研究的重要文献。以近代竹枝词为例，内容以咏风土为主，无论通都大邑或穷乡僻壤，举凡山川胜迹、人物风流、百业民情、岁时风俗等皆有所收录。《都门杂咏》的作者杨静亭谓"竹枝词者，古以纪风俗之转移，表人情之好尚也"。[①] 竹枝词针对社会中下层的凡人俗事，称得上重要的社会风俗史料，也暗合了社会文化史研究的旨趣。竹枝词常涉及慈善义演。如冯文洵在《丙寅天津竹枝词》中所述，"非筹急赈即冬防，票友伶人义务忙。半为助捐半娱乐，百元不惜定包厢"，[②] 其中就展示了义演的具体面相。"急赈"与"冬防"是义演的筹资目的，"票友"与"伶人"忙碌出演则是"义务"之举，"助捐"与"娱乐"各占一半，寓善于乐。戏院中的"包厢"，当时甚至以

---

① 杨米人等著，路工编选《清代北京竹枝词》，北京出版社，1962，第65页。
② 雷梦水等编《中华竹枝词》第1册，北京古籍出版社，1997，第500页。

"百元"来定价格。通过这些竹枝词的描述,义演些许实态得到呈现。还有一些竹枝词反映时人内心情感,记录和讽刺流行时尚,吟咏风土等。近代社会急剧变迁,传统与现代、趋新与守旧的交织,均可通过竹枝词来表现,由此,也使其成为一种重要的文献品类。

社会文化史研究的对象,决定了其史料来源的广泛性和日常性。图像作为近代社会生活中不可缺少的组成要素,在某种程度上成为社会文化史研究文献的重要部分。如民国时期中国的商业机构与画家合作,创作出大量优秀的广告画,呈现出东方与西方、传统与现代的融合、协调的视觉风格,反映了时代特点。广告中衣食住行、社会百业,画面上美女、时装、市井生活、历史传说乃至风景国画等,可谓百色杂陈。"以图证史"作为中国图像史学的重要方法,对于开展社会文化史而言,颇有意义。近代的图像品类更加繁多,涉及的人群、阶层更加广泛,如何考虑图像在民众日常生活中的意义和存在,进而开展民众社会文化研究很有必要。像影响广泛而深远的画报,如《点石斋画报》《北洋画报》《良友》等,更成为探讨民众认知乃至社会生活的重要素材。另外,电影、音乐等等作为近代民众生活的重要组成部分,影片、唱片所承载的历史信息,也同样值得重视和利用。

研究视角的转换和思维的转变带动学人新的思考,也拓展了文献材料的来源。在社会文化史研究中也可尝试引入"他者"的眼光和立场。英国新文化史家彼得·伯克认为:"他人观察个体和群体的方式常影响着个体和群体进行自我观察的方式。"[①] 近代社会变迁剧烈,市民生活方式随着时代的更迭发生较大变化,部分民众通过纵向或横向的比较产生新的认知,并将个体认知渗透于笔记、日记等私人文稿,或者被组织团体、社会调查者以及官方等予以记载,形成当代学人透视时代变迁的文献。因此,引入"他者"的眼光对历史进行审视,不仅有利于研究者更好地体察时人的情感倾向,也有助于深层次理解社会文化变迁中的个人和群体。

---

① 〔英〕彼得·伯克:《西方新社会文化史》,刘华译,李宏图校,《历史教学问题》2000年第4期。

搜集整理零散文献史料，出版一套"中国近代社会文化史资料选辑"的呼吁和建议自21世纪初即开始，至今也一直未断，但始终未见成果，足见此事难度之大。许多史学工作者如刘志琴、李长莉、梁景和、闵杰、罗检秋、左玉河等，长期致力于中国近代社会文化史的理论研究和问题探索，并取得了不小的成就。但是无论如何，重视文献的整合与利用，加强报刊文献整理，特别是加快档案文献的发掘与整理，同时通过视野的转变扩展研究文献的范围，必定能够推动社会文化史研究的不断深入与创新。

研究编

慈善义演之文化

慈善文化：20世纪20年代《北洋画报》慈善艺术传播

《北洋画报》1926年7月创刊于天津，是近代中国北方地区一份具有较大影响的文化生活类报刊。该报以"传播时事、灌输常识、提倡艺术、陶冶性灵"为宗旨，自创办伊始就关注时事新闻、传播音乐艺术、反映社会风貌，因而受到京津地区社会民众的普遍喜爱和广泛关注，成为在京津地区影响颇大的社会文化传播媒体。

民国初年，国内各地水旱灾害频繁发生，因而造成了广大地区灾难深重、民不聊生的悲惨景象。也正在那时，各地民间出现一些热心慈善的公益组织。在北京、天津等中心城市，由慈善组织举办的以慈善公益活动为核心的演艺活动日渐兴起。《北洋画报》将慈善义演活动作为关注对象，对慈善演艺类新闻予以重点报道：画报将相关栏目设置于报纸的突出位置，引起读者对慈善演艺人物与活动的关注与好评，促进社会风尚的形成。这种由民众对娱乐新闻的特别喜好而形成的艺术与时尚相结合的社会热点，感染着广大的传媒受众，并赢得人们对慈善行为的赞赏，有助于形成新的社会风气，促进社会文明的进步。

一 支持慈善事业 明确报道重点

《北洋画报》以刊载北方都市热点消息为主要内容，对于社会新闻的反映形式主要为：第一，简短文字报道；第二，图片与文字同时作简介，强化宣传效应；第三，图片、文字简介与记者专稿同期刊登，多重反映活动,突出慈善活动的社会影响。

　　慈善活动在中国古而有之,它根植于中华民族传统文化之中,源远流长,近代深刻的社会变迁又对它提出了新的要求。"传统慈善已经不能适应社会发展的需求,受西方新的社会慈善福利观和公益思想影响,中国人认识到慈善不仅要救助弱势群体,还要发展社会公共事业,让全社会的人都受益。"① 从晚清到民国,在北京和天津等一些大城市,各种慈善机构和慈善家群体先后涌现。人们看到了"义演"募集社会捐款的有效性,因而积极组织或参加各种形式的慈善义演活动。多彩的演艺形式和民众的热情参与,构成了一种崭新的社会文化事象。时人对此发表感慨:"东也闹着演剧筹款,西也嚷着募捐演剧,这个声浪和空气,几充满了内地。"② 民间慈善通过各种活动,改进和发展了传统的慈善方式,日益凸显其影响力,由此替代了缺位或不到位的政府力量,成了慈善救助活动的主体。与此同时,由于近代中国社会的历史特点,慈善意识的社会动员还具有救亡图存的民族性和感召力——外敌欺侮下民族救亡思潮的涌动,唤醒了民众的爱国意识,将慈善事业与民族救亡相结合,也激发了广大民众的参与热情。

　　近代都市慈善演艺在上述背景下进入了民众的社会生活,也进入了新闻媒体的视野。此时,伴随着社会各阶层慈善意识的逐步增进,许多报刊以敏锐的触觉和迅捷的反应瞄准了这一事物,对慈善义演活动及时予以刊载,《北洋画报》就是其中较有代表性的一例。该报将慈善演艺作为主要内容之一,对不同形式的演出作了类别上的划分,如刊载于封二的"新型综合演艺活动"是新闻消息,刊登在封三的"传统戏剧"属艺术消息。"义演"具有艺术性和观赏性,此时的各类演艺具有近代转型的文化特点,表演内容既有传统戏剧,也有各类新兴艺术,中外器乐演奏、戏剧、歌曲演唱、舞蹈表演等,有关的演出活动也经常地刊载在该刊的相关栏目中。

　　《北洋画报》以"人人能看,人人喜欢看"为办刊方向,特别注重

---

① 周秋光:《中国慈善发展的历史与现实》,《史学月刊》2013年第3期。
② 天尺我生:《逆耳谈·慈善界教育界之演剧筹款谈》,《晨钟》1924年第3期,第2页。

选登"时事、美术、科学、艺术、游戏、种种画片和文字"内容,是一种雅俗共赏,并具多方面社会效能的文化生活类画报。该报在反映社会新闻的同时,以突出传播艺术新知为核心,同时追踪平民趣味与取向,在当时天津以至整个北方报刊界都极具影响力,这些特点使其赢得了广泛的受众,也成为画报经济收益的基本保障。《北洋画报》对慈善活动的刊载,显示出媒体紧跟时代步伐、反映社会热点的新闻导向。报刊媒体与演艺群体参与慈善事业,是当时都市文化中出现的新生事物,《北洋画报》刊载慈善演艺活动的图文消息,从多方面实现了美感效果与新闻热度的结合,适合自身图文并茂的风格。《北洋画报》初创时期为周刊,后来扩展成三日刊,再改为隔日刊,影响整个北方地区,成了社会民众喜爱的综合性读物。

二 褒扬慈善演艺 引领社会风尚

慈善演艺活动作为该刊重点报道的内容,有关图片刊载于画报中心位置,表演活动的形式、内容、人物以及宣传成效,也以多种刊载方式予以报道。

以整版、多图、广视角刊载慈善演艺消息 《北洋画报》始终关注慈善义演的发展,并对演艺活动及时予以报道,尤其是遇到社会效应明显的活动,其报道更显示出较大的魄力。1929年,天津《大公报》报社先后在北京、天津举办慈善义演活动,筹募社会捐款。当年3月26日在天津的慈善演艺活动,是继北京慈善演艺会之后一次声势较大的演出,活动地点设在平安剧院。此次活动邀请到国内一些演艺界知名人士前来演出,其中不仅有来自北京的知名舞蹈家,也有昆曲演唱家等,演出活动还动员了各界官绅前往观看。《北洋画报》非常注重慈善义演的宣传效果,因此对活动的报道就特别突出:在画报封面,置有主要演员的大幅剧照,在画报第2页,以整版篇幅对活动进行全方位多角度的报道,计有大小图片7幅,长短文章和消息4篇,如果算上7幅图片的中英文简介,注入的笔墨就更多了(参见图1)。

《北洋画报》在演出当天以两个版面隆重报道了慈善义演活动之后,

图 1　关于慈善演艺的报道

资料来源：《北洋画报》第 6 卷第 297 期（1929 年 3 月 26 日），第 2 页。

隔一天又对这场慈善演出再发深度报道。由记者撰写的《慈善演艺会中之如是我见》一文（参见图 2），对 26 日慈善演艺活动的现场情况又进一步做追述报道，所谈内容极具新闻价值，更能产生深刻的社会影响。其内容分析下来有以下几点：第一，对观看演出者以及重要人物的捐资情况予以详细介绍；第二，对参与演出活动的各类人物给予介绍和评价；第三，讲述演艺会场上的各种花絮。画报还对慈善演出的票价、募捐的数额等情况做出披露，这更使读者感到获得了有价值的新闻内容。此外，重要人物观看演出中的活动及对演出活动的评价，是人们关心的事项和感兴趣的话题，画报对此给以特别报道。尤其是对一些虽然到场捐款而没有登台露面的人士，有文章还专门给予其赞赏性评价，并一个不落地登录出他们的姓名。

图 2　记者撰文《慈善演艺会中之如是我见》

资料来源:《北洋画报》第 6 卷第 298 期（1929 年 3 月 28 日），第 3 页。

重点宣传参与慈善活动的演艺界知名人物　享有社会声誉又有艺术才技的艺术家，是民众喜爱的演艺人物。《北洋画报》也推崇这样的艺术家，总是将此类人物照片刊载于报纸最重要版面和位置。1929 年 3 月 26 日的画报封面，将此次慈善演出的中心人物——唐宝潮将军的夫人（裕容龄）的大幅剧照置于中心部位。从图片反映的信息来看，照片为唐夫人扮演的莲花仙子剧照，不仅造型娇美、相貌端庄，具有艺术家的形象魅力，而且还具有被扮演人物的个性风采。① 读者从照片的位置安排上，自然知晓图片

---

① 《今日慈善演艺大会中之主要人物唐宝潮夫人（照片）》，《北洋画报》第 6 卷第 297 期，1929 年 3 月 26 日，第 1 页。

人物的艺术品级与社会地位。此新闻图片还有一特点：照片人物唐宝潮夫人，用英文做一介绍，同时显示此次慈善演艺活动的详细消息（参见图3）。

图3　慈善演艺——唐宝潮夫人剧照

资料来源：《北洋画报》第6卷第297期（1929年3月26日），第1页。

由此来看，编者意在重点向外籍读者推介慈善义演活动。天津是开埠较早的通商口岸城市，对外商贸活动频繁，集聚的外国侨民比较多。《北洋画报》将外侨作为读者对象为其提供信息，可以招徕更多的募捐收益。同日的其他版面，对唐夫人以及各类演艺情况也有较为详细的中文介绍，这说明，在《北洋画报》的读者群中有为数不少的外国侨民，并且这些外籍人士或许就是当地慈善演艺活动的关注者和捐助者。

唐宝潮夫人是前清驻法公使之女，在北京已是社交界的名人和优秀的舞蹈家。她自幼就随父亲到欧美游历，也是中国最早的女留学生之一。在此之前，《北洋画报》曾刊载过有关她参与慈善演艺会的消息，当时报纸称：唐夫人擅长"美术舞"，但因患病身体状况不好而一度停止参与社交活动。然而，就在记者采访之后不久，这位大病初愈的艺术家，即参加了为筹措"北京万国美术学院"办学经费而举办的义演活动。她在演出中饰演多种不同角色，表演了"蝴蝶舞""卖花女""埃及舞"等时尚舞蹈。①跳舞是一种体力消耗很大的剧烈活动，在大病初愈、身体尚待恢复的情况下，唐夫人依然投身慈善募捐活动，反映出她良好的艺德和艺风。画报记者由衷为此赞美："两演艺会中之最卖力者……唐宝潮夫人……体弱多病……值得吾人钦佩矣。夫人廿余年来，执旧都交际界之牛耳，尤善歌舞，历为慈善事牺牲色相，登台献长，此故非第一次矣。"②介绍文章虽然用语不多，但紧抓要点给人深刻印象，令人感受至深。读者在文字的引导下，定为唐夫人的高尚品质所感动和感染，这对倡行慈善精神、促进慈善风气是很好的宣传。

热情表达对慈善演艺所有参与者的尊重　从《北洋画报》一贯的主张和策略来看，该刊很重视对新闻人物的报道，由于该刊对慈善演艺始终持高度赞赏态度，因而在对慈善演艺活动的报道中，总是对参与者从不同角度给予积极评价，这种表达方式也让参与演出的演员们获得许多心理愉悦。尽管他们更多的只是从事演出，不一定出资捐款，但从中感受到了报社的爱护与关怀。从《北洋画报》1929年3月26日天津慈善演艺专栏中，读者可以看到，该刊尽可能地对当日参加演艺的众多演员点名称赞，如，提及多位女性在剧目《新家庭》中扮演了不同角色，如张美如女士、唐女士、余女士，以及该报社的王先生等。同时，该报还对那些参与了慈善捐献而未能登台的表演者也作一一介绍，并予积极评价。③可见《北洋画报》不仅反映慈善行为和时尚艺术结合之美，更在引领社会风尚，引导民众审美情趣方面倍加用心。因重视德艺双馨评价，该报在促进艺人提升才艺的同时，也提升了报纸的社会形象。

除上述特点之外，与其他报纸的报道相比，对义演人物及其演艺活动在版面设计、内容介绍等方面的差别，也能反映出《北洋画报》对慈善演

---

① 龙父：《唐宝潮夫人重登舞台》，《北洋画报》第1卷第36期，1926年11月10日，第4页。
② 《为慈善牺牲色相》，《北洋画报》第6卷第297期，1929年3月26日，第2页。
③ 《慈善演艺会中之如是我见》，《北洋画报》第6卷第298期，1929年3月28日，第3页。

艺活动报道的重视和对演出人员的推崇。《大公报》报社在北京举办了一次慈善演艺活动，之后《北晚副刊·霞光画报》也发布了相关消息，对这场慈善演艺会进行宣传报道，并配发慈善演艺会场——北京协和大礼堂的大门图片以及参演艺人的带妆照片等。但是，相比起《北洋画报》的布局，还是显示出很大差别：首先，新闻图片重点不在中心人物；其次，新闻消息的文字非常简略；再就是新闻报道内容置于该版面的最下部位置。①这样的报道效果，自然不如《北洋画报》在宣传慈善义演方面所产生的社会影响，如此一来，映衬出该报不像《北洋画报》那样对慈善演艺活动极为看重。《北洋画报》不仅对此次《大公报》报社举办的义演募捐活动宣传力度大，在其常年刊载的各项内容中，有关慈善演艺的消息，经常成为报道的重点。尤其在遇到大的灾难、举行较大义演救助活动时，相关的报道就更为集中、更有分量。

三 关心义务戏发展　发挥新闻媒体作用

随着近代西方音乐文化向国内各地的传播，中国城市娱乐文化的内容也在不断发生变化，然而中国传统民间戏剧依然是广大民众最为喜爱的娱乐活动。从《北洋画报》办刊十多年间的记载来看，义务戏也是民间举办较多的一种慈善演艺活动。《北洋画报》对义务戏的报道，虽然不像对新兴艺术的报道那样，将其置于报纸新闻消息的位置，但是也以多种形式给予宣传，除了对其活动的组织者——商会的介绍和深度报道之外，还从演剧的"角色""唱段"，赏戏的"票友"等不同角度进行评说，不仅内容丰富，而且形式多样，既迎合了报纸读者对戏曲艺术的喜好，又有助于树立戏剧艺人的正面形象。

义务戏多由慈善机构或者商会等社会团体来组织举办。从当时多家报刊的记载来看，义务戏的主要组织者一般有红十字会、②梨园公会，③还有商会组织等，个人举办的情况也时有出现。随着报社的发展，其作为主体

---

① 《北晚副刊·霞光画报》1929年第37期，第1页。
② 《欧战时报》1916年第39期，第13~14页。
③ 碧：《过去义务戏之纠纷：孝义节引起波澜》，《三六九画报》1941年第1期，第21页。

参与慈善活动的组织、承担社会责任的情况也日益越多，如《大公报》报社分别在京津两地举办慈善演艺大会，《新天津报》报社社长刘髯公组织的义务戏演出等，都属于此类。

另外，在北京、天津这样的政治、经济、文化大都市，戏剧的剧种较为多见。既有京剧作为国粹艺术受到各个层次民众的追捧和喜爱，而且还有一些具有地方特色的戏剧，如昆剧、越剧、粤剧等戏曲艺术到此地交流演出，形成艺术大聚会，这不同的艺术，各自拥有热情的观众。还由于国人对传统戏曲艺术有着较为广泛的喜爱，从中寻找愉悦，因此戏曲艺术是民间娱乐的重要来源。《北洋画报》作为北方都市的文化领地，经常刊载大量与戏曲演出相关的新闻消息。当时以"义务"为号召的戏曲表演，大多是为募集资金、进行慈善募捐助而组织的演艺活动。义务戏活动的不断增多，使得关注社会新闻和娱乐活动的《北洋画报》内容更为丰富。我们从画报所载可见，各个时期的新闻报道中几乎充满了此类消息。由于当时北京、天津特殊的区域地位，不仅各地商贾云集，还有多国侨民聚居，同时，在市民百姓中也有大量娱乐文化喜好者。这些区域条件，为义务戏的演出和募款提供了广大的受众面，也为在各地开展慈善募捐创造了有利条件。《北洋画报》注重从多种角度、以不同形式报道义务戏的演出情况，宣传捐助者的慈善义举，并且图文并茂、情理交融，因而在民众中产生了较好的社会影响。

演唱义务戏募捐，必有其捐助的目标与对象，这也是民众和那些具有捐助意愿者最为关心的问题。媒体若要争取得到最佳宣传效果，势必要阐明用途与救助目标。《北洋画报》在刊载相关信息时，特别注重将此说清道明。如由《新天津报》刘髯公所组织举办的义务戏演出，指定捐助目标为修缮"杨村"的水利枢纽。《北洋画报》对此做明确解说，因此不仅使此次义务戏的目的与意义得到明确的昭示，也使活动得到民众的赞赏与支持。当大家了解到捐款的用途和救助方向，并能够继续关注之后的捐助效果，这对义务戏表演的募捐效果和义务戏的成功举办，以及艺术发展都有益处。《北洋画报》注意宣传演出活动的丰富与精彩：如对参与演出的演员中的名票和名伶，以"各演拿手好戏"进行渲染。这样更进一步激发人们的参与热情，使观看演出的人数不断增多，以致"该院座客，拥挤异常"①的状况经常发生。

另如，对"胡碧蓝举办之慈仁义务戏"的一次报道。北京仁慈医院，由于产科治疗设备比较简陋，医院创办人为了补充改善医疗条件和置办医疗设备经费不足的困难，邀约戏曲艺术家胡碧蓝，并联络热心善举的艺人和票友，以表演义务戏募集资金的目标发起向社会募捐。这场义务戏定于1929年6月30日在新明大戏院举办，在《北洋画报》的重要版面上对此进行了报道宣传，也引起了社会广泛关注，因而义务戏演出非常成功。这次现场剧目，以胡碧蓝的自演为多，票价定为一元，演出以"集腋成裘"为号召，引导大家奉献爱心。此善举在坊间传颂，并成为一时佳话。②

艺术家表演者的社会慈善活动，有较为显著的多面功能：既可以满足社会需要，又能体现个人社会责任意识，还可以展示自身才艺和能力，是最佳表现方式。通过慈善活动的艺术表演，演艺者客观上向社会民众推广新兴艺术，传播新式娱乐形式。艺术家的演出对受众是一种视觉与听觉的感染，使他们从中获得欢欣与愉悦，并通过观赏者的口口相传，让更多的民众了解到艺术的精彩与魅力，知晓表演者的才艺以及对社会的慈爱与奉献。此时，演艺平台也自然成为最佳的广告媒介——宣传令人称道的扶助贫弱行为，同时演艺者的艺术形象和人格形象也获得提升。

《北洋画报》作为近代中国社会转型时期的一种文化生活报刊，紧贴社会生活实际，与时代同步，以新闻媒体特有的眼光和反应，关注社会文明与进步，积极履行社会责任。该报将关注民众需求与引领社会风尚有机地融为一体，结合报纸自身性质与特点，在报道都市文化生活时，也将宣传慈善演艺、褒扬奉献社会作为重要视角。这种方式不仅对于慈善事业发展是重要的支持与鼓励，从媒体传播的层面上，也将对提高民众慈善意识、形成社会风尚，发挥积极的舆论引导作用。《北洋画报》在宣传社会慈善文化、推进慈善事业发展上，做出了积极贡献。

（署名郭常英。原载《音乐传播》2013年第4期）

---

① 明明：《新明义务戏琐谈》，《北洋画报》第6卷第297期，1929年3月26日，第3页。
② 梦天：《胡碧蓝举办之慈仁义务戏》，《北洋画报》第7卷第338期，1929年6月29日，第3页。

晚清都市空间中的慈善、娱乐和社群认同

慈善义演是近代中国慈善事业转型中的重要组成部分。晚清时期，慈善义演逐步进入国人的视野，并随着社会的变迁而渐成热潮，尤其在都市空间中表现突出。慈善事业与都市娱乐围绕慈善义演基本上形成了二元一体的耦合性关联。"寓善于乐"成为慈善义演逐渐繁盛的内在特点。同时，在忧患氛围的晚清境遇中，慈善义演也隐含着身份认同，其中既有国族层面的认同，也包含着内部社会群体的认同。在晚清都市空间的丰富意象中，慈善义演将慈善、娱乐和社群认同融为一体，表现出鲜明的时代特色，同时也形塑着国人的慈善意识和该时期的慈善文化。目前，学界针对慈善义演的研究不少，多侧重于慈善义演的发源、生成及史实考订方面。也有学者曾试图将公共空间理论引入慈善义演研究中，但并没有对慈善义演在都市空间中所涉及民众日常的娱乐生活、慈善乃至社群的意识和认同等方面的影响给予探讨。

一 寓善于乐：慈善义演的内生本源

晚清时期，慈善义演最初主要表现为伶人的义赈活动，是在义赈场域中逐步萌生的。[①]"寓善于乐"则构成了都市空间中慈善义演初兴的重要因素和内核。伶人义赈活动起源于 19 世纪 70 年代末，主要伴随着针对"丁戊奇荒"的义赈活动而发生，最初只是一些零星的活动，到清末已经呈现

[①] 朱浒认为慈善义演是对于西方的模仿和效法（《地方性流动及其超越——晚清义赈与近代中国的新陈代谢》，中国人民大学出版社，2006，第 363~368 页）。刘兴利认为，伶人义赈是中国传统慈善救济事业发展演变的自然产物，并非"舶来品"（《伶人义赈非"舶来品"——与朱浒先生商榷兼答孙玫教授》，《民族艺术》2015 年第 5 期）。

出较为兴盛的局面。在慈善义演的变迁过程中,上海可视为慈善义演的发源地,京津地区的慈善义演则相对较晚,这些口岸都市因为其自身慈善事业和娱乐文化的发达,使得慈善义演逐渐表现出寓善于乐的鲜明特点。

娱乐与慈善事业的结合是慈善义演与其他助善方式最为显著的区别。最初涉足于慈善义演的伶人群体凭借都市中营业性戏园的公共娱乐活动,将慈善情怀内化于娱乐活动,吸引了都市民众的参与,又展示出戏园自身社会责任的新形象。该时期慈善义演的表现形式,既有以传统戏曲演出为主的义务戏,又有外来艺术特征的电光影戏、音乐会等。这些让都市民众喜闻乐见的娱乐活动使得都市中的慈善义演呈现出渐趋繁荣的气象。

慈善义演通过娱乐表演活动来筹款,因此表演的内容以及表演的场所成为能够吸引款项的重要方面。晚清时期,都市中的娱乐活动相对乡村地区较为发达,娱乐活动的呈现方式也较为成熟,戏园构成了都市民众赏玩的主要娱乐空间,戏曲表演则占据了娱乐活动的重要分量。义务戏以中国传统戏曲为演出内容,在清末城市市民参与慈善活动中扮演着重要的角色。就表演者来说,义务戏往往名角云集;就参与者而言,都市民众则乐于往观。最初的义务戏活动主要体现在针对自然灾害赈济的"演剧助赈"方面。上海的演剧助赈1877年开始出现。此后,零星的演剧助赈活动伴随着戏园剧场的现代变迁和慈善事业的发展演变逐渐增多,以至于出现了由各个戏园单个组织慈善义演活动到各戏园的联合性演出。比如,1905年为了赈济崇宝地区的水灾,上海各大营业性戏园举办"助赈专场",各戏园的"名角一律登台,看资悉数助赈,所有案目、扣头等项,亦复涓滴献公、丝毫不取"。[①] 与上海相比,汉口的演剧助赈出现相对较晚,规模也有不同。1886年,汉口"演剧集资助赈"才开始"创举",其具体办法是"由首事邀集数人择日下帖,请各铺户观剧"。[②] 例如,1887年汉口地区一位名为吴奇纯的善士,"深悉需赈之急、募赈之难",便"邀首人数十位各自下帖接人看戏,每位出钱一千文",进而"集成巨款"。[③] 时人还说,

---

① 《梨园乐善》,上海《申报》1905年9月23日,第2张第9版。
② 《文报局内协赈公所琐记二十六》,上海《申报》1887年7月5日,第1张第3版。
③ 《演剧助赈》,上海《申报》1887年7月4日,第11版。

"以汉镇一区得人倡首，集此成数，倘各处仿行，数万金不难立致"。并评价慈善义演之举，所谓"演剧，娱心适志也。助赈，救灾恤邻也。一转移而妙用"。① 1889 年，湖北省"水旱交集，报灾请赈"，"武汉同人以演剧之资，集款助赈，先后迭来巨款二千余金"。② 同时，由于此前汉口演剧助赈取得了比较好的效应，以至于 1893 年在面对顺直水灾的时候，身在汉口的善士在探讨助赈方法时，依然有人认为 1887 年"汉镇演剧集资助赈为数较巨，宜函请汉号善商援照办理"。③ 在上海和武汉之外，京津地区的慈善义演也十分活跃。例如，1907 年北京、直隶地区发生了水灾，"通州、香河、宝坻、霸州等各属地低洼之地，均成泽国"。天津一些著名人士要组织一次"小小慈善会"，活动得到了奥界天仙茶园、日界天仙茶园、日界丹桂茶园的支持，意图开展慈善义演活动，筹款赈灾。小小慈善会曾"不揣绵力，邀请京津名角在李公祠演戏四日晚，所得戏资，悉数助赈"。④ 天津的商界人士也积极行动起来，特商"下天仙戏园"进行慈善义演，"入款悉数助赈"。商界人士则"各尽义务，担任分售戏票、延请亲友，襄此善举"。⑤ 这些义务戏往往有梨园艺人、戏园、商界的联合运作，因此影响较大、效果明显。北京亦有"筹议演戏助赈之善举"，著名艺人"李毓臣、乔荩臣、田际云等在福寿堂演戏"筹款，⑥ 争取实现利用名角效应来吸引都市民众的积极参与。该时期在京津都市中广泛开展的以义务戏为主的慈善义演活动构成了"北方义赈之先声"。⑦ 可见，晚清时期以传统戏曲演出为主的义务戏，使得都市娱乐空间中的营业性戏园演出活动在慈善事业的牵引之下转为乐善济困的义举，增加了慈善募款的新兴渠道，助推了都市中慈善事业的进步。就营业性戏园自身而言，从事于慈善事业可能会带来营业额的减少。不过，临时性的慈善义演也恰如广告效应一样，使得

---

① 《文报局内协赈公所琐记二十六》，上海《申报》1887 年 7 月 5 日，第 1 张第 3 版。
② 《鸣谢》，上海《申报》1889 年 2 月 25 日，第 1 张第 4 版。
③ 《上海北市丝业会馆筹办顺直新灾赈捐沪局琐记七》，上海《申报》1893 年 9 月 1 日，第 1 张第 9 版。
④ 《慈善会演戏助赈告白》，天津《大公报》1907 年 8 月 30 日，第 2 版。
⑤ 《下天仙戏园演戏助赈广告》，天津《大公报》1907 年 9 月 1 日，第 1 版。
⑥ 《演戏助赈》，天津《大公报》1907 年 9 月 7 日，第 5 版。
⑦ 朱浒：《民胞物与：中国近代义赈（1876~1912）》，人民出版社，2012，第 239 页。

戏园自身的形象能够得到都市民众的不同感官和内心认同，从这个角度而言，有利于戏园的长期营业。

慈善义演的表演内容在一定程度上反映出都市空间中娱乐活动的情状。与演剧助赈活动中传统戏曲不同，影戏则是西艺东渐的产物。影戏助赈逐渐成为西方艺术形式参与中国慈善事业的重要表现载体。1885年，华商颜永京、吴虹玉二人在上海用幻灯机自演影戏，并将戏资助赈，成为国人首次自演影戏之始。国人自演影戏本来就属于新鲜的事情，"较之花丛记曲、菊部征歌，实有新奇陈腐之不同"，再加上这一演出开影戏助赈善举的风气，民众争相往观，"观者云集"。① 由于影戏演出大受欢迎，连演七场方告结束。时人评价此举乃"于赏玩之中寓赈恤之意"。② 可见，影戏助赈吻合了都市民众的口味，自然也利于慈善事业的发展。后来，影戏助赈开始包含更多的艺术样式，如中外音乐、新戏、电影等。例如，1907年为了赈济水灾，天津城内的绅商、市民自发组成公益善会，"演电影十日，并邀请中外音乐助兴，及各园名角串演新戏。凡有他项赏心悦目者，一并广为搜罗，务使花样翻新"。③ 慈善义演"花样翻新"，一方面体现了都市空间娱乐活动的内在特点，另一方面也可以透视慈善义演自身的变迁趋向。作为娱乐活动和慈善事业最为发达，同时作为华洋杂居最为集中和典型的上海，影戏助赈已经成为都市民众表达善举的重要方式。1908年8月，上海法租界活社电戏馆鉴于"五省水灾，哀鸿遍地"，"特演最新电光影戏，所得看资除缴外，造具征信，悉数助赈"，呼吁民众"驻足以悦目，而救灾善举即寓于是"。④ 是年9月，上海同善义赈会"开演改良异样电光影戏。每逢礼拜六、礼拜日，外加绝妙中西戏法"，所收"券资悉数移作灾赈"。⑤ 此时期，亦有电影公司积极进行助赈演出。例如，1909年8月，上海张园源记影戏公司举办了声势浩大的影戏助赈活动，时人评价此举乃"救灾赏心、一举两得"。⑥ 影戏助赈在都市空间中表现较为突出，某种程

---

① 《重演影戏》，上海《申报》1885年11月28日，第3页。
② 《观影戏续记》，上海《申报》1885年12月7日，第2页。
③ 《公益善会李公祠开演电影、新戏助赈启》，天津《大公报》1907年2月6日，第8版。
④ 《活社电光影戏看资助赈》，上海《申报》1908年8月9日，第1张第1版。
⑤ 《影戏助赈》，上海《申报》1908年9月18日，第1张第2版。
⑥ 《影戏助赈》，上海《申报》1909年8月2日，第1张第7版。

度上亦是都市娱乐业逐渐转变的结果。

从慈善义演的表演内容上说，影戏助赈虽然有别于义务戏，但是二者的共同点均是"寓善于乐"慈善理念的外化体现，它们共同构成了晚清慈善义演的重要组成部分。不管是义务戏，还是影戏助赈，寓善于乐作为慈善义演的内在本源，也是其区别于其他慈善行为的重要缘由。

二 善与人同：慈善义演的社群网络

慈善义演是社会性的活动事象，主要体现出了都市民众投身慈善公益事业的参与程度。慈善义演活动的组织者、参与者、表演者、观众等，架构起一个社会性的网状结构。其中，绅商阶层、伶界、新式学生群体等新兴社会力量的积极参与，围绕慈善义演形成了都市空间娱乐活动与慈善事业中的社群网络。

绅商是晚清都市中较为活跃的社会阶层，集中体现了商业气息浓郁的口岸都市中经济环境的变动对于中国传统社会的冲击。绅商阶层因其自身相对优渥的经济基础和较高的身份地位，在都市娱乐活动和慈善事业方面表现较为突出，他们的参与至少在物质基础上对慈善义演进行了有力的支持。例如，1907年京津地区发生大水灾，天津商界人士积极投身于慈善义演的行列，"踊跃担任分票售价，并自捐款极为出力"，时人评价绅商此举使"社会蒙福不浅"。[1] 这样的事例较为多见。与当时北方经济中心天津一样，上海的绅商参与慈善义演的活动也较为频繁，同时力度较大。例如，1907年6月上海的沪北商团鉴于"江北灾巨，谋思赈济。爰集同人议定演剧拨款解赈"，"并请绅商合串其戏资"。[2]《申报》则持续登报，广而告之，以助善举。又如，1911年5月，上海杂粮公会鉴于江皖水灾的危害性，"假座大舞台演剧，所得券资，悉充赈济"。[3] 在此次活动中，"该公会及寓沪绅商，热心善举，见义勇为"。[4] 此类绅商的义举不胜枚举，对于慈

---

[1]《商界热心》，天津《大公报》1907年9月12日，第6版。
[2]《沪北商团演剧助赈广告》，上海《申报》1907年6月23日，第1张第1版。
[3]《杂粮公会演剧助赈》，上海《申报》1911年5月19日，第2张第4版。
[4]《演剧助振之踊跃》，上海《申报》1911年5月24日，第2张第4版。

善筹款而言，起到了正向的作用，保证了慈善义演的善款来源。同时，绅商阶层在慈善义演中所表现出来的社会担当形象，也促进了国人对于商人传统形象的认知改变。

与绅商阶层自身所具备的经济实力不同，都市中的新式学生群体则显得较为特殊。都市里的新式学生群体演剧，往往突破了原有传统伶界演出的局限，特别是教会学校以及新式学校的促动，使得学生群体在慈善义演的过程中，更多体现其特有的一面。例如，1907年4月上海实业学堂及震旦学院学生的赈济淮海饥民义演。就表演内容而言，此次演出节目有：

  《洋琴合奏》（高恭、安张谔）；《化学游戏》（实业学生：章祖纯、曹永成、李鸣和、王士杰）；《学生音乐班》（震旦学生）；西剧《璧衣绿》（实业学生：荣大瀛、黄光正、葛吉生、黄国恩、刘元济）；西剧《伪翻译》（震旦学生：胡光复、陈鸿藻、张其铎、翁灏、孙文耀、顾义吉、徐鸿吉、高孟启、陈体信）；《洋琴独奏》（胡鸿猷）；中国戏剧《冬青引》（张同辰、周绢庵、张对良、顾翕均）。至五时，复由徐家汇教堂学生演奏西乐，散会计来宾当场助捐者，约得百数十元。①

此次慈善义演活动充分发挥新式学校教育的优势，将中西方艺术融汇于演出之中，效果颇佳，"观者无不同声赞叹"，最终又"演剧一次，以所入看资汇寄赈所"。② 像这样的新式学生慈善义演，既有学生自我认同的需求，亦包含了社会的认同。而"学生演剧之所以能够藉着助赈风气迅速发展，便在于参与义赈能够同时满足这两方面的需求"。③ 此时期新式学生群体的演剧助赈活动亦成为近代中国学生群体慈善义演的起始。

随着新兴社会力量助推慈善义演活动的持续，不同社会群体联合性演

---

① 颖：《学生演剧助赈》，上海《申报》1907年4月15日，第2张第19版。
② 庸：《学堂演剧助赈》，上海《申报》1907年4月20日，第1张第19版。
③ 钟钦志：《晚清新知识空间里的学生演剧与中国现代剧场的缘起》，台北《戏剧研究》2011年第8期。另外，该文附录的《晚清上海学生演剧统计资料（1896~1910）》表格中有大量的关于新式学堂学生演剧助赈的史料记载，可供参考。另外，傅瑾《有关早期话剧的几个问题》（《文学评论》2014年第5期）中亦有关于清末新式学生演剧助赈的梳理。

出基本上构成了慈善义演的主要情状。例如1907年10月，面对云南旱灾，绅商、学界、伶界便进行了联合义务演出。以知名的新剧演出团体春阳社为主，"爰集沪上学商两界……并邀丹桂菊部诸名伶义务登台助演"，"所得看资悉数充赈"。① 该时期，这种不同群体的联合演出已经成为一种常见的现象。亦需要关注的是，该时期慈善义演中不同的艺术样式逐渐显现。艺术样式的不同既有保证演出效果进而带来大量募款的考虑，也包含有不同社会群体共同参与的面相。如，1908年8月，中国青年会广东同人针对粤省水灾组织慈善义演，"开演中西音乐大会及新发明之民光影戏。所收看资，尽数助赈"。慈善表演的艺术形式就有，"一、广东丝弦音乐班；二、琴曲独奏；三、滑稽歌；四、影戏；五、奇巧口技；六、解颐歌合唱；七、影戏；八、弦曲独奏；九、琴曲合奏"等。② 另外一些慈善义演活动，甚至还有杂技和魔术等表演等。

对于观众而言，慈善义演的演出场所和表演内容是重要和关键之处。花样翻新的表演内容之外，新式剧场的兴建往往提升了戏剧演出的艺术水准和现场感染力。一些慈善义演活动以演出场所为舞台基础，通过演出内容的调整，实现了表演者与观众的良性互动，催发了民众的慈善情怀，进而实现了慈善意识的"场域"植入，塑造了慈善的氛围。例如，上海的新舞台戏园建成之后，便频繁举办慈善义演活动。晚清时期，剧场与伶界往往是相伴而生的，时人高度赞扬了伶界投身于演剧筹赈的义举，认为伶界进行的慈善义演使得"伶界文明开化之誉大噪一时，各省有灾荒则演剧以助赈，学堂缺经费则演剧以补助，虽曰伶界之热心，亦文明进步之创格也"。③

慈善义演是晚清时期新兴社会力量不断成长，并投身慈善事业的表征。这些新兴社会力量所形成的社群网络，既保证了慈善义演以民间为主体的属性，也为都市慈善风尚的渐成奠定了基础。都市慈善义演在潜移默化之中营造着民众帮助的生活氛围，培育了市民对于慈善的感悟，促进现代慈善理念的养成。

---

① 《春阳社演剧助赈广告》，上海《申报》1907年11月1日，第1张第1版。
② 《音乐会义赈粤灾》，上海《申报》1908年8月14日，第3张第3版。
③ 《学界与伶界之消长》，上海《申报》1909年10月16日，第2张第2版。

三 身份认同：慈善义演的张力

对于晚清的时代境遇而言，慈善义演是一种新兴的社会文化事象。从 1877 年上海地区慈善义演的出现，到清末都市中慈善义演的初兴，慈善义演最终逐渐成为都市民众较为赞同的慈善募款手法。不过，慈善义演作为新事象的出现，也难免会遇到一些争议和不同的看法。同时，优伶群体作为该时期慈善义演不可或缺的参与群体，他们走出了传统的戏场空间，涉足社会公共事务，实现了自身的社会公共价值，这就不可避免地形塑着时人的旧观念和新感观。不管是优伶群体的自我认同，还是士绅阶层将其作为"他者"的视角，其间均伴随着新的社会力量所维系的自我身份认同。而慈善义演似乎打破了传统阶层之间的互相异见，为不同阶层和群体之间的交流、公共事务中的协同创造了新的场域，进而体现着慈善义演的张力。

慈善义演并不是一经出现就马上风行，而是经历了一个逐渐演变的过程。时人对于慈善义演的认同，也并非"一见钟情"。中国传统娱乐活动最常见的莫过于戏曲表演。演戏酬神作为传统戏曲的演出方式之一，主要流行于城郊、乡村地区，相对于营业性的剧场演出，是较为接近具有公共事务性质的演出方式。1886 年，时人面对自然灾害的危害性，曾呼吁借助演戏酬神所聚资金，"以其半移助赈捐，种后来之善果"。[①] 但是，演戏酬神挹注赈捐的阻力依然不小。普通民众"谓敬神即是积善"，并不知道"敬神之外尚有积善之事"，何况组织演戏酬神的人"非每年借此分余饱其私囊，岂真有心为地方祈福者？"[②] 但从另外一个角度看，至少说明截至该时期，演剧助赈已经逐渐得到进一步的认知，与都市专业剧场的义演不同，乡间演剧酬神表现出多种阻力，一是乡民的慈善理念太过于狭隘，一味讲求敬神娱神、积善为己；二者利用演戏筹神的方式挹注赈捐，有可能打破乡村传统的利益小团体，所谓的组织者往往为了蝇头小利，并不乐于

[①] 咄咄生：《暑窗夜谈》，上海《申报》1886 年 8 月 16 日，第 1 张第 9 版。
[②] 咄咄生：《暑窗夜谈》，上海《申报》1886 年 8 月 16 日，第 1 张第 9 版。

演剧助赈。由于中国固有传统思想的阻力以及西方慈善思想的影响亦是一个长期的渐进过程,使得慈善义演亦经历了一个长时期的嬗递过程。中国传统的慈善事业主要有大族、宗教或者国家所组织,以救灾与赈济为主要的方式。其中,跨区域的慈善活动相对较少,而且以娱乐活动的举办进而助力慈善活动亦付之阙如。某种程度上说,慈善义演的出现,突破了以往慈善活动中的局限,也顺应了晚清中国在近代境遇中的某些内在的特点与变化历程。

围绕慈善义演所涉及的参与群体,时人的看法也不尽一致。1877年,在"丁戊奇荒"赈灾过程中,作为士绅阶层的义赈同人,对梨园子弟通过慈善义演热心赈灾救助一事表示出异样眼光。是年6月11日,义赈的主要发起人之一谢家福在日记中写道:"梨园子弟、西国教堂尚且慨然助赈,况我人生同中国,品列士林,容有靳此区区之理?"他甚至更加直接地说:"现在戏子以及外国尚且捐钱源源弗绝,况乎中国上等人物,必须争气。"①虽然谢家福并没有对梨园子弟抱有反对的意见,但是他的话语之中不自觉地流露出对于梨园子弟视为"贱业"的意识。此种看法并非孤例。1907年,在对江北水灾筹赈中,苏州伶界陈世忠等,"以江北灾荒奇重,待赈孔殷","邀集沪上各名伶,乘火车来苏,在大观园会演一天,所收戏资,悉数移助赈济"。同时还有上海妓院亦演戏助赈。针对优伶群体的慈善义演,有人认为:"不知那些财主富翁,遇这赈灾事情,偏就一文不舍,岂能和这些倡优同日而语吗?"②话语之中,将倡优置于一毛不拔的"财主富翁"的对立面来看待。在晚清的时代场景之中,倡优行业是贱业。在倡优内部,原本存在着互帮互助的圈子之义,此时通过慈善义演,他们投身于慈善公益,使这种对内的助贫仁义观念扩至社会公共事务之中。正如著名伶人田际云所说:"我们行业虽微,敬重侠烈的热心,可是跟士大夫没有两样。"③伶人参与慈善义演,逐渐为自身群体形塑了新的社会认知和社会形象。

---

① 谢家福:《齐东日记》,光绪三年五月初一条。转引自朱浒《地方性流动及其超越——晚清义赈与近代中国的新陈代谢》,中国人民大学出版社,2006,第111页。
② 《伶界演剧助赈》,上海《竞业旬报》1907年第10期,第35~36页。
③ 田际云:《匡学会给助善诸位道谢》,《京话日报》1906年4月9日,第1版。

虽然社会舆论并不反对倡优等当时的低下群体参与慈善义演,但是对此行为也不是完全赞赏与肯定。比如,1907年针对上海"补助华洋义赈会"团体邀请名妓进行慈善义演一事,《时报》刊发一文,明确表达"补助华洋义赈会"团体,利用名妓参与慈善义演不妥当。文中认为,华人的体操会①是体面的"正经"团体,不应与妓女有所关联,"今以侑酒卖笑之妓登场演剧,而体面华商反军服以充杂役,颠倒错乱,宁非怪事?"文中还表示,演出活动已经关系到上海工部局,本来已经不太妥当,还让"正经"团体去做"招待"服务,甚至"亲当巡警",实在是"不文明之举",并认为名妓参与演出容易鼓励年青子弟寻花问柳,乃至认为"贫门弱女,亦将腼然卖娼,不以为耻","淫荡之风,必自兹益炽矣"。②针对《时报》这篇报道,《申报》的态度则有所不同。《申报》刊发相关论说,认为"天下万事无大无小,莫不有盈虚消息之理","咸同以降,士夫奔走于利禄,商民计较于锱铢,家人族党之间,往往以薄物细故,觌面若不相识。而四海之兄弟,若同舟之吴越"。于是"下等社会之人,其急公好义、救灾恤邻之事,反时时有所闻"。例如,"淮徐海初告灾荒之时,闻有华工汇巨款助振",该报人便"窃异之,以为百万侨民,飘泊万里之外,而犹能恤同胞之困难,则吾国之民气可用也"。他继又"闻有伶人以戏资充振者,心更异之。以为梨园子弟,不惜捐弃名誉以博区区之资,独能为此义侠之举,则吾国之民心未死也"。他还表示说:"今日而更有女伶演剧助振之一事。是否闻前二事而兴起,抑发于一点慈善本心,皆不可知。但其急公好义,救灾恤邻之盛意,固不可淹没也。"可见该报人高度肯定女伶参与慈善义演的善举。接着,作者论述道:"吾初闻之时,亦颇绳其执业之贱,继思西国歌伎与色伎不同,歌妓恃一艺以自活,初不碍其人格之高。色妓借卖淫以敛钱始,不齿于齐民之列。吾中国亦何独不然?私寓者旧时所谐饭局也。人其家者,讴一面以奉客,招之侑酒,亦只歌一曲而去。"此

---

① 1906年,万国商团华人体操会成立,由各商店和洋行、海关中的青壮年职员报名志愿参加,会所设在南京路高阳里四号。操场则设于闸北华兴坊华安坊原址。并邀请各业领袖任会董,以筹集经费。1907年3月,华人体操会正式加入万国商团,是为"万国商团中华队"。

② 《论校书演剧助赈华商团练会各友充当招待巡警事》,《时报》1907年1月17日,第3版。

"与西国之歌妓正同,安得以其业贱卑之?又何怪西人之慨然以议事厅相借也。人之欲善,谁不如我?"在之前论述的基础之上,作者认为:"风气开于上,则下焉者有所自解而不应。风气开于下,则上焉者必且自愧而益奋。今区区女伶急公好义、救灾恤邻既如此,彼上等及中等社会之人,宜何如其慷慨乐输焉。况今日泯泯棼棼之世界,有志之士,正欲多设白话报、画图报,为下流社会开通其智识增进其道德。则既有明白事理之女伶,又安得不提倡之、扶助之,使之日浚其智识而渐进于道德焉?至有疑其以卖淫之技为敛钱之举者,则又不然。彼演者既为一点好善之心而起,观者虽所费区区……非仅仅纵其耳目之欲也。所谓仁者见仁、知者见知,是则又在观者而不在演者也。"① 言下之意,该报人认为妓女参与慈善义演既有助于增进社会文明,"观者"就应该以善意的态度去面对。

慈善义演在某种程度上说,还具有砥砺社会文明进步、启蒙底层民众的效果。② 此外,"晚清上海戏园多数赈灾义演都是为上海以外的其他地区举行的,这使上海和这些地区之间建立起某种情感纽带,而这种纽带正是建构近代国家观念和民族认同的重要基础"。③ 不同地区之间通过慈善义演进行交流互动之际,一些新式的知识人热心也参与慈善义演行列中,他们期望通过慈善义演来培育人们的文明意识、义务思想和国民精神。这些接受了新思想的知识人,往往凭借新兴报刊的推动力进行宣传和呼吁,效果也比较明显,推动了慈善义演的初兴。其中以英敛之最为典型。他借助《大公报》为传播平台,宣扬进步意识,培养民众的国族认同感,其中对于慈善义演的举办,尤为推助,如图1所示。

国族认同感不仅在于新知识人,梨园界内部也有圈内的身份认同。针对江皖大灾,1907年4月23日《顺天时报》刊出"伶界赈济会报告",称"北京及各省志士仁人怆然慨此,已先后募款劝捐,集货颇巨。惟兹伶界独忍袖手旁观,而不思设法以救济乎?"梨园艺人意识到自身不能袖手旁

---

① 哭:《论今日演剧助赈事》,上海《申报》1907年1月19日,第2版。
② 李孝悌:《清末的下层社会启蒙运动:1901~1911》,河北教育出版社,2001,第193~200页。
③ 王敏、魏兵兵:《近代上海城市公共空间(1843~1949)》,上海辞书出版社,2011,第136页。

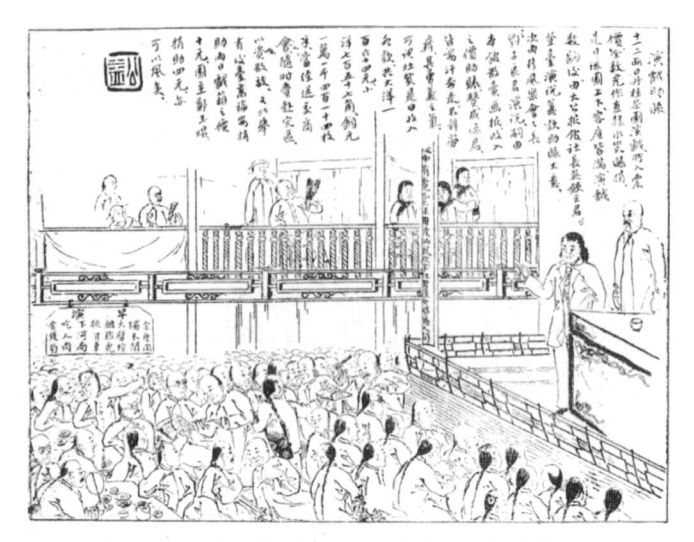

图 1　时任《大公报》总理的英敛之参与慈善义演

资料来源：《演戏助赈》，天津《人镜画报》1907 年 8 月 26 日。

观，要组织伶界赈济戏会，"用兹集腋成裘，或于江、皖同胞不无稍补"，"同人倡办此会赈济江、皖灾民，各出演戏卖票集货，以尽同种相恤之义务"，还呼吁："本会为江、皖灾民集货贩济，尽同种之义务，然于我辈名誉上亦大有关系，同人幸勿膜视，裹足不前。"[①] 此时，慈善义演已由单个的戏园或者艺人演出，逐渐扩展为整个行业的认同。梨园界内部组织起了伶界赈济会，开始在思想意识层面实现了对于慈善义演的认同，也在实践层面通过组织团体重新塑造自身新的外在形象，明显有助于圈外之人改变对于梨园人士的形象观感。

与士绅阶层、新兴的知识人、伶人群体等不同，女性群体在慈善义演中有着特别的意义。戊戌变法之后，"兴女学""戒缠足""男女平权"等进步思潮逐渐兴起，女性群体受此影响，迈出深闺，走向社会，参与到公共事务之中。女学界作为最先接受并传播女权思想的群体类别，"用自身所学的音乐技艺参与社会慈善活动、为新式教育和贫民教育募捐也成为晚清女学界的特色之一"。[②] 凭借慈善义演，女学界开始形塑着新女性的社会

[①] 陈义敏、李宗白：《京剧史料选刊》，上海书店出版社，2007，第 328～329 页。
[②] 段蕾：《走出学堂——晚清女学生的社会音乐活动（1898～1911）》，《中央音乐学院学报》2016 年第 1 期，第 97 页。

认同。例如，1907年江北水灾，京津两地女学界先后举办了慈善演艺会。时任天津公立女学堂总教习的吕碧城及北京各女学堂教员还发起了女界慈善会，其中参加学校众多，如日新学堂、蒙古喀拉沁女学、四川女学堂等。慈善会举办了慈善演艺会，其中包括"琴歌合奏""跳舞""军乐"。演出的反响很好，后来天津女学界亦组织了一场演艺助赈会，"由幼女朱巨才歌唱西洋曲调……后又有刘氏三位女学生，合琴唱歌，所入之款，除去开销，统归直隶赈捐"。① 除赈灾慈善义演外，1908年北京女学界也利用学校音乐活动为兴办新式教育募捐。是年2月，女子职业学堂为筹集本校办学经费，北京女学界参与了一场在当时看来质量很高的音乐演出，发起人李君盘等，"在鲜鱼口天乐园酬请京外音乐名师二十余位及最著名之西乐队，合奏中西词调古今名曲，并加演外洋最新平安活动电影"。② 晚清时期，女学界作为女性群体的重要组成部分，承担了新女性的价值追求和身份定位。女学界通过慈善义演的举办和参与，有助于彰显女性新的社会形象。

四 结语

综上所述，对于都市民众而言，晚清时期的慈善义演"既可遣其雅兴，又便随其善心"。③ 慈善义演因其寓善于乐的意涵和特性，逐渐风行于都市之中，受到了都市民众的追捧和赞许，呈现出初兴的新气象。慈善义演涉及众多社会群体，围绕慈善义演构成了一定的社群网络，推动了慈善义演的兴起和繁盛。此时的慈善义演并非一帆风顺，其局限性主要表现在演出规模相对较小、频次偏少；集中出现于影响较大的区域性事件；参与群体中政府人员相对较少，政府的角色还没有充分体现出来。同时，慈善义演的社会功效主要是赈济救灾、助学等，尚未与其他慈善事项发生关联。即使如此，慈善义演依然保持着自身的张力，其背后涉及的社会群体对于自身的认同构成了慈善义演纷繁复杂的面相，既有不同社会阶层之间

---

① 《同仁善会演艺助赈》，《北京女报》1907年3月19日，第2页。
② 《绝妙歌乐不可不听》，《北京女报》1908年2月18日，第8页。
③ 《公益善会李公祠开演电影、新戏助赈启》，天津《大公报》1907年2月6日，第8版。

的歧见，也有新式知识人对于新国民的启蒙塑造，还有伶人群体的行业认同，更有新女性的形象塑造。慈善义演顺应着时代的变迁，包涵着极其丰富的现代性内容，构成了时代场景中的重要一环。

（署名岳鹏星、郭常英。原载《广东社会科学》2017 年第 5 期）

寓善于乐：清末都市中的慈善义演

慈善义演是近代中国新出现的一种社会文化事象，主要是通过演艺筹集资金用于社会慈善活动。慈善义演承载着多重社会信息，营造了近代都市的慈善氛围，为近代慈善事业转型的一个重要体现。鸦片战争以来，伴随着中西交往的频繁、商品经济的发展，中国沿海通商口岸最早卷入了近代化浪潮，上海、天津、广州、汉口等早期开埠城市的近代化进程更为迅速。都市娱乐随时代变迁而兴起，为慈善义演提供了空间与契机，慈善文化开始在近代都市发展进程中孕育与成长。同时，市民生活的新方式、新内容，有力助推了慈善义演活动的兴起。其中，西方慈善思想的传入以及慈善方式的引进，构成义演活动酝酿与出现的关键因素，慈善义演成为近代慈善事业发展演变中的典型案例。目前学界对于近代慈善义演还缺乏关注，个案分析与总体讨论均显不足，对于都市慈善义演产生的相关问题还需具体分析。笔者爬梳史料，试作探讨，以求教于方家。

一 都市慈善义演的酝酿

近代以降，城市在慈善事业近代化的进程中作用凸显。近代城市的兴起，既催生了近代慈善事业，也推动了传统慈善事业的近代转型。新兴的近代慈善事业实际上是近代城市慈善事业，是以近代城市的兴起为依托、为载体的，[①] 一方面，近代城市的发展为近代慈善事业提供了物质基础和社会空间；另一方面，在贫富分化问题集中的城市中，有适应近代慈善事

[①] 周秋光、曾桂林：《中国近代城市与慈善事业》，载李长莉、左玉河等编《近代中国的城市与乡村》，社会科学文献出版社，2006，第503页。

业兴起与发展的内在需求。慈善义演在都市出现并非偶然，它是多种社会因素融汇的产物。晚清都市的逐步发展，特别是口岸城市的变化为义演出现提供了客观环境。近代商业城市的发展，成为慈善义演酝酿与兴起的空间背景。其中，新旧、华洋杂处的口岸城市生态，为慈善义演在中国的早期出现提供了条件与可能。

清末，口岸城市的发展带来了社会文化和市民生活的嬗变。鸦片战争之后半个多世纪，中国社会文化总的变化趋势，是由以往的闭关自守，转而为面向世界；由过去的封建传统天下，变而为近代化的趋势。[①] 这样的情况，在近代都市大众文化与市民生活中尤为突出。都市作为近代化的风向标与汇聚点，也自然成为诸多文化事象融汇的场域和代表。上海、天津作为南北都市发展的典型区域，表现尤为明显。上海自1843年开埠以来，很快成为中国对外贸易中心之一，随着对外贸易的快速发展，各类洋行、商行、货栈、船坞码头等工商事业不断涌现。人口的不断增加，商人阶层实力的增强，近代化城市管理方式的引进等，共同推动了上海的发展，上海逐渐成为中国的"贸易中心、金融中心和工业中心"。[②] 同样，天津作为近代北方的重要航运中心，在第二次鸦片战争以后商贸发展迅速，先后有九个国家在津设立租界和领事馆，成为租界最多的城市，租界一带很快形成了新兴的商业区，天津很快成为清末重要的大都市、北方地区的贸易中心。[③] 除此之外，汉口、广州等城市也同样伴随着商贸的繁荣、近代化浪潮的冲击在不断变化。汉口自1862年开埠之后，先后有二十多个国家前来通商，外国侨民大量聚集，至清末，工商企业的兴办使汉口成为仅次于上海和天津的近代工商业密集区，有"东洋芝加哥"[④] 之称。这一时期，广州作为中外通商的区域大都会，城市发展亦较为迅速。总体而言，清末时期，沿海、沿江、中西杂居的口岸商业城市，成了在华西方侨民的主要活动基地、西方商品的集散地与文化的输入地。中西交流的频繁，西方洋人的生活方式对国人产生了日益显著的影响，特别给当地市民文化生活带来

---

① 李长莉：《近代中国社会文化变迁录》第1卷，浙江人民出版社，1998，第1页。
② 贺水金：《开放格局与近代上海城市综合竞争力》，《史林》2005年第6期。
③ 樊如森：《天津与北方经济现代化（1860~1937）》，东方出版中心，2007，第55页。
④ 李卫东、彭学斌：《论晚清武汉社会经济的变迁》，《江汉大学学报》2000年第4期。

了日益显著的变化。

值得注意的是,市民文化生活的变化是都市发展的象征,其中,娱乐方式的变迁更为明显。中国的民间传统娱乐,戏剧观演是主要内容之一。清代戏曲发展非常兴盛,大量地方戏不断涌现,乡间"士绅宴会,非音不樽。而郡邑城乡,岁时祭赛,亦无不有剧",① 城里或有常设的经营性戏园,市民付款看戏,满足视听之娱。而这些戏园剧场往往建在官商汇集之地,如北京、天津的戏园就相当多。咸丰、同治年间,城乡民众看戏之风依然浓厚,凡是演戏之处,"人山人海,万头攒动",② 也有富贵人家请戏班"堂会"的情况。随着清末的城市发展,城里戏曲观演日益增多,娱乐业呈现兴盛之势。更为显著的是,都市发展促使新型经营性戏园大量出现。追求盈利的戏园主,以延请名角、布置剧场为重,使观赏传统戏曲成为市民娱乐的主要方式之一。以上海为例,经营性剧场于19世纪60年代已经出现,到19世纪80年代已有"梨园之盛,甲于天下"之说。③ 当时的戏曲观演通常是作为消闲娱乐、教化育民,或为当地的民风礼俗,并未显示出慈善公益的内涵。这与晚清社会经济贫弱、公共空间狭窄、慈善公益意识淡漠有一定关系。清末都市发展带来的商业繁荣,西方慈善公益观念的东渐等,开始影响城市民众的传统义利观与慈善意识。

除了都市的发展与变化带来了外部环境的改变之外,义演的出现还与清末慈善事业的演变有重要的关联。有学者认为,中国近代慈善事业的兴起,从晚清光绪初年民间大规模兴起的义赈开始,后来又有戊戌时期各地慈善公益事业及清末新政期间地方自治中的慈善活动④;还有学者认为,晚清慈善观念以及民间慈善公益事业的出现,是当时慈善事业发展最重要的表现。⑤ 笔者对此非常认同。晚清传统荒政体系当时无法承担起社会救济的责任和功能,荒政低下的效率以及官赈的衰弊,为民间慈善力量的兴起提供了较大的空间。同时,西方外来势力在中国的社会救助模式和慈善

---

① 徐珂:《清稗类钞》,中华书局,1984,第5012页。
② 杨恩寿:《坦园日记》第1卷,上海古籍出版社,1983,第4页。
③ 黄式权:《淞南梦影录》,上海古籍出版社,1989,第101页。
④ 周秋光、徐美辉:《晚清时期中国近代慈善事业的兴起》,《西南交通大学学报》2006年第4期。
⑤ 朱英:《经元善与晚清慈善公益事业的发展》,《华中师范大学学报》2001年第1期。

实践，成为国人开展民间慈善的启迪和参照。慈善义演实际上是民间义赈的一个类型，也是募捐的一种有效方式，最早在华洋杂居的口岸都市随着近代义赈的兴起而出现。上海、天津、汉口、广州等口岸都市，成为带有浓厚商业气息的市民文化发源地，并逐渐辐射周围地区。随着后来中外交往的不断扩大、口岸商品经济的繁荣、西方慈善观念与助善方式的影响，都市娱乐演出逐渐发生变化，义演性质的娱乐活动才开始出现，表现形式也渐趋多样。

二 都市慈善义演的出现

晚清都市社会生活的一系列变化，构成了慈善义演出现的环境要素。以"丁戊奇荒"救灾为契机，以外侨"租界展示"效应为样板，慈善义演由此开始出现。

1. 都市娱乐兴盛与市民生活需求

都市商业活动的频繁和西人习俗的影响，使市民生活方式发生变化，特别是消闲娱乐发生重要变化。时人记载了上海情况："第一开心逢礼拜，家家车马候临门。娘姨寻客司空惯，不向书场向戏园。"[①] 由中所见，西人的"礼拜"、市民的"戏园"，都是时尚与消闲乐事。都市生活发生变化，市民娱乐时间增多，消闲娱乐场所扩增，娱乐形式更加社会化、商业化、多样化。民众生活的灵活性、自由度在不断增加，社交的频繁更促进消闲娱乐场所的发展，如茶园、戏园、烟馆、赌馆、跳舞厅等，种类繁多。

外国演艺的进入，成为西艺东渐大潮的最初形式，在一定程度上刺激城市娱乐业的兴盛。外国的戏剧、马戏、影戏、西洋魔术乃至钢琴音乐等纷至上海，甚至出现了中外艺术同台演出的事例。如1874年，上海丹桂戏园戏班与西人剧团在兰心大戏院同台演出，"西商皆拟届期以闺阁偕往，想华人之带巾帼类以去者亦必甚多，果然中外男女一时之大快乐场也"。[②] 同样，"近代京、津、沪大城市中，市民嗜剧成癖"，[③] 民众对于传统戏曲

[①] 鸳湖隐名代:《洋场竹枝词》，上海《申报》1872年7月12日，第3页。
[②] 《西国戏园合演中西新戏》，上海《申报》1874年3月16日，第2页。
[③] 乔志强:《中国近代社会史》，台北：南天书局，1998，第320页。

的追捧，使剧场观演日益频繁，刺激了各地娱乐业的快速发展。

娱乐业的兴盛，在某种程度上扩大了市民公共生活的空间，有人开始参与社会公共事务和公共活动。慈善活动作为社会公共性事务，也受到民众的持续关注。娱乐与公益慈善相结合，成为时人募捐办慈善的一种新方式。娱乐业的商业化追求，将义演作为商家（如营业性的剧场、戏园、茶园等场所）推广宣传、树立形象的舞台。从社会文化史的角度来看，义演以都市娱乐文化为引导，以赢得民心的社会救助为内核，以商家或个人形象展示为辅助，构成了一体多面的社会效益，这是义演出现的重要因素。都市娱乐的兴盛与繁荣，市民对于消闲娱乐生活的需求与追求，奠定了慈善义演的社会基础。

2. "租界展示"效应的发挥

华洋杂居是通商口岸城市的突出特征，也是口岸城市划定租界后的必然结果。晚清西方文化传入中国有四条渠道，其一即为"租界展示"，[①] 这也正是慈善义演出现较为直接的原因。有学者认为："义赈中的义演手法不是传统生活中获得的灵感。因为这种手法极有可能是对西方义演形式的一种模仿。"[②] 目前所见义演出现的最初记载是1877年。当时中国北方遭受极其严重的旱灾（史称"丁戊奇荒"），针对此次灾荒的救助，成为义赈兴起的直接原因。《申报》载文反映西人义演募捐助人的情况："日前有英国战船猝遭沉溺，兵丁水手死于是役者，殊堪悲悯。复有家属零丁孤寡无所倚靠，更觉可怜。有心者即于十九晚相集演剧，于赴观者皆税其赀，即以是夕所税之赀尽为周济沉沦家属之用。"并称赞"其立心不减于仁人施济，且使来观者既得娱目亦足以写其好行……一举两得，诚为甚便"，"使世之演戏皆如此用心，则谓之有益亦无不可"。[③] 文中也记载了租界法人的义演善举："去冬上海租界寄居之法人缘法国有一地方饥荒，法人之在沪者欲集资以赈之，亦用此法演戏。两日所得之资尽行寄往，以助赈务。"充分肯定演戏助赈"其法亦可谓良矣。出资者不费大力而集腋成

---

① 严昌洪：《西俗东渐——中国近代社会风俗演变》，湖南出版社，1991，第43页。
② 朱浒：《地方性流动及其超越——晚清义赈与近代中国新陈代谢》，中国人民大学出版社，2006，第364页。
③ 《论演戏救灾事》，上海《申报》1877年2月8日，第1页。

裒，众擎易举。既得多资，有益正事"。西人义演助赈给了当时的报人以启发，此文号召国人"效其所为，遇事照此办理，势必易于成就"，呼吁戏馆"岂有不肯帮赈大众之饥饿乎？""从此沪上各戏馆之美名亦可以与西人演戏行善之美名同见称于一时也。岂不美乎？"① 报人的呼吁很快得到上海鹤鸣戏园的响应，该戏园持续多时举行义演为山东筹集赈款。② 当时办理义赈的谢家福在起草义赈募捐章程时说："现在梨园子弟，西国教堂尚且慨然助赈，诿我人生同中国，品列士林，容有靳此区区之理"。③ 此后，国人的义演开始多见，如1878年5月，上海丹桂园、大观园、天仙园举办多场义演，时人呼吁民众观赏，并称"既畅游兴、借助赈资，真一举两得也"。④

租界西人的生活实践，成为其生活态度与慈善理念的展示窗口。"丁戊奇荒"期间，上海的外国人曾以音乐会助赈，⑤ 据记载，"遵宪（时任苏松太道的冯焌光——引者注）闻亦到会倾听，西人亦咸集以观，或一男一女独唱，或男女十余人互唱，丝竹杂陈不一，其式观者皆闻之忘倦"，⑥ "西商及其女眷前作音乐会，即将听客之资一齐作为赈款……是日所收之银约及一千元"。⑦ 租界的展示效应在天津也得到体现。1906年，天津出现一连串义演活动，如"日本助善乐团等来津演出"办"慈善会"，⑧ "河东奥界诸戏园拟公助国民捐"，非租界内的戏园"兴隆、德来、立华等均择日乐助"⑨ 等。租界西人的慈善理念与赈济方式，借助报纸等媒体的宣传，不可避免地对部分市民和社会上层产生影响，义演募款救弱济贫的"租界展示"，成为都市慈善义演出现的直接因素，口岸都市又成为慈善义演向其他都市传播、延伸的"基地"。

---

① 《论演戏救灾事》，上海《申报》1877年2月8日，第1页。
② 《戏资赈饥》，上海《申报》1877年4月26日，第2页。
③ 谢家福：《齐东日记》，光绪三年五月初一条。转引自朱浒《地方性流动及其超越——晚清义赈与近代中国新陈代谢》，第111页。
④ 《戏园助赈》，上海《申报》1878年5月25日，第4页。
⑤ 《醵资施赈》，上海《申报》1877年2月26日，第3页。
⑥ 《音乐会醵资》，上海《申报》1877年3月5日，第3页。
⑦ 《签银施赈》，上海《申报》1877年3月10日，第2页。
⑧ 《日本开办慈善会》，天津《大公报》1906年3月23日，第5版。
⑨ 《梨园义务》，天津《大公报》1906年3月30日，第5版。

3. 西方慈善理念的影响

中国自古不乏慈善思想，如儒家讲"仁爱"，佛家讲"慈悲"，道家讲"积德"，墨家讲"兼爱"，其中都蕴含着救人济困的理念，而与西方慈善公益理念相比，则有所不同。以"寓善于乐"的慈善思想为例，1877年随郭嵩焘、刘锡鸿出使英国的张德彝在日记中曾提到，英国慈善医院"各项经费，率为绅富集款。间有不足，或辟地种花养鱼，或借地演剧歌曲，纵人往观，收取其费，以资善举"，张德彝称之"诚义举也"。[1]"寓善于乐"被西方人士司空见惯，国人仍视之新奇。报界载文反映时人对演戏救灾的评价："华人借之以利己，西人借之以济人。故自华人视之则为无益之行为，而自西人视之则为有益之举动。"[2]可见时人对慈善义演在中西之间认知上的差异。也有人乐观表达观戏的益处，称其"大则可以尽孝养，中则可以寓劝惩，小则可以破忧愁"。[3]国人对观戏取乐的认识，重在发掘其教化功能与娱乐消遣意义。

对于义演助赈，民间认识不同而形成一些阻力。如，演戏"酬神"作为一种民间娱乐方式，流行于南方城乡，此类活动相比剧场商演，更近于公共事务，笔者由所见史料记载，发现了时人赈灾态度的差异。"某村演戏，某人司事，手持黄纸簿，按户批输，多则数千文，少则数百文，极少或百余文，或数十文，无不尽收以去，村村皆然。每以村中有资演剧为荣"，观者"人山人海，肩摩踵接，途为之塞。虽驰骋于烈日中，汗流浃背弗顾也。演戏多至十余日，费资不下数百金"。[4]有人呼吁借助演戏筹资挹注灾区，"惟以其半，作为演剧供众人之欢笑。以其半移助赈捐，种后来之善果，不远胜于求神祷福耶？况所谓神者，全在鉴人之善恶。善则降祥，恶则降殃。今分演剧之资以赈，神见都人士多方行善，定然欢喜无量，较全虚于驰逐中孰得孰失，不判然耶？"[5]然而，变演戏酬神为赈捐的阻力不小，人们"谓敬神即是积善，岂知于敬

---

[1] 钟叔河主编《走向世界丛书——随使英俄记》，岳麓书社，1986，第427页。
[2] 《论演戏救灾事》，上海《申报》1877年2月8日，第1页。
[3] 《论戏园》，上海《申报》1874年11月3日，第1页。
[4] 咄咄生：《暑窗夜谈》，上海《申报》1886年8月16日，第9版。
[5] 咄咄生：《暑窗夜谈》，上海《申报》1886年8月16日，第9版。

神之外尚有积善之事"，组织演戏酬神的"司事多非止人。非每年借此分余饱其私囊，岂真有心为地方祈福者？特乡愚无知为其所弄非，是不足使之解囊耳"。① 从材料反映来看，演戏助赈虽然得到人们的初步认知与肯定，但在推行中仍有阻力，原因有二：一是民众的慈善观念不强，讲求敬神娱神、积善为己；二是过于重利，演戏助赈将割断利益团体的谋财链条。

中西慈善理念的交织、影响，为义演提供了时代场景，西方"寓善于乐"的慈善思想与办赈实践不断启发国人，促成了近代慈善义演的出现。传统思想观念的改变与西方慈善思想的影响是一个长时期的渐进过程，慈善义演进入民间社会，同样经历了一个长时期的嬗递过程。总体来说，慈善义演的出现，突破了以往慈善活动的局限，赋予其新的形式与内涵，推进了近代慈善事业的转型，顺应了近代社会某些内在的特点。

三　义演展示与成效

慈善义演借助娱乐活动，使得其表演形式逐渐多样化，既有以传统戏曲义务演出的义务戏及各类募捐演剧，又有西方的电光影戏和音乐会等。作为一种筹款方式，义演营造的表演"场域"下的助善氛围，逐渐成为市民喜闻乐见的活动内容。大体来说，清末都市慈善义演在初兴时期，主要表现如下。

1. 义务戏等募捐演剧及初步成效

义务戏以传统戏曲作为主要内容，是慈善义演的重要表现形式。义务戏表演往往名角云集，民众多乐于观赏。有大量史料显示清末各地义务戏的繁多。汉口"演剧集资助赈"在1886年出现，"由首事邀集数人择日下帖，请各铺户观剧。每会出钱一千文由一会至百会凑集"，②"吴君奇纯善士，应深悉需赈之急、募赈之难"，"邀首人数十位各自下帖接人看戏，每位出钱一千文，竟得集成巨款"。③ 因汉口演剧助赈取得较好效果，1893

---

① 咄咄生：《暑窗夜谈》，上海《申报》1886年8月16日，第9版。
② 《文报局内协赈公所琐记二十六》，上海《申报》1887年7月5日，第3版。
③ 《演剧助赈》，上海《申报》1887年7月6日，第11版。

年顺直水灾的时候，人们采用的助赈方法仍是演剧集资，①汉口演剧助赈渐趋增多。1905年，上海崇宝水灾给社会造成了严重危害，当地各大戏园举行联合演出——"助赈专场"，兴起大规模的义务戏。各戏园"名角一律登台，看资悉数助赈，所有案目、扣头等项，亦复涓滴献公、丝毫不取"。②演剧助赈募款，经营性戏园演出转为乐善济困义举，拓宽了慈善募款的新渠道，也使得募款方式渐趋多样化。

北京虽然不是口岸都市，但是长期为中国政治中心和文化中心，义务戏观演既频繁又集中。1906年，清政府国民捐"倡自京都继及津、保，凡有国家思想、知国民义务者，莫不争先举办，以救时危。且闻卑如优伶如娼妓亦能知义务劝办此捐"。③国民义务思想的普及、国家意识观念的增强，极大地提升了艺人及民众的参与热情。以田际云为首的北京梨园界，针对"惠兴女学"举办的义务戏演出，"爱仿各国慈善办法，演戏三日，专卖女座"，"在京师之名伶，殆已网罗无遗"。④田际云说："我们行业虽微，敬重侠烈的热心，可是跟士大夫没有两样！"⑤时人评价，"北京戏园二百余年，此乃感动之第一声"。⑥义务戏营造的助善氛围可见一斑。

值得注意的是，初期的演剧助赈一般表现为各都市内部的自发行为，而到1906年、1907年，面对徐州、海州地区的大水灾，出现了南方、北方多个城市共同助赈的情况，义务戏与其他义演形式合作助赈，实现了慈善义演从多元并立到南北联动。学生群体、商人群体、伶界和票友团体等，都举行广泛的慈善义演。如1906年12月，上海美租界华童公学学生，在本校演剧，收"入观者每人洋银五角"，"看资移助赈捐"，援助受灾民众。⑦同样，上海培才学堂的学生"开会演剧，所有入场券，每纸取银五

---

① 《上海北市丝业会馆筹办顺直新灾赈捐沪局琐记七》，上海《申报》1893年9月1日，第9版。
② 《梨园乐善》，上海《申报》1905年9月23日，第9版。
③ 《京榆铁路同人公办国民捐原启》，天津《大公报》1906年3月8日，第6版。
④ 景孤血：《三十年前北京妇女匡学会义务戏传单》，《立言画刊》1939年第16期，第9~10页。
⑤ 田际云：《匡学会给助善诸位道谢》，《京话日报》1906年4月9日，第1版。
⑥ 《文明戏剧之感动力》，天津《大公报》1906年6月4日，第6版。
⑦ 《华童公学演剧助赈》，上海《申报》1906年12月22日，第1张第1版。

角，悉助淮徐赈捐"。① 1907 年 2 月，上海益友社社员也发起赈灾义演，"发起人李殿臣、金应谷、任榆等，以江苏淮、徐、海诸处水灾甚重，特于本月十二日假沪北张园安垲第洋房演剧……所得看资悉数拨充赈款"。② 后来，申报馆收到"益友社交来张园演剧助赈洋二百三十九元，小洋一百三十四角"。③ 与上海同期慈善义演相关联，天津义务戏演出也比较兴盛。天津有很多善会团体，如书画慈善会、小小慈善会、中国妇人会等，其中较具规模者，首推公益善会、广益善会和艺善会。广益善会曾邀请谭鑫培、王瑶卿、金秀山、王长林等著名"伶人"，"在李公祠，共演五天六场"，④ 所得款项"寄江北 4116.2 元，并交户部银行"。⑤ 艺善会"由北京特邀叫天及各等名角，由二月初四日起至初八日止，演戏助赈"。⑥ 另外，在义务戏的影响下，"各茶园闻风兴起者，相继而起"。永顺茶园义演虽仅一天，但情形相当热烈，"数场曲艺后，由英敛之登台演说灾民情状，及激劝座客尽力助捐。次由刘子良演说后，众皆鼓掌"。⑦ 兴盛茶园园主"与后台班主、房东公同商酌"，发起兴益善会，"特请京津名角，准于十二日演戏一天，将早晚所收茶戏资并房东房租、箱价均行捐助"。⑧ 聚庆茶园则"早晚加演新戏，所入之款全数充江北赈捐"。⑨ 报纸刊文评价天津的演剧赈灾活动的繁多与影响："自公益善会演戏筹赈后，继起者遂有艺善会、广益善会及花界慈善会等蝉联，而下无日无之。"⑩ 以上针对江皖水灾的筹款数目也较为可观，其中"公益善会，大洋 13047.98 元；广益善会，大洋 4116.2 元；艺善会，大洋 2958.4 元"，各善会的募款，连同书画慈善会以及中国妇人会的捐款所得达到 3.5 万元以上，共计"汇洋 35252.06

---

① 宜：《学堂演剧助赈》，上海《申报》1907 年 1 月 17 日，第 2 张第 9 版。
② 觑：《益友社演剧助赈》，上海《申报》1907 年 2 月 21 日，第 3 张第 17 版。
③ 《本馆经收宁淮皖北水灾各属急赈清单》，上海《申报》1907 年 3 月 4 日，第 1 张第 2 版。
④ 赵山林：《中国近代戏曲编年（1840～1949）》，华东师范大学出版社，2008，第 249 页。
⑤ 《广益善会演戏助赈告白》，天津《大公报》1907 年 3 月 27 日，第 6 版。
⑥ 《善会又开》，天津《大公报》1907 年 3 月 12 日，第 5 版。
⑦ 《纪永顺茶园倡办赈捐》，天津《大公报》1907 年 3 月 17 日，第 6 版。
⑧ 《兴益善会演戏助赈启》，天津《大公报》1907 年 3 月 23 日，第 6 版。
⑨ 《演戏助赈》，天津《大公报》1907 年 3 月 24 日，第 6 版。
⑩ 《纪兴益善会》，天津《大公报》1907 年 6 月 26 日，第 4 版。

元",这些资金陆续由天津户部银行汇至南洋大臣投入救灾使用。①

此期北京各类演剧助赈也构成了慈善义演南北联动的重要内容。1907年2月,乔荩臣等倡办"开演义务大戏",②之后他联合田际云、王子贞等"倡办普仁戏会","并有中国妇人会到场出售物品,所得之款全部汇至江北灾区"。③田际云等人还发起"北京普仁乐善会","在福寿堂演戏助赈……所得戏资全济灾区",并约请"谭鑫培、汪桂芬二名角共襄义举"。④孙宝瑄还曾在福寿堂观剧,并说"梨园中皆尽义务,开慈善会,名优皆集"。⑤ 是年4月,北京伶界王凤卿、姜妙香、姚佩秋、王琴侬等人"分布传单,禀请总厅假地演戏,以所收入票价一律汇至江皖助赈"。⑥ 4月23日,《顺天时报》第5版刊出"伶界赈济会报告",鼓励伶界参与活动:"北京及各省志士仁人怆然慨此,已先后募款劝捐,集货颇巨。惟兹伶界独忍袖手旁观,而不思设法以救济乎?"还倡导"同人倡办此会赈济江、皖灾民,各出演戏卖票集货,以尽同种相恤之义务……本会为江、皖灾民集货贩济,尽同种之义务"。⑦ 至此时,北京由单个的戏园或者艺人演出已经扩展为整个行业的认同。

慈善义演需要借助市民的更多参与,以保证募集款项的充足。其中,吸引都市民众的演出内容、良好的组织秩序和安全措施、民众可以承受的票价、媒体的关注和宣传、募集款项的征信等,成为慈善义演取得良好效果的必要条件。事实上,这些因素几乎已经构成慈善义演的重要内容。如徐海大水灾,上海义赈会邀集名妓二十余人,借南京路小菜场楼上工部局议事厅合演戏剧,"所得看资赏封悉数充入江北赈灾之用";伶界著名艺人林凤宝、潘凤春、王桂英、秦美云、翁梅倩、胡翡云、小林黛玉、金莲香等分别演出《纺棉花》《乌盆计》《算粮登殿》《宇宙锋》《卖马》《卖绒花》《探母回令》等,全体演员还共同演出《大赐福》。观赏价位不同,

---

① 《江皖赈捐数单》,天津《大公报》1907年5月12日,第6版。
② 《举办义赈》,天津《大公报》1907年2月26日,第4版。
③ 《义务戏会助善》,天津《大公报》1907年3月4日,第4版。
④ 《京师演戏募捐》,天津《大公报》1907年3月4日,第4版。
⑤ 孙宝瑄:《忘山庐日记》,上海古籍出版社,1983,第1069页。
⑥ 《伶界演戏救灾》,天津《大公报》1907年4月21日,第4版。
⑦ 陈义敏、李宗白:《京剧史料选刊》,上海书店出版社,2007,第328~329页。

演出同时还有义卖进行，卖物者基本是上海商界、金融界的代表。对此次义演，报纸有跟踪报道宣传。① 鉴于义演的影响力，为了保障安全，上海县令还特"派巡防步队勇丁……日夜巡逻"。② 义演募集款项也相当可观，报纸有分类记述："演剧助赈计售头等票洋四千二百十二元，二等票售洋九十四元五角；办事票头等售洋念四元，办事票二等售洋二十九元，办事人票售洋三十三元，值事人票售洋九十一元，赏封计洋四百十七元，捐款计洋二百二十三元，卖物计洋九百七十六元，共计得洋六千零九十九元五角。"演出所在的工部局议事厅及巴勒洋行之戏台的一切花费，均因"事关赈务，一概捐助"，费用统由同人按股匀摊。③ 由此可见，围绕此次义演已形成慈善帮助的群体网络和氛围。这种由民间组织的助善团体，通过义演募集款项，推广公益观念的模式，对慈善风尚也起到积极推动作用。上海张园是上海租界著名公共娱乐场所，此处经常举办义演活动。1908 年广东水灾，张园"特允慈善家之请"演剧助赈④；当年各省水灾严重，上海慈善会"以公益拨助善举为宗旨"也在张园举办义务戏，"所售券资拨助灾区赈济"。⑤ 另外，针对同年 9 月"各省迭受水灾"，安徽旅沪同乡会在上海大观茶园"发起演剧助赈"，所得款额"以四成赈徽州，二成赈安庆，四成赈粤鄂"，观众现场捐助"清单俱刊入新闻、神州两报，以昭大信"。⑥

　　由上可见，清末时期的义务戏及合作演艺，已经成为一些市民行善募款的方式之一。义务戏的"义务"性质及其所蕴含的慈善公益精神，为仁人善士贡献慈善公益事业提供了新渠道，也在潜移默化之中塑造了良好的社会帮助氛围。

　　2. 影戏等助赈方式及其成效

　　与传统戏曲不同，影戏是西艺东渐的产物，从幻灯片开始逐步发展为电光影戏，即电影。晚清影戏助赈是近代慈善事业的新鲜事物，具有西艺助民的典型意义，与西方歌剧、钢琴音乐会等相比，影戏更受普通市民欢

---

① 《纪上海名妓演剧助赈详情》，上海《申报》1907 年 1 月 14 日，第 1 张第 4 版。
② 宜：《西报纪女优演剧助赈事》，上海《申报》1907 年 1 月 27 日，第 3 张第 17 版。
③ 外：《剧资助赈计数》，上海《申报》1907 年 2 月 1 日，第 3 张第 17 版。
④ 《张园允慈善家演剧助赈广告》，上海《申报》1908 年 7 月 25 日，第 1 张第 1 版。
⑤ 《慈善会演剧广告》，上海《申报》1908 年 8 月 27 日，第 1 张第 1 版。
⑥ 《皖南野鹤演剧助赈》，上海《申报》1908 年 9 月 13 日，第 1 张第 1 版。

迎，有道"种种新奇迥非昔比，座上诸客无不击节称赞"。①

1885年11月，华商颜永京、吴虹玉二人在上海用幻灯机演影戏，并将戏资助赈，这一事件成为国人演影戏募捐助赈之始。影戏本属于新生事物，加上其以助赈为号召，当时好奇者甚多，人们争相前往观赏，"后来者至以不得容足为憾"，② 影戏演出大受欢迎。当时《申报》载文盛赞其"于赏玩之中寓赈恤之意"。③ 此后，在上海、天津等城市，影戏助赈逐渐成为市民参与慈善活动的一个主要方式。

随着技术的进步，到20世纪初，影戏发展为电影。围绕影戏的助赈活动，逐渐形成了更多的艺术样式，如中外音乐、新戏、电影等等，这些娱乐方式投入慈善义演中，发挥了重要作用。如，1907年江皖水灾，天津绅商、市民自发组成公益善会，在李公祠"演电影十日，并邀请中外音乐助兴，及各园名角串演新戏。凡有他项赏心悦目者，一并广为搜罗，务使花样翻新"。④ 当时慈善义演已融汇了多种演艺形式，在不同时期各自发挥娱乐助赈的效用，由此足见国人对"寓善于乐"理念的吸取与采纳。

上海是华洋杂居最为集中的都市，影戏助赈早已成为当地民众表达善举的常见方式。1908年夏秋之交，为援助五省水灾，上海法租界内出现许多助赈活动。据报纸广告消息所见，在大马路商品陈列所电戏馆"特演最新电光影戏。所得看资，除缴外，造具征信，悉数助赈"，欢迎民众"驻足""悦目"，施"救灾""善举"。⑤ 同期，为援助徽州水灾之难，驻沪徽州同乡"邀美国大技师在大马路五云日升楼"演电影，为了吸引民众观赏，还在《申报》连续20多天广告宣传。广告以影戏魅力和观赏环境为号召，"其影戏片，有声有色，上海从未演过……戏园凉爽并有电扇，有横马路可停车马"。⑥ 与上述活动一样，上海同善义赈会"为安徽、镇江、扬州等灾区，待振孔亟"，特"开演改良异样电光影戏"，并且"逢礼拜六、礼拜日外加绝妙中西戏法。入场券每位售洋一元，平日售洋五角，童

---

① 《观影戏记》，上海《申报》1875年3月26日，第3页。
② 《重演影戏》，上海《申报》1885年11月28日，第3版。
③ 《观影戏续记》，上海《申报》1885年12月7日，第2版。
④ 《公益善会李公祠开演电影、新戏助赈启》，天津《大公报》1907年2月6日，第8版。
⑤ 《活社电光影戏看资助赈》，上海《申报》1908年7月9日，第1张第1版。
⑥ 《皖南徽州水灾开演影戏助赈》，上海《申报》1908年8月17日，第3张第1版。

仆减半……券资悉数移作灾赈"。① 此时也有电影公司的助赈演出。1908年8月，上海张园源记影戏公司同人"为念江浙两省水灾……邀同志演集影戏。特请由外洋初到活动电光影戏……所得看资，悉数助江浙两处赈饥"。② 也有一些筹赈游艺会的影戏活动参与其中，如1911年×月，上海"爱俪园游览筹赈大会，念四五日夜，添演田永奎义务戏法，并电光活动影戏"。③

由于影戏演出内容鲜活，特别受民众欢迎，此类助赈方式非常有效。影戏有别于传统娱乐项目，因为新奇、时髦而引发出大量的民众赏玩需求，这种消费需求与筹款助善相结合，自然成为娱善结合的绝佳方式，可谓一举两得。影戏助赈虽然有别于义务戏，但是二者的共同点在于其都是"寓善于乐"慈善思想的外化体现，并构成慈善义演的重要组成部分，影戏助赈的发起，也成为慈善义演初兴的一种体现。值得注意的是，相对于乡村社会，影戏入场票款的"高额"支付成为观念与"经济"的阻碍，因此影戏助赈主要在都市盛行。影戏是西方传来的新事物，上海、天津等与西方接触较多的都市是此类活动的承载体，这是影戏助赈不同于其他慈善义演形式的一个重要特点。

四 义演的社会网络与效应

慈善义演是一种社会性活动。义演活动的组织者、参与者、表演者和受众，共同构成了义演的网状结构。其中，社会上层乃至精英阶层的参与，增强了义演的影响力和社会效果。政府官员、都市绅商阶层的赞许与支持扩大了义演的规模，提升了义演的层次。绅商阶层则通过在义演中的贡献和影响，实现了个人形象塑造与身位变化，也使义演获得较好的募资成效。开明官员的赞许与支持，以绅商、伶界、新式学生群体等为代表的新兴社会力量的积极参与，成为都市慈善义演初兴的驱动力，并形成一定的社会影响。

---

① 《影戏助赈》，上海《申报》1908年9月18日，第1张第2版。
② 《影戏助赈》，上海《申报》1909年8月2日，第1张第7版。
③ "广告"，上海《申报》1911年9月16日，第2张第1版。

政府官员对于社会募捐的态度有利于慈善义演活动的兴盛。李鸿章曾在天津北洋水师学堂设立西乐乐队,这支乐队除了常规军事操练之外,也参与外界演出。据报纸披露,1883年,在李鸿章的允准下,乐队到上海参与筹款赈灾演出。当时关于乐队演出的消息还登上《申报》新闻,乐队连续多日在公园演出。① 在国家荒政能力逐渐减弱的情况下,官员对新生社会事象的赞许与支持,既表明义演活动的意义和价值,也利于此类慈善活动的顺利举行和进一步拓展。

绅商的参与,对于义演募捐有着双效意义。在商业气息逐渐浓厚的近代都市中,商人通过参与慈善活动,向社会表达责任与担当意识,有益于自身社会影响力及其地位的提升。如1907年秋顺直地区发生大水灾,当时天津一些商界人士积极组织演戏募捐,分工协作,"各尽义务,担任分售戏票、延请亲友,襄此善举",② 经过艺人、戏园、商界三者联合运作,不少商家"踊跃担任分票售价,并自捐款极为出力",报纸及时载文,评价绅商此举使"社会蒙福不浅"。③ 此类事例清末较为多见。1911年春,上海"杂粮公会同人悯江皖沉灾,特约同行筹款助赈……假座大舞台演剧,所得券资,悉充赈济",④ 义演募款"悉数充赈,并无丝毫开支",时人评价说"该公会及寓沪绅商,热心善举,见义勇为,殊为不可多得"。⑤ 部分商人通过义演捐款,体现出这一阶层热心善举、慷慨解囊的正面形象,也向社会昭告:商人并非都是"为富不仁"的"奸商",他们的付出值得社会尊重。

都市青年学生,是慈善义演活动中值得关注的一个群体。清末演剧不限于伶界演出,一些新式学校和教会学校也表现活跃。在这类义演表演中,还体现了西方音乐与中国传统戏曲等艺术的融合,这是早期慈善义演的一个重要特点。1907年春,"上海实业学堂及震旦学院学生,假徐家汇李公祠合演中外古事集捐赈济淮海饥民",到场的观赏来宾有很多,演出

---

① 《西乐奏艺》,上海《申报》1883年10月25日,第2页。
② 《天下仙戏院演戏助赈广告》,天津《大公报》1907年9月1日,第1版。
③ 《商界热心》,天津《大公报》1907年9月12日,第6版。
④ 《杂粮公会演剧助赈》,上海《申报》1911年5月19日,第2张第4版。
⑤ 《演剧助振之踊跃》,上海《申报》1911年5月24日,第2张第4版。

"先由徐家汇法教堂学生演奏西乐,次由马相伯观察演说演剧助赈为淮海饥民请命",随后《洋琴合奏》《化学游戏》《学生音乐班》等节目之外,还有西剧《璧衣缘》《伪翻译》,洋琴独奏与中国戏剧《冬青引》等,最后有徐家汇教堂学生演奏西乐。此次义演当场募捐"百数十元"。[①] 虽然得资有限,但如此社会实践与演出实效,"观者无不同声赞叹",也因此又演一次,并将"所入看资汇寄赈所"。[②] 像这样青年学生参与的慈善义演,在上海经常出现。学生演剧募捐,既有参与社会展示能力的需求,也反映社会的需求与认同,由此成为学生群体慈善义演的起始。

与新式学生群体加入慈善义演行列几乎同时,都市各种社会力量联合义演也得到呈现。如1907年夏,上海的沪北商团"为江北灾巨,谋思赈济。爰集同人议定演剧拨款解赈",募款赈灾之后,原本要结束义举,结果又收到"云南待赈孔殷"的来电,同时上海同济、仁济两医院的"宝隆医士、梅医士又均以款绌见请"。商团认为,"医士虽籍隶外邦,而心倾中国,且医院为救疾病起见,受其益者多属华人。一视同人,何分畛域"。最终定于6月25~27日"假议事厅为大舞台编成特别改良新戏,并请绅商合串其戏资。分日拨助同济、仁济两医院经费及云南灾赈","戏资每日每票售洋二元"。[③] 随着新兴社会力量慈善义演活动的持续,当年秋季,针对云南旱灾,上海绅商、学界、伶界积极联合举办义务演出。义演以知名的新剧演出团体春阳社为主,"爰集沪上学商两界……并邀丹桂菊部诸名伶义务登台助演","假座圆明园路外国戏园开演,并备西式茶点,以助雅兴。每夜八钟启门。入场券头座二元、二座一元","所得看资悉数充赈"。[④] 由不同群体联合举办的义演,在清末的上海城内,已成为一种常见的社会文化现象。

需要关注的是,新兴社会力量的参与给义演注入了不同的艺术风采。活跃的各类娱乐项目,保证了演出效果与募款成效,也显示出不同社会群体的社会责任与社会担当。如1908年8月,中国青年会广东同人组织为粤

---

① 颖:《学生演剧助赈》,上海《申报》1907年4月15日,第3张第19版。
② 庸:《学堂演剧助赈》,上海《申报》1907年4月20日,第3张第19版。
③ 《沪北商团演剧助赈广告》,上海《申报》1907年6月27日,第1张第1版。
④ 《春阳社演剧助赈广告》,上海《申报》1907年11月1日,第1张第1版。

省水灾募捐,议定借中国青年会举行中西音乐大会及新发明"民光影戏",并将"所收看资,尽数助赈",表演"一、广东丝弦音乐班;二、琴曲独奏;三、滑稽歌;四、影戏;五、奇巧口技;六、解颐歌合唱;七、影戏;八、弦曲独奏;九、琴曲合奏"等。① 像这样的义演,清末比较常见。义演中也有魔术、杂艺等。如1911年江皖地区发生水灾,当时,著名魔术表演大师朱连魁,特"假座张园安垲第","开演各项奇异艺术……并请津班坤角三人,竟上高五十余尺之烟火架上演飞舞、试刀等艺,为沪上从来未有之绝技……开演种种惊人夺目之戏,三班二十余人一律登台"。② 此次"张园演剧助赈,共售戏券洋六百八十五元,临时募捐箱洋六百四十一元,当即汇迅解灾区施放"。为了扩大义演的慈善本意与社会宣传效果,组织者还"特此登报,以扬仁风"。③ 由于口岸城市中西交杂的特点,义演活动中常有洋人举办音乐会的身影。从报纸记载可见,1907年年初,办理江皖赈灾的华洋义赈会,相继收到"海关公所音乐会五百十一元三角五分"捐款,④"杭州长老会书院音乐会集捐洋一千二百十八元二角"。⑤ 1908年3月,上海青年会、妇人会、基督教青年会发起慈善音乐会,与到访的日本客人联合起来,共同表演才艺等。⑥

由于社会各阶层的广泛参与,慈善义演呈现出社会文化效应。在义演中,不同的参与群体,异质的艺术表演样式,多元的演出内容,最终因为慈善的主题而汇聚为一种"表演场域"。对义演而言,表演内容在某种程度上也是"表演场域"的象征。随着慈善义演的初兴,清末灾情戏登上剧场、舞台。逼真的现实感,使都市民众有灾荒身临其境之感,因而更加同情灾荒发生地的民众苦难;透过戏剧表演来刺激市民感官,塑造剧场、舞台的慈善氛围,实现慈善义举效果。慈善义演以演出场所为物质基础,通

---

① 《音乐会义赈粤灾》,上海《申报》1908年8月14日,第3张第3版。
② 《请看今日日戏、今夜夜戏——朱连魁大艺术演剧助赈》,上海《申报》1911年5月14日,第1张第7版。
③ 《朱连魁君演剧助赈志谢》,上海《申报》1911年5月21日,第1张后幅第1版。
④ 《华洋义赈会经收中西善士捐款第二十二次报告》,上海《申报》1907年1月26日,第10版。
⑤ 《华洋义赈会经收中西善十捐款第三十次报告》,上海《申报》1907年3月5日,第18版。
⑥ 《日本孤儿院开慈善音乐会》,上海《申报》1908年3月4日,第3张第3版。

过演出内容的调整,实现表演者与观众的良性互动,催发慈善情怀,进而实现慈善意识的"场域"植入,塑造慈善的氛围。如1911年5月31日,"由中国青年会同人发起音乐演剧,补助江皖赈捐","来宾极多,几无虚座"。其艺术表演有"独唱西曲,中西女塾女士钢琴合奏,并该塾全体女士四十余人登台合唱",还有"琵琶独奏",以及众人合演"《哀鸿泪》一剧"。① 各类艺术表演吸引着观众,特别是《哀鸿泪》一剧,使得不少"座客为之惨然下泪。当场有周芝君女士急取手上真珠手镯一只及金钱一枚掷台助捐,续有来宾纷掷洋蚨、钞票、小洋约百数十元"。同时,为了塑造慈善氛围,在"每出前后,附以活动电光影戏,并由该会会员说明情节,不啻身历其境",最终收获"共千余元",这笔不小的款项"悉数交由华洋义赈会分解灾区"。②

清末,慈善义演往往得到市民的良好评价和积极响应。当时报纸文章有很多赞扬之声,并呼吁民众积极参与慈善义演,如"各界同胞既极视听之娱,复拯灾黎之厄,一举两得、何乐而不往?大家去!大家去!"③ 时人也高度赞扬伶界投身演剧助赈的义举,认为伶界进行的慈善义演使得"伶界文明开化之誉大噪一时,各省有灾荒则演剧以助赈,学堂缺经费则演剧以补助,虽曰伶界之热心亦文明进步之创格也"。④ 由此反映出清末城市新兴社会力量的不断成长,这些新兴社会力量的增强,既保证了慈善义演以民间为主体的结构,并取得大量筹款的实际效用,也为构建城市慈善风尚奠定了基础。

义演作为集娱乐性与慈善公益为一体的社会性活动,通过不同的艺术演出和表现方式,依靠社会群体的积极参与,实现了慈善效用的发挥。民众在欣赏演出内容的同时,不自觉地参与到慈善公益中来,既娱乐了自己,也帮助了他人,使慈善公益的理念渐入人心。义演在吸引观众娱乐的同时,更促进社会公众对于慈善事业的参与和认知。慈善义演活动在潜移

---

① 《青年会演剧助赈志盛》,上海《申报》1911年6月2日,第2张第2版。
② 《青年会演剧助赈志盛》,上海《申报》1911年6月2日,第2张第2版。
③ 《今日之新舞台——必须去,不可不去》,上海《申报》1909年6月27日,第2张第4版。
④ 《学界与伶界之消长》,上海《申报》1909年10月16日,第2张第2版。

默化中营造出民众帮助的社会氛围。

五　结语

　　清末都市特别是口岸城市资本发展走向和近代化转变，使其日渐脱离旧有的传统文化状态。通商都市的快速发展，为近代社会文化的转型与繁荣提供了温床，都市自身也成为传统社会文化向近代变迁的产生地和集中地。中西交融是清末口岸城市发展的动力与特征之一。慈善义演的出现便是市民生活由传统向近代嬗变的一种形式，在一定程度上为中西交往深化的结果，并衍化为具有时代特征的文化实践。义演不仅成为都市民众社会生活的组成部分，也在促成社会慈善风尚的形成，并建构新的城市慈善事业。多种类型的慈善义演，在某种程度上形成灵活、便利的助善机制：通过活动策划、场地选择、事前广告、表演设定、票务销售等环节，借助报刊等媒体的宣传推广，募集善款汇缴慈善机构参与赈灾，成为新型筹款方式。

　　慈善义演的核心理念是"寓善于乐"，也是能够为民众迅速接受并广为赞同的关键所在。民众对于传统戏曲的热爱和对外来新颖娱乐方式的接纳，是慈善义演初兴的必要条件。慈善义演在近代的出现与初兴，既与西方社会习俗的介入、慈善理念的传播有关，也与市民社会生活的娱乐消遣趋向有关。而都市商品经济的发展、商业活动的频繁则为民众参与慈善义演活动提供了坚实的物质基础。慈善义演作为新的文化事象，成为市民社会生活嬗变的表征。

　　义务戏、影戏助赈等义演方式，是慈善义演的最初表现形式。这既与传统中国社会民众娱乐方式有关，也与西方外来艺术形式的嵌入相连。这一时期，虽然慈善义演形式稍显单一，规模有待扩大，但是民众的参与程度以及影响效果还较为可观。艺人的义演实践，有助于提升该阶层的人格形象，改变人们对其传统的社会定位。观演的受众，通过观赏慈善演出，可取得"资涉历""广见闻""资劝诫"的效果，正所谓"一举而数善"。[①]

---

　　① 《观影戏续记》，上海《申报》1885年12月7日，第2页。

绅商等社会人士通过参与慈善义演，表达了该阶层的社会担当和社会责任感，充当了社会结构流动的中介力量，还成为灾难时期值得社会民众尊重的支撑力量。围绕慈善义演组成的社会网络成员，基本上属于社会的"边缘"群体，他们中的大多数，远离清政府的权力核心。而以舞台、剧场为表演场域的组织者、表演者和观演市民，成为义演的主体力量，或为新兴的民间主体。他们通过慈善义演，表达了自身的社会责任感，推动着慈善义演的持续与兴盛。作为中国近代新兴与新型的帮助方式，慈善义演将献身慈善、推广公益的思想观念直接向社会各阶层扩散，改变着人们旧有的行为习惯和思维方式，也促进了近代慈善事业的转型。

（署名郭常英、岳鹏星。原载《史学月刊》2015年第12期）

清末民初义务戏的属性

义务戏始于清末,随着近代社会变迁而不断发展。民初,义务戏演出的频次增多、类型多样化,成为民众喜闻乐见的助善方式,并在京、津、沪等城市表现较为突出。分析义务戏的属性,挖掘其内涵与特征,对于深化研究义务戏在近代的嬗变具有重要价值和意义。

一 慈善公益性

慈善公益性是义务戏的本质属性。相对于传统戏曲演出方式即主要以牟利为旨趣的堂会戏与营业戏,义务戏则以慈善公益为意旨。它将传统的戏曲演艺与现代慈善公益相结合,达到了"以娱乐之集合,为慈善之援助"① 的意旨。寓乐于善、募集善款成为义务戏最重要的社会效用。

清末民初,赈灾演出是义务戏主要的表现形式之一。譬如,1905年上海崇宝水灾严重,上海各戏园联合举办"助赈专场","名角一律登台,看资悉数助赈"。② 1906~1907年,江皖大水灾,除上海各戏园演出义务戏助赈之外,京津的梨园行也积极募款赈灾。"天津自公益善会演戏筹赈后,继起者遂有艺善会、广益善会及花界慈善会等蝉联,而下无日无之"。时人还评价义务戏在南北方的联动情况,"兴起合群,何分南北;益成善举,挽救同胞"。③ 北京艺人田际云亦发起"北京普仁乐善会","接演十日,所得戏资全济灾区"。④ 名士孙宝瑄观剧后曾说:"梨园中皆尽义务,开慈

---

① 《请看空前之好戏》,天津《大公报》1922年12月15日,第2版。
② 《梨园乐善》,上海《申报》1905年9月23日,第9版。
③ 《纪兴益善会》,天津《大公报》1907年3月26日,第4版。
④ 《京师演戏募捐》,天津《大公报》1907年3月4日,第4版。

善会，名优皆集。"他评价道："诚绝唱也。"① 民初，赈灾义务戏多不胜举，甚至还得到过政府的支持。如1917年夏，京津水灾，天津警察厅组织了水灾急赈会，还联合升平戏园以及正乐育化会举办义务戏筹款。是年9月13日，天津"警察厅水灾急赈会开董事会议"，"报告各戏园演唱义务戏助赈，助捐者颇踊跃"。②

冬赈是义务戏重要的慈善之举。义务戏募款冬赈，主要用于粥厂购煤、粮等。贫民是最大的受助群体。如1914年1月，天津艺曲改良社、善堂联合会筹办冬赈，于"十四、五、六三日早晚假丹桂茶园演唱义务戏"，"所得茶资全数交与善堂合力散放贫黎"。③ 又如1920年冬季，上海浦滨公益会邀请戏曲艺人"假新舞台义务演剧，所得剧资除开支外，悉充该会本届冬季善举经费"。④

助学体现出义务戏慈善公益性。1906年，"惠兴女学"义务戏成为京津义务戏出现的标志，"开创了北方地区社会募捐的新形式"。⑤ 此后助学义务戏逐渐增多。1906年10月，北京的"王子贞、乔荩臣等志士为筹捐学款"举办义务戏，"并请报界热心志士登台演说，以维持女学"。⑥ 民初，除民间力量外，政府部门也举办义务戏募款助学。如1919年"北京提署为筹办四郊贫儿学校，特于是年元旦起，假第一舞台邀集名伶，演唱义务戏"。⑦

同行互助表现出义务戏又一功能。民初，京、津、沪等地梨园公会都曾通过义务戏筹款救济同行。如1915年北京正乐育化会安排梅兰芳、王蕙芳、李洪春等艺人"在阴历腊月二十三于天乐园演义务夜戏"，所得戏价全归贫苦同业均分，以便过年。⑧ 在救济同行的义务戏中戏曲艺人也往往比较卖力。时人回忆杨小楼"救济同业义务戏中，无论演何剧皆特别讨

---

① 孙宝瑄：《忘山庐日记》下，上海古籍出版社，1983，第1069页。
② 《急赈董事开会记》，天津《大公报》1917年9月14日，第1版。
③ 《演戏助赈》，天津《大公报》1914年1月8日，第1版。
④ 《浦滨公益会演剧筹款》，上海《申报》1920年1月1日，第11版。
⑤ 夏晓虹：《旧戏台上的文明戏——田际云与北京"妇女匡学会"》，陈平原主编《现代中国》第5辑，湖北教育出版社，2004，第28页。
⑥ 《演戏助女学经费》，《顺天时报》1906年10月5日，第14版。
⑦ 《听歌想影续录·办贫儿学校义务戏记》，《三六九画报》第17卷第7期，1942年。
⑧ 《筹赈》，《群强报》1915年2月8日，第6版。

好"，赞其"顾全同业、见义勇为"。① 像搭桌戏、窝窝头义务戏等赞助同业义务戏更是多见。

清末民初，义务戏募集的善款主要用于赈灾、冬赈扶贫、助学、同行互助等慈善公益事业。一般情况下，义务戏组织者主要通过出售票券，募集来自观众所支付的资金及其他捐献，并直接将演戏结余金额缴送至办理慈善事业的机构。义务戏在吸引民众行善的同时，一定程度上也营造慈善公益社会氛围。时人评价义务戏"在受惠者，固与平时无若何之轩轾。而慈善家，乃得聆空前之好剧，享无上之娱乐"。② 从这个意义说，义务戏的"寓乐于善"充分体现出慈善公益性的内涵。

二　社会网络性

义务戏是社会性活动。清末民初，社会团体的参与、戏曲艺人的努力、报刊传媒的推介、票友的互动，共同促进了义务戏的发展，体现出义务戏的社会网络性。

社会团体凭借组织性能，往往使义务戏取得较好的演出效果，产生广泛的社会影响。清末，戏曲艺人已经自发组成社会团体举办义务戏。1907年4月23日，《顺天时报》第5版刊出了一则"伶界赈济会报告"。开篇便说，江皖大水灾，戏曲艺人要组织"伶界赈济会"，"赈济江、皖灾民，各出演戏卖票集资，以尽同种相恤之义务"。③ 民初，随着梨园公会的完善，义务戏成为有组织、成规模的助善方式。如1912年成立的上海伶界联合会，"年必邀合著名艺员，举行合演一次，筹资以充养老恤鳏、施衣施米、筹办学校等善举之用，颇著佳绩"。④ 1923年北京梨园界新旧交替之际，戏曲艺人自动发起了梨园公益总会，其中《梨园公益总会成立简章》规定，公会"可随时约集同人演义务戏，以资补助"。⑤ 除梨园公会之外，

---

① 嵩：《追记过去之——梨园济贫义务戏》，《三六九画报》第19卷第6期，1943年。
② 然犀：《慈善之代价》，天津《大公报》1922年12月18日，第3版。
③ 陈义敏、李宗白：《京剧史料选刊》，载蒋锡武编《艺坛》第5卷，上海书店出版社，2007，第328~329页。
④ 《伶界联合会演剧筹款》，上海《申报》1928年11月7日，第15版。
⑤ 李洪春：《京剧长谈》，中国戏剧出版社，1982，第412页。

其他社会团体也积极参与。如 1917 年,"天津红十字会、书画慈善会以津埠贫民待赈孔亟"为由,约请天津"正乐育化会全体艺员假丹桂茶园演义务戏剧一日"。① 华洋义赈会也曾参与组织义务戏。如 1920 年华洋义赈会组织在"同庆戏园演唱义务戏,早晚所得票价均全数助赈,以襄善举"。② 与天津一样,上海市社会团体也积极参与义务戏。如 1920 年 11 月,北方旱灾,中国红十字会"延请大舞台、亦舞台、第一台及新舞台艺员,在九亩地新舞台联合义务演出好戏,所得券资,尽充灾赈"。③ 另外,淞沪残废、乞丐、游民教养院,上海临时慈善会以及女界义赈会等,也都积极举办义务戏募集善款。

戏曲艺人是义务戏的核心。艺人是义务戏的表演者,有时也是组织者。1922 年 12 月,梅兰芳、杨小楼等戏曲艺人听说天津南善堂要举办义务戏,筹集恤嫠款,便积极参加。天津南善堂还在《大公报》上发布启文、广告等进行宣传,"特约伶届明星梅兰芳暨杨小楼、余叔岩、陈德霖、龚云甫诸艺员,假法界天福舞台演义务戏三晚,准演著名拿手名剧,以期贡献于社会"。④ 清末民初,民众对于戏曲艺人的观感经历着"戏子"到"艺术家"的变化。艺人积极参加义务戏成为助推因素之一。同样,戏曲艺人也十分注意社会舆论,并及时利用义务戏为自己正名。譬如,1920 年北方大旱,倡议举办义务戏的声音此行彼效,其中有人传言梅兰芳不愿意参加在天津的义务戏,有破坏善举的嫌疑。梅兰芳特意在《大公报》上刊登启事,以昭明信。启事中列举了他连续五次义务演出,并声明"历次并未领取分文,凡此皆足以证明鄙人对于各种义务戏无不尽力,则益足以证明天津义务戏由鄙人破坏之,决非事实也"。⑤ 展示了以梅兰芳为代表的戏曲艺人参与义务戏的热情。

报刊传媒对于义务戏的推介,扩大了义务戏的影响。"在西学东渐大潮中兴起的近代报刊和出版机构打破了传统戏剧狭隘的运行机制"。⑥ 义务

---

① 《红慈两会之筹赈》,天津《大公报》1917 年 1 月 19 日,第 7 版。
② 《戏园演艺助赈》,天津《大公报》1920 年 11 月 1 日,第 1 版。
③ 《四大舞台合演筹赈》,上海《申报》1920 年 11 月 4 日,第 11 版。
④ 《请看空前之好戏》,天津《大公报》1922 年 12 月 15 日,第 2 版。
⑤ 《梅兰芳紧要启事》,天津《大公报》1920 年 12 月 1 日,第 1 版。
⑥ 田根胜:《近代报刊与近代戏剧》,《长江大学学报》2006 年第 3 期。

戏通过报刊传媒的推介，很快成为民众娱乐助善的良好渠道。时人还号召以戏曲艺人作为助善的标杆，"每逢灾患及慈善事，或地方有急需筹款时，优伶必演唱义务戏得资充捐"，"独不解一般坐拥厚资之阔，嫖赌则挥霍；不吝求其稍助公益，则深闭固拒，曾不肯拔其一毛。未知对于优伶亦稍抱愧否？"① 报刊对义务戏的促进作用，主要体现在传播演出消息，宣传义务戏。如1921年，浙、苏、皖、鲁水灾，天津急赈会开会商讨义务戏演出办法，"天津各报馆到会者：《大公报》攀子镕、《时闻报》李秋岩、《启明报》熊瑶岑、《晨报》孙文田、《益世报》刘俊卿、《大中华商报》肖润波等"。② 报纸媒介的参与，"扩大了梨园界慈善公益力量的社会影响力，这种相互的合作也使义务戏形成了一种模式"。③

剧、票两界的互动往往通过义务戏得到实现。清末，北京的票友就参与过义务戏，宣传、报效国民捐。1906年，著名票友乔荩臣曾约集国风雅韵社和文韵畅怀社票友同尽义务，"所收戏资悉数归入国民捐，以资提倡"。④ "自民国成立后，因无禁令，学戏者十居八九，于是票房林立，如雨后春笋。"⑤ 票房的增多也意味着票友群体的兴盛。其中，票友参与的义务戏也较为常见。如1918年5月，"北京著名票友演义剧于第一舞台，应中妇女慈善会之约"。⑥ 民初，"天津的票友人数之多、普及之广，实力之雄厚，在全国首屈一指"。⑦ 由票友组织出演的义务戏成为一种常态，正所谓"每遇公益之事，剧票两届，向不后人"。⑧ 剧票两界也乐于出演义务戏，切磋艺术，投身慈善活动。与京津一样，上海的票社也"通过大量的公开演剧活动、以慈善捐款为目的义务演出，以种种方式实现其作为民间社团对社会与大众应有的贡献"。⑨ "票友作为观众的核心力量"，已经成为

---

① 无妄：《闻演义务戏志感》，天津《大公报》1918年3月15日，第1版。
② 《杨处长开筹赈会》，天津《大公报》1921年9月29日，第1版。
③ 杨秀玲：《〈大公报〉举办的最大一次义务戏演出》，《中国京剧》2013年第1期。
④ 《演戏提倡国民捐》，天津《大公报》1906年8月22日，第4版。
⑤ 王晓春：《票房沿革史》，《实报》1936年第4期。
⑥ 张聊公：《票友义务戏》，《听歌想影录》，天津书局，1941，第150~151页。
⑦ 罗澍伟：《近代天津城市史》，中国社会科学出版社，1993，第622页。
⑧ 《义剧赈灾》，《北洋画报》1931年8月29日，第3版。
⑨ 邹越：《传统与摩登的融合——民国时期上海的票友及票社》，《文化遗产》2008年第2期。

义务戏演出中必不可少的社会参与群体。①

总之，社会团体、戏曲艺人、报刊传媒以及票友，围绕义务戏建构了一个以慈善公益为旨趣的社会网络，最大程度发挥着义务戏的社会帮助功能。

三 民间主体性

义务戏以民间慈善公益力量为支撑。义务戏的组织者，无论是梨园公会或其他社会团体，还是戏曲艺人或社会名人，几乎全部来自民间力量。参与者、观赏者的主体，无论是绅商善士、票友还是普通百姓，也都以民间力量为主。这种善举的力量不是孤立的，而是共同合力产生的效应。比较有代表性的是赈灾义务戏。一般的运作模式是办理救灾的慈善团体与梨园公会或者艺人班社进行商议，确定戏码与日期，假座某个舞台（或者戏园）进行演出，通过派发或者售票筹得票款，统一缴到相关的机构办理赈济。在这个过程中，报刊媒介一般也积极地报道，宣传义举、呼吁捐款。譬如，1921年天津急赈会因苏、浙、皖、鲁几省洪水为患，"商同正乐育化会，特于阴历九月初一、初二、初三，假座大舞台，筹办江苏、浙江、安徽、山东四省义务戏三日。所得戏资，尽数汇交四省，充作急赈"。②"当场认捐者万余元，所有戏班男女角均系义务，房租电费亦皆捐助"。③此次义务戏的发起人，都是当时天津乃至在全国都有影响力的名人，体现出民间慈善力量举办义务戏的群策群力。

绅商阶层的参与值得注意。清末民初，绅商参与义务戏活动已经十分活跃。1911年，"津郡城厢内外鳏寡孤独以及老弱残疾之人，势必饥寒交迫，失业流氓到处皆是"。面对此情，天津的缙绅、商董，如李星北、阎俊卿等人，"特约同仁演戏助赈，所得戏资全归赈济"。④ 1917年，他们还

---

① 北京市艺术研究所、上海市艺术研究所：《中国京剧史》上，中国戏剧出版社，1990，第124页。
② 《急赈会演义务戏助赈》，天津市地方志编修委员会办公室、天津图书馆编《〈益世报〉天津资料点校汇编》（一），天津社会科学院出版社，1999，第1341页。
③ 《义务戏筹款情形》，天津《大公报》1921年10月7日，第1版。
④ 《演戏助赈》，天津《大公报》1911年12月28日，第6版。

针对"北京孤儿院以及天津恤嫠会办理慈善,成绩良优,筹款颇艰"的情况,特函请天津正乐育化会约集全体艺员在第一舞台演义务戏一天,"所得戏资充作会院经费,以襄善举"。① 上海的义务戏也是以民间的慈善力量为主导。如1919年湖北发生水灾,沈敦和、朱葆三、劳敬修等绅商组织湖北义赈会,特邀"粤东群芳艳影班名伶之李雪芳女士暨全班女艺员,于阳历十月初十日在北四川路虹江桥戏院演剧一宵,担任义务","设有慈善特座为盛频臣以五百元购得,并有席立功、龚子渔劝募汇丰银行捐银两千元,杨小川劝募香港华商总会一千元。至一旬钟闭幕,车水马龙,颇为热闹"。② 这一实例也证明,"对慈善活动给予支持,并积极参与的主体,正是上海市民"③的说法。从某种程度上说,缙绅、商人的参与,有力地保证了善款的来源。

对比民间的慈善力量,政府力量则稍显薄弱。清末民初,政府没有专门管理义务戏的机构。一般情况下,只有警察部门进行常规的管理,即派警维持秩序。如1918年,针对中国女慈善会(由时任驻京丹国公使列斐夫人、外交总长陆征祥夫人、财政总长曹汝霖夫人、督办熊希龄夫人组织)"在第一舞台演唱义务夜戏,筹款开办贫民妇女工场"的善举,北京的"军警长官李阶平、吴镜潭特拣派所属人员多名至第一台照料一切"。④ 维持秩序虽然有利于义务戏的演出,但警察部门对戏园演出时间的限制,则不利于义务夜戏的开演。如天津警察厅就规定"境内之剧园及各游场等,皆令其至夜间十二钟一律停演,违者拘罚"。⑤ 此外,政府还面向演出征税,"各种捐税大部分沿袭前京师工巡局暨左右翼税局之旧制征收名目"。其中,"公益捐、戏艺捐、乐户及妓捐,以上有财政局经收;娱乐场弹压费、娱乐场慈善捐由公安局经收"。⑥ 也就是说,民初北京市政府沿袭清政府的惯例保有对义务戏的征税权力。

---

① 《绅商界热心善举》,天津《大公报》1917年5月12日,第2版。
② 《湖北义赈会演剧助赈记》,上海《申报》1919年12月1日,第11版。
③ 徐牲民:《上海市民社会史论》,上海文汇出版社,2007,第244页。
④ 《派军警照料戏场》,天津《大公报》1918年4月28日,第1版。
⑤ 《通饬取缔戏园》,天津《大公报》1916年5月24日,第6版。
⑥ 《北平市政府民国二十三年度预定行政计划书》,《北平市市政公报》第269期,1934年,第57页。

从民间力量的参与程度以及政府的角色来看,可以认为义务戏以民间力量为主导,体现了民间主体性。

义务戏作为近代慈善义演的主要表现形式之一,使得民众在欣赏传统戏曲的同时,不自觉地参与到慈善公益中来。时人还透过义务戏来表达自己的认知。1918年,时人针对梅兰芳在天津升平舞台出演营业戏,与孙菊仙及各票友在第一舞台出演义务戏进行比较:"座客之众,升平究不及第一台。夫听升平戏者,顾曲之心居其半,赏艳之心亦居其半。听第一台戏者则实于娱乐之中,含有慈善之意味。就是夕之乐景,以评骘社会之心理,谁谓好德不如好色者?"① 可见义务戏的影响力以及民众助善的社会心理。慈善公益性作为义务戏最重要的内在属性,既是它深得民众支持的重要原因,也是其区别其他戏曲演出方式最主要的决定因素。社会网络性则是义务戏在清末民初能够得以发展的重要体现。义务戏植根于民间慈善公益力量之中,撇开民间慈善公益力量,义务戏就会成为无源之水。可见,多位一体的建构,促进了义务戏的发展。

(署名岳鹏星。原载《史学月刊》2014年第11期)

---

① 无妄:《游戏见人心》,天津《大公报》1918年5月3日,第1版。

> 慈善义演之力量

近代演艺传媒与慈善救助

在当今社会，由于科学技术的进步与发展，能作为大众传媒的载体已有很多。大众传媒在推进慈善救助等社会公益活动上能发挥很好的作用。它不仅能给慈善救助活动以很好的宣传，也能对慈善救助活动做积极的发动，还能对这些活动的组织与管理进行舆论上的监督，并且它自身也可以成为多种社会公益活动的直接参与者。在近代中国历史上，社会经济发展落后，民众生活贫困低下，社会文化内容贫乏，大众传媒形式甚少，人们所接触和认识的传媒工具仅有报刊和广播等。事实上，当时在民众生活中能够形成一定文化与思想影响的，还有演艺活动。时代的变迁已使近代的演艺活动比以前有了多方面的发展，它既是一种社会文化活动，也具有一定大众传媒的功能，可以用娱乐演出的形式聚集人群，借此平台传播文化艺术，也可以以此宣传思想主张或推进某些活动开展，包括募集捐款，进行慈善救助。因此笔者认为，这种艺术演出是一种实体性的演艺传媒。对于这种与社会救助活动密切关联的近代演艺传媒，目前学界还缺乏从慈善参与的角度给以相应的关注，而史料证明，近代演艺传媒不仅对社会文化发展起到一定宣传推动作用，还动员和吸引了部分富有阶层参与慈善活动。同时，其自身也运用演艺形式，济贫救困、济危解难。所有这些，既给予贫弱人群和遭受灾难者以关爱和救助，还产生了良好的社会教育作用，有助于形成关爱弱者、慈善待人的良好社会风气。

近代中国社会出现"几千年未见之大变局"，除了传统社会发展走势已难以为继，到了必须发生重大变革的历史阶段之外，西方近代文明的传入，带给中国社会政治、经济、文化以至民众生活以重大而深刻的影响，也是极为重要的原因。就文化艺术领域而言，各种西方艺术形式伴随着西方政治和经济的强势推动，如潮水一般涌入中国各地。这种西艺大潮对中国传统艺术形成一定的冲击，民族演艺活动受到不同程度的影响，虽然大量的娱乐演艺形式还在延续，但也有一些表现方式在发生演变。从社会文化发展的视角看，不同文化艺术的碰撞与交流，能产生诸多的社会文化效应，就中国当时的演艺活动发展状况讲，这种"西艺东渐"在客观上促进了中西艺术的近代交融，改变了长期封建社会中传统艺术发展缓慢、进展滞后的状态，开创了社会演艺市场初步兴盛的局面。

任何一种新兴艺术形式，要进入社会文化市场并从中获取利润，必须要得到社会的广泛认可，赢得更多受众的喜爱。在当时条件下，演艺组织者为了扩大影响所选取的办法和途径有多种，不仅需要在各类文字传媒上刊布广告进行宣传，还需要在具有一定社会影响的群体之中进行深入的推介和展示，进而招来更多的观赏者，实现价值提升。此时，观赏者多数不仅是追求时尚的社会名流、富有阶层，还有权重位高的政府官员。与演艺者相同的是，他们为了自己事业的发展，也需要有向社会展示自我"良好形象"的机会和途径。而向社会传递慈爱之心和善良之举，则是进行正面宣传、赢得美好声誉的最好办法之一。从这一视角来分析认识，近代演艺传媒的慈善活动除了客观上起到了济弱扶贫、张扬爱心的社会效应外（当然，其中不乏部分参与者"回报社会"的良好意愿），事实上多数活动是一种商业宣传与形象展示合二为一的推介形式。近代演艺与当今社会的综合艺术表演相比，在表现形式上有一些差别，它突出表现在演出的"前奏"——领导人的演讲之中。当今演艺活动多数开门见山，直接进入艺术表演。而近代演艺则有不同，一些演艺活动分作两个部分：一是领导人发表讲话。由主办方或者承办方做演讲，内容一般突出演艺的目的，以形成宣传民众、营造影响的社会效果，其中也会表达主办方的精神追求。演说的言辞或许不多，但毫无疑问，在集会中阐述意义、发布主张，对于多数受众来讲，与他们期待的艺术表演同样能够产生一定的宣传效应。演出过后，再通过报刊发布消息，形成更大的社会影响。如北京慈善组织1916年12月为安徽赈灾的义务戏演出，就有王子贞的登台演说，由此唤起了观众的慈善之心，"得款甚多"；1934年张伯驹为河南赈灾自办堂会戏，开戏前，他登台讲话详细介绍河南灾情，同样引起了观众的同情和支持。这种形式不仅在慈善募捐演艺会中运用，非募捐赞助的一些演艺活动也时常采用。如1919年北京大学聘请民间艺人王露（之后聘为北大教授）到校举办民族乐曲音乐会，校长蔡元培在演出之前做重要讲话。由于他讲话中对民族音乐的提倡与激励，推动了大学生对民族音乐文化的深入研究与挖掘。二是进行艺术表演。在近代城市中举办的不少演艺活动，除戏曲之外，还有许多新兴的各种音乐艺术的组合，如歌唱表演、器乐演奏、舞蹈和话剧艺术等。这已与传统的以说唱、戏剧、杂耍等为主的表演形式有了很大的不同，它反映出西方音乐艺术已在中国社会产生出一定影响，同时也表明，中国的音乐人注重将西方文化艺术与中国民族音乐有机地结合起来，创造出适应民众不同喜好的新的艺术形式。

　　文化艺术活动是面向观众的活动，它需要观众的认可和接受，更希望受到民众的欢迎和好评，这都对演艺活动不断提高演出水平，适应社会需要，提出了较高的要求。然而，在西方的文化艺术初到中国之时，由于欣赏习惯不同以及许多中国民众对其缺乏认知，曾造成观赏者非常有限的局面，因而给从业者和演艺界提出了如何吸引和争取观众，保证自身生存并推进事业发展的问题。即使一些在西方已有相当知名度的艺术家们，到了中国这一新的演艺空间，也成为艺术"新人"，演艺者若要长期立足于中国舞台，必须得到中国社会民众的重新认可，才能够体现艺术价值，继而谋求更大的事业发展空间。或许因此，我们在近代中国社会历史上，才能够见到越来越多的演艺界人士参与社会救助的活动——在很大程度上，这是他们获得社会认可的需要。

　　艺术家表演者的社会慈善活动，一个显著的特点是既可以满足社会需要，又能体现个人社会责任意识，还可以展示自身才艺和能力的最佳表现方式。通过慈善艺术表演，演艺者客观上向社会推广了多种艺术内容、向民众传播了新的审美方式。艺术家演出对受众的视觉与听觉感染，使他们从中获得欢欣与愉悦，并通过观赏者的口口相传，让更多的民众了解到艺术的精彩与魅力，同时也知晓了表演者的才艺以及对社会的慈爱与奉献。此时，演艺平台也自然成为最佳的广告媒介——在宣传令人称道的扶助贫弱行为同时，演艺者的艺术形象和人格形象也获得提升。

各个时期不同社会群体的社会角色问题,从来都是社会史研究的关注重点。演艺人是社会中的人,其人格形象必然会带上时代的印迹。与时代发展同时进步的一批演艺者,即使没有参与慈善演艺活动,其社会地位与形象也已有所改变,参与了慈善义演之后,就更有助于形成良好的人格形象。《申报》曾刊文指出中外演艺者的社会地位和人格形象存在明显差距:"泰西戏场之事与中国迥异,盖从事是业虽非上等之人,然其在班内著名之人,外人相待亦皆礼貌有加,非如中国卖技者流群以江湖目之也。"① 1905年,清政府派高官出访西方各国考察,"五大臣出洋"之一的戴鸿慈在其《出使九国日记》所记:"欧美戏剧,所以妙绝人世者,岂有他巧,盖由彼人知戏曲为教育普及之根源,而业此者,又不惜投大资本,竭心思耳目以图之。故我国所卑贱之优伶,彼则名博士也,大教育家也……又安怪彼之日新而月异而我乃瞠乎在后耶?"② 其言不仅指出了我国文化艺术远远落后于西方国家的重要原因,更是揭示了演艺人员的社会人格在中西之间的强烈反差。他们所言一语中的,点明了中国文化艺术长期发展缓慢、滞后的要害所在,即对"人"的作用的忽略和抹杀:当西方国家音乐人士将音乐作为高尚的职业和事业去崇尚、去追求、去享受之时,我国的"艺人"还在为谋求生计、为赚取微薄收入而去"卖唱""卖艺";当西方国家艺术人才可以当上博士,成为大教育家时,而我国在封建社会中则长期视其为卑贱的"下九流""戏子"等。近代社会的发展进步为演艺人改变之前低下的社会地位创造出了新的条件,体现近代文明的社会救助活动又给了他们表现的平台,为演艺人顺应时代发展和社会进步,主动参与社会公益事业,在服务社会中发展自己,提供了广阔的空间和良好的契机,演艺人正是通过新的形象展示有效地实现了人格形象嬗变。我们可以发现,近代社会许多演艺者认识到了这一点,他们更加关注社会民众对文化生活的需求,关注不同群体对于艺术欣赏的感受,努力举办社会民众喜闻乐见的演艺活动,争取获得高度的社会评价,树立自己具有社会良知、富有担当意识的社会形象。这样做的结果,往往可以产生出一种与社会良性互动

---

① 《英国著名女乐至上海演戏略》,上海《申报》1874年4月7日,第1页。
② 戴鸿慈:《出使九国日记》,张静蔚编选、标点,载《中国近代音乐史料汇编》,人民音乐出版社,1998,第79页。

的作用：演艺者既为社会做出了贡献，也获得了社会的尊重，它不仅能获取一定的心理满足，还有可能博得更好的艺术评价。因此，尽管参与慈善活动是要占用时间、付出辛劳，甚至还要有资金花费的，也依然是多数艺术家乐意参与的"双赢"活动。

长期以来，社会民众对于不同艺术或演艺群体，有着褒贬不一的社会评价：艺术有高尚与低俗之分，演艺者的归类也有"艺术家"与"下九流"之别。之所以泾渭分明、差别甚大，笔者认为主要有两方面的原因：一是艺术内容品质之分；二是艺人社会担当之别。除去人们对中国某些传统艺术品格的认识之外，艺术家是否有社会担当意识，也会是人们对其认识的价值尺码。我们见有对西方的古典音乐艺术赋予"高尚音乐"的称呼，并以此强化欣赏与推崇的力度，而未见到对中国传统演艺使用"高尚艺术"的称谓，难道中国传统艺术缺乏高尚的艺术内涵吗？事实并非如此，中国的艺术种类很多，如京剧艺术、昆曲艺术以及各类地方曲艺等，其中歌颂美好事物、扬善弃恶的内涵也很多。为什么无人用"高尚"之词对此给予推崇？我想，除去部分传统地方曲艺中确有低俗不雅内容之外，是否与艺术家或这一群体参与社会救助活动的多寡和对社会义务的担当有一定的关联？近代中国社会经济的贫弱，造成了官方艺术研究缺失、民间艺术研究力量薄弱的状况，中国传统艺术家的艺术追求与付出，很难得到相应的社会认可与价值收获。当时有报纸刊发文章明确表达了此深层含义，认为一批艺术家参加义演，"主旨虽在赈捐，然实亦深望能引起一般人对于音乐之兴趣"。[①] 近代演艺作为传媒推进了慈善救助事业，在社会遭灾遇难之时，举办多种类型的慈善义演，必然在社会上产生良好的影响，形成越来越积极的广泛社会认知。

在分析演艺媒介与慈善参与的关系问题时，我们不应忽略各类社会群体的社会心理因素。近代中国的艺术家与演艺界也好，富有阶层也好，都有自身的利益需求，任何人在生存与发展的现实利益面前都无法免俗。在生存压力之下与谋求发展的奋斗中，谁都无法避开利益的召唤与诱惑。人们做事一般都有利益动机，这是一种客观存在，是本能所致，使这种动机

---

① 《清华西乐部明日冬赈音乐会表演内容》，《京报》1932年1月8日，第6版。

带来有利于他人的社会效果，则是一种明智的选择。构成人们从事慈善活动的行为动机中，就含有这种利己又利人的心理契合。已经成为富有阶层的社会人士，其中大多数有意愿在适当的时候、恰当的场合，向与个人发展有关联的社会群体展示出成功者的身份，并且去表现一个乐善好施者的姿态；通过努力成为具有个人艺术专长的演艺人士，也大多有意愿在恰当的时候、适当的地点，向社会展示个人的才华与魅力，塑造自己富有爱心的艺术形象。根据这些心理特征，政府或社会若能够以恰当的方式激励这样的人群，给他们提供实现这种诉求与欲望的机会，会有助于促进演艺与慈善的结合，进而形成良性发展的态势，达到有捐助条件的人实施经常性善举的目的，特别在有社会需要的时候，每一个有能力的人都能够伸出手来帮助他人，形成良好的社会风尚。

由于社会所处发展阶段的关系，近代中国的音乐文化艺术还不够发达，演艺群体的社会救助活动与实际效能也受到局限，因而虽然这类活动不少，但直接的社会影响或许并不很大。然而，正是由于慈善演艺活动在近代有了新的开端，形式和规模等方面有了较大的发展与变化，因而关注有关群体的社会行为和社会心理，研究历史上演艺媒介慈善活动的开展与意义，规范和鼓励更多艺术家参与慈善活动的行为，应当是历史研究者义不容辞的社会责任。演艺界与艺术家群体，能够在社会需要的时候担负起一定的社会责任，凭着自身的社会道德和良知，热心于社会公益事业，关注受灾遭难的弱势人群，并给予一定的关怀和援助，这在任何时候都应给予积极肯定，在近代中国这一重大的社会转型期，其文明与进步的社会价值就更为突出。

（署名郭常英。原载《史学月刊》2013年第3期）

抗战时期报纸与难民救助

1937年7月7日，日本侵略军向中国卢沟桥驻军发动进攻，中日战争全面爆发。日本军队在中国各地烧杀抢掠，无恶不作，犯下滔天罪行，"日寇的炮火所到，日寇的铁蹄所到，不仅我们那里的男女同胞，或万，或千，或百，或无数的生命，横遭惨酷无伦的毁灭、屠杀和奸淫……"① 这场战争历时八年，给中华民族带来了不尽的屈辱，也给中国社会带来了巨大的灾难。流离失所的难民无数，其中包括许多"失学、失业、流浪"的文人学子，他们也深刻感受到侵略者的罪恶与落难者的凄惨。在抗战开始之后，众多报刊大力宣传爱国救亡，鼓励民众团结抗战，在民众动员方面形成壮举。与此同时，报界对战时民生状态的关注则显示出与以往战争时期不同的特点，救助战争难民的问题成为报纸内容中一个重要主题，形成具有时代特征的社会现象。

一 积极有效的社会动员

在近代中国，各种战乱与纷争几乎从未间断，战乱必然带来难民问题。不同时期大大小小的战争，都会导致多重社会灾难的发生和战争难民的出现，构成困扰社会安定的重要因素。在不同历史时期，政府和社会都会对难民问题给予关注。然而，在抗战期间，社会民众对于难民的关切和救助，表现出前所未有的广泛与深入。从材料所见，无论是从难民问题的提出，还是到各种救助方案的实施，均能显示社会各界的重视与参与，救

---

① 陕甘宁边区文化界救亡协会：《我们关于目前文化运动的意见》，载刘增杰等编《抗日战争时期延安及各抗日民主根据地文学运动资料》上册，山东人民出版社，1983，第12~13页。

助难民成为不少民众投入抗战活动的自觉行动。

民众的积极参与还有力地改变了当时政府在难民救助方面的不足。抗日战争是由日寇大举侵华带给中国的一场全面战争，这场大规模的战争历时较久，造成的难民伤员数量众多。由于战争带来的资金紧张、物资匮乏等困难十分严重，当时政府的难民救助工作很难做到及时、到位和完善。此时民众的救助不仅募集了一定的资金和物资，还营造了对难民热情关爱的社会氛围，构成了政府与民众共同推动社会救助的态势。而这一局面的出现，是与当时报界的有效舆论宣传分不开的。各种报纸在难民救助问题上表现出的同情心和责任感令人感动。

1. 发布消息引发民众关注难民救助

抗战开始后，流离失所逃亡到上海的难民处境堪忧。《申报》曾载文发布 1937 年 11 月的有关情况："近日本市天气突转寒冷，各收容所及沿街流浪难民，受寒冻死者，日渐增多，尤以南市难民区难民及灾童，因此死亡者，日有十数人，最足惊人……切望各界热心人士，慨捐衣被，火速予以救济。"① 另有报道称："难民区现有难民四万余人……粮食断绝，两日不获果腹，生命频［濒］于危殆。"② 关于难民生存的恶劣状态，不仅《申报》记者所关注，此类消息在战时报纸中比比皆是，由此引起社会各界的关注与同情。

在敌寇入侵、战争来临之时，国家安危、民族存亡成了最为突出的问题。但同时，人们正常的社会生活遭遇重大冲击，民众的生命财产受到严重危害，难民中挨饿受冻的儿童、孤弱无助的老人、作战负伤的伤员等，都成了非常严重的社会问题，给政府带来了沉重的负担。在日寇大举入侵之下，严峻的战场形势、国力不足的困境，形成多种难解的社会问题，使本已窘困不堪的国民党政府，在面对战争难民和伤员问题时，显得力不从心和矛盾交织——亟须解决难民问题，而又无力妥善解决，甚至是难以顾及。政府也曾为难民救助问题发出号召、做出部署，但"底气"不足，很难在救助难民问题上有实际作为。此时，报刊反映民情与民意的作用与社

---

① 《难民冻死日增急盼捐助衣被，各界慨捐给养方可无虞，普善山庄征募棺木经费》，上海《申报》1937 年 11 月 27 日，第 5 版。

② 《难民区绝粮》，上海《申报》1937 年 11 月 12 日，第 7 版。

会发动的功能凸显出来。

报纸还登载义演广告进行难民救助宣传。1937年11月2日,《申报》登载"名票名媛演剧筹款救济难民"广告。此次演出由非常时期难民救济委员会上海市分会举办,由于门票收入用于救助难民伤兵,受到社会各界的赞誉。① 1939年5月25日,香港《申报》登载中国救亡剧团举办义演广告,这场演出更轰动一时。广告显示,此为该剧团"第七四二次大规模义演","为香港各界赈联会筹款救济伤兵难民",从5月25日至27日连演三晚,分别演出《台儿庄之春》等三部抗战史剧和国防名剧。广告宣传称,三场义演有"伟大的剧本""精湛的演技""宏丽的布景""奇异的灯光",吸引人们对演出的关注,有助于募捐活动的顺利进行。②

报纸是当时社会的主要媒体,它关注战争时期的社会民生问题,着眼社会公益与慈善救助事业,倡行对难民与伤员的关爱与帮助,形成积极的社会影响,既在媒体传播界营造起反映民间疾苦、影响社会生活的声势,还在一定程度上形成与官方话语并行且相制衡的公共空间。同时,在中国尚未建立社会保障体系的情况下,媒体影响下所形成的社会效应意义深远,一方面促进社会对中国救助事业的关注,另一方面也为战时民众生活解决了一些实际问题。

2. 以舆论引导民众参与社会救助

舆论引导是报纸作为媒体的重要功能之一。日本侵华战争给中国社会和民众带来巨大的灾难,在民族危亡之际,特别需要全体民众的动员。报纸刊文鼓励民众参与抗战,并呼吁民众积极参与战争伤员救护与难民救助,所载文章动之以情,晓之以理,使人们认识到,参与伤员和难民救助,也是对国家做贡献,是支持抗战的有效方式。

《申报》曾刊文讲述救助活动与抗战关系:"一般人常常把救济难民,仅看作是慈善事业,与抗战并无多大关系。若干热血青年,且以为出钱救济难民,似不能表示其热心为国的精神。他们总希望自己捐出的钱,都能作政府买枪炮之用,打退侵略者出中国。这单纯的心情,我们极能理解,

---

① "广告",上海《申报》1937年11月2日,第5版。
② "广告",香港《申报》1939年5月25日,第2版。

且表示无限钦佩。但确也太过单纯一点。抗战的第一个目的,即在求民族的生存,而所谓民族的生存,就是人民大众的生存的集合。如其在抗战期间,这些难胞的生存,不予相当的顾及,那就根本谈不上抗战……救济难民,本质上和抗战是有相同之点的。"文章还提出,"负枪前驱,为国效命,人人固须有此大决心;而站定岗位,量力而行,人人更须此大毅力。政无大小,事无巨细,均须奔赴于抗战建国这个大目标"。① 当时报纸刊载此类文章非常多,起到民众思想动员与正面教育的效果。这一时期,上海各界人士以救助难民与伤员为宗旨,组织发起"节约救难运动"。这项活动得到上海各阶层、各行业人员的热烈响应,参与难民救助活动的人数也很多。

在抗战时期,报纸还将救助伤员难民与"救国救家救自己"的道理联系在一起,使人们认识到,参与难民救助工作是每一个国民应尽的义务和责任。《大公报》在武汉以救助伤员一事刊文告知社会:"现在的武汉,人口的众多,商业的繁华,都是靠着前线战士的拼命苦斗。我们不要因为现地的安稳而忘记了国家与个人的危险,同时更不要忘记了在前线为我们拼命的战士……我们还不应该出些钱救助我们的战士吗?本报为负伤战士募救助费,承各界踊跃输捐,不胜感激。凡是大公报读者,都是爱国者,他必然不忍坐视负伤的战士而不救。望诸君尽力输捐,俾战士早痊,重返前线,为国杀敌!"② 媒体将救助负伤战士与"抗敌救国""社会良知"等民族大义问题联结在一起,以其特殊的社会角色发出呼吁,触及人们的心灵,激发民众的情感,产生出一定的社会动员作用。

近代以来,中华民族在长期与外来侵略者的抗争中坚强了意志,也在与西方列强侵略与压迫的斗争中积累了经验。虽然日本侵华战争给中华民族带来了空前的灾难,在这一时期,国家和民众遭受的损失比中国近代以来任何一次外敌入侵所造成的损失都要惨重;③ 但是,抗日战争已成为中国人民的一场全民族的战争,中华民族集百年"救亡图存"、奋争民族独立的经验,已逐步形成举国动员、团结抗敌、一致对外、誓夺全胜之势。

---

① 《略论节约济难》,上海《申报》1938 年 10 月 20 日,第 4 版。
② 《向本报读者呼吁》,汉口《大公报》1938 年 4 月 6 日,第 1 张第 3 版。
③ 荣维木:《近十年来抗日战争研究述评》,《教学与研究》2005 年第 8 期。

在这一时代背景下，报刊媒体积极发挥舆论引导作用，呼吁社会民众组织起来开展难民救助工作，也是中国社会的这种进步与发展的反映。

二 传媒作用的发挥与受众的认同

在20世纪30年代，刊载社会新闻的媒体仍是报纸，此期报纸还是重要的舆论工具。特别是《大公报》《申报》《新华日报》等大报要闻，不仅刊载人们所关注的战争消息，评论世界各国对战争的态度，对战争形势和发展走向进行评析，同时还及时通报战局与社会民生状况。这样的报道使民生状态以及难民的痛苦与不幸能够为社会所知晓，有助于引发民众对战争难民问题的关注，唤起对落难百姓的同情与关爱。报纸期望通过媒体的呼吁和帮助，解决集聚在城市中的社会难民问题，以使团结抗战有坚实的基础和后方，也使前线将士能够英勇地杀敌报国。许多上联国势、下接地气的报道，成为各阶层所关注的聚焦点。

就报纸与社会的关系而言，除了读者的订阅之外，社会对报刊的关注度和读者与报刊交流的参与度，在一定程度上能够反映出报纸的公众影响力。社会民众对于一种报纸的信任与认同，常体现在读者与编者交流和互动中，如向报刊提供信息、反映问题，受报刊影响参与有关社会活动，还有委托报刊表达或代办事务等。类似情况在抗战之前并非没有，但往往时无时现，而在抗战期间，这种报纸与读者的互动情况则相当集中而明显。此一现象反映出报纸主办者关注国家安全和社会民生，围绕救助难民与伤员问题，从传播信息、引导舆论、舆论监督等一系列环节上履行报纸的社会职能，体现出其媒体的"社会守望者"的角色。

随着抗战时局的变化，战事局面日益复杂，加之办报经费紧张等原因，许多报刊被迫停办或一度停办，也有的报纸发行量逐渐减少。但是，我们从《大公报》、《申报》和《新华日报》等主要报纸所刊载的内容来看，其中有关救助难民伤员的消息依然较多，社会各界对报纸主张的难民救助措施认同感也较为明显。

如《申报》以《援助被难同胞的义务》为题，指出自全面抗战以来，战区同胞在日寇的蹂躏之下，颠沛流离饥寒交迫者仅上海及附近区域已不下数百万人。"我们全民族是一体的,在这次圣大的全民族抗战中间,战区同胞所受的灾难,都是换取民族生存和民族光荣的代价……救助他们不仅是慈善,还是无可避免的义务。如果只顾一身一家生活上的享乐,而漠视着战区同胞的流离失所,那就不能不受良心上严重的谴责了。"①

对于如何救助难民和伤员,许多报刊也纷纷提出各种建议和方案。如《大公报》（汉口版）在《难民伤兵》一文中,就妥善安顿伤残官兵一事提出三条建议:"（一）办理残废官兵调查登记,各按其残废的程度,利用其一手一足,片聪片明,分配与其所能负担的工作。（二）一切公私社团均应酌用残废官兵,使其精神得所安顿,国家得其贡献。（三）给予残废官兵荣誉证,使国民知所崇仰。"②《新华日报》的《怎样安置难胞》一文,就救助战争难民问题提出了三条方案:一是开放新建起来的市房大厦拨作难胞的宿舍;二是迅速发放募捐得款,保证全数用于难胞身上,并要公开收支账目,肃清贪污;三是除为难民介绍职业外,政府划拨专款和土地安置流亡难胞,使其生产自给。③

还有一些报纸以媒体自身优势和特点参与和关注救助工作,通过对社会捐款数量和走向的公布,或者抨击有关部门赈济管理过程中的弊端,有效发挥舆论监督的作用,也赢得了社会和民众的信任。如 1945 年 1 月 4 日的《新华日报》,刊登了《饿的还是挨饿,宿的还是露宿,难民站职员倒很安闲》一文,披露了陪都重庆的某个"赈济委员会"的劣行,文章将其工作效率低下和不负责任的情况公布在社会民众面前。文章还对其提问道:这样能把事情办好吗? 难胞们能得到救助吗? 同时严厉地指出:"这种麻痹和无效率的情形,用官僚机构的一套,来应付救火一般的济难工作,实在是应该改革了。"④

民众对报纸在救助难民工作中作用的信任,还体现在人们以报社为依托,借助报纸组织救助活动,或者由报社代收捐款等。如由上海国际救济

---

① 《援助被难同胞的义务》,上海《申报》1937 年 11 月 12 日,第 5 版。
② 《难民伤兵》,汉口《大公报》1938 年 10 月 12 日,第 1 张第 2 版。
③ 《怎样安置难胞》,《新华日报》1944 年 11 月 19 日,第 4 版。
④ 《饿的还是挨饿,宿的还是露宿,难民站职员倒很安闲》,《新华日报》1945 年 1 月 4 日,第 3 版。

会中西会长共同署名，在《申报》刊登《上海国际救济会征募难民御寒旧棉衣被》，为他们所办各收容所中的难民募集不足之衣被。① 1938 年 12 月 4 日，《申报》登载了社会人士许孝格发动少年儿童为难民捐助的文章《向全沪小朋友劝募寒衣文》等。② 笔者注意到，在《新华日报》的"读者园地"栏目里，仅在 1943 年的 2 月和 3 月间，就刊登有多篇有关难民救助的文章，如《扩大救济豫灾运动》《为灾民呐喊》《当前救济事业之重要》等。③

委托报社代收代转捐款是当时公众救助难民的一个重要途径，然而各个报社并非仅仅履行代为转送这样的义务，而是对历次捐款的单位及个人，认真清晰地记录和公布其名单以及捐款的额度。尽管有一些捐助者（如小学生）的捐款数额非常小，有时可能仅有一两角钱，但是，从某种意义上讲，人们表达的是心情和爱意，其中能体现捐助人的真挚情意，这样的事例，能够唤起全社会对难民救助的热情参与，也能使社会公众看到报纸主办者关注社会疾苦、以真情感动民众的良苦用心。《大公报》屡次刊载代收节约捐款者的名单，仅在 1938 年 11 月 2 日到 12 月 29 日，两个月之内，公布名单就多达 46 次。一些社会团体和个人委托报社代收捐款的情况还有很多，《大公报》《申报》《新华日报》等重要报纸都被社会各界所看重。可见，此时的报纸真正起到了文化中介的作用，为求助者和救助者之间架构起联通心灵的桥梁。

在抗战期间，《大公报》曾因日军对各地的侵占，社址多次迁徙，最早由天津迁至汉口，又迁至重庆等地。在汉口时期，自 1938 年 4 月 19 日起，在报纸头版头条经常刊登同一启事，告知读者，该报代收救护伤兵医药捐款，也接收外地助募者捐赠的款项，并写明了捐款的时间、地点及外埠捐助汇款事项等。报纸还坚持将每一笔捐款如数刊登公示，既张扬正气、鼓励捐助行为，又利于报刊的募捐管理接受社会监督，起到积极的社

---

① 《上海国际救济会征募难民御寒旧棉衣被》，上海《申报》1937 年 9 月 17 日，第 5 版。
② 《向全沪小朋友劝募寒衣文》，上海《申报》1938 年 12 月 4 日，第 16 版。
③ 《扩大救济豫灾运动》，《新华日报》1943 年 2 月 6 日，第 2 版。《为灾民呐喊》，《新华日报》1943 年 3 月 3 日，第 2 版。《当前救济事业之重要》，《新华日报》1943 年 3 月 6 日，第 2 版。

会宣传作用。1938年10月17日是《大公报》在汉口出版的最后一天，至此该报在汉口已刊登76次捐款报告，公布各界人士和民众通过该报为伤员捐款情况。该报当日发出最后一次在汉口的募款报告《本报代收救护伤兵医药捐款报告（七十六）》，公布76次捐款总额为"国币十四万六千七百零四元二角二分八厘"。①

《新华日报》被委托代收的救助捐款，既有香港归侨救济难侨的募捐，也有工厂员工们为遭受寇灾落难同胞而募集的钱款，还有单个的工友为前方士兵和战争难民积攒的捐款。一位工友在送来自己的募捐同时，还表述了想发起一个救济难民募捐运动的心愿，并通过报纸提出建议，希望政府部门和大的企业出面，组织全面的救助难民活动，认为上上下下都伸出救援之手，"可以救活无数的难民"，"是国家之幸，人民之幸"。② 战时报刊积极开展难民和伤员救助工作，受到了社会公众的欢迎，也赢得了各界广泛的好评。《大公报》（汉口版）1938年4月12日刊登《义教实小学生募捐》一文，内容反映了《大公报》社发起的慰问伤兵活动得到了社会响应，以至连小学生都是非常热情地参与进来。该文为汉口义务教育第一实验小学全体学生写给报社编辑的信，信中写道："前几天我们听到台儿庄大胜的消息，几乎快乐得发狂，可是静静的一想，胜利了固然是快乐，但是这次的胜利，完全是那些英勇抗战的将士们的生命和热血换得来的。我们想到了这一点，并且得到了老师的同意，就和许多同学去募捐，为受伤的将士们作医药费，现在连我们的糖果钱合共六十元零五分，送交贵报。"③ 报纸在难民救助问题上以多种形式加强与读者的交流与沟通，对推动抗战救助工作是个有效促进，对扩大报纸的社会影响也是一个很好的方式，不仅起到了传递信息的功效，而且有利于拉近编者与读者的距离，真切地反映读者的心愿与情意，从而能够产生更好的亲和力和感染力。

抗战时期报纸媒体从事难民救助工作及取得的成效，使我们从中看

---

① 《本报代收救护伤兵医药捐款报告（七十六）》，汉口《大公报》1938年10月17日，第1张第4页。
② 《工友关心难胞士兵，捐款千元救济慰劳，王清理君寄信本报，建议扩大募捐赈救难胞》，《新华日报》1944年12月11日，第2版。
③ 《义教实小学生募捐》，汉口《大公报》1938年4月12日，第1张第3页。

到，它们在社会宣传和民众动员方面所做的努力，适应了抗战事业的需要，不仅对于救助和安抚战争落难百姓、对于服务战事和支持前线是个重要的贡献，同时这些报刊扩大了在社会中的影响力，获取了更多民众对其的认同和信任。

三　结语

观察近代百余年来中国报刊在历史发展中的作用，如果说，其主要社会角色可概括为启蒙、革命与追求国家现代化的话，那么抗日战争时期，报纸在抗战救助方面的宣传活动，则是将民族解放事业与关注民生、社会发动的实际运作紧密地结合在一起，构成一幅"抗战不分前线后方，万众一心报国救亡"的壮丽画卷。新闻媒体特有的舆论导向功能和社会传播作用，要求它是一个有力的"接收－发送"传感器，能听到公众的诉求和时代的呼唤，能看到面临的任务和肩负的责任，能想到承担的使命和应有的作为，并能在此基础上向公众传播正能量，营造良好的社会氛围，促进社会的全面进步。从抗战之前报纸在近代中国的发展历程来看，它曾在思想启蒙、救亡图存等方面发挥了一定的作用，但因当时社会发展及报纸自身发展条件等因素制约，它所涉及的受众面是有限的，它所影响到的社会范围也相对较小。而相比之下，抗战时期报纸在民众发动中所起到的作用，则是之前完全不可同日而语的。仅从本文所述战时报纸与救助难民问题而言，报纸此方面消息所占篇幅之多、内容之丰富、说理之深刻，特别是其大力倡行的"有力出力、有钱出钱""救助难民也是神圣抗战"等号召已经深入人心，并化为各个社会阶层和大众的热情行动，这是中国社会历史的进步，也是近代报纸在抗日战争时期取得新发展的历史见证。

（署名郭常英。原载《中国出版》2015 年第 18 期）

民国时期的学校赈灾义演探析

民国时期,以募捐济贫为主题的慈善演出在当时颇具影响,而以赈灾音乐会、募捐游艺会等音乐演出最为多见,以此为基点,可见学校赈灾音乐活动及其社会贡献。

一 近代社会公益思想对教育界产生影响

19 世纪末期的西学东渐大潮,将西方的慈善公益思想和社会救助观念传入中国,这种观念逐渐与中国传统的社会救济思想、仁爱思想相融合,促进了中国近代慈善意识的萌芽,也促进了民众社会救助观念的逐步兴盛,影响社会民众的思想和行为,并随着近代社会经济、文化的变迁而不断发展。

20 世纪上半叶,中国遭遇了连年天灾人祸,许多黎民百姓生活在水深火热之中。民国仅短短 37 年,而灾荒则年年不断。[1] 这一时期,因荒灾和战争直接造成的死亡人数达到惊人地步,有数字统计"至少达到 2000 万以上"。[2] 面对贫困与灾难,社会各界纷纷行动起来组织慈善募捐活动,参与的群体诸多,有社会绅士、慈善团体、商人团体和教会等。此时,音乐教育界也受到社会救助意识的激发,在各类社会救助活动的带动下,教育界音乐人士经常以举办音乐会、游艺会等音乐演出为主要形式进行赈灾募捐,以自身微薄之力,向受灾民众表达善心和爱意。

音乐会和游艺会都是在清末西风东渐的大潮中进入中国的文化娱乐方

---

[1] 李文海:《中国近代十大灾荒》,上海人民出版社,1994,第 331~350 页。
[2] 高鹏程:《红十字会及其社会救助事业研究(1922~1949)》,合肥工业大学出版社,2011,第 11 页。

式。音乐会多是在演出场馆内（有些情况下也在场馆外举办，如公园、广场"夏季音乐会"等）进行的器乐演奏和声乐演唱活动，而游艺会则除了音乐表演之外，还有其他一些娱乐内容。相比之下，由于前者多在剧场进行，显得形式较为高雅，专业程度也较高；后者则具有大众化和通俗化的特点，带给社会新的文化气息。在音乐会传入中国的早期，主要是以满足西方人士和上层社会的娱乐休闲生活为目的。随着社会文化的不断发展，学校的音乐活动也日益活跃，音乐会在后来则不断丰富民众娱乐生活，在进入学校教育和生活娱乐之后，学校音乐活动显现出多种社会功能。[1] 到20世纪二三十年代，由于音乐会、游艺会等音乐演出在一些大城市的娱乐生活中不断出现，一定程度上改变了市民娱乐的结构，并成为社会上层与知识群体追逐时尚的热点，也成为学校展示艺术水平的平台。

社会上出现的一些赈灾音乐会，早期多是由西方人士和一些社会人士来举办。此类募捐音乐会以西方音乐艺术表演为核心内容，观赏对象也多为西方驻华人士和社会富裕阶层，演出活动也以这一群体为主，由于音乐演出成为一种有效的募捐助赈方式，很快在社会上产生影响，引起了教育界音乐人士的积极关注，成为大家向社会展示音乐技艺并表达关切之情的赈灾募捐平台。

在北京的高校中很早就有类似活动，如北京大学的学生音乐团体——北京大学音乐团（1916年学生组建的音乐组织）成立不久，就为赈济火灾、水灾受害者举行了义演。[2] 后来，还有清华大学军乐队发起"冬赈音乐会"[3]募捐助贫。随着音乐会演出在社会上的影响不断扩大，各界出现了不少举办募捐赈灾音乐会的情况。如1936年10月28日，北平教育文化记者为救助黄河水灾民众举办了赈灾音乐会，音乐会上还有外国音乐家齐尔品的钢琴演出，齐尔品以钢琴演奏来表现琵琶乐曲《敬献与中华》。[4] 据笔者翻查民国中期一些报刊资料，如金陵大学就举办了不少音乐会，其中

---

[1] 关心：《近代中国学校音乐会的功能》，《史学月刊》2012年第6期。
[2] 沧浪云、李煞等：《民国音乐人》，团结出版社，2010，第63页。
[3] 《明日冬赈音乐会表演内容》，《京报》1932年1月8日，第6版。
[4] 陆路：《齐尔品中国风格钢琴作品研究——兼论齐尔品对中国近现代音乐的影响》，硕士学位论文，首都师范大学，2009，第11页。

特别醒目的是金陵大学及金陵女子大学联合举行"冬赈音乐会"的消息。这些情况说明,学校的音乐人士关注社会贫困群体,他们每年定期为贫困受难者举办募捐音乐会,以帮助穷人安度寒冬。同时,其他类似的募捐游艺活动也在各地学校兴起,此类演出活动参与的师生人数更多,活动组织者、表演者和观赏者也更多。学校举办的募捐赈灾演出,有些是在校内进行,还有不少则是与社会上的文化活动相结合。

二 学校募捐赈灾演出活动吸引社会关注

随着民国社会经济的发展,社会文化和教育事业的物质条件也得到了相应的改善。在北京和南京两个城市,由于政治中心的地位优势,聚集了较多的政府部门、国家政要与华洋商人等。由此,当地的社会生活与文教娱乐也呈现出较快的发展态势;另外,在上海和天津等较早对外开放的口岸城市中,由于居住着大批带着家眷的外国商人、由各地集聚而来的国内富商等,社会生活中的音乐文化活动也显露出与众不同的文化特色,也有着鲜明的时代特征。除了这些大型城市之外,国内还有许多口岸城市、交通与区位优势城市、新兴工商业城市等,经济与文化生活也在发展,地方文教事业也逐渐进步,在各类学校集中的地方,学校文化娱乐活动也相对活跃。

经济的发展促进了音乐文化事业的进步,也使人们的审美要求不断提升。高水平的音乐表演不仅给人们带来快乐,还常常成为社会富裕阶层休闲娱乐和社交活动的重要方式。随着工商业的发展并逐渐兴盛,出现了愿意为文化消费埋单的中产阶级,正如人们所认识的那样,"中产阶级出现后,音乐不再是贵族和上流社会的专利,市民们也开始习惯于买票去剧场"[1] 欣赏音乐。中国的中产阶级出现得较晚,但发展路径与其他国家有相同之处:最初,音乐只是贵族们用来享乐的"雅兴",之后逐步被中产阶层仿效,再后来逐步为其多数人接受、喜爱并越来越成为生活中的情感

---

[1] 〔日〕木夏本泰子:《西方音乐家的上海梦——工部局乐队传奇(序曲)》,赵怡译,上海辞书出版社,2009,第10页。

需要。

一些音乐演出活动的目的主要在于赈灾募捐,也必以多彩的内容和精湛的演技,满足受众对音乐艺术的较高追求和期望,才能实现良好的募捐效果。

学校举办音乐会、游艺会等音乐演出,是学校师生以举办文化娱乐活动的方式,为因自然灾害、战争、疾病、贫困等而陷入灾难与困苦的百姓进行的助募活动。在 20 世纪三四十年代,国内各种自然灾害发生较多,加之战乱与政局动荡,常有一些百姓陷入生活甚至生存的困境。此时,学校师生成为社会救助活动的参与者,他们的音乐活动作为宣传发动民众的平台,开展赈灾救难、援助贫弱的行动,给受灾百姓送温暖。学校的赈灾募捐演出活动吸引了社会舆论和媒体的关注,被视为有益于社会进步的行为,受到高度赞扬。

各个学校的校刊重视对募捐演出的宣传报道。在福建厦门、福州等地,许多学校师生为使遭灾受难的民众得到救助,经常性地"举行募捐游艺会",其特点为"由各校教职员及同学组织筹备会"。《集美周刊》详细记载了集美学校 1930 年的一次救灾游艺会筹备情况。为办好游艺会,参与师生之前做了大量准备工作,推举出了筹委会和主席,文书股、布置股、表演股及其股员等,几经讨论和精心策划,最后分工合作成功演出。在当年"九月廿七廿八两晚,在本校大礼堂表演","此次举行游艺募捐,总计售票与临时募捐所得,共约七百元"。①

各类社会报刊也对学校举办的募捐赈灾演出活动给予关注和热情报道,北京《京报》就曾对辅仁大学的急赈游艺大会做了长篇报道;② 南京《中央日报》对金陵大学和金陵女子大学的冬赈音乐会活动做追踪报道,甚至占用大篇幅宣传慈善募捐演出活动的内容以及社会成效等;③ 天津《益世报》刊载南开大学联合中外名家举办助赈音乐会的消息。另外,像北京《晨报》、上海《申报》等报刊,也对类似活动予以报道,登载不少

---

① 《建筑会所募捐游艺会详志》,《集美周刊》第 251 期,1930 年,第 11~12 页。
② 《我们的立场·辅大同学临时急赈游艺大会》,《京报》1943 年 5 月 11 日,第 2 版。
③ 《金陵大学·冬赈音乐大会》,《中央日报》1934 年 11 月 11 日,第 2 张第 3 版;《金大及金女大定期举行冬赈音乐会·票价收入悉移作赈灾》,《中央日报》1935 年 11 月 3 日,第 2 张第 4 版。

消息，反映学校赈灾演出活动的盛况，由此显示出学校的演出活动已引起媒体与社会的关注。

三 寓善于乐 传递人间温情

由于学校组织的赈灾募捐表演主题鲜明，因此围绕着音乐会、游艺会等进行的组织宣传和募捐动员，一时成为许多学校举办音乐演出活动的主题内容。音乐会演出前的现场致辞，演出中的鼓动讲话，活动结束时的总结或寄语等、各种宣传动员方式等均被用于音乐演出活动的舆论动员，通过文化娱乐来传递人间温情。观众们在欣赏音乐感受艺术的同时，也得到了文明之风的教化和熏陶。

1934年冬季，南京金陵大学和金陵女子大学为筹募冬赈资金，发起了慈善音乐大会，《民国日报》发消息报道，"购票观众约六七百人，情形极为隆盛"，可见社会影响显著：

（在音乐会上）全部大小表演节目共14项，中西俱全。每节演奏之后掌声雷动，自始至终精彩异常，实为从前罕见之盛会。

（演出节目中）以金大弦乐团弦乐合奏、杨嘉仁先生独唱、史培曼夫人与史达拉斯教授钢琴风琴合奏、李真意女士提琴独奏、威尔克夫人独唱为佳。

史培曼夫人与史达拉斯教授之风钢琴合奏在全部中甚为精彩；史夫人为京沪中名钢琴家，弹动音节，清粹入骨，快拍有如行云流水，一尘不染之概；加以史教授之风琴，风动如潺潺细流，极似柳暗花明又一村；李真意女士提琴独奏，引观众注意不少，盖运用琴弓自如，和谐不紊，欢观止矣；最后则为威尔克夫人之独唱，细喉徽音、深入云霄。①

音乐会虽以募捐济困为办会目的，但真情传递更温暖人心、感动观众。

---

① 《金陵大学·冬赈音乐大会》，《中央日报》1934年11月11日，第2张第3版。

1943年5月，北京的辅仁大学举办了"急赈游艺会"，主办方通过报刊媒体，明确向社会表达了他们举办慈善文艺活动的目的和愿望：

主办急赈游艺会，是为了救济本市贫苦的饥民……尽量的使我们发挥出团体的力量。

他们要追求的是唤起社会民众共同担负起社会责任：

在这个坚强的信念下，迈着整齐的步伐，走向我们的理想。并且只要环境及精力允许我们，我们将再举办第二次第三次急赈游艺会……希望社会上的有力的人士，自动的再多组织急赈会，自动的捐助我们贫苦的同胞。

他们相信人心向善，希望同情贫弱，更期待自己的努力能够激发起社会人士的热情，"都向着饥苦的同胞伸出伟大的援手！"①

辅仁学生为组织好这次活动克服了许多困难，做了精心准备和安排：

主办人辅大同学黄秉达（急赈游艺会理事长，即名作家左金）、陈梅（游艺会秘书长），该会顾问包炳浩，以及辅大同学数十人均到场料理一切，奔走忙碌，皆汗流浃背，而不辞劳苦，尤其黄、包、陈诸君为此次游艺会出力至巨，充分发挥青年之热情，其努力善举之精神，至堪钦佩。

在活动开场，演讲人言辞恳切、富有感召力的呼唤，表达了举办此次急赈游艺会的良苦用心：

基于救济贫民之天赋良心，而受热情之催促，乃不揣棉力而举办游艺会，希望各界伸出援助之手。

观众们对充满深情的演讲报以热烈的掌声。②

在各界支持下，此次募捐游艺活动获得圆满成功：

---

① 《我们的立场·辅大同学临时急赈游艺大会》，《京报》1943年5月11日，第2版。
② 《长安戏院昨夜盛况辅大举办急赈游艺会圆满演出》，《京报》1943年5月12日，第2版。

京市名家皆网罗无遗，中西乐曲凡十余项，一场比一场精彩，盛况为历次游艺会所无。

各类音乐艺术表演争奇斗艳：

开始名坤伶唱流行歌，首为梦娜小姐与传金石君唱《扁舟情侣》，次为王素銮小姐唱《千里送京娘》及《卖相思》，歌来悠扬动听，颇受观众欢迎。①

四 传播音乐文化 推进音乐普及

学校募捐赈灾演出活动将音乐艺术与慈善救助相结合，弘扬了中华民族乐善好施的传统美德，也使音乐文化在社会上得到传播。较早就有学校组织或参与的募捐音乐活动，学校师生与校外音乐人士同在舞台上展示音乐才艺，向社会传播了音乐艺术，但举办主体很多还是社会人士或团体。

如1925年，在天津举办的一场由学校与多国音乐人士一起组织的募捐音乐会，当时报刊记载了这场音乐会的演出情况：演出节目有军乐、双四品歌、独唱、合唱、团乐、二品合唱、五音联弹等；表演者既有中国音乐家，也有外国音乐家。这种由学校发起、与校外音乐人士联手举办慈善音乐会的形式，在社会上产生了很大的影响，记者对此评论说：

（各项演奏）无不各臻其妙，大有此曲只应天上有，人间能得几回闻之慨。该校举行此会，一为贫儿夏令学校筹款，二为引起国人赏好各国音乐之兴起，以故聆之者莫不气和神怡。②

这样的音乐会演出活动，不仅有助于社会公益事业且具有推进中外音乐文化交流的开放意识，受到了人们的广泛称道，也为推动音乐艺术的社会传播带来积极影响。

从相关材料中笔者见到，在当时，学校在这样的音乐会上还只是组织和参与者，多非演出主体，而到了20世纪三四十年代，情况得到转变——

---

① 《长安戏院昨夜盛况辅大举办急赈游艺会圆满演出》，《京报》1943年5月12日，第2版。
② 《乐会盛况》，天津《益世报》1925年5月25日，第11版。

中国人成了艺术表演的主体。

1932年冬季，清华大学军乐队筹办慈善音乐会，并为此做了长期的演出准备。北京当地媒体《京报》刊发有相关信息，读者从中可知，为了办好这次音乐会，军乐队全体队员不辞辛苦，凝心聚力，希望以良好的演出水平，积极扩大此次音乐会在社会上的影响。"队员曾牺牲三月之光阴，刻苦练习"，① 以满腔的热情和辛勤的努力，希望音乐会获得成功。

这份努力，与他们的目标和愿望表现出极大的一致性：在表达爱心的同时，传播音乐文化、推动音乐艺术的发展：

> 清华大学西乐部此次发起之冬赈音乐会……各种独奏合奏等皆为彼部学生，对于音乐作多年之研究，向得之结晶品，今贡献于大家……此次之表演，不特开平市之新纪元，实亦开全国之新纪元。其主旨虽在赈捐，然实亦深望能引起一般人对于音乐之兴趣也。②

1933年，上海圣约翰大学弦乐团也举办了一场募捐赈灾游艺会：

> 该会节目除该团奏演外，特邀请李献敏，王大乐，常文彬，萧嘉惠，杨淑英诸女士参加，又有妹校圣玛利亚女校生之歌唱，夏璐敏之梵哑铃独奏，叶怀德之长笛，李德复之梵哑铃，田雪芹之独唱，查以上诸女士，均系国立音乐院之优秀学生。③

从当时的报刊报道我们可以看到，这些赈灾音乐会的成功，主要表现为中国优秀艺术青年的精彩演出。他们出色的艺术表现征服了观众，显示出中国艺术人才正在成长，中西文化艺术在交流中得到一定程度的普及。

音乐会获得良好的社会影响与该校活跃的音乐生活分不开，校园内经常有"大学茶舞会""戏剧会"等业余音乐团体举办的文艺活动，也鼓舞了大家参与慈善演出的热情。

综上所述，伴随着近代音乐文化转型和民国学校教育发展，在各地学

---

① 《清华西乐部明日冬赈音乐会》，《京报》1932年1月8日，第6页。
② 《清华西乐部明日冬赈音乐会》，《京报》1932年1月8日，第6页。
③ 群：《约翰之活跃：圣约翰大学生之慈善音乐会》，《摄影画报》1933年第9卷第2期，第16页。

校逐步兴起的赈灾募捐音乐演出，将中华民族乐善好施的传统美德与近代以来致力于公共福祉的公益理念相结合，既是近代慈善思想的影响，也是社会发展进步的结果，显示了学校师生的社会责任意识，反映了音乐文化活动与社会公益事业相结合所产生的积极社会效应。

民国是中国社会慈善公益事业初步兴起的时期，学校娱乐与募捐赈灾等社会慈善事业相结合，促进了社会文明之风的形成，使音乐与艺术很好地释放出文化正能量。同时，学校赈灾募捐音乐会还由于其推崇社会良知、倡行文明风尚的主题，在民众中产生了良好的影响，有助于音乐文化活动得到更加广泛的推广。所有这些都有效地起到了推进社会文明与进步的作用。

（署名关心。原载《历史教学》2016年第4期）

> 慈善义演之实践

南北并举：清末"徐海水灾"筹赈中的慈善义演

伴随着近代社会中西交往的频繁、商品经济的发展，慈善文化开始在中国南北一些中心城市萌生。上海、天津等早期开埠城市接受外来文化影响较大，新的娱乐活动方式增多；北京是中国的政治中心，随着时代的变迁，民众的文化生活、娱乐方式发生改变——这些都推动了这些中心城市慈善义演活动的兴起。然而在中国慈善义演的发展进程中，就目前已有的历史材料所见，义演在上海和京津出现并开始向外传播后，各地义演活动在一个时期内还仅限于在当地进行，义演的组织者们缺乏相互间的联络与呼应，也尚未建立起一个跨区域救灾的联合体或"组织"，慈善义演多表现为各个地区局部的自救行为。而到了1906~1907年，"徐海水灾"发生，南北方的主要代表城市则表现出共同助赈的一致性，实现了慈善义演从多元并立到南北联动。

一 徐海水灾 哀鸿遍野

1906年，苏北地区持续降雨，有史料记载："霪潦为灾，淮北罹患之酷，为数十年来所未有。"[①] 据时任两江总督端方、江苏巡抚陈夔龙所奏：

> 查苏省居长江下游，历来潦多旱少。本年春夏之际，以湘汉大水

[①] 《淮北灾重歉产折》，端方《端忠敏公奏稿》卷7，沈云龙主编《近代中国史料丛刊》第10辑，台北：文海出版社，1967年影印本，第870页。转引自朱浒《民胞物与：中国近代义赈（1876—1912）》，人民出版社，2012，第202页。

建瓴下注，水较之往岁已觉增多。五六月间，淫雨为灾，晴霁日少，山水暴发，江湖并涨，积潦横溢，无计疏消，低处田庐悉遭淹没。被灾情形以徐州所属之宿迁、睢宁、邳州，海州及其所属之赣榆、沭阳，淮安所属之安东为最重；常州所属之宜兴、荆溪，镇江所属之金坛、溧阳，淮安所属之清河、桃源次之；徐州所属之铜山、萧县，淮安所属之山阳、阜宁，松江所属之华亭、娄县、青浦，苏州所属之常熟、昭文、新阳又次之。此外，江宁、扬州各属亦间有带淹之处。兼之运河迭启闸坝泄水，下游各处晚稻多淹……合计本年水灾之巨，遍及八府一州，而江北徐、海、淮安各属灾情最重，难民尤多。①

此次水灾范围大、程度深、灾情重，其中尤以徐州、海州地区受影响最大，史称"徐海水灾"。严重的灾情产生了大量灾民，"江北徐海等属饥民数千万，灾区千百里日日饥饿而死者不可计数"。甚至树叶、草根被食用殆尽，"日前闻有食树叶者、食草根者，转眼树干草枯，将树叶草根而无食矣"。加之天气转凉，大量灾黎将遭受饥饿与寒冷的双重灾难，"日前闻有风餐露宿，无家可归者。转眼北风冽冽，雨雪霏霏，将饥饿又继之以寒冻矣"。②

这场"徐海水灾"，给当地百姓带来了巨大的灾难，嗷嗷待哺的遍地灾民，触动了各地民众的恻隐之心，人们积极参与到赈灾活动中来。针对此次水灾的筹赈，在当时两江总督端方的全面主持下，地方政府联手筹备，在江皖地区掀起了一场声势浩大的赈灾活动。当地有一些绅商自发地组织赈灾活动，发动民间力量参与到赈灾活动中，"仁人大施仁术，呼求善士慨解善囊，扩己饥己溺之心，宏大慈大悲之愿，博施济众"。③ 此次救荒活动被称为"丙午赈案"。④

---

① 《录副档》，光绪三十二年十月十四日端方、陈夔龙折，转引自李文海等著《近代中国灾荒纪年》，湖南教育出版社，1990，第723页。
② 《时评》，《通问报：耶稣教家庭新闻》1906年第228期，第2页。
③ 上海图书馆编《上海图书馆藏盛宣怀档案萃编》下，上海古籍出版社，2008，第296页。
④ 灾情的具体内容和赈灾情况参见王丽娜《光绪朝江皖丙午赈案研究》（博士学位论文，中国人民大学，2008）和朱浒著《民胞物与：中国近代义赈（1876—1912）》（人民出版社，2012）第五章论述。

二　南北并举　集腋成裘

在"徐海水灾"的发生地——江北地区的灾害"自救"活动紧张开展之时，外部地区也向它们伸出了救援之手：在南方，以上海及江南地区为代表；在北方，以京津地区为代表。社会各界纷纷行动起来，兴起了对江北灾民的赈济热潮，其中值得一提的是慈善义演活动——组织义演募集救灾资金，成为一种影响较大、成效较高的助募方式，非常引人瞩目。与之前慈善义演主要集中于戏园、参与群体主要是伶界艺人不同，此次义演活动涉及的群体、地域逐渐扩大，影响力也逐渐增强，学生群体、商人群体、伶界和票友团体等都投身到广泛的义演赈助活行列中。①

在南方，上海起了示范者和主力军的作用。上海作为较早开埠的城市，民众的娱乐方式除中国传统的戏曲、杂耍等，西方的电影、话剧及体育活动日渐为人们所接受，多样化的娱乐方式也使得上海的近代慈善义演呈现出繁荣的局面。作为最早出现演剧助赈形式的城市，上海在进行慈善义演的城市中占有举足轻重的地位，徐海水灾中，上海更是以寓善于乐的方式多方开展义演活动，动员民众奉献爱心，支持灾区，救助灾民，缓解灾情。如 1906 年 12 月，上海"美租界爱而琴路华童公学各学生，因悯江北水灾甚重"，"在本校登场演剧，入观者每人洋银五角，即以看资移助赈捐"。②次年，上海"培才学堂"学生亦"开会演剧，所有入场券，每纸取银五角，悉助淮徐赈捐"。③ 1907 年 2 月，上海益友社"发起人李殿臣、金应谷、任榆等，以江苏淮、徐、海诸处水灾甚重，特于本月十二日假沪北张园安垲第洋房演剧……所得看资悉数拨充赈款"。④ 后来，申报馆收到"益友社交来张园演剧助赈洋二百三十九元，小洋一百三十四角"。⑤ 上海的名伶还被苏州伶界邀请到苏进行义演，"苏州伶界陈世忠等以江北灾荒

---

① 郭常英、岳鹏星：《寓善于乐：清末都市中的慈善义演》，《史学月刊》2015 年第 12 期。
② 《华童公学演剧助赈》，《申报》1906 年 12 月 22 日，第 1 版。
③ 宜：《学堂演剧助赈》，上海《申报》1907 年 1 月 17 日，第 9 版。
④ 觊：《益友社演剧助赈》，上海《申报》1907 年 2 月 21 日，第 17 版。
⑤ 《本馆经收宁淮皖北水灾各属急振清单》，上海《申报》1907 年 3 月 4 日，第 2 版。

奇重,待赈孔殷,特于十四日邀集沪上各名伶,乘火车来苏,在大观园会演一天。所收戏资悉数移助赈济",民众亦积极响应,"闻是日观客如堵,共卖五百余元云"。①

除上海外,南京市学界也积极参与慈善义演,如《广益丛报》报道1907年的一场赈灾义演,反映出举办者、演出者的义举和观众踊跃助募的热情:"公邀名伶汪笑侬在庆升戏园演戏三天,所有戏资均归义赈。"此次票价与平日有所不同,"戏价亦较从前加十分之二",并"出捐册一本"。观众反响热烈,纷纷响应,"倾囊相助,踊跃异常",结果"是晚除戏资外又捐洋二百数十元"。②

在北方,北京、天津两座城市成为慈善义演赈助江北的中心。此前京津地区的慈善义演活动远不如上海活跃,将演艺作为一种义赈的方式亦不如上海普遍,但此次徐海水灾,与上海同时期举办的慈善义赈相关联,京津地区的义演活动也兴盛起来。天津以《大公报》为代表的报业相对发达,江北水灾发生后,《大公报》的创办人英敛之③便联系天津报业朋友积极开展慈善活动,为缓解江北水灾灾情助一臂之力。热心于社会慈善事业的英敛之还率先投身于义赈的组织工作中,"仿照西方的募捐方式,如义卖、义演、演说、放映电影等多种形式积极开展募赈救灾活动"。④ 当时天津城内出现了许多善会团体,如书画慈善会、小小慈善会、中国妇人会等,其中较具规模者,首推公益善会、广益善会与艺善会。广益善会曾邀请谭鑫培、王瑶卿、金秀山、王长林等著名"伶人","在李公祠,共演五天六场",⑤ 所得款项最后"应寄江北四千一百一十六元二毛,已交户部银

---

① 《伶界演剧助赈》,《竞业旬报》1907年第10期,"时闻",第36页。
② 《戏资助赈》,《广益丛报》第130期,1907年,第4页。
③ 英敛之(1867~1926),中国近代报刊出版家,名华,字敛之,号安蹇,满洲正红旗赫舍里氏。1902年在天津创办《大公报》兼任总管理和编纂工作,以"开风气,牖民智,挹彼欧西学术,启我同胞聪明"为办报宗旨,提倡变法维新,反对顽固守旧;主张君主立宪,反对封建专制;要求民族独立,反对外来侵略,以敢于骂酷吏、不避权贵收到舆论界重视。见程曼丽、乔云霞主编《中国新闻传媒人物志》第1辑,长城出版社,2014,第320页。
④ 侯杰:《〈大公报〉与近代中国社会》,南开大学出版社,2006,第378页。
⑤ 赵山林:《中国近代戏曲编年(1840—1949)》,华东师范大学出版社,2008,第249页。

行"。① 艺善会"由北京特邀叫天及各等名角,由二月初四日起至初八日止,演戏助赈"。② 另外,在这些义务戏的影响下,"各茶园闻风兴起者,相继而起"。永顺茶园义演虽仅一天,然情形相当热烈:"数场曲艺后,由英敛之登台演说灾民情状,及激劝座客尽力助捐。次由刘子良演说后,众皆鼓掌。"③ 兴盛茶园园主"与后台班主、房东公同商酌",发起兴益善会,"特请京津名角,准于十二日演戏一天,将早晚所收茶戏资并房东房租、箱价均行捐助"。④ 聚庆茶园则"早晚加演新戏,所入之款全数充江北赈捐"。⑤ 天津"绅商所组织之公益善会系为筹助江北赈捐起见……在李公祠开演新戏及电影等剧共演一礼拜,将卖入之款不动分文全数汇至灾区以拯灾民"。⑥《大公报》对当时众多慈善团体的赈灾义演做如下记载:"天津自公益善会演戏筹赈后,继起者遂有艺善会、广益善会及花界慈善会等蝉联,而下无日无之。"⑦ 可见天津义演活动之兴盛。人们还对南北各地同心协力援助灾民高度赞誉,兴盛茶园的台柱之上写有一联:"兴起合群,何分南北;益成善举,挽救同胞。"并评价这种救助"足见社会之进步焉"。⑧ 时人还有作词"乞丐倡优各感动,蝼蚁愿将一粟驼",⑨ 表达对这种义举的欣赏。这些团体对江皖水灾的筹款数量也较为可观,其中公益善会,大洋13047.98元;广益善会,大洋4116.2元;艺善会,大洋29584元,此外加上书画慈善会和中国妇人会的捐款,"陆续由天津户部银行汇至南洋大臣散放"。⑩

此一时期北京的演剧助赈亦构成慈善义演南北联动的重要内容。1907年正月间,乔荩臣等人倡办"开演义务大戏"。⑪ 之后他又联合田际云、王

---

① 《广益善会演戏助赈告白》,天津《大公报》1907年3月27日,第6版。
② 《六纪艺善会》,天津《大公报》1907年3月12日,第5版。
③ 《纪永顺茶园倡办赈捐》,天津《大公报》1907年3月17日,第6版。
④ 《兴益善会演戏助赈启》,天津《大公报》1907年3月23日,第6版。
⑤ 《演戏助赈》,天津《大公报》1907年3月24日,第6版。
⑥ 《本省近事:开演助赈电影新戏》,《北洋官报》第1280期,1907年,第7~8页。
⑦ 《纪兴益善会》,天津《大公报》1907年3月26日,第4版。
⑧ 《纪兴益善会》,天津《大公报》1907年3月26日,第4版。
⑨ 小宋黄璟:《慈善会善举有感》,天津《大公报》1907年3月23日,第6版。
⑩ 《江皖赈捐数单》,天津《大公报》1907年5月12日,第6版。
⑪ 《举办义赈》,天津《大公报》1907年2月26日,第4版。

子贞等倡办"普仁戏会",演出时由中国妇人会派人到场出售物品,所获资金全部汇至江北灾区接济难民。① 田际云等人还发起了"北京普仁乐善会",报载,他们"在福寿堂演戏助赈……所得戏资全济灾区",并约请"谭鑫培、汪桂芬二名角共襄义举"。② 这一时期,北京的戏剧名角义演助赈形成热潮,是年4月,北京伶界中有王凤卿、姜妙香、姚佩秋、王琴侬等人"分布传单,禀请总厅假地演戏,以所收入票价一律汇至江皖助赈"。③ 人们评价当时的情形是"梨园中皆尽义务,开慈善会,名优皆集"。④

三 慈善义演 聚沙成塔

慈善义演需要市民的积极参与才能保证捐款的募集,其中,能够吸引观众的演出内容、良好的组织管理秩序、民众可以接受的门票价格、媒体的关注和宣传、募集款项的使用与管理、义演组织者的社会公信力等,成为慈善义演取得良好效应的必要条件。清末时期慈善义演一经兴起,这些因素很快构成义演场域的重要内容。⑤ 面对徐海水灾,以1907年1月上海"补助华洋义赈会"⑥ 组织的一场赈灾演出为例,《申报》对其进行了较多的报道:该义赈会"邀集著名校书二十余人,借南京路小菜场楼上工部局议事厅合演戏剧","所得看资赏封悉数充入江北赈灾之用"。当时上海伶界的著名演员林凤宝、潘凤春、王桂英、秦美云、翁梅倩、胡翡云、小林黛玉、金莲香等都登台献艺。演出的戏目有《纺棉花》《乌盆计》《算粮登殿》《宇宙锋》《卖马》《卖绒花》《探母回令》等,最后全体演员共同上台演出《大赐福》。报纸还详细列出了当时售票的价目:"头等三元、二

---

① 《义务戏会助善》,天津《大公报》1907年3月4日,第4版。
② 《京师演戏募捐》,天津《大公报》1907年3月4日,第4版。
③ 《伶界演戏救灾》,天津《大公报》1907年4月21日,第4版。
④ 孙宝瑄:《忘山庐日记》,上海古籍出版社,1983,第1069页。
⑤ 郭常英、岳鹏星:《寓善于乐:清末都市中的慈善义演》,《史学月刊》2015年第12期。
⑥ 针对江皖水灾,为了补官赈之不足,1906年12月3日,由西商李德立(Edward S. Little)发起的"华洋义赈会"(Central China Famine Relief Fund Committee)在上海工部局成立,希望吸纳中外人士的力量,募款赈灾。而"补助华洋义赈会"可认为是华洋义赈会的外围组织。

等一元半、办事员一元（如，会员、警察等是）；值事半元（如各人所带男女仆从及后场茶房等是）；清客（即各校书）一元。"演出期间义卖同时进行，"（卖物者）（茶、酒、水果、点心等俱全）：薛金莲、胡丽春、花如兰"等十余人，执事者相对较多，主要有"总管：虞洽卿；接待：朱葆三、周金箴、李薇永、胡寄梅、施善畦、袁恒之、王宪臣、席子佩、李云书、祝兰舫、袁康祺、陆达生、楼心如、严子均"等。这些人士基本上都是当时上海商界、金融界的代表。此次义演还设置有"指引""售票""收票""管台""管班""警察"等若干工作程序及其相关人员。演出还注重通过报纸媒体加强报道和宣传。① 由于此次演出影响较大，引起当地政府重视，为了保障安全，上海县令专门"派巡防步队勇丁……日夜巡逻"。②

此次慈善义演所募集的款项也相当可观。"演剧助赈计售头等票洋四千二百一十二元，二等票售洋九十四元五角；办事票头等售洋念四元，办事票二等售洋二十九元，办事人票售洋三十三元，值事人票售洋九十一元，赏封计洋四百一十七元，捐款计洋二百二十三元，卖物计洋九百七十六元，共计得洋六千零九十九元五角。"同时，"是日所有工部局议事厅及巴勒洋行之戏台上电光灯，亨达利、谋得利、美华利三洋行之戏单、一品香点心以及各女伶所售花果等，俱以事关赈务，一概捐助。其余费用统由同人按股匀摊"。③

海外中国留学生也是一个值得关注的群体，此时在日本的中国留学生团体——春柳社，也组织了义演募捐活动。当徐海水灾的灾情由国内传至日本时，很快引起了中国留学生对于国内社会灾难的强烈关注。1906年冬，春柳社在日本东京成立，该团体以研究各种文艺为目的，并最先建立了演艺部。演艺部早先的演剧活动在中国话剧创始时期产生过重大影响，其活动"为我国人研究新剧之始，前次未尝有也"。当春柳社成立不久，"淮徐告灾消息至海外同人，演巴黎茶花女遗事集资赈之"，对此"日人惊

---

① 《纪上海名妓演剧助赈详情》，上海《申报》1907年1月14日，第4版。
② 宜：《西报纪女优演剧助赈事》，上海《申报》1907年1月27日，第17版。
③ 外：《剧资助赈计数》，上海《申报》1907年2月1日，第17版。

为创举，啧啧称道，新闻纸亦多谀词（辞）"。① 春柳剧场 1914 年在上海开幕，其开幕词中简要追述了当时的情况，由此我们了解到春柳社早年在东京的赈灾义演活动，并得知其活动当时引起了日本媒体关注，也得到了当地民众的夸赞。

以上所见，围绕着赈灾，在社会民众中形成了慈善帮助的氛围和群体网络。这些民众自发的助善团体，通过慈善义演的方式：一方面募集款项；另一方面推广公益观念，一定程度上也助推了社会慈善风尚的养成。

结　语

随着近代慈善事业的不断深入发展，义演作为其中重要的筹款方式也在各地日渐普遍。近代慈善显示出打破地域限制的特征，不再局限于地缘、业缘，越来越多的慈善行为顺应历史发展潮流，呈现出交相呼应、联合办赈的趋势。虽然目前无法得出上海地区与京津地区的慈善义演是否有着紧密的信息联系和沟通，但是从实际效果来看，慈善义演已经从单个地区的自救走向了跨区域的呼应与并举。在徐海水灾救援中，上海与京津地区慈善义演同时并举的局面，反映了中国近代慈善救助事业又有了新的发展。自 1906~1907 年徐海水灾之后，南北联合办赈，救助灾黎，梨园人不分畛域，共襄盛举。打破地域限制的义演在赈济灾黎、救助灾民活动中越来越多，并发挥出越来越大的作用。随着这种"一方有难，八方声援"风尚的逐步传播与发散，清末时期的慈善义演已经成为城市民众行善募款的渠道之一。围绕慈善义演，梨园界和新兴的社会力量积极参与，不仅扩展了慈善义演的影响力，也形塑着都市中的慈善文化氛围，从而进一步促进了慈善事业在近代中国的发展。

（署名郭常英、蒋泽航。原载《音乐传播》2017 年第 3 期）

---

① 忏红：《春柳剧场开幕宣言》，上海《申报》1914 年 4 月 17 日，第 14 版。

演戏助赈：上海地区慈善义演的出现

慈善义演是一种为了慈善进行演出而不收取报酬或通过演出筹集资金用于社会慈善活动的社会公益行为。晚清时期的中西交往、经济发展以及上海、天津等开埠城市的现代化等时代变迁，既为都市慈善义演的兴起提供了空间与契机，也为都市民众提供了新的娱乐和生活的内容；西方慈善思想和慈善方式的引介是义演活动兴起的关键因素。最终，慈善义演成为近代慈善事业发展演变中的典型案例。慈善义演最初兴起于上海地区的近代演戏助赈，剧资兴学则促发了其在京津地区的发展；[①]后期针对清末徐海水灾的慈善义演在南北方均有举办，实现了南北联动与并举。

一 报人发表《论演戏救灾事》呼吁演剧筹款

上海地区的慈善义演是在西方影响和有识之人的极力倡导下诞生的。朱浒认为，演戏筹资的形式"在义赈活动中的最初出现，极有可能是对西方义演形式的一种效仿"。[②] 也有学者认为，慈善义演的出现至少包含着伶人群体自身的内部互助之义的传统。[③] 从上海地区最开始出现的慈善义演来看，两种观点均有其合理性的成分。

近代最早明确见到有关演剧筹款的记录，是《申报》1877 年 2 月 8 日

[①] 张秀丽、岳鹏星：《剧资兴学：清末京津地区慈善义演的发源》，《音乐传播》2017 年第 1 期。
[②] 朱浒：《地方性的流动及其超越——晚清义赈与近代中国的新陈代谢》，中国人民大学出版社，2006，第 363~364 页。
[③] 刘兴利：《伶人义赈非"舶来品"——与朱浒先生商榷兼答孙玫教授》，《民族艺术》2015 年第 5 期。

刊载的《论演戏救灾事》。① 该文开宗明义地说中西方对于演戏等事情的不同看法："华人藉之以利己，西人藉之以济人。故自华人视之则为无益之行为，而自西人视之则为有益之举动。"随后，文章讲了一则有关英国人因战船沉没，演剧筹款赈济兵丁、水手之家属的例子。"日前有英国战船猝遭沉溺，兵丁水手死于是役者，殊堪悲悯……有家属零丁孤寡无所倚靠，更觉可怜……有心者即于十九晚相集演剧，于赴观者皆税其赀，即以是夕所税之赀尽为周济沉沦家属之用。"接着，报人强调法国人也有同样的事举——"去冬上海租界寄居之法人缘法国有一地方饥荒，法人之在沪者欲集赀以赈之，亦用此法演戏。两日所得之赀尽行寄往，以助赈务"。报人评价这种慈善演剧的作用，"其立心不减于仁人施济，且使来观者既得娱目亦足以写其好行"，真可谓"一举两得，诚为甚便"，"使世之演戏皆如此用心，则谓之有益亦无不可"。②

报人所举英人、法人从事慈善义演的行为，虽然不是自己亲眼所见，而是其在香港发行的刊物《近世编录》③中得到的间接知识、经验，但是仍然觉得此种方式可以被国人所效法，于是，还不厌其烦地再次评价演戏助赈的积极行为——"其法亦可谓良矣。出赀者不费大力而集腋成裘，众擎易举。既得多赀，有益正事"，进而呼吁华人"效其所为，遇事照此办理，势必易于成就"，并特别提及伶人应最先行动起来。④ 报人对于西人演剧筹款的称赞不仅停留在理论层面，还切实地将之与现实结合起来。其时，华北地区已经出现了历史上空前罕见的大旱灾即"丁戊奇荒"。报人希望戏馆、优伶积极主动起来，热心于演剧筹款的事业，指出"演戏之优

---

① 冯俊杰在《山西戏曲碑刻辑考》（中华书局，2002）中收录一则《太和寨凤鸣班修路碑记》（第450~452页）史料记载，在清嘉庆二十二年（1817）山西晋城的太和寨，一个叫凤鸣班的戏班倡议修路募款。笔者认为，修桥铺路是中国传统善举，所以即使该戏班是通过演出进行募捐，也不能算是现代意义上的慈善范畴。同时，此类史料记载目前仅见此孤例，也不能说明慈善义演就此发生。

② 《论演戏救灾事》，上海《申报》1877年2月8日，第1版。

③ 《近世丛编》是香港民营英文报刊《德臣西报》的子报。此报刊的影响力较为广泛，"不但对近代华南报业的发展颇有影响，而且对上海和海峡殖民地的华文报纸都有影响"〔见R.S.布林顿著《中国报刊（1800—1912）》，台北：成文出版社，1966，第42页。布林顿即美国汉学家白瑞华〕。

④ 《论演戏救灾事》，上海《申报》1877年2月8日，第1版。

伶果亦能如此用心，如此行事，实属大可有益于世"。不仅如此，报人还提及已经有中国人开始萌生了实行演剧筹款的做法，针对河北地区灾害甚巨的情形，有人"倡议欲令各戏馆于礼拜六夜演戏一宵，各馆所得之赀聚送一处、汇寄燕台（即河北省北部一带）等地以助赈"，并将此意见"项商之于平日与各戏馆相熟之人"，希望与各戏园比较熟悉的人再去"相商于各馆"。只是这些平日与戏馆熟悉之人却表示出"畏难"情绪，"不肯往商"。① 即使如此，报人针对演戏筹款还是报以很大的希望。最后，报人将自己对演剧筹款的观点还诉诸上海地区演戏的传统方式"打野鸡"，②认为"有此习俗，故以为事在可成"，以此强烈呼吁戏馆赶快行动起来，并呼吁道："岂有不肯帮赈大众之饥饿乎？""盖欲使各戏馆知西人有此办法或能触目动心，有此一举……苟少一夕之赀，即少一日之用，似不可以一概而言，但人之欲善，谁不如我？况仅一宵所得尽行助赈，似欲各馆尚无大损。何不以小人之业而为君子之事？"报人甚至从优伶的身份出发，进而鼓舞士绅阶层积极帮赈——"彼演戏者尚能如此，何况我辈席丰履厚者哉？果能如此，则其有功于赈务，岂得独谓演戏为无益之行为，非有益之举动乎？"③

透过该文，我们可以发现：首先，当时上海的梨园界已经酝酿出良好的氛围，旧的演出传统中已经蕴含着演戏筹赈的萌芽，"打野鸡"其实已经包含着救济互助的精神。其次，国人的确是从西人的演剧筹款中触发了灵感，看到了英人、法人等西人演剧助赈这样的义举方式，便企图进行宣传，发展现代意义上的慈善义演。第三，演戏救灾在上海似乎才刚刚出现，报人正好以此进行十分热情的号召，希冀自己的演戏助赈呼吁能够得到实施。最后，也是最有启发性的——近代中国的慈善义演

---

① 《论演戏救灾事》，上海《申报》1877年2月8日，第1版。
② 所谓"打野鸡"，《清稗类钞》中记载："上海各戏园之至腊月也，四方过客皆纷纷言归，家居者料量度岁，方日不暇给，戏园之生涯自必锐减。至是而案目商于园主，有请客之举。请客者，以戏券售之于向识之看客，恒较常日为昂，俗谚谓之打野鸡。"（徐珂编撰《清稗类钞》第37册，商务印书馆，1928，第48页）通俗地说就是腊月之际职业推销戏券的"案目"请客看戏，间接帮助了"戏园"（晚清时期，人们对旧式戏剧演出场所的称谓不一，或称茶园，或称戏院、戏园、戏馆等，茶园的称谓较多，文中表述暂不作统一处理）的生涯。
③ 《论演戏救灾事》，上海《申报》1877年2月8日，第1版。

似乎被赋予了更高层次的意义,那就是提振中国精神和国民意识。所以,报人说:"吾是以不惜谆谆相劝而不肯止也,又况所失者小而所得者大,从此沪上各戏馆之美名亦可以与西人演戏行善之美名同见称于一时也。岂不美乎?"①

二 个体戏园与新兴报刊合力于演戏筹赈实践

历史总是有许多巧合。在发表《论演戏救灾事》的报人极力呼吁演剧筹款用于慈善活动不久,上海的鹤鸣戏园于1877年4月15日开始了慈善义演。据《申报》记载,该戏园的慈善义演从是日起"至端午日(6月15日)止,每日所得戏资,除去房租、伙食外,各伶人皆不取辛工。所有余银,愿为山东赈款"。②时人高度赞赏这种做法,认为"优孟中亦知自好,如是哉!""则知天良俱在、为善最乐之语,非虚也"。③可见,演戏助赈在本土的戏园中开始付诸实践。也即是说国人自行举办的慈善义演于1877年的上海开始出现。鹤鸣戏园作为上海地区比较著名的民众娱乐场所,连续月余的慈善义演活动不仅增加了戏院自身的声望,也使得听戏的民众了解到慈善义演的意义。《申报》的宣传与促动作用也使得演戏筹赈之举逐渐增多。

西方人演戏筹资的行为启发了国人,同时《申报》作为新兴媒体的作用也不能忽视,报人的呼吁和报道对演戏筹赈在上海的诞生起到了直接促进作用。学者钟欣志认为1877年鹤鸣戏园以戏资助赈一事,可以视为"一个社会底层行业响应新兴报刊言论的实例。《申报》不遗余力地鼓吹和宣传一条助赈新法,并得到职业艺人的具体响应,亦可视为报刊和剧场两种公共空间,在同一议题上交互作用的结果。如果没有鹤鸣戏园的响应,《申报》再能言善道都只能沦为空谈,再过刺激性的言论,也将仿佛与空气斗拳一般;反之,《申报》作为当时上海无可匹敌的商业中文报刊,如果没有它提供的言论空间,鹤鸣戏园即便可从其它管道学习戏资助赈之

---

① 《论演戏救灾事》,上海《申报》1877年2月8日,第1版。
② 《戏资赈饥》,上海《申报》1877年4月26日,第2版。
③ 《戏资赈饥》,上海《申报》1877年4月26日,第2版。

法,也将孤掌难鸣,缺乏推动的诱因"。① 新兴报刊与戏院之间的合力对于促动慈善义演的发生确实有着重要的影响和意义。

那么,有识之人的呼吁与鹤鸣戏园的演戏筹赈存在必然的联系吗?就上述材料而言,自然不甚明了上海鹤鸣戏园与前者报人呼吁之间的关系。然而,《申报》随后几天便刊登的《书本报戏资助赈告白后》,很清晰地提示出二者的前后关联。该文报人先说:"山东旱灾……故各处中外绅商以及富户,或有出资以倡捐者,或有出力以劝捐者,集成巨款,送山东以助赈项之不逮。"接着报人便提及"去冬,吾见西人设法筹捐之时,聚集能演戏者在西人戏园演戏一宵,邀请中外之人,素悉西戏者往观,按人纳资",并评价说:"可知所急务设法救人之心无微不至矣。"接着报人进一步说:"本馆(即申报馆)深嘉西人之志,故屡论之,并常劝中国戏馆如法办理。又闻有人力劝素与各戏馆相熟之人前往说法。后其人覆信则言此事恐难成功第。其人曾否往劝抑劝之而不能从,无由得知耳。"② 该文的讲述正好可以与前面两文的呼吁相互照应。

接着,该文就伶人以及鹤鸣戏园筹款等事情进行论述,更加明晰了有识之人的呼吁与鹤鸣戏园的演戏筹赈所存在的必然联系。营业性戏院参与慈善活动之事是早于慈善义演的。"当东华医院开局劝助山东赈项之时,有高升戏园主人罗某捐银一千两……真不愧为勇于为义之人,能不负余屡次论劝之意。"不过,以伶人为活动主体参与慈善义演却是从鹤鸣戏园而开始。接着,报人便介绍了鹤鸣戏园"领班"③的事迹,说:"此领班向在上海以演戏为业,后因犯案拨军旋蒙两次。恩赦援例免罪释放,今岁新正在园演戏每日可得三百余洋,除用度外每日可剩二百洋内外。今愿以五十日所剩之洋,尽为山东救灾之项,可以至万洋光景。"报人高度评价该领班的义举,"以获罪幸免之身,忍而为此义举,在国法则可为赎罪,在儒教则可谓改过,在佛门则可为忏悔,在道家则可为释然,犹为有所为而为

---

① 钟欣志:《走向现代:晚清中国剧场新变》,博士学位论文,台北艺术大学,2012,第17页。
② 《书本报戏资助赈告白后》,上海《申报》1877年4月30日,第1版。
③ 钟欣志认为,该领班即著名的伶人杨月楼,并分析了杨月楼作为名伶助赈的现代性意涵(见钟欣志《走向现代:晚清中国剧场新变》,博士学位论文,台北艺术大学,2012,第18~23页)。

之也。所难得者，全班之人均愿捐出辛工襄成此义举耳"。报人为鹤鸣戏园的举动而感到"喜而不寐"，认为自己的呼吁"未付东风"，且戏院所筹款项"真乃山东灾民之幸"，最后还颇具深意地说"鹤鸣园诸人竟能少有所余即行义举，是以下等人而为上等人之事，不负余之期望，亦可嘉矣"，① 进而希望上层人士也能够积极热心善举，共济时艰。伶人作为"下等之人"从事慈善活动，对于士绅为代表的"上等之人"也是一种言语与实际行动上的刺激。不过，值得注意的是，鹤鸣戏园进行较为持续的慈善义演，同时《申报》也进行鼓吹和舆论助力，慈善义演在19世纪70年代末80年代初引起了不少戏院的注意。像鹤鸣戏园一样，开展慈善义演活动的戏园逐渐增多。

该时期，演戏筹赈的做法越来越引起人们的注意，梨园界也更多加入这样的活动中来，演戏筹赈的风气渐开。如1877年5月，上海的久乐园"不揣薄绵，拟分所得戏资赈务"，并将"所得票金支发园租、工食之外，其余全数上缴"。② 又如，1878年5月办理义赈的"经募司董向各戏园熟商助赈"。由于有以士绅为主体的义赈人士的积极支持和赞许，在上海的不少戏园也积极配合，"丹桂园许于本月二十六日即礼拜一起，每逢礼拜一、四日演，共一月计八期。大观园于本月二十六日夜即礼拜一，又本月三十日夜即礼拜五，又五月初三夜即礼拜一，又五月初七夜即礼拜五共四期。天仙园于本月二十九夜起即礼拜四，共一月计四期"。并说："三园每逢是期邀集名优排演新戏，所集戏赀除茶点开销之外，余洋尽数送交果育堂助赈。"③

丹桂园、大观园、天仙园均是当时上海最著名的戏园，它们进行频繁的义务献演，并将所余之款尽交慈善机构果育堂④办理，使得演出的规模逐渐扩大，同时报人还呼吁"凡诸君欲及时行乐者，皆宜届期往观，既畅游兴与藉助赈资，真一举而两得也"。除呼吁报人往观外，还提及"老三

---

① 《书本报戏资助赈告白后》，上海《申报》1877年4月30日，第1版。
② 《久乐园顺天班天乐班谨启》，上海《申报》1877年5月11日，第5版。
③ 《戏剧助赈》，上海《申报》1878年5月25日，第3、4版。
④ 果育堂是当时上海著名的善堂，影响较大。冯桂芬的《显志堂稿》卷3第30、31页的《上海果育堂记》对其有专门论述，此不赘述。

雅、禧春两园尚未闻定议，想善与人同，当不闻风兴起也"。① 可见，鹤鸣戏园进行的慈善义演，确实带动了其他戏园的演戏助赈的热情。该时期的演戏助赈逐渐由单个戏园扩而为多个戏园集中举办，并实现了其与义赈活动的联合效应并凝聚了力量，使得慈善义演的社会影响力逐渐扩展。演戏助赈所具有的"既畅游兴与藉助赈资"即寓善于乐的内在特性逐渐彰显。

三　演戏筹款的社会扩散及"助赈专场"的出现

慈善是人类与苦难和不幸的持续斗争。"丁戊奇荒"期间，上海主要戏园开展的演戏助赈活动，使得慈善义演得以出现，也使其成为近代义赈活动的重要组成部分。虽然该时期鹤鸣戏园以及其他不少戏园进行了持续的慈善演出活动，但是灾害的危害性影响减弱之后，慈善义演活动便相对短暂地沉寂了下来。除了"咏霓茶园演戏助赈"并捐"洋五十六元八角"之外，② 很少出现此类的活动。一方面，此与譬如"丁戊奇荒"此等严重的灾害相对减少有关；另一方面，慈善义演的举办主要凭借戏园和伶人群体减少自身的营业性收入与所得，对作为"下等人"的伶人群体而言，临时性的慈善义演活动还不具备持续性运作的经济基础。

虽然19世纪80年代演戏助赈的活动并没有像70年代末般相对频繁地举办，但是一旦出现零星的演剧助赈活动，还是有人认识到了梨园界伶人在助赈方面所蕴藏的价值，并呼吁应该推广此种方式。1887年12月，河南省发生水灾，"灾黎望救情殷、刻不容缓"。同时，救灾活动也积极开展，"赈捐诸公几于不遗余力"。其间有"梨园子弟中有好事者，谓不如以戏钱助赈"。于是"新丹桂戏院踊跃争先以为之创，准于二十八日日间演剧，尽以此一日之所入，捐归赈所用助赈项"。时人认为演戏助赈使得"乐善好施者，藉此既可娱目赏心，阴行善事、广积阴功，一举而数善备"，并期待"诸戏院闻风而兴起者，当不乏人也"。③ 除了新丹桂戏院之

---

① 《戏剧助赈》，上海《申报》1878年5月25日，第3、4版。
② 《上海三马路与昌丝栈陈竹坪经募赈捐八月初二日第五十九次清单》，上海《申报》1885年9月13日，第4版。
③ 《梨园助赈》，上海《申报》1887年12月11日，第3版。

外,天仙戏园的伶人也积极慷慨解囊捐助河南赈灾。

此则信息又一次引起了《申报》报人的关注。该报人于次日在《申报》上刊登的《广梨园助赈说》一文中说:"昨报登梨园助赈一则,谓新丹桂戏园,准于二十八日间演戏一天尽以戏资捐助河南赈款,并劝乐善好施者于是日结伴往观,既可娱目赏心又可阴行其德,盖一举而数得焉。又闻天仙园伶人戴天林悯灾黎之荡析离居、无衣无食,特邀集同伴子弟各解腰缠慷充豫赈。"梨园助赈对于乐善好施者是一举多得,甚至连某些伶人也跟着慷慨解囊。而"本报清单诚可谓结善缘不遗余力,说者上自王公卿相,下逮富商巨贾,墨客文人咸能通大义发慈悲"。①

但是囿于当时社会的成见,《申报》的捐献清单却并没有将伶人之名列于捐献清单之中。有人便认为,只有将梨园伶人加入捐献清单才能更有利于提倡捐款筹赈。"何解于梨园助赈之事?夫人而至优伶,其品卑矣。不特王公卿相不屑与之并驾齐驱,梨园之优孟亦可动恻隐之心,发慷慨之意。"报人积极呼吁将梨园艺人也列于捐献清单之中,实际上表达对伶人的尊敬以及对梨园助赈之事的提倡。该报人还指出,此次河南水灾与"丁戊奇荒"之时"各省皆物力丰盈,是以数十百万金资,不难源源接济至"已经大有不同,豫灾赈款如"强弩之末","恐终难集成巨项",必须呼吁广大民众"聚沙成塔、广种福田",积极捐献。而"丹桂之戏资仅一日耳。天仙之集款亦仅一次耳,或数十元或百余元,终不能胥千万灾民咸得果腹"。于是,他认为需要"于戏园内筹一长久之方",即戏园里"包厢"与"边厢"中均有"瓜子、点心",这些瓜子与点心"在看客咸视此项为可有可无,而园主则积少成多,每日所费者不少"。"综计沪北四戏园日可积二十余千之谱",因此报人提议可以"将此项裁去,出资以助赈捐,则一月之内总可得钱数百千,在看客断不因无瓜子、点心为之裹足,或且见园主好行其德,相约结队来观。则园主不费分文而灾民可因之活命","灾民亦受惠良多矣,不大愈于见死不救之辈乎?因观梨园助赈事而推广言之,然耶?否耶?试质之筹赈诸君子"。②

---

① 《广梨园助赈说》,上海《申报》1887年12月12日,第1版。
② 《广梨园助赈说》,上海《申报》1887年12月12日,第1版。

该报人由梨园界助赈之事而呼吁民众积极捐助豫灾,甚至着眼于戏院的零碎支出之处,建议推广助赈的方法。对于将伶人的款项列入捐献清单之中,该报人的呼吁还是取得了成效,后来"天仙戏园诸伶及后台共五十九户,合助豫皖赈洋一百八元"。《申报》"将各户姓名捐数丛列清单登报"。时人还认为伶人此举"可见何地无善人,亦何人而不可以为善。其志可嘉"。① 该时期,与此前鹤鸣戏园与《申报》互动造势的手法较为相似,营业性的戏园一方面期待新兴媒介的宣传进而提升自身的声望,另一方面有识之士亦需要凭借新兴媒介来倡导自身的主张。而有识之士提倡梨园界积极参与慈善活动,不管是针对营业性戏园一方,还是对于伶人群体而言,均是一种社会积极性影响的彰显。

除了有识之人关注更多的助赈群体之外,前期演戏助赈以个体戏园为单位的状况也开始逐渐改变,各戏园甚至开始了联合筹赈义演。比较有代表性的是,1905年鉴于当时上海崇宝水灾的严重性,各戏园联合进行了"助赈专场"演出。丹桂茶园一直是梨园乐善的代表,"前者海上诸公创办救济善会及红十字会,该园均与各园会串捐助巨款"。此次,"因崇宝一带水灾死者以数十万计。园主恻然动念,于本月二十六日礼拜日戏涌园,名角一律登台,看资悉数助赈,所有案目、扣头等项,亦复涓滴献公、丝毫不取"。② "助赈专场"的演出情况被详细记录了下来:"天仙茶园,九月初三礼拜日名角答演好戏,戏资全数充公以赈济崇宝一带……春仙茶园,礼拜日名角一齐登楼助赈济。王全福《匡下河东》、孩儿红《日锁五龙》、汪笑侬《目连救母》……九月初三夜准演,王全福《夺取东川》、孩儿红《单鞭救主》、小桂枝《说亲回话》、周春奎《捉曹放操》……天仙茶园,九月初三礼拜日请看助赈好戏。朱炳林《三气周瑜》、左月春《十二太保》、小桂芬《四郎探母》"。③ 截至该时期,上海的演戏助赈已经成为较为常见的手法。1908年8月,"虹口陶咏轩同人,为广东水灾于十一晚在三元宫演戏助赈"。④ 1909年,针对"甘肃旱荒",造成"民不聊生、易子

---

① 《梨园助赈》,上海《申报》1888年1月16日,第3页。
② 《梨园乐善》,上海《申报》1905年9月23日,第2张第9版。
③ 《广告》,上海《申报》1905年10月1日,第2张第7版。
④ 《谢券》,上海《申报》1908年8月7日,第3张第3版。

而食、折骸而炊、流离困苦、耳不忍闻"的灾害影响,春桂戏园决定"特请名士,排成甘肃灾荒新戏"用于"演戏助赈",其中戏园定价为"包厢八角、正厅六角","所售戏资概行助赈"。[①] 可见,这一时期,在慈善义演领域内,助赈专场的出现以及给排演新戏所带来的演出内容的变化等现象,预示着演戏筹款方式已经发生不小变化,社会上已经逐渐形成了通过演戏筹款办理慈善公益事业的氛围。

综上所述,上海的演戏筹赈从最开始的报人呼吁到戏园、艺人的单个实践,再到"助赈专场"的出现,呈现出一种实践化、规模化的特征。同时,从上海演戏筹款的发端,可以看到最初的目的就是赈灾,但也包含了提振中国精神和国民意识等更高层次的意义。虽然它还未过多涉及慈善事业的其他方面,但是毕竟形塑着传统的戏曲演出方式,塑造着新的社会影响。该时期,上海演戏助赈的发生是中国近代慈善义演最初的表现形式之一。营业性戏园和新兴传媒的合力,以及有识之士的呼吁与赞许,将处于社会边缘地位的伶人群体从"无声""失声"的境遇中发掘出来。同时,伶人群体的"失声"并不代表着自身行动的缺失,也正因其投身于慈善义演的行动之中,才使得自身的社会形象开始逐渐得以重塑。时代境遇所包含的现代性场域对社会阶层的重新整合在慈善义演的最初阶段已经有所隐现。

(署名李爱勇、岳鹏星。原载《音乐传播》2017年第2期)

[①] 《广告》,上海《申报》1909年6月25日至7月3日,第1张第7版。

剧资兴学：清末京津地区慈善义演的发源

慈善义演主要是通过演艺筹集资金用于社会慈善活动。晚清时期，伴随着中西交往的频繁、商品经济的发展，上海、天津等早期开埠城市的现代化进程逐渐加速。随着时代的变迁，都市既提供了慈善义演兴起的空间与契机，也使得都市民众的娱乐生活方式表现出新的内容，有力助推了慈善义演活动的兴起。其中，西方慈善思想的传入、慈善方式的引进亦构成了义演活动能够酝酿与初兴的关键因素，最终使慈善义演成为近代慈善事业发展演变中的典型案例。

一 京津地区戏曲改良活动与慈善义演的形成

上海地区的演戏筹赈是本土慈善义演的最早形式，不过目前还没有发现可确证上海演戏助赈直接影响京津的原始材料。京津地区慈善义演的出现似乎与上海呈一种平行的发展态势。这在一定程度上可能与北方地区的时代背景和社会环境具有某种潜在的关联。上海的慈善义演出现近30年之后，京津地区的慈善义演才发源，并且逐渐兴盛。

1906年，北京兴起筹措庚子赔款的"国民捐"运动，[1] 使得京津地区演戏筹款的星星之火开始得到点燃。在这场运动之中，不仅民众的"国民"思想得到强化，民众对"国民义务"的观念也有了一定的认识。国民捐"倡自京都继及津保，凡有国家思想、知国民义务者，莫不争先举办，以救时

---

[1] 关于国民捐运动的研究，参见武艳丽《〈京话日报〉和20世纪初年的国民捐运动》，《清史研究》2006年第3期；王鸿莉《清末国民捐运动考》，《现代中国》第13辑，北京大学出版社，2010；彭秀良《〈京话日报〉与国民捐运动》，《文史精华》2009年第5期；等等。

危。且闻卑如优伶如娼妓亦能知义务劝办此捐"。① 当时"名优杨小乃等及歌妓玉仙等，均报效国民捐至千金"。② 随着清末新政及启蒙思潮的影响，"民智始开，思想发达"，③ 京津梨园界也开始积极献身公益事业。

这期间戏曲改良的作用不可忽视。随着清末新政的推行，京津地区兴起了当时北方最早的戏曲改良活动。④《大公报》《京话日报》等报纸媒介曾积极鼓吹戏曲改良。当时天津的林墨卿办理戏曲改良还得到了袁世凯的支持，并"设立移风乐会研究所……邀某文人编辑新戏"。⑤ 文人的参与刷新了戏曲的剧目。天津如此，而"北京新戏改良，多蒙奖励"。⑥ 改造旧的形式，编演新的剧本；呼吁关注社会，改良旧的思想——这些已经成为戏曲改良的主要内容，并得到了蓬勃的发展。京、津本是戏曲演出的重要地区，戏曲改良运动又进一步促进了京、津演戏活动的兴盛。

恰逢其时，杭州"惠兴女士殉身办学"的事件在京津地区产生了较大影响。借着这样的契机，以名伶田际云⑦为首的梨园界开展了一场规模空前的义务戏曲演出，成为京津地区慈善义演形成的标志和典型，"开创了北方地区社会募捐的新形式"。⑧

二 义务戏《惠兴女士传》在京的排演

惠兴是满族人，生长在杭州，立志兴女学以造福女界。1904 年，她在杭州创建贞文女学堂，创学伊始便立志要倾尽全力乃至生命为女学做贡

---

① 《京榆铁路同人公办国民捐原启》，天津《大公报》1906 年 3 月 8 日，第 6 版。
② 《优妓报效国民捐》，天津《大公报》1906 年 3 月 20 日，第 4 版。
③ 《民捐》，天津《大公报》1906 年 3 月 4 日，第 2 版。
④ 关于北方地区戏剧改良运动研究，参见吴新苗《清末民初北方地区戏曲改良活动考述》（一），《中国戏曲学院学报》2011 年第 3 期；甄光俊《梨园百花艳敢为天下先——回眸百余年来天津戏曲创新发展的轨迹》，《天津市社会主义学院学报》2012 年第 1 期；邵璐璐《戏曲改良运动与清末民初的社会变迁——以天津为中心的考察》，《福建论坛》2010 年第 3 期；等等。
⑤ 《新戏出现》，天津《大公报》1906 年 10 月 9 日，第 4 版。
⑥ 《新戏出现》，天津《大公报》1906 年 10 月 9 日，第 4 版。
⑦ 田际云，艺名"香九霄"，玉成班班主。光绪末年时任"精忠庙"的"庙首"（即京城戏曲行业组织的负责人），是清代的"内廷供奉"（指在宫廷中演出的戏曲艺人）。
⑧ 夏晓虹：《旧戏台上的文明戏——田际云与北京"妇女匡学会"》，《现代中国》第 5 辑，湖北教育出版社，2004 年，第 28 页。

献。因经费没有着落，到处借贷，无果，最终服毒自尽，愿以自己的生命唤醒世人对女学的关注。这一悲壮的事情传到了京津地区，立刻引起了民众的关注。《北京女报》馆的张太夫人为惠兴"开追悼会"，① 淑范女学校也开追悼会，"一时维新女士毕集"，时人还赠联说惠兴此举为"拼将一死呼群梦，愿我同胞觉晓钟"。② 后来，有感于惠兴女士的事迹，《北京女报》主编张展云曾通过报纸筹款助学，但效果不太理想。之后，他便开始考虑与梨园界合作，"欲演戏三日，以所得戏价邮寄杭州，以便兴学"。③ 张展云找到京津地区的名伶田际云商量此事。在张的呼吁下，田际云也愿意"演三夜之戏"，以"尽义务"。④ 实际上，田际云与汪桂芬⑤本有建伶界学堂的想法，并曾"递呈学务处，情愿集款开办学堂"，还提出了具体的筹款方案，"每日登台唱剧，愿加演一剧，即以此项剧价作为学堂经费"，⑥可惜没有下文。此时正好可以借惠兴女士的事迹将集款兴学的想法付诸实践。张展云和田际云商量的结果便是组织"妇女匡学会"，⑦ 形成团体力量，以惠兴的事迹排演新戏《惠兴女士传》，定于是年"三月初五、初八、十二"三日在湖广会馆演出，以演戏所得资金邮寄给贞文女学堂。

对《惠兴女士传》的演出情况，报界进行了实时跟踪报道。《大公报》一则消息说：

> 京都玉成班田际云因杭州贞[文]女学堂，惠兴女士为创办学堂筹款殉节，见其意烈可钦，按照前情排演新戏。今春三月初五、初九（应为"初八"）、十二等日，在北京福寿堂恭请北京大小名角共办劝学会，又请各城票友是日各尽义务，演唱三昼夜，大众不取分文，共筹款五千余元，由日升昌汇寄杭州将军瑞转寄贞文学堂。⑧

---

① 《女追悼会》，天津《大公报》1906年2月5日，第5版。
② 《淑范女学校开追悼会详纪》，天津《大公报》1906年2月6日，第6版。
③ 《名优颇尽义务》，天津《大公报》1906年3月6日，第4版。
④ 《名优颇尽义务》，天津《大公报》1906年3月6日，第4版。
⑤ 汪桂芬与田际云一样，均为当时的名伶。当时的人们评价汪桂芬"为长庚再世"，"执菊坛老生牛耳"，影响甚广（王芷章：《清代伶官传》，商务印书馆，2014，第318页）。
⑥ 天津《大公报》1905年10月29日，第3版。
⑦ 《记妇女匡学会》，天津《大公报》1906年3月24日，第5版。
⑧ 《新戏来津》，天津《大公报》1906年8月27日，第5版。转引自吴新苗《清末民初北方地区戏曲改良活动考述》（一），《中国戏曲学院学报》2011第3期。

当时有报人评价此举说："庶为士大夫之向导乎？"① 时人还说"剧资兴学"之事，"为二十世纪中伶人之特色，以增历史之荣光，将来浙中女学之发达，则必以某鞠部为最美最优之一大纪念"。②

笔者在搜寻资料的过程中，还发现了前人追述这次义务戏演出的传单，曰：

> 清末，有杭州贞文女学校董惠兴女士，因经费不足，上书副都统贵福，贵福不答，女士乃以身殉学，此稍习旧闻者共知之事也。及此噩耗传来，各界乃纷起为援，女界尤甚。于是"北京妇女匡学会"乃发起大规模之"筹款义务戏"。③

其中传单所述可以使后人更加清楚此次演出的规模以及组织情况。该单先是发布了"妇女匡学会演戏小启"，说："本会因杭州惠兴女士，自为学殉身后，经费仍不敷用，仝人拟代为筹款，以匡不逮。爰仿各国慈善办法，演戏三日，专卖女座。经梨园善士，大众热心，允尽义务，所收戏资，除零碎开支外，全数汇缴杭州将军，作为贞文女学堂经费。"这点明了此次演出的由来，而且还是仿照各国慈善办法——演剧筹款，并采用比较少见的"专卖女座"的做法——最终"定于三月初五、初九、十二日三天开会，凡女界中热心人士，有愿赞成此举者，均请于此三日前购票听戏"。传单还特别提及"事竣后并将大名登诸报端，以彰美意"，接着还公布了京师巡警部的批示，说："所请演戏三日，应照准，不得逾限。惟有唱戏句，须于三日前禀报外城工巡总局查核，方准照演。仰即转饬遵照，并于开会日派捕妥为弹压可也。"④ 然后传单中便公布了具体的规则和有关详情：

一、演戏地方，原定湖广会馆，今改在前门外打磨厂福寿堂。

二、演戏时刻，早以十一点钟开演，夜以两点钟止。

---

① 《剧资兴学》，天津《大公报》1906 年 3 月 13 日，第 4 版。
② 《记惠兴女杰为学殉身事》，天津《大公报》1907 年 3 月 14 日，第 2 版。
③ 景孤血：《三十年前北京妇女匡学会义务戏传单》，《立言画刊》1939 年第 16 期，第 9~10 页。
④ 景孤血：《三十年前北京妇女匡学会义务戏传单》，《立言画刊》1939 年第 16 期，第 9~10 页。

三、所有戏座，分为包厢、头等、次座三种；每厢包间价洋三十元，头等每桌六座价洋十八元，单座每位三元，次等每桌六座，价洋十二元，单座每位三元。小孩自八岁以上至十三岁，均卖半价，仆妇五角。

四、听戏者有本处备便席一餐，不另索价（晚四点钟便席，夜十二点灯果）。

五、本会一概不卖男座。

六、凡听戏诸位，须先期买票，自本月二十六日起，每日早十二点钟至六点钟止，即在福寿堂卖票。早到者得好座，并不得强占他人已座之位。

七、本会为匡学筹款起见，非借此射利营私，听戏诸女士，均因热心助善而来，总祈诸位谅此区区苦心戏，凡所用男丁，如车夫、跟班等，务须自为约束，令其在戏场外静待，不许擅入，以昭慎重，以省口角，如有买物套车等事，可令随代仆妇传言，即本会亦雇有女仆，预备使唤。

八、此三日所言戏文，经工巡总局审定，均系光明正大之戏，凡有伤风化者，一概不演。①

那么此次演出的艺人情况如何呢？材料中也有显示："系玉成班作底，凡外约演戏诸位，均系当场出色，名动京师。今将惠兴女士兴学殉身原事实排成新戏，三日分演。瑾演女士者为田际云。"并说："诸善士均具一片热心，慷慨好义，襄成善举。是日无论风雨，咸来助善。"然后就罗列了演出的人员名单，② 并说"核之当时在京师之名伶，殆已网罗无遗"。③

---

① 景孤血：《三十年前北京妇女匡学会义务戏传单》，《立言画刊》1939 年第 16 期，第 9~10 页。
② 有俞润仙、谭鑫培、汪桂芬、侯俊山、金秀山、罗寿山、余玉琴、郭宝臣、玉楞仙、朱素云、陆华云、路三宝、许荫棠、王瑶卿、孙佩亭、杨筱亭、龙云甫、田桐秋、杨宝珍、德后如、孙怡云、俞振亭、刘鸿升、白鉴堂、瑞德宝、张福义、马林山、董春山、贾洪林、陈德霖、姜妙香、王凤卿、何桂山、郭凤云、刘春喜、崔德荣、于永海、穆长久、黄润甫、张喜、刘宝卿、马德成、李连仲、朱文瑛、张麒麟、韩山、孙喜云、刘景然、钱金福、王长林、李顺亭、唐玉喜、高四保、傅小山、纪寿宝、陆杏林、杨永元、高得录、周长奎、郑长泰、慈瑞泉、李寿山、袁子明、马连登、王月芳、周如奎。
③ 景孤血：《三十年前北京妇女匡学会义务戏传单》，《立言画刊》1939 年第 16 期，第 9~10 页。

这份传单的信息量非常大，基本上将本次演出的由来、预定计划、规范以及演出人员等事项交代得清清楚楚。从组织、演出的阵容上看，可以说是空前的。有些艺人甚至听到这样的消息，还专门赶赴参加演出。如，《京话日报》一则消息报道称，"名优崔德荣……现在天津演戏，听见玉成班创办劝学会，大动热心。临期要由天津赶回，入会助善"。①

三 义务戏在京津地区社会影响的扩大

由于新闻媒体与梨园界的密切合作，《惠兴女士传》的演出效果也比较好。有人说这是"北京戏园二百余年，此乃感动之第一声"。② 冒广生的《小三吾亭词话》还记载道："杭州惠兴女士，以身殉学，天下悲之。田际云，广其遗事，排为乐府，座客为唏嘘泣下者。"林纾还曾经赋《齐天乐》一首专门赞誉田际云。③ 时人还说，"自惠兴一死，北京女学逐渐发达"，"妇女匡学会虽优伶歌妓亦动热诚"，"提倡女学风气大开，为我国前途贺也"。④

京津相邻，北京的演出很快传到天津。《大公报》的一则消息说，"今有赵广顺老板到京特约田际云，将所有演《惠兴女士》原戏角色至津演唱，所加洋元均上国民捐，定于七月内在日租界天仙茶园准演"。⑤ 赵广顺（1860~1935），别名海亭，河北武清（今属天津市）人，是清末民初天津戏曲界组班邀角的能手。他于清光绪末年与吕月樵等在天津日租界闸口西天仙戏园（俗称下天仙茶园）首组"鸣班"，先以元元红、玻璃翠、崔松林等为主，生意不佳；继约"京角儿"杨小楼搭班，营业大振。赵每月付杨包银高达三百八十两。民初，更常邀梅兰芳、余叔岩、刘鸿升等来津演

---

① 《名优热心》，《京话日报》1906 年第 563 号，第 3 版。
② 《文明戏剧之感动力》，天津《大公报》1906 年 6 月 4 日，第 4 版。
③ 其词为："一襟天宝年间恨，凄凄寄怀筝柱。小部花辰，离宫雁候，挑起深愁无数。湖光正曙，看供奉宸班，按歌金缕。水碧山明，四弦能作海青语。　歌喉初转变徵，替贞娥诉怨。何限凄楚，地下冤忠，人间酸泪。黯到无情飞絮，收场更苦。演独楮西泠，翠阴庭户。数遍梨园，吉光留片羽。"
④ 《女学发达》，天津《大公报》1906 年 4 月 3 日，第 5 版。
⑤ 《新戏来津》，天津《大公报》1906 年 8 月 27 日。转引自吴新苗《清末民初北方地区戏曲改良活动考述》（一），《中国戏曲学院学报》2011 年第 3 期。

出,民间遂有"看好戏到下天仙"之语。1925年下天仙改新明大戏院后,赵又陆续改邀沪伶演出海派戏。他的一生以戏园为家,极重戏德。他广结人缘,不尚豪奢,却慷慨施人,每于年节都要发起义务演戏助赈,深受天津乡里赞誉。①

赵广顺专程到北京邀请田际云赴天津日本租界天仙茶园演出,并将所得券资全部上缴国民捐,显示出义务演出的特点。这也是最早发现的梨园界在天津义务演出的记载。以田际云为首的梨园界积极参加到社会公益事业中来,正如他所说——"我们行业虽微,敬重侠烈的热心,可是跟士大夫没有两样"。②惠兴女学事件是京津地区义务戏诞生最直接的诱因。

此次义务戏还引发了许多义务演出筹捐活动,募捐主要是为办理女学以及国民捐。1906年5月18日、19日,乔荩臣与李毓臣约请"京师票友在福寿堂演戏,开乐善义务会"。③此次乐善义务会于18日、19日两日卖票1442元,前后共捐532.5元,共入1974.5元,除去开销净存1462.5元。一半731.25元捐济良所,一半731.25元暂存华丰锦银号,候申江学界回信再拨④——账目管理还是相当明晰的。诸如此类的事例还有,1906年10月"王子贞、乔荩臣等志士为筹捐学款起见,自本日三日间,在打磨厂福寿堂,演唱各种改良词曲,并请报界热心志士登台演说,以维持女学",⑤"朝阳门外的柳荫居茶社还邀请诸子弟公尽义务演唱各种改良词曲,所收茶资悉数提入国民捐,集腋成裘"。⑥王子贞还约集国风雅韵社及文韵畅怀社"各票友同尽义务","所收戏资悉数归入国民捐,以资提倡"。⑦

在京、津地区,慈善义演的产生主要源于惠兴女学事件,其演出的目的主要是助学。与同时期的上海地区慈善义演主要用于筹款赈灾不同,京、津地区慈善义演的功能得以扩展。该时期京津地区轰轰烈烈的国民捐运动一定程度上塑造了民众的义务意识,戏曲改良运动也在一定程度上助

---

① 中国戏曲志编辑委员会编《中国戏曲志·天津卷》,文化艺术出版社,1990,第400页。
② 田际云:《匡学会给助善诸位道谢》,《京话日报》1906年4月9日,第3版。
③ 《演戏捐款》,《顺天时报》1906年5月14日,第7版。
④ 《乐善义务戏会账目清单》,《京话日报》,1906年6月17日,第5版。
⑤ 《演戏助女学经费》,《顺天时报》1906年10月5日,第14版。
⑥ 《茶社提倡国民捐》,天津《大公报》1906年8月15日,第4版。
⑦ 《演戏提倡国民捐》,天津《大公报》1906年8月22日,第4版。

力于营造民众的文明进步意识。在多种因素的作用下,以义务戏为主要形式的义演活动在近代报刊等传播媒介的作用下,逐渐登上历史的舞台,引领人们积极投身于社会慈善公益事业。

(署名张秀丽、岳鹏星。原载《音乐传播》2017年第1期)

民国初年天津义演活动

天津地处渤海之滨，近代以来一直是传统文化较为活跃的地区，开埠之后，艺人逐步接受了外来慈善理念的影响，音乐文化活动与慈善爱心相结合，使得该地成为义演活动集中的地区。民初天津义演所获募捐，主要用于赈助救灾、济贫助学、支持爱国运动等方面。《益世报》对此刊载大量消息和报道，可据此对当时天津义演情况进行初步考察和分析。

一　赈助救灾义演

由于近代中国灾害频发，给社会生产和民众生活带来重大的影响，赈灾义演逐步出现，并能引起人们的关注，往往能取得较为及时的募捐收获。

1917年夏季，中国华北地区发生重大水灾，但当时政府无力赈灾，难民生活于困苦之中，天津社会各界纷纷发起募捐赈灾活动。由广东商界组成的音乐会，发出"筹演义务戏助赈"的号召，约集"唐山、南口、张家口各旅北粤人来津，协同组织"义演活动。义务戏于9月3日在广东会馆上演，"到座者千数百人，津邑人士到场观光者亦不乏人，池子厢房均无空座"，"是夕，各员排演各尽其技，做工唱情大有可观，鼓掌之声时如雷声"。① 从当日报道所见，此场演出不仅观戏者热情踊跃，演艺者技艺高超，工商人士也热情赞助，义演产生了良好的社会影响。

1921年11月12日晚，南开学校苏浙鲁皖籍学举办游艺会，为赈济四省严重水灾募捐，还有众多的来宾前往参加。精心的策划和精彩的表演，

---

① 《旅津粤人演戏筹赈详志》，《益世报》1917年9月3日，第6版。

打动了观看者的心灵,"台下挥泪者颇众",引发出人们济危解难的行动。"有赵太太首场捐洋五元……又有十余位慈善家,慨解仁囊"。① 义演活动能够得到社会人士广泛热情的支持,既与赈灾义演活动的主题有关,也与义演活动中精彩纷呈的表演剧目和生动感人的艺术效果有着重大关系。

1922 年,天津戏剧界为赈济浙江出现的水灾,于 12 月 30 日起,在南市荣业大街主和楼戏院连续上演义务戏,"戏有九幕之多,扮演者多为京津著名清客串",其中名角李吉瑞,"演其最得意之《独木关》,尤为筹赈诸公所欢迎"。② 此次义务戏集京津众多名角为一堂,显示出惯常义务戏"名角荟萃"的特点,在平时的商业演出中,这种情形则不多见。义演能对社会形成影响,为赈济灾民募集更多的资金,名角的号召力确实不可忽视。

二 济贫助学义演

民初天津的义演活动,社会贫弱困苦者也为其筹资救助的对象。新新新剧社是天津一家艺术团体,在为募集"救济恤嫠善款"的活动中非常尽力。该剧社于 1915 年年末,"假鼓楼南广东会馆内开演,所行票价,除本剧正开挑费外,均归善堂"。③ 义演"特邀著名技师作各样布景,凡露台、殿阁、舟车、花卉、树木、风、云、电、雪、霜、露、雾、雨、星斗、日月、山水、鸟兽等物无不精致,彩画具肖,演述各剧,其苦、乐、哀、惊,形容各尽其态,洵属促社会之进化,警醒世能之良剧也"。不仅如此,剧社还将义演提至道德教育的高度,宣扬其追求的阐发社会教育,鼓励人民道德的目的。在当时,勇于社会担当已成为部分艺人艺术生活中一种积极健康的价值追求。他们将助贫义演作为传递社会良知和弘扬文明风尚的一种社会责任,反映出中华民族乐善好施的传统美德在文化艺术领域中的传承,也是社会文明与道德发展与进步的一种体现。

从这项义演的工作中还以看到,剧社特邀著名设计师,为演出制作各

---

① 《南开学校演剧助赈志盛》,《益世报》1921 年 11 月 16 日,第 3 张第 10 版。
② 《演戏助赈》,《益世报》1922 年 12 月 29 日,第 3 张第 10 版。
③ 《新新新剧社之公启》,《益世报》1915 年 12 月 25 日,第 6 版。

样布景，以及对剧目的精到设计与排演，说明当时剧社不仅具有较高的演出水平，其演出的剧目为自编"新剧"，也与之前义演多为传统戏剧有了较大的不同，义演的内容和形式出现了新的发展和变化。

在这一时期，天津的义演活动也为教育发展起到了良好的推动作用。中国学校教育在近代开始出现并逐步发展，然而由于国家的贫弱，政府对教育经费的投入十分有限，办学的困难局面显而易见。因此，通过义演活动筹集资金推进社会办学，成为民国初年义演募捐的新方向。

1923年，天津晨钟社为募集办学资金，精心组织了一场别开生面的义演活动——游艺会，演出的节目不仅"有幻术、音乐、相声、双簧、唱歌、二簧、电光棒"，还有"由社员扮演笑剧、新剧"等。[①] 不仅形式新颖，而且种类繁多，这些都成为吸引观众的亮点。另外报纸还告知，游艺会的票价为"大洋三角"，这样的票价比起一般名角的戏剧演出，着实不高，但也因此可以招徕较多的社会关注。与此同时，多样的内容和轻快的特点还推动了多种艺术形式在社会民众中的推广。

另外，还有女星社为补充该社第一实习学校经费不足，"特请同志新剧社"等演剧募捐，"所演剧目为《一念差》，与《新闻记者》两出，尚有唱歌、火棒、双簧等以助雅兴"。[②]

从这些报道中可见，对于义演募款支持办学的活动，此时社会上已出现有多种形式和途径：举办者既有民间团体，也有民办的学校；表演者既有剧社的专业演艺人员担任，也有社会团体中票友参与；义演的方式既有经过精心排练的戏曲剧目，也有游艺会的娱乐说唱等。此外，两场演出过程中还都穿插一些逗乐搞笑的噱头，用以"助雅兴"，显然是为了活跃气氛，愉悦观众心情，吸引更多的人参加活动和捐款助资。

三 爱国募捐义演

首先，义演募捐有用以帮助国家偿还债款、支持国家建设等方面的内

[①] 《晨钟社开游艺会》，《益世报》1923年2月23日，第3张第10版。
[②] 《女星社演剧筹募学款》，《益世报》1923年11月10日，第3张第11版。

容，一般称为"国民捐"。当时的"国民捐"被认为是一种爱国热情的体现，这固然与当时"国家思想"之思潮在社会中的流传有关，更是近代以来中华民族饱受西方列强欺侮和掠夺，广大民众企盼国家摆脱贫弱受辱境地，尽快强盛起来的情绪反映。1920年8月，天津第六、第九、第二十四国民学校三所学校师生，为募集"国民捐"连续两天举办义演，募捐目的是"表爱国热忱"，演出的形式为"儿童文明戏"。一般来讲，"文明戏"是指由西方传来的话剧演出，当时在中国还属于不很普及的新剧种。少年学生参与表演"文明戏"的现象，既从一定程度上反映出学校教育的发展与进步，也反映了社会文化在各个方面的变化会较快地对少年儿童产生影响。"文明戏"不仅在社会上产生效应，也成为少年学生能够接受并且喜爱参与的艺术活动。新的艺术形式进入民众的视野，进入学生的学习生活，新的艺术形式在中国大城市逐步开始发展。

其次，声援爱国运动的义演募捐。1925年发生在上海和粤港两地的"五卅运动"和"省港大罢工"，是一场震惊中外的反帝爱国运动。天津各界民众广泛开展声援活动，同时也以义演筹资的形式参与活动。"津埠著名票友刘叔度、王君宜、王子光、孙洪伊等，以此次上海英捕惨杀同胞，以致激起罢业工人约有三十余万人，亟应设法筹款接济，特联合同志发起沪案筹款义务戏。约请京津名角李吉瑞、碧云霞、刘兰秋等辈，假南市大舞台演唱义务戏三日，所得票资，全数移交沪工商会查收。届时并请各界联合会、学生联合会莅场监视。"① 艺术界多次组织献艺捐款活动，"本埠各游艺场，已纷纷演剧助沪"，"特二区东天仙舞台前台经理及张铭武、唐韵笙、李鹤令、邓丽峰、鲜牡丹等名角，亦拟定本星期五演义务戏一天，将所得票价，汇至上海，以资补助工人。闻是日所演，均为拿手杰作，又艺曲改良社正副社长林墨青、刘恩庆，为援助上海罢业工人起见，特约全体社员王福林全班，大天一全班，乐队金保安全班，万人迷马德禄等，借西马路讲演所于闰四月三十日（星期六）、五月初一日（星期日）演艺两晚。票价每位六十枚，所售票价，统归援助沪案罢业同胞"。②

---

① 《发起沪案筹款义务戏》，《益世报》1925年6月16日，第3张第10版。
② 《各游艺园献艺捐款》，《益世报》1925年6月18日，第3张第10版。

大学生同样为爱国义演奔忙。南开大学学生会与绅商组织合作，聚集了京津两地一大批名角，连续演出两个夜场，表演了《斩子》《连环套》《骂曹》等多个剧目，社会影响很大。令人肃然起敬的是，爱国艺人在商业演出与义务戏时间发生冲突之时，能够做到"爱国大事为先"，由北京到天津参加义演的杨宝忠、郭仲衡、王又荃等，原本要与程砚秋到"大罗天"去商业演出，但"因义务戏之故"，"大罗天乃延期"。① 在这些心中有爱、有正义感的艺人心目中，义务戏更重一等，这种放弃个人私利谋求民族大义的奉献精神令人称道。义演还得到了社会各个层面的支持，如"华北印书馆捐印传单一万张，华新印刷局捐送三色版传单一千张。广东会馆借给会场，允元公司之捐五种报纸广告地位，益友社之予借响器，皆值得大书特书者也。最可敬者，天津名医徐维华博士及翁文澜博士，陈杏芳女大夫等，皆每日到场，以备座客有中暑者，俾资医治，实不可多得之事云"。② 社会各界共同参与和相互支持，对于义演活动的募捐成效与良好社会影响，显然起了很大的作用。

综上所述，民国初年天津义演将演艺与社会公益相结合，既宣传了慈爱之心，也丰富了艺术内涵，不仅有益于对贫弱困苦的社会群体实施有效的关爱与救助，更对改造社会、树立良好的社会风尚形成引导之势。义演活动还给艺术家们塑造全新的社会形象打造了平台。参与义演活动能使广大民众从新的角度认知艺术家的社会担当意识，从而有了更多的认可与欢迎。这种参与既能使艺术家们向观众展示自己的艺术才华，又能使他们因为"义演"的性质而获得良好的人格评价。义演活动的激励效应，促进艺术家们参加义演活动的积极性，这无论对广大观众欣赏精彩的艺术表演，还是在各界倡行文明善举之风，都具有社会进步的意义。

（署名关心。原载《大舞台》2013年第3期）

---

① 《南开演戏》，《益世报》1925年7月30日，第3张第11版。
② 《演戏成绩》，《益世报》1925年8月5日，第3张第11版。

清末民国天津义务戏考察（1906~1937）

义务戏是在近代中国才开始出现的一种戏剧演出形式，主要是指由梨园界艺人参加的、不计酬劳的戏剧演出。梨园界集合各个班社的主要艺人，联合举行盛大演出，收入除活动的必要开支外，全部救助贫苦同行，并举办各种慈善事项。① 清末以来，天津由于其在北方重要商埠的区位优势，成为中外娱乐演艺较为集中的区域。义务戏作为慈善演艺的一个类别，表现突出，学界对此的关注还远远不够。

一 缘起：梨园、媒体同举助学之义

传统的梨园界只有堂会戏、营业戏，并没有义务戏这样的演出方式。1906 年，杭州"惠兴女士殉学"② 的事迹传到北方，并在京津地区引起了很大反响，由此，社会上开始出现了筹款助学的呼声。由《北京女报》主笔张展云发起并联合北京玉成班班主田际云等组织起"妇女匡学会"，形成团体力量，"发起大规模之筹款义务戏"。③ 当时的传单说"梨园善士，大众热心，允尽义务，所收戏资除零碎开支外，全数汇缴杭州将军，作为贞文女学堂经费"。④ 同时报刊媒体广为宣传，甚至跟踪报道。梨园界也热心善举，像伶界名人谭鑫培、汪桂芬、王瑶卿等几乎京城最著名的艺人悉

---

① 上海艺术研究所，中国戏剧家协会上海分会：《中国戏曲曲艺词典》，上海辞书出版社，1983，第 72 页。
② 惠兴，满族，杭州人。1904 年创建贞文女学堂，办学伊始便立志要倾尽全力为女学做贡献。后因经费没有着落，到处借贷，四处碰壁，遂生死志，希望以死唤醒世人对女学的关注。1905 年 12 月 21 日服毒自尽。此事即为惠兴女士殉学事件。
③ 景孤血：《三十年前北京妇女匡学会义务戏传单》，《立言画刊》1939 年第 16 期，第 9 页。
④ 景孤血：《三十年前北京妇女匡学会义务戏传单》，《立言画刊》1939 年第 16 期，第 9 页。

数参加。新闻媒体的介入并与梨园界的紧密合作，使得此次演出引起了极大的轰动，时人称"北京戏园二百余年，此乃感动之第一声也"。① 正是此次义务演出，"开创了北方地区社会募捐的新形式"，② 成为近代北方地区义务戏诞生的标志。

值得注意的是，由于京津地域相邻，此次轰动京城的义务戏演出很快影响到天津。据《大公报》刊文记载，"赵广顺老板到京特约田际云，将所有演《惠兴女士》原戏角色至津演唱"，且"定于七月内在日租界天仙茶园准演"，并将演出戏资"所加洋元均上国民捐"。还评价此次活动为"文明之举动"。③《大公报》提及赵广顺专程来到北京邀请玉成班来到天津的日本租界天仙茶园演出，并将全部券资上缴"国民捐"，④ 显示出义务演出的特点。这也是最早发现梨园界在天津义务演出的记载。时人还说，此次演出"很是做脸。所以各票友感动热心，都要尽尽义务。各班名角，也愿帮忙"。⑤ 演出中梨园界借助报刊媒介扩大宣传，新闻媒体也积极关注并给予报道，二者的密切合作，形成了义务戏演出的一种新模式，扩大了梨园界的社会影响，也提升了艺人的社会价值。可以说以惠兴女学事件为契机，梨园、媒体同举助学之大义，开创了天津梨园界义务戏演出的先例。

二 善举：赈灾、济贫、爱国谋进步

义务戏筹款助学，产生了良好的社会效果、成为梨园界投入慈善公益事业的新渠道。此后天津梨园界先后举办了许多以演剧筹赈为号召的义务戏。天津的青年会、红十字会、报社等各种社会团体纷纷参与其中，成为当地义务戏活动的组织者与同路人。民国天津众多的义务戏演出，表现出

---

① 《文明戏剧之感动力》，天津《大公报》1906年6月4日，第6版。
② 夏晓虹：《旧戏台上的文明戏——田际云与北京"妇女匡学会"》，陈平原：《现代中国》第5辑，湖北教育出版社，2004，第28页。
③ 《新戏来津》，天津《大公报》1906年8月27日，第5版。
④ 详见1906年在华北兴起的一场呼吁国民应尽义务筹措庚子赔款的"国民捐"运动，个人或者团体的捐款即被称为国民捐。
⑤ 《又要唱义务戏了》，《京话日报》1906年5月18日，第3版。

赈灾、济贫的主题，显示出爱国谋进步的内涵，分述如下。

1. 演出为赈灾募款

通过义务戏筹款救济灾民是近代天津义务戏的主要方面，事例颇多，不胜枚举。如 1912 年夏季，天津发生了罕见的水灾，"海沱之水，深溢津沽"。① 面对灾情，中华新剧社便被邀请组织义务戏筹款赈济，并"约请各园最热心善举之名角"等助演，② 在"天乐茶园准于阴历二十六日起演唱义务戏三日，除正式开销外，概归赈款"。③ 后来，杨庆如、赵仲三等人也举办过义务戏，"除将所得茶资交于红十字会充作赈款"。④ 1917 年京津地区又发生了水灾，旅津粤人遂发起筹演义务戏助赈，并在广东会馆开演。除了精彩献演外，还"有粤号、北安、西洋点心店报效西饼酒水助赈，南洋兄弟烟草公司报效全场香烟，又有报效书画、雅扇藉筹赈款者，种种色色不一而足"。⑤ 围绕义务戏其实已经形成了一个慈善募捐的场域。

除了服务本地外，面对浙江地区发生的大水灾，天津的梨园界还于 1922 年 12 月 30 日晚假座广和楼戏园举办义务戏。"戏有九幕之多"，⑥ 其中出演的李吉瑞、刘叔度、王又荃等艺人都是天津梨园界的名角。除此之外，义务戏也救助因战争、兵灾而产生的难民。天津八善堂是一个主要办理战争救灾的慈善团体，1926 年 2 月该堂便"约北京名伶来津演剧，为灾民筹募捐款"。⑦ 演出中京津的名角纷纷上演拿手的杰作。

如前所述，这样的义务戏，一般的运作模式是办理救灾的慈善团体与梨园公会或者艺人班社进行商议，确定戏码与日期后，假座某个戏院进行联合演出，通过派发或者售票所得的票款，统一缴到相关的机构办理赈济。在这个过程中，报纸媒介往往会积极地报道，且呼吁捐款并宣传义举。如 1921 年天津急赈会因苏、浙、皖、鲁洪水为患，于是同"正乐育

---

① 《论天津水灾之堪虑》，天津《大公报》1912 年 8 月 8 日，第 2 版。
② 《北郑水灾赈款义务戏改期广告》，天津《大公报》1912 年 8 月 7 日，第 6 版。
③ 《演剧助赈》，天津《大公报》1912 年 8 月 8 日，第 6 版。
④ 《致谢各园男女名角》，天津《大公报》1912 年 9 月 11 日，第 5 版。
⑤ 《旅津粤人演戏筹赈详志》，《益世报》1917 年 9 月 3 日，第 6 版。
⑥ 《演戏助赈》，《益世报》1922 年 12 月 29 日，第 3 张第 11 版。
⑦ 《演剧助赈》，《益世报》1926 年 2 月 7 日，第 3 张第 10 版。

化会"商议,假座大舞台筹办四省义务戏三日。"所得戏资,除开销外,尽数汇交四省,充作急赈,以襄善举"。① 急赈会的发起人有张亦湘、方药雨、郭芸夫、姒继先等,这些人基本上都是当时的天津名流或在全国都具影响力的人物。

梨园界的善举带动着其他社会组织的广泛参与。天津的青年会、报社等社会团体都举办过义务戏。如 1935 年 10 月,天津商报社准备发起赈灾义务戏,并同天津市救灾联合会进行了联系,邀请北京的尚小云、孟小冬来出演。北京的铁路局知晓后,便"免费运送,以襄义举"。② 后来"假座明星戏院举办救灾义赈戏"。③ 遇到更大灾害的时候,义务戏相对更多。比如说 1931 年水灾几遍全国,"当时遭洪水不同程度波及的省份有 23 个之多。其中受灾最重的,是江淮流域的鄂、湘、皖、苏、赣、浙、豫、鲁等 8 省"。④ 正所谓"每遇公益之事,剧票两届,向不后人"。面对如此灾情,天津的"中原公司之大戏场、永兴国剧社、南开学校学生之国剧社",⑤ 先后发起义务戏,并期望"为灾民请命者,当必闻风而起,共成义举"。⑥ 天津市政府也积极进行了劝募工作,规定募款办法中便有"演义务戏"。⑦ 政府大力开展劝募工作使得天津义务戏更加频繁。如 1931 年 9 月,天津市电报局所组织的国剧社"发起义务戏,定于本月十六日晚假座春和大戏院开演"。⑧《北洋画报》馆还"发起赈济水灾义务戏",并"有孟小冬、章遏云两女士均自动表示参加,合演《探母回令》。春和大戏院亦自动表示义务赞助"。⑨ 除此之外,粤剧界的艺人们行动起来,"排演新戏,预备于下月五六两晚,演唱水灾义务戏",所演剧目"皆系

---

① 《急赈会演义务戏助赈》,《益世报》1921 年 9 月 28 日,第 3 张第 10 版。
② 《津救灾联合会准备下月内结束》,《益世报》1935 年 10 月 29 日,第 3 张第 5 版。
③ 王永运:《天津戏曲大事记(1935—1936 年)》,中国戏曲志天津卷编辑部编《中国戏曲志天津卷资料汇编》第 1 辑,1984 年,第 85 页。
④ 北京市艺术研究所、上海艺术研究所组织编著《中国京剧史》上卷,中国戏剧出版社,2005,第 247、203 页。
⑤ 《义剧赈灾》,《北洋画报》1931 年 8 月 29 日,第 15 卷第 670 期,第 3 版。
⑥ 《义剧赈灾》,《北洋画报》1931 年 8 月 29 日,第 15 卷第 670 期,第 3 版。
⑦ 《市救济会昨开第二次全体委员会决先集六万元汇交朱庆澜》,《益世报》1931 年 8 月 30 日,第 3 张第 10 版。
⑧ 《电报局义剧》,《北洋画报》1931 年 9 月 8 日,第 15 卷第 674 期,第 3 版。
⑨ 《北洋画报》1931 年 9 月 22 日,第 680 期,第 2 版。

粤剧中之佳作"。①

　　义务戏赈灾所募集的款项往往不少。如 1930 年 10 月协庆社在春和戏院演出辽灾义务戏,"收入达一千九百六十八元九角"。② 除此以外,杨小楼、梅兰芳出演的义务戏,"收入方面按照希望每天可达六千元,三日共计一万八千元"。③ 可见一场义务戏的规模还是相当的可观。救灾善举的频繁使得义务戏成为一种常见、有效的筹赈募捐活动。

2. 筹款助学、助医、扶贫救济

　　通过义务戏募集款项为帮助学校、增添医疗设备、扶助贫苦民众甚至贫寒同业的记载很多。以助学、助医为例,1927 年 10 月 "为新民学校筹款,假明星戏院,开演义务戏"。④ 又如,1930 年 6 月郝寿臣、高庆奎、李慧群等在新新戏院为 "津市培才学校" 出演义务戏,"收入完全捐助该校建筑校舍"。⑤ 报业界也举办义务戏筹款助学,如《新天津报》的社长刘髯公,热心公益 "赞助河北民兴小学,特主办义务戏"。⑥ 天津的票友同样出演过筹款助学的义务戏演出,1936 年 1 月 "名票王竹生、袭仲衡等,为天津预成学校筹募款项,于十四日日场在北洋戏院演出全部《忠烈图》"。⑦ 艺人为了梨园科班学校的发展,也会组织义务戏。如 1929 年在 "春和戏院,有程艳秋、周瑞安等演唱数日,即系为该校筹款",⑧ 该校即天津的太平戏剧学校。票友们也组织过直接为自身的票房服务的义务戏,如 1929 年 5 月,鹤鸣社票房因 "负有筹划广智馆建筑费之使命",⑨ 于是组织义务

---

① 《津市各界踊跃救灾》,《益世报》1931 年 8 月 27 日,第 3 张第 10 版。
② 中国人民政治协商会议天津市委员会文史资料委员会:《天津文史资料选辑》第 99 辑,天津人民出版社,2003,第 187 页。
③ 中国人民政治协商会议天津市委员会文史资料委员会:《天津文史资料选辑》第 99 辑,第 187 页。
④ 《记明星义务戏》(上),《北洋画报》1927 年 10 月 15 日,第 189 期,第 3 版。
⑤ 《培才义务戏》,《北洋画报》1930 年 6 月 28 日,第 491 期,第 3 版。
⑥ 《刘髯公举办义剧》,《北洋画报》1930 年 12 月 13 日,第 12 卷 563 期,第 2 版。
⑦ 王永运:《天津戏曲大事记(1935—1936 年)》,中国戏曲志天津卷编辑部编《中国戏曲志天津卷资料汇编》第 1 辑,1984,第 87 页。
⑧ 《津门游艺界所闻见——太平戏剧学校经过》,《益世报》1929 年 5 月 15 日,第 3 张第 12 版。
⑨ 《鹤鸣社筹办义务戏》,《益世报》1929 年 5 月 19 日,第 3 张第 12 版。

戏，"菊坛名宿之老乡亲，闻亦出台告奋勇"。① 后来"寒云主人亦允加入"。② 寒云主人便是当时最著名的票友袁克文。

通过义务戏来筹款购买医药或者增添医疗设备的事例。如1929年6月，北京慈仁医院创办人张树元，鉴于医院经费欠缺，便邀请胡碧兰"开演义务戏筹款来资助"。③ 同年，天津还发起了"军警医院之募款义务戏"，④ 且"四日中，卖座情形以第四日为最佳，其余各日亦均在八成左右"。⑤ 筹款扶助贫苦民众是义务戏筹款的一个重要目的。这方面以办理冬赈义务戏的记载相对较多。如天津艺曲改良社"每年届冬令，即集合本埠剧界演唱义务戏藉以补助冬赈"。⑥ 1930年11月，朱作舟、孟小冬等发起在明星戏院为天津冬赈及辽西水灾筹款的义务戏，"两夕均上满座"。⑦ 时人还感概说，"如此盛况，谓非诸名票具有叫座特殊能力，不可得也"。⑧

天津慈善事业联合会作为近代天津重要的慈善团体也常常组织举办冬赈义务戏。如1925年1月，天津慈善事业联合会所办冬赈义务戏所邀角色"皆当代名伶"，票价虽昂，但"念及名角及慈善，则似非昂贵"。报人还说"名伶荟萃，佳剧多响，料想慈联会此次演剧，必有可观"。⑨ 1932年10月，天津慈善事业联合会通过了该年冬赈实施的募款方案。其中第一项便是仿照"北平窝头会办法，所有本市各娱乐场每处尽一日义务，概助本会"。⑩ 北平"窝头会"的办法即是通过举办义务戏来募款。1933年，天津慈联会在小广寒戏院发起了冬赈义务戏，两天共演四场，"净得一千二百零一元三角，全数送交本市慈善事业联合会充作冬赈"。⑪ 冬赈义务戏主要是募集款项为办理的粥厂购买煤炭、粮食等进行施粥。1935年，慈善事

---

① 《津门游艺界所闻见——新明戏院》，《益世报》1929年6月16日，第5张第18版。
② 《寒云参加义务戏之经过》，《北洋画报》1929年9月28日，第377期，第3版。
③ 《胡碧兰举办之慈仁义务戏》，《北洋画报》1929年6月9日，第338期，第3版。
④ 《津门游艺界所闻见——春和义务戏之结束》，《益世报》1929年5月19日，第3张第12版。
⑤ 《津门游艺界所闻见——春和义务戏之结束》，《益世报》1929年5月19日，第3张第12版。
⑥ 《艺曲改良社将演唱义务戏补助冬赈》，《益世报》1928年11月16日，第3张第10版。
⑦ 《冬赈暨辽灾义务戏两夜记》，《北洋画报》1930年11月15日，第551期，第3版。
⑧ 《冬赈暨辽灾义务戏两夜记》，《北洋画报》1930年11月15日，第551期，第3版。
⑨ 《慈联会义务戏角色谈》，《北洋画报》1925年1月19日，第1195期，第3版。
⑩ 《慈联会昨日开会通过本年冬赈实施方案》，《益世报》1932年10月18日，第2张第6版。
⑪ 《小广寒冬赈义剧》，《益世报》1933年11月9日，第2张第5版。

业联合会"因就食贫民,较去冬加倍"。于是该会会长赵聘卿、王晓岩,"推举孟少臣筹办义务戏,补助赈款"。① 并说此举"实为贫民之福音也"。② 《北洋画报》对演出进行了详细的报道,说天津慈善事业联合会,是"假北洋戏院,演唱义务戏,所邀尽当代名伶。票价售至五元、四元,包厢五十元,卒亦无隙地"。③ 接着还报道了社会局长邓庆兰的说辞:"现七粥厂就食者以五万七千人计,需筹款九万余元,现已由各方筹得之四万八千元外,尚不足三万五千元之数,此举办义剧之由来也。"④ 也就是说,在市面不景气的情况下,天津的七个粥厂办理施粥需要大约9万元,而一次义务戏的演出所得就是7000余元。一次义务戏的演出募得的款项占到施粥所需资金总数的约8%,可见冬赈义务戏募捐收获之大。是年末,慈联会"主办之五处粥厂已一律开锅,食粥人数,日有增加"。⑤ 为了弥补缺款,该会继续举办义务戏,"北洋戏院门前,车水马龙,盛况可卜"。⑥ 1936年11月,天津市慈联会又"在中国戏院举办冬赈义务戏演出"。⑦

社会组织除了办理冬赈义务戏外,也为贫苦的同行进行及时的救济。天津的梨园公会"曾经举办义务戏筹款兴建梨园墓地"。⑧ 民国肇建之后,胡秋宝以及李吉瑞开始组建天津"正乐育化会",并"每逢年节联合京津名演员唱义务戏,演出所得买玉米面、旧棉衣作救济之用"。⑨ "搭桌戏"是梨园界内部救济贫苦艺员的演出形式,属于义务戏的一种。1929年赵子英借新明戏院演搭桌戏,所约艺人有胡碧兰和票友刘叔度等,"结果成绩极佳,共售洋一千五六百元"。⑩ 比较典型的事例,如天津市游艺促进会1934年12月25日晚,"于东方戏院演救济贫苦艺员义务戏"。并将所得款

---

① 《慈联会募赈款演义务戏》,《益世报》1935年1月14日,第2张第5版。
② 《慈联会募赈款演义务戏》,《益世报》1935年1月14日,第2张第5版。
③ 《慈联会冬赈义剧记》,《北洋画报》1935年1月26日,第1198期,第3版。
④ 《慈联会冬赈义剧记》,《北洋画报》1935年1月26日,第1198期,第3版。
⑤ 《冬赈义务戏今日开演》,《益世报》1935年12月21日,第2张第5版。
⑥ 《冬赈义务戏今日开演》,《益世报》1935年12月21日,第2张第5版。
⑦ 王永运:《天津戏曲大事记(1935—1936年)》,中国戏曲志天津卷编辑部编《中国戏曲志天津卷资料汇编》第1辑,1984,第99页。
⑧ 北京市艺术研究所、上海艺术研究所组织编著《中国京剧史》上卷,第247页。
⑨ 中国人民政治协商会议天津市委员会文史资料委员会:《天津文史资料选辑》第99辑,2003,第187页。
⑩ 《津门游艺界闻见——新明戏院》,《益世报》1929年6月16日,第5张第18版。

项"购洋面、玉面两种。凡贫苦艺员，在本会登记者，每人洋面一袋，未登记者玉面二十斤"。① 天津总工会也组织过义务戏来救济贫苦的同业人员。1929年9月，该会鉴于工友"生活断绝，实在可怜极"，就"假南市大舞台，演唱义务夜戏，筹款设立工厂，来救济这一般苦工友们"。②

3. 善举爱国谋进步

富含爱国热情的义务戏，多是在民族危机、外敌入侵的社会环境下产生的。比如，1916年10月21日，天津发生反对法国强占老西开的爱国群众运动。以李吉瑞为首的天津梨园公会就于大舞台出演义务戏一昼夜，全部募款所得充作公民大会经费。又如1925年5月，上海爆发了"五卅运动"。紧接着，广东、香港工人又举行了省港大罢工。民族危机的严重使得爱国主义的情绪不断高涨。7月10日，天津各界联合会为援助沪汉湘粤等案"演义务戏募捐"。③ 南开大学的学生更是富含爱国的情怀，通过义务戏的举办既起到了号召和呼吁的作用，又为群众运动提供了必要的资金支持。《益世报》报道："南开大学沪案后援会，特请津门绅商两界之热心国事者，赞襄演大规模之义务戏"。④ 过了几天，《益世报》更加详细地进行了记载："南开大学学生会援沪援粤之义务戏，系请托绅商两届组织之特别委员会所办成。印刷戏票数千张。"并说能够将数千张的戏票售尽"然亦由爱国心所鼓动，而进行所以非常顺利也。"接着报道了演出的详细剧目和名角，并积极呼吁"爱国君子盍兴乎来"。⑤

20世纪30年代随着民族危机的尖锐，义务戏更为兴盛。不少具有爱国民族意识的梨园艺人，通过义演筹款捐助前方将士及被难同胞。继1931年我国东北三省的沦陷，1932年初日本又制造"淞沪事件"，接着向热河、榆关一带进犯。社会上普遍发起对抗日战士的筹款捐助，梨园界也积极参加。当时，正在天津演出的"四大名旦"之一尚小云与著名老生艺术家王又宸发起义演，"1932年3月6日晚，在北洋戏院演出义剧《白罗衫》与

---

① 《本市游艺促进会救济贫苦艺员》，《益世报》1935年1月13日，第3张第9版。
② 《总工会义务戏之宣传》，《益世报》1929年9月26日，第3张第11版。
③ 《各界联合会进行募捐》，天津《大公报》1925年7月10日，第2张第5版。
④ 《演剧助捐》，《益世报》1935年7月26日，第3张第11版。
⑤ 《南开演戏》，《益世报》1925年7月30日，第3张第11版。

《盗魂铃》，所得票款悉数捐赠我前方浴血抗战的第十九路军"。① 紧接着于9日晚，著名坤伶雪艳琴与著名老生吴铁庵在春和戏院举办慰劳上海前方将士义务戏。随后，著名京剧女伶章遏云在3月14日和15日两晚露演了两场风格别具的粤剧《仕林祭塔》与《园林幽怨》，筹款两千元，全数捐汇上海第十九路军抗日将士。同年年底，"天津名票俞珊女士为声援东北义勇军，还在春和戏院演出《玉堂春》。1933年1月23日，著名京剧艺术家陶默庵、奚啸伯又在春和戏院举办赈捐榆关被难同胞义务戏，两人合作上演了《红鬃烈马》"。② 像这样的例子还有很多，足以彰显出梨园艺人的爱国与进步意识。

三 意义：寓乐于善、社会帮助做贡献

近代天津义务戏对天津梨园界和慈善事业的发展起到了很大的作用。到1937年以前，"义务戏在今日之津沽，无异家常便饭，风行草偃，此行彼效。几于无日不唱义务戏，无事不演义务戏，非假学校之筹款为口实，即借慈善事业之兴办为号召"。③ 既展现了义务戏"寓乐于善"的新模式，也体现了广大民众热心公益的高尚情怀。义务戏以慈善公益为精髓，以民间力量为支撑，以梨园艺人为核心，三位一体共同建构了近代天津戏剧文化的转型。

无论任何机构来主持的是营业戏还是堂会戏，总是以赚取钱财为旨趣，而义务戏则以慈善公益为意旨。不管是赈灾演出、筹款助学、办理扶贫事业还是爱国演出，义务戏都很好地将传统戏剧与现代慈善公益结合起来。"寓捐募于欣赏，看着无所损失；尽劳力为灾胞，演者已获有代价。感杯水车薪，而集腋成裘"。④ 同时广大民众的热心参与，既扩大了义务戏的影响力也保证了义务戏的生命力，并成为义务戏的有力支撑。义务戏也离不开剧票两界的支持与奉献。正如冯文洵在《丙寅天津竹枝词》中所述

---

① 陈洁：《民国戏曲史年谱（1912—1949）》，文化艺术出版社，2010，第141页。
② 王永运：《南北谈艺录》，中国戏剧出版社，2004，第34~35页。
③ 《今日之义务戏》，《风月画报》1936年第8卷，第2页。
④ 《义剧赈灾》，《北洋画报》1931年8月29日，第15卷第670期，第3版。

"非筹急赈即冬防，票友伶人义务忙。半为助捐半娱乐，百元不惜定包厢"。艺人除了为慈善公益事业募款献演之外，在舞台上展示个人形象的同时，也使得民众改变了对梨园艺人旧有的看法。可以说"义务戏一方面反映了京剧艺人济世救灾的义举，另一方面也为京剧名家荟萃一堂来促进京剧事业的发展和为戏剧爱好者一饱眼福创造机会"。① 这样寓乐于善的慈善演艺模式对于广大民众而言，既娱乐了自己，又帮助了别人，同时也使得慈善公益的理念逐步深入人心。

义务戏的活跃一定程度上也是近代戏剧艺术嬗变的结果与表现。义务戏在最初诞生之时，有人说"这件事于社会很有益，请看着吧，效验一定快。千万不要把梨园人看轻，移风易俗，全在梨园"。② 时间是最好的证明，从媚求达官贵人的艺术旨趣到适应广大民众的演艺追求，从独角单社的演出到名角群英荟萃的展现，每转变一步，艺人们都尽量将戏剧艺术追求到极致。同时这样的艺术活动，也培育着天津地区广大群众对戏剧艺术的鉴赏能力。义务戏既提供了艺人们追求艺术价值的试验场，又促动着他们不断地对戏剧艺术进行改革和重塑。义务献演也在一定程度上促进着近代梨园艺术走向鼎盛和繁荣。

义务戏既为仁人善士践行的慈善公益事业提供了一种新渠道，也在潜移默化之中塑造着良好的社会帮助氛围。艺人在舞台的演出，除本身义务献演外，同时也在戏园创造一种热心善举的气氛，感染着来听戏、看戏的民众。除此之外，现代传媒的参与使义务戏在塑造慈善公益的社会氛围，促进社会风俗改良方面的作用更加明显。从媒体传播的层面上看，报纸传媒的参与，对于提高民众慈善公益意识、形成良好社会风尚，发挥出了积极的舆论引导作用。从另一个角度看，义务戏也是一种实体性的演艺传媒。这种近代演艺传媒"既给予贫弱人群和遭受灾难者以关爱和救助，还产生了良好的社会教育作用，有助于形成关爱弱者、慈善待人的良好社会风气"。③

（署名岳鹏星。原载《安阳师范学院学报》2014年第1期）

---

① 从鸿奎：《二十世纪天津京剧的一鳞半爪》，天津市文史研究馆：《天津文史丛刊》第7期，1987年，第138页。
② 《又要唱义务戏了》，《京话日报》1906年5月18日，第620号第3版。
③ 郭常英：《近代演艺传媒与慈善救助》，《史学月刊》2013年第3期。

文献编

编选说明

一、所选文献，源自《大公报》（天津版）、《益世报》（天津版）、《新北京报》等报纸，以及《良友》《民众教育通讯》《一四七画报》等期刊和画报。部分文献源自报刊原件，有些则选自报刊数据库。搜检不易，选录审核更难，文献非常珍贵。总体分作"《大公报》""其他报纸""期刊、画报"三个部分，涉及区域主要为北方地区。

二、所选文献以参与慈善义演的社会群体为关注点，选编内容涉及"娱乐类型"和"民间团体"，也涉及"捐助目标"和"税收问题"。文献的"覆盖年份"和"报道来源"是编选考虑要素，同时注重较为详细的报道和系列报道信息。

三、为便于读者查阅，"《大公报》"与"其他报纸"所选文献按出版的时间顺序编排。"期刊、画报"所选文献有年份、月份、日期者按出版的时间顺序编排；有年份、月份无日期者置同年同月条后；有年份无月份、日期者置同年条后。

四、鉴于近代报刊保存时间久远，一些文献载体存在严重的质量问题，或因墨迹模糊无法识别，或有空白或坏字。下面对校勘问题做如下说明：

1. 因原件损毁，或字迹模糊等无法辨认的文字，文中以"□"作标注，如第143页"京津□学各界"。

2. 原件中的错字，保留原字，并以"［ ］"标出正字，如第153页"升年［平］戏者"。

3. 因抄写、排版造成的漏字，文中在正确位置以"（ ）"标出，如第163页"三百五十四元（七）角八分"。

4. 所选文献涉及的人名、地名等，原文照录。如"程砚秋"一名前后不同，此因其1932年之后称"程砚秋"，之前则为"程艳秋"。

《大公报》

演剧助赈

敬启者：今年湖北变乱，市面奇窘，兼以时届隆冬，津郡城厢内外鳏寡孤独以及老弱残疾之人势必饥寒交迫，失业流氓到处皆是，实堪悯恻，特约同仁演戏助赈。已与各界发起人商定于本月十三日晚在奥租界东天仙、十四日晚在日租界下天仙准演新戏，所得戏资，全归赈济。公订戏价：包厢八元，池子五角，两廊三角，各加铜子五枚。如定包箱者，宜早赐信订定为要，倘过十二日之后，则坐客满矣，无箱可匀。东天仙之箱票在该园对门源记转运局代卖，下天仙箱票在聚和成饭庄代卖，所有后开之发起赞成之名角、坤角均登台演唱，可谓集一时之胜事，拯困苦之穷黎。所有官绅暨梨园发起赞成各衔名开列于后，所演戏目容后再布。

官绅商董发起人：李星北、阎俊卿、汪春斋、方药雨、李捷三、愿梦臣、宁星普、王松樵、幺蘋洲、张月丹、郑省三、徐少文、彭禹门。

赞成人：张敬元、庞允卿、王竹林、王瀛孙、刘仲誉、杜筱琴、刘丹甫。

各园名角发起人：时惠宝、尚和玉、孙雅樵、刘鸿升、张玉顺、赵广顺、白文奎、九阵风、陈善堂、高福安、刘永奎、张吉林、张黑、陈文起、马长奎、小达子、刘凤樵、赵东升、王德山、吴堃芳、李长山、王芝玉、梅荣斋、薛凤池、吴彩霞、张春荣、姚长海、李吉瑞。

各园坤角赞成人：王克琴、刘喜奎、张桂林、小香水、小菊芬、小翠喜、金月梅、张凤仙、姜桂喜、小兰英、小荣福、金玉兰。

兹将十三、十四两日晚戏目开列于后：

东天仙十三日晚演

王春海、小香水、高福安、小达子《美人计》。

小翠喜、李吉瑞、白文奎、金月梅、小菊芬、刘永奎、金玉兰《翠屏山》。

吴彩霞、刘鸿升、陈文启、梅荣斋、吴堃芳《金水桥》。

张凤仙、姜桂喜、小荣福、赵瑞廷《双算粮》。

小兰英、刘喜奎、王克琴《拾玉镯》。

尚和玉、薛凤池《英雄义》。

时慧宝《江东计》。

李长奎《战太平》。

九阵风《泗洲城》。

天下仙十四日晚演

李吉瑞、薛凤池、白文奎《双铁公鸡》。

时慧宝、张蕴秋《硃砂痣》。

王克琴、刘喜奎《双上坟》。

尚和玉、九阵风《青石山》。

小兰英《教子》。

金月梅《鸿鸾禧》。

高福安《伐子都》。

小荣福、张凤仙、小香水、小达子、姜桂喜《双采桑》。

小菊芬、张春荣《小放牛》。

尚和玉、李玉奎、张黑、金玉兰、九阵风、李吉瑞、高玉芬《溪皇庄》。

石锁、杠子、皮条、双轴。

《溪皇庄》

外邀上洋新到

南门外　十字街

满乐"双石会"

与众不同，皮条、杠子、石锁、双轴、脚蹬千斤。

(1912年1月1日，第6版)

红十字会纪事

　　天津红十字分会出发徐州，第一队庶务员汪君贵生昨由徐州返津报告一切。据云，该同人初到徐州时即由中外医士谒见张军门勋说明该会对于官民两军均应一体救护之宗旨，已为张军门允许，且极欢迎优待，军士将官尤其感戴。该队暂驻徐州西关内美国教堂，刻已救痊二十余人，徐州城内之官绅尤为非常欢迎，盖以此项善举，该人民尚属创见也。继又报告云，该处为民军北伐必争之路，倘和议不成，徐州定为一大激战场，应于城外设备病院以免临时仓卒，然则一切铺张及供养伤军之饮食被褥等费需款必巨等语。报告毕，遂公决于二十五日开大职员会，筹商一切。又第三镇统制曹锟前于滦州军队起事时，曾函请该会第二队出发，该会已举美医士魏德谟及邑绅留学美国哈佛大学医科毕业李子伯君亲往滦州谒见该统制，先将官民两军一体救治之宗旨声明。曹统制极表欢迎。惟刻间尚无待治伤人，当许以于北戴河、汤河、滦州凡驻官军之处，先由该军队筹备医院及一切铺张，俾得万一有事，电请出发。又本埠芦纲各绅现议维持红十字会办法，除由个人尽力捐助外，并联合本埠绅士定期于李公祠、广东会馆演打十番之音乐及各学堂军乐，并请纲总窦砚峰、王君宝诸君演剧，所得茶资全数捐作该会经费。

（1912 年 1 月 13 日，第 1 张第 5、6 版）

再纪妓界善举

　　同庆部名妓杨金子、赵湘云发愿为天津红十字会募捐等情曾纪昨报，并闻前日杨赵二妓已持捐启向各妓馆劝募，有捐三十元者，有捐十元、五元者，有捐一元、二元者，颇为踊跃。妓界如此，亦可闻风兴起矣。兹将该捐启原文照录如下："敬启者：现在各战地受伤兵士急待救济者甚多，闻之殊堪怜悯，故天津诸大慈善家在津创设红十字会，以便分往各战地设法救济。惟闻需款极多，碍难筹措。我辈操业虽贱，岂无人心。亦应略节脂粉之资，以为涓流之助，如蒙慨允，则造福无穷矣。单到请书芳名如左。俟将捐款送交天津红十字会，再分给收条，并将芳名登报。劝募人杨金子、赵湘云仝启。"

（1912 年 1 月 13 日，第 6 版）

四川红十字分会筹办慈善赈济义务演剧启

敬启者：本会为中国慈善红十字会之一部中旅津绅、学界全体会员请准总会组织而成。缘川省自铁路潮起，官民争持剿洗屠戮至数十州县，继而土匪掳掠，惨不忍闻。诚仁人君子所当痛心恤救者，往年江皖甘肃诸灾变，津沪各埠俱办义务演剧赈济。此次之变，川省最惨而最久，被难之地又最宽，现经本会同人等议就本津戏园演剧筹赈，已与奥界上天仙茶园主人商订本月十二日起至十四日连演三日夜义务戏，并邀请各园名角助成善举。务望大善长者届时惠临一观，不胜祷盼之至。

（1912 年 2 月 29 日，第 6 版"广告"）

戏界热心

日界天仙园主赵广顺君素以热心公益著名，因川省自去年铁路事起，糜烂甚久，灾区最广，现中国红十字总会派员前往赈济，行抵津埠各报馆，出而提倡代邀本埠各园名角数十人，在下天仙演唱义务戏，而赵君对于此举亦异常出力，闻已定期于旧历二月初一日起至初五日止，全埠名角荟萃一园演唱。

（1912 年 3 月 18 日，第 5~6 版）

演艺筹捐

自由党党员为筹办救国捐,特约请本埠商学各界著名皮簧专家牺牲色相登台奏技,所得剧资全数充作救国捐,由自由党员监收转交银行存储。已定于本月十五、六两日晚假座南市丹桂茶园开演。兹将甘尽义务诸君姓名列下:杨小庵、毛朗舟、王书田、张捷安、纪蓬波、李子华、周岐山、赵趾齐、吴焕卿、崇玉昆、李树林、袁海峰、邬逯宾、刘湘桂、李素云、武兰舫、张滋田、韩华堂等。此外并特约李剑颖先生帮同演唱。

(1912 年 5 月 30 日,第 1 张第 5~6 版)

对于华洋义赈会感言

儒家亲亲,墨家兼爱,同室之人,斗者披发缨冠而往救之。乡邻有斗者,虽闭户可也,此儒之说也。摩顶放踵利天下为之,此墨之说也。以道言,则儒之道纯,墨之道驳;以义言,则墨之义广,儒之义狭。唯道义有广狭纯驳之分,斯学说有门户水火之见,然会而通之,初无二致也。周纲解纽,儒墨之徒分家而名道,儒盛于东,墨盛于西。当锁港时代,则儒之说胜;开通时代,则墨之说行。

泰以西有国于美洲之陆者曰美利坚,其种白,其文佉卢,其言佶屈。泰以东有国于亚洲之陆者曰支那,其种黄,其文仓颉,其言庞杂之。二国为言语不通、种族不同,地之相去也数万、疆之相越也数十国,然则二国之患难,宜若秦越人之视肥瘠,漠不相关矣。

乃者中国昨岁大水为灾,江南北哀鸿遍野,易子而食,析骸而爨。适国内革命军起,大兵之后继以凶年,情至惨也。惟时戎马倥偬,方且扶死救伤之不暇,虽有义士仁人,亦只得坐视流亡而已。

美之慈善家怒焉伤之，绘郑侠之图，作发棠之请，鄙人旅华久，且方充慈善会长，亦从而赞助呼吁之，于是欧墨豪士闻风兴起，相率捐金酾款于沪上，组织华洋义赈会，工赈兼施，数百万灾黎赖以全活，猗欤盛哉。

夫瑞士小国也，以好行慈善事，欧人称之莫敢或侮。盖文轨大同之世，人道主义融儒墨于一炉而冶之，体上帝好生之德，抱怵惕恻隐之心，此固吾人应尽之天职也。

虽然义赈会诸君泯种族之见，化町畦之私，不远重洋，作此义举，斯亦贤矣。传曰，救灾恤邻，仁民爱物，义赈会诸君有焉。

（署名"丁义华"。1912年6月18日，第2张第2～3版，"来稿"）

警界筹办国民捐义务戏声明

启者：本警界为筹办国民捐，特约请各大戏园男女诸名角于旧历六月初三、初四假南市丹桂茶园演义务戏两日，所得茶资除开销外下余之数应即送交国民捐总事务所，并将数目登报报告。特此声明

警界筹办国民捐义务戏干事长谨启

初三、初四两日早晚所收戏价列后

计开：包厢八十八个五元，合大洋四百四十元。池座一千零二十七位五毛，合小洋五百十三元五角；两廊九百八十八位二毛，加铜子五枚，合小洋一百九十七元六毛，铜子四千九百四十枚；女座一百零七位一十五枚，合铜子一千六百零五枚。以上共收大洋四百四十元，小洋七百十一元一角，铜子六千五百四十五枚。

支款项下：一支丹桂园前后台两天开销大洋三百八十元；一支长春楼饭帐刘伯年代表请戏角吃饭大洋八元；一支纸花绸条大洋二元；一支刷印包厢票四宗一百零八张，池票四宗两千张，两廊票四宗一千二百张，共大洋八元小洋二角七分；一支白洋布条、园内杂役用小洋六角；一支剪子二把小洋一元三角。以上共支大洋三百九十八元，小洋二元一角

七分。

除开支外净存大洋四十二元，小洋七百零八元九角三分，铜子六千五百四十五枚，送交国民捐总事务所。

（1912年7月23日，第1张第6版）

北乡水灾赈款义务戏改期广告

启者：因雨水为灾，河水暴发，王秦庄等处竟成泽国，数千同胞流离失所。昨有王秦庄代表韩鉴芙君来津求赈，迭求敝社协助，□各有心能不恻然。故敝社约诸各园最热心善举之名角金月梅、小达子、小香水、张凤仙、小荣福、小洪福、高玉芬、宝福山、八岁红、小秃红、月月红、孙月秋、金桂莲、晚香玉、小金月梅、杨品卿、郑庭奎，又蒙庐、娄二君，假座天乐茶园，原定本月二十五日开演，兹因大雨为阻，故再定日开演。一俟定有准期，再登报宣传。此启

中华新剧社启

（1912年8月7日，第1张第6版）

津武水灾义务戏广告

津武水灾，同胞流离，哀鸿遍野，露宿风栖。转瞬秋凉入序，无衣无食，饥寒交迫，尤足伤心。我辈分属同胞，安忍坐视？是以同人等发起，拟在东天仙旧址演唱义务戏三日，除正式开销外，所得戏资以一半归红十字会，一半归巡警道充作赈款，已承各园男女名角赞成担任义务。兹定于旧历本月二十六、二十七、二十八三日早晚准演，除约红十字会警务公所届期派员监视外，请各大慈善家幸惠览焉。

发起人：曹士俊、陈大历、张玉顺、卢子凤、魏连升、赵仲三、杨庆明、刘作霖、龚云波、苗子卿、黄玉堂、刘子芬、赵聚卿、刘亿斋、杨

子元。

赞成人：周蕙舫、么品舟、顾梦臣、宁星浦、汪笑侬、小香元、薛凤池、小达子、元元红、小香水、月月红、金玉凤、梁俊圃、王春海、崔凤鸣、韩长宝、立彦芝、王小奎、张凤仙、小荣福、小洪福、小福仙、赵美玉、高玉芬、小金月梅、小金香翠、小子和、晚香玉、小金桂莲、小子云。

(1912年9月6日，第1张第6版)

浙属水灾筹赈会开会纪

浙省温、处两府，于八月中旬洪水横流，居民悉遭淹没。津埠浙江同乡接南省函电，特于六号在浙江会馆开同乡大会，集筹赈救办法，到会者六十余人。方君乐雨登台演说，先布开会及来信情形，大致谓：今日同乡大会为温、处水灾极重，被灾者二十余万人，死者已矣，生者更属可悯，特邀集旅津同乡开会筹捐报告办法，并述及吕君幼才在丹桂园演义赈戏一天，全数充赈。继由肖仲鹤君报告温、处被灾惨状，毕，再由方乐雨君商量办法，认捐册或当场认捐，决议两种办法一体并行，于是当场认捐者极其踊跃，共计捐得现洋一千九百九十一元，又承认领取捐册担任劝募者十八人。散会并将谭云觳两次来函原文录后（以下省略——编者）。

(1912年10月9日，第2张第3版)

特别音乐游艺会

本年顺直水灾需赈孔亟，天津青年会诸董事公同议定，于新历十一月二十三日晚七钟假河北李公祠为会场，开一音乐游艺会，特请美国军乐队赴场奏乐，并约学界士女各尽义务，有歌诗、击剑等游艺，所入款项悉充义赈。售票处一为曾公祠义赈局，一为仓门口圣教书坊，一为经司胡同天津青年会办公处。头等，价洋五角，二等三角。

（1912年11月21日，第1张第4版）

演艺助费

南市丹桂茶园定于旧历本月二十三、二十四、二十五三日特请北京宝全堂及天津中华同庆宾、乐北海华宾、四海升平各部并天津花界，义务演唱各样艺曲，所得茶资补助艺曲改良会经费。

（1913年6月26日，第1张第6版）

红十字会纪事（一）

中国红十字会天津分会现因出发战地，所费不赀，遂在本埠繁盛各街市设立捐柜，并编辑白话，绘具战况图说，冀各界诸大善士解囊资助，以济要需。又该会出发医队本定于二十六日起行□，因刘民政长给款迟延，遂改于今日早九钟乘津浦路车南下，该会理事长徐华清、会董美医士魏得谋两君随同照料。计去医官二人，看护生十二人，抬架十二人，庶务、会计、夫役、厨房等约共三十余人，由津浦路局分等给与免票。又该会函请正乐育化会假丹桂茶园演电影三天，其影片最为新奇，系百代公司助与者。

（1913年7月27日，第1张第6版）

红十字会纪事（二）

中国红十字会天津分会前日（三十日）午后开董事会，董事诸君到者四十多人，及北京妇女红十字会协济会会长钟太太及会员诸君亦到数人。首先由干事长刘渐逵报告泰安州美以美会医院长西人达卓志君请协款电文，公决电覆谓，如大总统准发款项时即行协济。又前干事长陈蔗圃君自京来函谓，如出发医队于战地救护孤儿可送北京贫儿院教养，公决遂即去电战地探询有无。又议决散布捐启，请各热心家代为募款。又决议联络会事，大致会员入会费每年一元，如有特别捐助随意，惟必须大家极力联络。倘议员凑足十万之数，便可于本埠组织病院及各项慈善事业。且会员会费一元，慈善家必然乐为，由兹扩充百万千万会员，不难联络，则赈济救荒医院等善举不难次第成立。又李晏林君提议，公推李渭占、时趾周、李晏林三君为监查会中一切财款事务员，又公推刘道平、赵仲三两君为交际员，于梦臣君为文牍员。又李渭占君提议，会中存款生息事，公决存省银行出息。又李渭占报告丁振之、蒋梦桃诸君约请京中及本埠戏界各艺员演戏一日，得款充会中公费。又公推翁佩甫君为庶务员。又干事长报告田金波君介绍百代公司由三十一号至八月二号假权仙茶园为该会演电影三日夜，并由该会约警务公所军乐队助兴。又公推曾栋臣、王伯辰两君每日前往演说。又北京妇女红十字会协济会钟太太报告协济会存款及绷带若干，愿捐助该会。又提议第二区队出发事，公决俟理事长徐华清由前敌返津再议。又公推冯禹门、鲁嗣香、刘道平三君于昨日晚在丹桂茶园演说。讨论毕，闭会已六点钟矣。

（1913 年 8 月 1 日，第 1 张第 4 版）

慈善会特告

启者：窃自南北构衅战祸猝成，血水横流，仁人悯恻。本会以慈善为宗旨，不忍坐视，邀集同志，特开此会。于阳历九月二十号假座李公祠助演游戏事件，并请军乐队以助雅兴，务望男女同胞是日早临为荷。入座券每位六角，童子半票。其所得票资充补红十字会之用途。特此预告。

下午二句钟至七句钟为止

天津妇女红十字会仝人启

（1913年9月13日，第1张第6版）

演戏助赈

筹办城关救济冬赈，由艺曲改良社善堂联合会发起，刊布公启云："敬启者：现届隆冬，津郡城关民生困苦，啼饥号寒者比比尽是，现在官家财政困难，商工各业异常萧条，筹款实非容易，若不设法筹措赈济，遍地必多饿莩。鄙等是以联合同志集资，业于初一日分路查放，奈户口众多，需款甚巨，非群策群力难以补救。今蒙艺曲改良社诸大社长社员诸君择于本月十四五六三日早晚，假丹桂茶园演唱义务，凡艺曲名角坤角各艺员均到场同发热力，所得茶资全数交与善堂，合力散放，贫黎得救一命，实沾诸君功德无量矣。"

（1914年1月8日，第1张第7版）

演剧捐款

昨日妇女红十字协济会在广东会馆开游艺捐款会,其秩序单如下:钢琴独奏(柴秀恒),致开会词(会正钟女史),英文歌唱(中西女学校),演说(鲁嗣香),舞棒陈学敬(柴秀恒),歌唱(协和俱乐部),演说(全希伯大夫),歌唱(中西女学校),演说(郭女史),军乐(美国音乐队),演剧(纯孝痴情复仇《碧血记》),共八幕。

(1914年4月19日,第1张第6版)

山东筹赈分处紧要布告

敬启者:敝分处现蒙京津□学各界及剧界诸公提倡义务戏三日,准于本月七号、八号、九号即旧历十一月二十二日、二十三日、二十四日每晚假座南市丹桂茶园演剧,所得戏资均助山东赈抚之用,务请各界仁人善士届时惠临,共维善举。无任盼祷。此启

山东筹赈分处谨启

(1915年1月5日,第2张第4版)

优妓热心公债

正乐育化会及广和楼日前均演唱义务戏一日,所得剧资统买内国公债票,兹闻极乐落子馆刻亦邀集名花名角,拟定十一日(即明天)演唱义务,所得茶资均买内国公债票,以表爱国之热忱。

(1915年4月23日,第2张第1版)

剧界热心公债

东门外上天仙戏园日前演唱义务戏一日，所得戏资均行购买内国公债票，是日并有该管东四区职员□□□登台演说，并闻该区境内之商民认购者颇巨。

(1915年5月2日，第2张第1版)

德人募赈

驻津德国红十字会因在山东青岛所困本国灾民兵士为数甚夥，该国正当战事方殷，无暇接济。该会特备从来人所未亲之始末战事新奇电影片多张，拟于新历本月二十后在东天仙、丹桂及广东会馆三处轮流接演三星期，已由该国驻津领事官照会直隶警察处长杨敬林，届时派警为之保护，并介绍中国天津红十字分会及天津善堂联合会襄理此项善举，冀其表示同意。至此三星期所得之票资，除拨青岛灾民兵士赈款一千元外，其余剩之项有某某大善士等提倡补助天津红十字分会并善堂联合会散放本埠冬赈，以恤穷黎。

(1915年11月16日，第1张第4版)

演艺筹赈

南市绘春茶园醒俗社以现在善堂联合会筹赈维艰，值此冰天雪地贫民待救孔殷，遂约同华乐部、权乐部及大兴里全班艺员，于旧历十七、十八、十九三日早晚演唱，所得票价全数捐助该堂，以襄义举。

(1916年1月22日，第2张第5~6版)

清华学生之新剧

　　北京清华学校学生近拟于该校左近增设贫民小学一所，以经费不敷，特编演新剧售券集款，一切布景扮脚均用美术画装，现定于本月二十六日及三月四日两晚，假坐北京东城青年会开演，入坐券即由北京青年会代售，每张取值一元，意存施与取不嫌苟，京津士女慈善为怀，想无不乐襄善举，届时联袂偕往，必有一番兴采也。

（1916 年 2 月 14 日，第 2 张第 6 版）

演剧筹费

　　本月二十七日（星期六），法界新西开微斯理堂为筹备成美学校修楼经费，特演义务新剧，每票均售价三角，早演《孝义镜》，晚演《青年鉴》，随幕并有新奇布景及西乐助兴，凡愿参观者，可于廿六日以前到北马路商报馆购票云。

（1916 年 5 月 21 日，第 2 张第 7 版）

请看爱国义务戏

　　敬启者：本埠绅商为老西开争地一案，爱国热诚，至堪钦佩，惟经费所关，应须辅助，敝会全体联合同志情愿稍效绵薄，以隧诸君子后，拟定于旧历十月十八日早晚约集京津男女著名艺员，假大舞台合演上好戏剧，所得戏资全数助充争地案之经费，聊尽爱国之微忱，务请爱国诸君届时拨冗光顾，以成美举，不胜荣幸之至。

　　天津正乐育化会谨启

（1916 年 11 月 12 日，第 2 张第 6 版）

会议演剧筹费法

　　北京龙泉寺孤儿院及天津青年恤嫠会孤寡两机关，现在需款空殷，乃于本月八号下午三钟假商务总会会场开茶话会议，讨论筹款办法。到会者为李星北、杜筱琴、杨晓林、王伯辰、刘俊卿、边洁卿、张月丹、芦子风、杨月舫、宋峻岐、李芰臣、王松樵、武柱卿、宋则久、韩锡章、李捷三、黄云樵、孙恩吉、曹振声、王品一、张升甫、孤儿院道兴和尚，诸君讨论筹捐办法，遂议定假南市第一台演剧筹款，该戏园代表李君芰臣慷慨允诺，复详细研究演剧筹捐，非邀集名角，客座不能踊跃，捐款不能多募，议定除邀各戏园男女名角外，并约本埠绅界名人登台助演。似此戏价，既可增加客座，亦可以广招徕，俾矜孤恤寡，可以完全达到目的。拟定柬请男女名角及特约绅界名人，于九号下午二钟一律到会磋商一切办法云。

（1917 年 5 月 9 日，第 2 张）

关于红会之种种

　　天津红十字分会干事长鲁嗣香拟定月之十八日（即今日）下午五钟开职员会，约集董事开会，报告此次医队所需经费及各项事实，以资讨论。

　　该分会驻京医队拯救伤军，曾假京师仁民医院为临时医院，因该院伤人颇多，随经该会干事长鲁君嗣香集议，将第二医队调回，并轻伤者亦随运天津该会临时医院疗治其伤，重者仍在北京医院第一队医治。伤人到津时，鲁干事长亲赴车站往视，随至该会临时医院安插，并每日不时到医院筹画医治之各种手续，并对于各伤人一一慰问病况云。

　　山东监运使来电："中国红十字分会鉴虞电悉。救济情殷，弥深感佩，承嘱捐助，自应竭尽棉力，特筹洋二百元汇津中国银行，请即就近支取，收证希即交行转寄。杯水车薪,聊尽微意,王鸿陆元。"

江西李督军来电:"红十字会鉴虞电悉。贵会组织医队实行救援,热心义举,敬佩无既,助洋二百元,聊尽棉薄,除电知天津义兴银号照拨外,希即径取,见覆李纯元电。"

李颂臣来函:"径启者:现值有事之秋,惟赖贵会诸君大发热力,维持出发,曷胜钦佩,第思会务,在在需款,势所必然,舍间敬助银洋百元,即希检纳并赐收到延古堂李收据一纸为盼,端此肃布,即送公祺。李宝诚谨启。"

南洋兄弟烟草公司来函:"敬覆者:连日阅报,已悉贵会出发战地医救伤亡军民,慈心盛德,窃深感佩。顷复得贵会来函,藉知各界诸公鼎力襄助贵会,是善举,人有同情。王君子实既助演电影,捐报贵会。届时敝公司亦当到场卖烟报效,此复。中国红十字会天津分会大鉴。天津南洋兄弟烟草公司启。"

中国红十字会天津分会启:"敬启者:敝会昨承王君子实、周君子云、韩君秉谦并权乐园掌张君,原定于本月十六、十七两日在西上权仙助演电影并各样技术权乐全体曲艺,兹因天雨连绵,拟改十七日仍在西权仙、十八日在上权仙早晚准演,以所得票资捐充敝会医队出发救护经费。届时敬希诸善长光临,以襄善举,无任感盼。"

(1917 年 7 月 18 日,第 2 张)

十字会鸣谢助赈

红十字会天津分会缄云:"敬启者:窃以河水暴溢,津邑酿成巨灾,淹没庄村不计其数,哀鸿遍野,众口嗷嗷,敝会虽放急赈,惟灾区辽阔,需款浩繁,幸蒙权仙经理朱义德、马克起,介绍人王子实、周子云,赞助人杨希麟、吴秀山、王振鑅、王沛霖、刘玉武、李德元诸君,昨在老权仙慨助电影一夜,得资均归赈款,以拯灾黎。兹将所得票资并各善士捐款特登报端,以昭征信,藉鸣谢悃。计开:一收票资大洋二十三元,小洋一百八十一角，铜元一百六十枚；一收权仙本园同人诸君一日工资捐助小洋九角，铜元一百十枚；一收无名氏西人捐助大洋四元五角，按一二五，合大洋十五元六角四分。以上共收大洋二十七元五角，小洋一百九十角，铜元二百七十枚，按一二三，合大洋二元一角九分五厘。统计共收大洋四十五元三角三分五厘一。李君德元捐助演电影铅印传单一千一百张。"

（1917年8月27日，第2张，"本埠新闻"）

天津水灾义务戏展期广告

  津邑大水为灾，淹没村落，哀鸿嗷嗷，待哺之急，前已假定升平茶园拟于阴历七月十四十五日晚、十六日早晚演唱，兹因北京著名艺员数人不能如期来津，特推展至七月二十一、二十二日晚，二十三日早晚，并加演二十四日一晚，仍假升平茶园演唱，并敦请直绅窦砚峰、王君直、王颂臣、陈梦九，直省议会委员长孙公讷、寓公吕幼才诸君逐日登场，第诸君于特别宴会，有时偶尔游戏，对于戏场向不赞许，今以事关善举，慨然允诺，并约京津著名艺员数人登场，望各界大善士届时往聆雅奏，以襄善举。所取戏价尽数送交警察厅，施放灾区。该园数日一切费用慨由发起人完全担任，当场并不劝捐。已售出十四日晚票改为二十一日晚，凭票入座；十五晚票改为二十二日晚，凭票入座；十六日早晚改为二十三日早晚，凭票入座。并添印二十四日晚票，仍托华楼事务所代售，所有推展日期原因，理合登报声明，以免误会。

  发起人等谨白

（1917年9月1日，第1张）

水灾游艺助赈会开会情形

二十七日为中央公园京畿水灾劝赈游艺大会开会之第一日，入门由迤西方面而行，有童子军多人正在操演，装束仿照军人行军之式，以木棍代枪，并有背包等物，且设有帐棚及无线电架。各青年容态活泼，步伐整齐，颇有一种尚武之精神。其所演工程队之支搭桥梁救伤队之救护伤兵及旗语各种，尤见精采，观者均称欢不置。附近该操场有各种走会上庄处舞台并傀儡戏一台，式歌式舞，亦颇灵活（晚间并有露天电影）。复向西行至水榭，聆天津吹会，声韵悠扬，极为悦耳（晚间在附近水榭之土山上放烟火并有转灯游戏）。继内坛门，则步军统领衙门之技术队在坛上奏舞，场之技亦五花八门之观，出坛之西门，有演武技者数人更番舞叉，颇似剧中之金钱豹。又有掷球之场，出资一角可掷二球，掷中标的者得纸烟或其他赠品。又有一种游戏名欢喜团圆，似秋千而较稳，盖圆形铁架，设木马木船，游人出少资可乘马坐船架，绕轴而转，或疾或徐，颇有兴味。继至大殿，即彩品陈列室，也五光十色，美不胜收。后殿为中西贵女售物所，中皆女子敦谊会人物之热心助赈者。殿外之东角为艺妓杂唱之台，所唱为皮簧、梆子、大鼓、小曲之类，大抵为升平书寓及他班校书（园中并由各校书售物助赈）。殿外之西角为技术家韩秉谦奏演幻术之台呲外，尚有游艺数种，该园门首彩扎牌楼，电灯齐明，灿若烂银。是日天气阴晦，而游人仍甚夥。吴警察、总监王、京兆尹及提署要员均到园照料。又昨日航空学校有飞机一架在空绕行，而助赈会彩品之富，为向来所未有。头彩原定赤金大鼎一座，价值三千五百元，兹又将大总统所赠大磁瓶加入，价值三千元，合计价值六千五百元。二彩原定银器及貂褂，价值二千余元，兹又将大总统所赠之冬青瓶加入，合计价值四千余元。三彩原定全国铁路头等免票一张，兹又将段总理所赠之大磁瓶加入，合计价值二千五百元。闻该会京外送赠之品尚有信已到而物在途中者，其中佳彩颇多，惟编号极费手续，特改于十一月二日即星期五日开彩，于三日、四日、五日发彩云。

(1917年10月29日，第2张，"地方新闻·京兆")

闽中各界之助赈热

军界：直隶天津各属水灾自李督捐助一千五百元后，迭接筹赈局熊督办暨灾区商务会求赈之文电，遂由军署李厚恩副官商同副官长张仲鼎并各副官演剧助赈，将戏票分配各团，每团五十张，以期众擎易举，监署缉私统领部监缉队各军官亦经教练官阎吉胜同时发起，一律照办。

政界：闽省筹办直隶水灾募捐局由直隶本籍人员分任劝导，办事极形热心。首先假座三山尾奉直会馆提议助赈方法，已于本月五日聘请上天仙京班在东街浙绍会馆演剧助赈，来宾到者千余人，女宾亦三百余人，集款不少。

商界：福州商务总会接到天津水灾电报，曾由正会长黄秉荣、副长卢清淇、商事公断处处长陈耀琛、坐委李郁斋，柬请南北商帮领袖及本帮各董事等，在本会筹议决定进行手续，于本月六号假座瀛洲大马路新新舞台，上天仙、大蟾两班共同合演，各艺员概演合出新剧，闻预算可得千金云。

（1917年11月22日，第2张，"地方新闻·福建"）

中央公园又开游艺大会

冀属水灾义赈会开办以来，各项捐款颇为踊跃，惟灾民甚夥，仍属车薪杯水。该会为继续筹赈起见，定于本月八号、九号两日假中央公园开游艺展览大会，其游艺事项（一）为北京内外城各男女小学校之各种运动游艺及新剧（一）为各省拳术名师之武术（一）为京内外之各种杂耍盛会（一）为环球著名之新技术。此外犹有琉璃厂各大书画商家陈其极品开书画展览会，闻尽稀世罕见之品，当场出售，定价尤廉，凡留心古董暨热心公益诸君子定当前往一观也。

（1917年12月6日，第2张，"地方新闻·京兆"）

安新水灾筹赈经过续志

本省前次大水为灾，沿河郡邑几乎尽被淹没无余，就中尤以安新一带遭灾最酷，曾由第二师范学校庶务员某（安新人）在保发起水灾筹赈义务剧，特假城内魏上坡吉庆园唱演多日等情，早志本报。兹闻此次演唱义务戏剧计共五昼夜，收入捐款为数极巨。事后某曾以个人名义设筵某餐馆酬谢大众，不意席间酬酢过量，主客相继大醉，闻某时已不省人事，经同人扶归就眠，回记酒醉闹娟一节时，或他人所为。有无别项情节，容俟探明再志。

（1918年1月17日，第2张，"地方新闻·直隶"）

义务戏资之助赈

河北普乐茶园日前演唱义务戏，共得茶资大洋三百十三元八角，内有魏连生捐助十元，北京中交票六十二元，小洋残洗共二百十一角，折合大洋十五元，统数交由中区总署转交警厅内天津水灾急赈会，以资赈济灾黎云。

（1918年2月16日，第3张，"本埠纪闻"）

恤剧资氂之数目

南善堂筹办嫠妇恤款，前经升平、第一台、广和楼各茶园演剧六日，所得票资暨当场助款以及开支等项各数目逐条宣布，以示大公。窦砚峰捐助十六元，董金麟、王雅堂、于和瑛各助十元，石大文、毛树棠、于绍青、李魁元各助五元，靳少浦、种功民、姚琴舫、刘兰轩、董伯年、徐晓洲各助二元，梁彩廷、焦汉卿、孙明璋、王宜亭、何宪民、魏子文、李泽远、李佐臣、熊立堂、王杏村、刘允之、吕佩卿、王荫甫、葛佩璐、武格亭各助一元，苗国梁助洋二角。牙粉公司姚铁铎售品提成助款大洋三元、铜子一百枚。国强报馆售报助铜子三百枚。魏荣寿富场劝募大洋三元一角、小洋八角、铜子三百七十枚。共收捐款一百零四元四角三分。升平演剧两日，共得票价一千六百三十四元五角。第一台演剧两日，共得票价一千四百七十一元七角五分。广和楼演剧两日，共得票价九百九十二元五角一分。除六日挑费八百三十七元九角外，下剩大洋三千三百六十五元二角九分。

（1918 年 3 月 29 日，第 3 张，"本埠纪闻"）

第一舞台之好戏

　　近有丹国公使列斐夫人与外交总长陆子欣之夫人目睹中国妇女之老病残废、流离颠沛、无可告语，心焉悯之，特约同财政总长曹润田之夫人、熊秉三督办之夫人发起中国女慈善会，以资拯济，因经费支绌，特行约集北京所有名伶演剧筹款，已定于四月二十八日即阴历三月十八日即本星期日夜间在第一台，招集一切名伶各行演唱其特别拿手好戏。而丹国公使曾于日前某处茶会晤见梅郎，面恳其演唱《天女散花》，梅郎已慨然应允。是日剧目择尤探志如下：梅兰芳《天女散花》，杨小楼《安天会》，王凤卿、陈德霖《四郎探母》，贾璧云《小放牛》。此外名剧尚多，不能悉记。其票价每人四元，包厢五十元以此递减云。

（1918 年 4 月 26 日，第 2 张，"地方纪闻"）

游戏见人心

　　近数月来，津埠戏园营业十分低落，盖缘无名伶以为号召之资也。畴昔之夜，升平与第一台，忽焉大放异彩，价格既飞涨数倍，卖座又极为拥挤，盖一则为梅兰芳登台之第一日，一则为孙菊仙与各票友为恤嫠会唱义务戏也。

两园之热闹，虽均为数月来未有之盛，然座客之众，升平究不及第一台。夫听升年［平］戏者，顾曲之心居其半，赏艳之心亦居其半。听第一台戏者，则实于娱乐之中含有慈善之意味。就是夕之乐景，以评骘社会之心理，谁谓好德不如好色者。

(署名"无妄"。1918年5月3日，第3张，"时评")

青年会演剧筹赈

汉口基督教青年会虽系培养人材机关，凡对于地方公益、人民痛苦无不尽心补救，竭力经营。刻因湖南醴陵攸县一带水火刀兵，灾民惨不忍言，特排就文明新剧，预备下星期在该会所开演。售卖男女两等入场券，任人入会参观，所有售券之资悉充湖南赈款之用，正在布置一切，不日定期开演。

(1918年6月19日，第2张，"地方纪闻·湖北")

筹款恤嫠

天津善堂联合会每月施放嫠妇赈米为数太巨，款项不敷，兹有宁君星普、沈君琢如、张君品三为筹款体恤霜嫠起见，往见日界大罗天经理王君璧臣，借用该处施放烟火，售票筹办善款，已经王君允诺，宁、沈、张三君愿助特别烟火几具，为人所罕见者，拟于旧八月初间订期开演云。

(1918年8月26日，第3张，"本埠纪闻")

请看平安电影

义国领事署紧要广告

启者，义国军队不日开往西伯利亚，兹为红十字筹经费起见，定于十月十日（即礼拜四）假法租界平安电影园开演各种赏心悦目之艺，是日下午九点十五分钟起，所收款项统归红十字会。各种技艺开于后：一军队作乐，二兵队合唱，义国兵打仗（第三节），四一人独唱，五兵队合唱，六军队作乐，七电影，八一人独唱，九兵队合唱，十军乐再作。

（1918年10月6日、7日、8日、9日、10日连载，第1张）

名伶热心善举

伶界梅兰芳、王凤卿因鉴南善堂嫠妇米款供给不足，遂即来津演唱，以资提倡，定准阴历本月十二日起假大舞台演唱三天，并约集优等艺员李吉瑞、苏廷奎、小蕙芬、小奎英、李百岁、刘荣萱、王春海、王春普全班助兴，以襄善举。戏目列后：十二日晚，王凤卿《朱砂痣》，梅兰芳《贵妃醉酒》。十三日早，王凤卿、梅兰芳《武家坡》；晚，王凤卿、梅兰芳全本《御碑亭》；十四日晚，王凤卿《战城都》、梅兰芳《嫦娥奔月》。

（1918年12月13日，第2张，"本埠琐纪"）

筹款恤嫠之热心

邑绅宁星普、张品一、沈涿如诸君公同提议筹办南善堂恤嫠善款集资，置备青县兴济镇特色焰火盒，定于明正灯节前假南开体育社地址届

（届）期演放，售票筹款，并有活动电影以资助兴，该宁绅诸君对于恤嫠筹款颇具热诚，想是日定有一番盛况云。

（1919 年 1 月 23 日，第 2 张，"本埠琐纪"）

义务赈款之分配

天津警察厅侦探长丁振之并全体侦探员等，于日前特邀津中各班名伶在大舞台演唱义务戏，又邀出奉军司令部派委副官并督军署那副官长派委卫队多名加派侦探员等，在义务场中妥为照料。演唱三天，除班底以及名伶往返车资零费之花销，净剩洋二千四百七十元，当场有丁君夫人助洋二十元，红十字会助洋十元，共计洋二千五百元，经丁探长拨给三义庄民立第七十四国民学校洋一千元、红十字会洋七百元、正乐育华会洋二百元，其余购买玉米面洋六百元，赈济津中之各贫民云。

（1919 年 2 月 14 日，第 2 张，"本省要闻"）

演戏恤嫠之余声

南善堂董事杨月舫、宋峻岐、赵善卿、杜笑山并警界诸君，约同邑绅、津埠著名艺员假大舞台演唱义务戏三晚，是日座客异常踊跃，当场并有南洋兄弟烟草公司、广生行中西制药公司邀同各部校书，襄助售货劝捐，全数充作恤嫠款项，颇为盛况。该堂董事日昨下午三钟会议、演戏结束、并筹备复查续放之进行办法，讨论良久，至五钟始行闭会云云。

（1919 年 4 月 11 日，第 2 张，"本埠琐纪"）

学生演剧助款

天津法汉学堂学生排演新剧,拟定月之二十六、七两日假广东会馆开演,是日所得款项全数捐助学生联合会以作经费云。

(1919年7月25日,第3张,"本埠琐纪")

新剧团演剧助款

天津甲种商业学校新剧团全体学生现因学生联合会经费支绌,业经各校学生先后演剧募款,昨又排演新剧,拟定月之二、三两日假广东会馆开演,是日所得剧资尽数指助联合会以作经费云。

(1919年8月2日,第3张,"本埠琐纪")

伶界演戏助赈捐

防疫需款,苦于无着,伶界诸人发起演戏三天,纯粹义务,所有收入一概捐入赈内。于是书棚之妓女、花界之唱家,咸愿附入戏内,聊尽一分心愿。由此观之,比较尉氏县知事尚高一等也。

(1919年10月8日,第2张,"各地杂报·河南")

南善堂筹办冬赈

南善堂现因筹办恤嫠冬赈,定于本月十九、廿、二十一三晚假座升平舞台演唱义务戏，售票筹款，藉资补助云。

(1919年11月12日，第3张，"本埠琐纪")

红会开会纪事

月之五日下午四钟，河北红十字会开董事会议，首由干事长马千里报告开会宗旨，提议刻下已届冬令，严寒日甚，贫民无衣无食者比比皆是，可否将我会所存棉衣并前蒙陈心泉先生捐助棉衣五十套一并散放，惟为数甚少，刘兰轩君云，每年书画慈善会散放冬赈，可否将红会之棉衣附于书画慈善会内，如书画慈善会放赈时见有未着棉衣者，即以红会之棉衣给之，众赞成，并报告筹设医院与各方面接洽情形，由我会出筹设医院捐启，向各方面捐募。捐启文已经李芹香君改正，将来所收医院捐款另行存储，不作别用。举严范孙、赵幼梅、宁星普、刘渭川四君为监查，监督所收医院之捐款，众赞成。议决，与四君去函，请其承认。马千里君则告余，拟不日南下，请准辞职，众挽留，改为请假，公推李星北君为临时干事长，亟马君回津为止，并请马君将捐启带赴南京等处，请李督军、陈督军等设法劝募，以期众擎易举云云。时七钟遂闭会。

(1919年12月8日，第3张，"本埠琐纪")

演剧筹款

天津艺曲各员籍隶津埠者固多，而外埠之人尤属不少，但物故无地可埋，势不得不葬之丛冢间，日久遂致迷失，难望归骨故乡，良可叹也。邑绅李星北先生为吾津善堂联合会及义阡局董事，恻然悯之，特拨西营门外俗名毛太爷义地对过义阡一段，作为艺曲改良社义地，所有垫高地基并安置栅门，培置四周土墙，建立界石碑志，需费不资，诸社员集议，已于本年旧历正月初七日晚间假西马路讲演所内演《拾金不昧》新剧（用京师模范讲演□作法讲演之剧本），并加演大鼓书词相声及文武戏法，全体社员均相率到会。是日所得票资十七元八角五分，除开支一切杂费外，净余银六元二角。是晚虽天气严寒，阴云密布，男女来宾只二百余人，而鼓掌之声如雷震耳，至十二钟始散，亦盛举也。该社拟特备册簿，将葬埋人氏分别号数，以待家属认领，办法可谓周密矣。惟是日所集之款不敷修理之用，将以旧历二月二十二日（即星期六）晚间，仍假西马路讲演所开第二次筹款会，仍演《拾金不昧》并杂技，票价每位铜元十二枚，童子半票，售票处文昌宫东社会教育办事处售票及西马路讲演所，特此预为报告，好善诸君盍届时一观乎。

(1920 年 4 月 4 日，第 3 张，"本埠琐纪")

善堂演剧筹款

天津崇善东社南善堂现以筹款办理恤嫠事宜，业经约定艺员刘鸿升假南市大舞台演剧，由旧历四月初九至十一日演唱三日。是日所得戏资尽数补助善款，以恤贫黎云。

(1920 年 5 月 26 日，第 3 张，"本埠琐纪")

演剧筹办经费

天津成美学校暨青年会现因筹办经费，拟定月之五日、六日假法界维斯理堂开会，由技术家韩敬文演习技术，并由中西女学校排演新剧，以资补助经费云。

(1920 年 6 月 5 日，第 3 张，"本埠琐纪")

快看特别游艺会

　　天津各界联合会为筹经费，特假广东会馆开游艺大会，有亚细亚班大幻术家韩敬文先生，素具爱国热心，现在天津燕乐、升平及张园虽演技数月，皆因地势狭窄之故，尚有我津人士从未见过之各种幻术未能演练。昨到该会说明，愿自备挑费，纯尽义务，假广东会馆演练各种奇特幻术，所得票资尽归该会经费。此外，又特约商学报界杨子华、辛树仁、武希臣、王卓忱、孟震侯、时子周、伉乃如诸先生加演各种新奇技艺，实为空前未有之盛会。定于八月二十一号（即旧历七月初八日）晚八钟开演，兹将剧目票价列后，爱国同胞盍往观乎。第一幕，杨子华、辛树仁诸君音乐合奏；第二幕，第一师范武术教员武希臣君率同众生特别武术；第三幕，韩敬文大小幻术；第四幕，亚细亚班群童献技；第五幕，王卓忱、孟震侯新奇双簧；第六幕，韩敬文全本《黑暗世界》（内有割头换像、骷髅跳舞、满台乱飞桌椅等等怪剧）；第七幕，时子周、伉乃如改良相声；第八幕，韩敬文盘碗悬空、满天飞火龙。票价每位大洋五角，包厢五元，现在卖票处商务售书馆、南市泰晤士报馆、广生行北马路售品所、中华书局、南市晚报社。临时卖票处广东会馆。

（1920年8月21日，第2页）

筹赈连演义务戏

　　伶界诸人以京津沪汉咸有筹赈义务戏之举，汴上旧日亦有成例在前，近日因再三呈请，由绅商军警印发凭券，每座一元，从十八日起一连五天，可收五千余元。最可叹者是伶界诸人枵腹从公，而异常出力，比寻常演戏大不相同，揣其心中的是横亘筹赈两字，程度甚高，乃至如此。可见人之好善谁不如我。而毫无一点仁心者，并优伶之不若也。

（1920年9月25日，第2张，"各地新闻·河南"）

毁家助赈之义举

上虞罗叔言先生平日精研国学垂四十年。近十年间，在海东校印书籍凡数百种，其尤精要者为《殷墟书契》，专考释商代文字、历史。又《流沙坠简》，专考西陲所出汉晋人木简墨迹。又敦煌佚书、遗书、壁画及石室所藏唐拓碑贴等，考释精详，用玻璃版精印，不殊真迹。其余金石、小学等书亦均深，裨国学久已著重艺林。今先生悯灾黎之无告，特令嗣君等将校印各书值一万余元，编成义赈券，售价一万元，全数充赈。其办法一以贻安堂所印书籍，价值一万元有奇，编印赈券二千号，每号一纸，售洋五元，所得售价悉数充赈。一编头彩至十彩各若干纸，计头彩二纸，各得雪堂校印全书一份，雪堂藏金、藏石藏砖拓本全份及雪堂所书屏四条，每纸值七百元。二彩四纸，得书籍金石拓本等，每纸值三百元。三彩六纸，得书籍（以下同），每纸值一百元。四彩八纸，每纸值五十元。五彩十二纸，每纸值三十元。六彩二十纸，每纸值十五元。七彩四十纸，每纸值十元。八彩八十纸，每纸值七元二角。九彩一百六十纸，每纸值六元。十彩二百纸，每纸值五元。不列彩者一千四百六十八纸，每纸赠书值二元。共二千纸，总书价一万零一百三十七元。约三张半得彩一张，一分两次开彩，售出一千券即择日登报，按照上列得彩纸数一半在天津开彩一次，若卖券速则一次开彩。开彩后将得彩号数登报，以昭凭信。一得彩者持券至天津贻安堂经籍铺取书。远道者或将券邮寄津取书，亦可一经手售券，并无折扣。售券所得暂存银行，汇齐散放。一将来券价助赈，应将放赈之地及粮价用费一切，登津沪各报章，以昭征信。至于售券之地，则除王京兆尹所办之助振展览会外，以天津日界秋山街百花村对门新建之贻安堂经籍铺为总售券所云。

（1920 年 10 月 13 日，第 3 张，"本埠新闻"）

请减房租以襄善举

华北华洋义赈会昨致新明茶园房主谢绶之函云："径启者：顷据法租界老西开新明茶园园主来会略称，敝园曾于本月二十三日为贵会开演民智新剧，移资助赈一举，该日约同贵会员检收票价无多，于赈务无补毫末，良用歉然。敝园同人再三研究，当日售票未能踊跃，实因事前手续未能筹备完全所致，殊歉满意。今敝园同人对于此次灾荒救济无力，愿再加演两星期，提成助款。惟敝园房租应请贵会函商房主谢公，请在此两星期内减让一半，俾敝园稍轻担负，以成义举云云。该园主如此急公好义，洵属难能，所请减让园租一半以轻担负之处，自是实情。先生闻风仗义，当能慨允，事关义赈，用敢琐渎，希即慨诺，并求赐覆，不胜企盼云云。"

（1920 年 10 月 30 日，第 3 张，"本埠新闻"）

预志国际赈济游艺

国际赈灾会于本月二十五日在北京饭店开赈济游艺会，屡经报告。兹闻所有阁员及梁士诒君俱被邀为赞成人。会场已将筹备就绪，届时必有一番热闹。名优梅兰芳担任演义务戏，九时半到场，特备包厢，请其观外国优伶演戏，中有一出，一人手足胸背俱被桎梏纳于空箱中，而出箱时镣铐皆脱。梅于十一时登场，扮演佳出，以飨来宾。会场一切食用之品俱由诸大善士捐助，故所有券价皆可全数充赈。美国女筹备员因人数过多，势难一一遍发请帖，惟深望中外各界人士惠然肯临去。

（1920 年 11 月 20 日，第 2 张，"各地新闻·京兆"）

梅兰芳紧要启事

　　近闻道路传言，谓天津议唱旱灾义务戏，为鄙人一人不肯加入，以致破坏善举等语，闻之颇为诧异。查此次天津义务戏，鄙人事前并未闻知，并无何机关及何团体来邀演唱，只有孙菊仙先生到舍下闲谈，谓天津将有义务戏之举，并未代表团体邀鄙人加入，且未言时日，未商戏目。此外并无第二人与鄙人提及此事。即日前鄙人在天津广东会馆张宅堂会之时，亦无何人来接洽义务戏之事。则道路所传闻自是无因而至。鄙人历年对于演唱义务戏无不尽力，即此次北直旱灾，鄙人首先发起，在新明戏院演唱两天，所得现款一万有余元，完全助赈。其后台杂费由鄙人完全担任，并代家祖母捐现洋一千元助赈，业已分登各报。其第二次为伶界全体发起义务助赈，在第一舞台演唱两天。第三次为江宇澄将军发起，约请伶界助赈，亦在第一舞台演唱两天。第四次为杨小楼君发起，为重修西域寺戒坛，义务助捐，亦经演唱两天。第五次国际赈灾会在北京饭店举行，游艺公使馆团来约，鄙人又演唱两出。历次并未领取分文。凡此皆足以证明鄙人对于各种义务戏无不尽力，则益足以证明天津义务戏由鄙人破坏之决非事实也，诚恐以讹传讹，愈至失实，不得不详为声明，惟鉴察焉。梅兰芳谨启。

（1920 年 12 月 1 日，第 1 张）

募赈游览会盛志

　　该会为税务处孙慕韩发起，大总统为名誉会长，首捐三万元，靳总理捐一万元，孙会长捐一千元。该会定本月二十五、六、七等即旧历正月十八、十九、二十三日在太和、中和、保和三大殿及午门历史博物馆、中央公园、先农坛、天坛等处开游览大会，所售券价悉充赈款。会场之内设有音乐大会，北京大学中国音乐、中美音乐、体育游戏、学生队柔软体操、京津哈克义球会比赛、京津足球比赛、西洋拳术比赛、体育研究社中国武术、飞机游行演技、马上游戏等技术，以助人游兴，并招集各商陈设古玩字画，任人展览。购买游券，每张只售大洋五角。前述太和殿、中和殿、保和殿、历史博物馆、中央公园、天坛、先农坛以上各处，二十五、六、七等三日，凡持有游览券者尽可自由出入观览，更将逐日余兴列左：

二十五日　中央公园：北京大学中国音乐体育研究社、中国武术、中美音乐、西洋拳术比赛、体育游戏、学生队柔软体操。先农坛：飞机游行演技。

二十六日　中央公园：北京大学中国音乐体育研究社、中国武术。先农坛：京津哈克义球会比赛、马上游戏、京津足球比赛、中美音乐、飞机游行演技。

二十七日　中央公园：音乐大会、北京大学中国音乐体育研究社、中国武术。先农坛：飞机游行演技。又中央公园、天坛、先农坛等处此三日内均招集各商陈设古玩字画，任人展览购买。

（1921年2月24日，第2张，"各地新闻·京兆"）

旅津日侨之急募赈款

旅津日侨前在急募赈款大会期内亦实行挨户劝募，现已募得巨款，由驻津日本总领事船津辰一郎照交与急募赈款会天津支部矣，计募得日华实业协会一万元，日本全国各学校学生一千元，东亚烟草公司三千元，朝鲜银行支店二千二百七十九元，□务稽核所协理一百元，日本青年会夜校学生三十三元七角二分，寻常高等学校一百四十四元五角□□，青年会演电影得资三百五十四元（七）角八分，青年会夜校学生卖花得四十五元二角六分，妇人会卖茶果得一百二十四元二角五分，北支那灾民救恤会办音乐会收七百十五元一角四分，孙佩珍一百元，方乐雨一百元，同文俱乐部五元，恒利金店五元，物华楼五元，大伦五元，老九章五元，二新公司五元，回春大药房五元，利津公司五元，共计一万八千零四十元九角三分云。

(1921年3月14日，第3张，"本埠新闻")

南善堂启事

启者：敝堂筹办恤嫠款项，已假升平舞台演义务剧三晚，并蒙诸大善士当场助款及各公司售货助款，无任感佩，兹将台衔详列于后：计无名氏先生助洋二百元，王景杭先生助洋一百元，张立山先生一百元，徐庆堂徐宅五十元，冯筱舫先生二十元，何庆成先生二十元，李致堂先生十元，王聘臣先生八元，高焕章先生六元，张稚棠先生六元，叶兰舫先生五元，奎德社坤班五十元，又英美烟公司售货助款洋四百九十五元一角六分六厘，南洋公司二百九十九元五角九分，马玉山糖果公司二十九元八角四分，除已分别致函鸣谢外，函请贵报公布声明，以彰善德，实纫公谊。

(1921年4月18日，第2张)

捐款鸣谢

天津江苏会馆鉴于北五省灾情过重，将本年春季团拜演剧酒筵之费移充赈款，提拨三百元，嘱为代放灾区等因，此款除由敝会照收备具收据肃函申谢外，特登报端以资表扬。

天津急赈会启

(1921年6月29日，第2张)

杨处长开筹赈会

警务处杨处长代表急赈会于月之二十八日下午三点约请天津各报馆会议，到会者《大公报》樊子镕，《时闻报》李秋岩，《启明报》熊瑶岑，《晨报》、《午报》，《晚报》孙文田，《益世报》刘俊卿，《大中华商报》肖润波，当由杨君敬林报告鲁皖苏浙等省被灾情形，并报告天津急赈会代募捐款。然该四省之灾区过重，若无巨款赈济，不足以拯灾民。经会议时议决进行募捐，办法如下：（一）出捐启；（二）演唱义务戏。其捐启由各方面劝募。其义务戏不但得戏资捐赈，尤能当场演说，藉资报告于大家各该省被灾之情形，集有成数后即交各该省慈善团体转放。本会同人均纯粹义务，其纸张笔墨刷印等费皆由警厅担任。且鄙人（杨处长自称）业捐助洋一千五百元，稍尽绵薄。惟进行上仰仗报界鼓吹，故此约请诸君惠临，开一茶话会议，俾资研究群策群力进行之方针。彼此讨论良久，至四点一刻闭会。

（1921年9月29日，第2张，"本埠新闻"）

江苏筹赈游园会

江苏筹赈游园会在中央公园开会，十六日为第一日，是日上午天阴，至下午一点二十五分天晴，游人往观者甚多。院内游艺有女子跳舞、电影、新剧、武术、清唱（分昆曲、皮簧两组）、南北名花、大鼓、军乐、十番焰火等，票价虽售五角，但一切余兴不精而布置亦不完美，闻该省人与该会稍有关系者皆得入内，兼之愿尽义务之招待员太多，虽游人不少，未免于赈灾上少得收入矣云。

（1921年10月18日，第2张，"各地新闻"）

旅津苏人筹赈会

旅津江苏同乡筹赈会于前日开十一次例会，兹将开会情形略志于后：（一）上海中国济生会来电，略谓敝会地处上海，本省之灾尤难膜视，是以先择灾情最重之扬中县放米千石，计费八千余元，灾民受惠叠见报章，此次外各县亟应续办冬赈，因思贵会谊关桑梓，务望慨助巨款，谨代灾黎呼吁等语。（一）同乡李君执中捐助灰布棉衣裤五十套，交会转解灾区散放。（一）南京王警务处长函复云，现在各处工振其村堡□堤等最急用小工，已由各该地方自行办理，其较大而须由振务处领款者，亦经由处分别行查，虽多处呈复，全省尚未报齐，闻考查确定方能拨款施工，至最近灾况，因自九月十八日以来放晴四十日之久，水势逐渐下退，他无特别情形。地方绅耆所办义赈事务正在积极进行，除劝募赈款外，尚无何种可指事实。又江苏振务处函复，大意相同。（一）该会举办义务戏定于月之十二、十三即星期六晚及星期日早晚开演。筹备员方面，于是日为最后之筹备会议，一切事宜均已妥善。闻老乡亲因年高，本不愿再粉墨登场，此次顾念南省灾情奇重，慨然允该会之请求，且连演三次，均系生平杰作，颇引起一般顾曲家之注意，均视为不可多得之机会。

(1921年11月12日，第2张，"本埠新闻")

水灾筹赈游艺会

旅津湘鄂川黔四省同乡会因本年各该省分灾情綦重，故特发起游艺大会，售票募款，全数充作赈款，以济灾黎，每票售大洋二角，假定南开学校大礼堂为会场，订于本月三日（星期六）下午七句钟开会，兹将该会秩序照录于下：（一）振铃开会；（二）至开会词；（三）电光跳舞（北京女学届）；（四）新剧（新剧团）；（五）唱歌（中西女学教员）；（六）电光棒（青年会陈学敬);(七)闭会。望各慈善家届时踊跃赴会,则有济灾民良多矣。

(1921年12月1日,第2张,"本埠新闻")

尚义女校游艺会参观记

中一通信社云:尚义女子师范学校于二十五六两日下午一钟至七钟,在中央公园开十周年纪念游艺会,并集资创办平民学校。游艺会之内容,燕京大学新戏在大殿,该校女生跳舞在五色土台,童子军游戏体操在球场。售票大洋二角。凭票抽彩。抽彩处在南坛门藤萝架前。第一彩为王将军所赠大洋马一匹。共有十大彩。第十彩业经抽出。取彩处在水榭。售物助捐者为马玉山糖果公司、南洋兄弟烟草公司。后因英国人之介绍,加入英美烟公司。本日天朗气清,且无风尘,游人甚多,此为本年以来公园第一日之热闹云。

(1922年3月27日,第2张第3页,"学闻")

北京私立学校游艺大会详志

北京私立各校游艺大会在中央公园举行。第一日(八日)为国会开幕纪念日,各机关、各银行、各报馆、通信社、各学校均放假休息一日(惟中一通信社向取不息主义,照常发刊),故本日之游人达一万余人。游览券仅售两角。于下午一钟开幕,至六钟为止。兹将是日之游艺一一详记如下:该会为北京私立二十四个学校联合组织,男女学生四千余人共同举行,更有来宾十余个团体加入帮助。北大学生与来宾合奏丝竹及昆曲,地点在董事会南食堂。怀幼女生之体操唱歌,在食堂北首。求实中学之武术队,在五色土台。所玩者为剑术、拳术、柔术、器械术。又该校之新戏,在社稷坛,所演者为《到底谁是好人》一剧。跑冰场旁假山,则为毓英中学之"十番锣"。坛正门外东为启盲学校盲童作鼓工(打藤器、读书写字），并在该场设临时售品处。坛正门之西藤萝架下，为北京中乐会。球场则为中国实业中学女子部新戏。所演者一为《孔雀东南飞》，一为《一点虚荣》。水榭西之土山，有怀幼中学及其他学校之鼓号军乐。此外尚有歌剧、跳舞、男女乐歌、西乐、幻术、魔术、乱弹、相声、双簧、催眠术等数十种。更有南洋兄弟烟草公司售物，全数捐助。按是日该会之内容，各种游艺，均称不坏。然可以推为第一者，当以启盲学校。该盲童等读书写字，与常人无异。惟打藤器（作工）既快且美，而价又不昂。热心教育与慈善者，对于彼等，可以提倡提倡。至某校之新戏，纯粹是鼓吹家庭革命，专门研究爱情，则记者不敢恭维也。

（1922年4月10日，第2张第3页，"学闻"）

三元三角——演剧助药费之总额

警厅批语嘉奖：

长沙体仁医社，前日呈警厅，演戏筹款，作为救疫、购药之费，业经警厅批准。据该医社将所收戏券费一百七八十元，除开销一切外，仅余洋三元三角，缴厅作为药费。警厅当即批示云：呈悉，查防疫施药，本非一私人社团之力所能为功，省垣近虽偶现时疫，早奉省令组设防疫委员会，并由本厅设立检查所，以谋公共卫生，维护人民生命者，未敢稍涉放弃。该社前此为防疫施药，呈请演戏筹赀，本厅以事关公益，嘉乐善好施之诚，准予试演。惟值此天气炎热，加以财力艰窘之时，本厅深以开幕虽易，结果为难为虑，不图一局告终，收支结算，竟余三元三角之余款，缴充防疫费用。虽贫民受惠无多，究非始料所及，足征该社同人，办事实心，而收支细账，既据登报公诸众览。所有券票，本厅既无经手之责，自无存查之必要，应即发还。仰即知照。此批。

（署名"仁"。1922年7月28日，第3张第3页）

模范女学演剧筹款

李公楼模范女学校,成立于民国五年,为张君晓斋所创立,先假复兴庄南义塾延宾室为讲堂,于民国八年始移居于李公楼。张君惨淡经营,日见发达(由国民而添高等,租房早不敷用,乃于前岁租到旺道庄郭姓空地一段,计一亩左右。彼时议定勿论何时置买,按照四百元算价。现在地价飞涨,该业主仍愿履行前言出售。惟校中向无的款,张君因恳王卓忱先生,代约津埠士绅、热心公益诸慈善家,假广东会馆,演作义务新剧及各等游艺。此次所得券资,除购地税契外,余存银行生息,将来再有筹款,并作建筑校舍之用)。兹将剧目、剧员、时间、地址谨记于下。爱国同胞,幸辅助之。日期:八月二十七日,即夏历七月初五日晚八句钟。开幕地址:城内鼓楼南广东会馆。券资:半元。剧目:《庸人自扰》。剧员:刘家俊、刘激清、傅兆琦、王卓忱、孟震侯、宋介平、时趾周、王铭孙、李燕豪、刘铁庵、常锡勉、孟广九诸位先生。游艺:孟寿山、方世昌、傅国瑞、王华九、金肇孙、郝子华、何春生、宋廷玉、费兴保、钱家琳诸位先生。口技、相声、梆子、幻术。并有姚文元、徐文藻、侯铁庵、侯荣轩、杨恩玉诸君之音乐,刘凤池先生新奇古怪幻术,桂兰友先生单丝弦代演唱,及该校高等女生唱歌等艺。

(1922年8月24日,第3张第2页)

中乐会演剧筹款

著名票友之杰作　地点在第一舞台

北京中乐会以提倡国乐、使贫寒子弟学成技能为宗旨。兹因款费支绌,势将中止,并为扩充学校起见,经董事会议决,于阳历九月三十日、十月一日(即阴历八月初十及十一两日),假第一舞台,约请著名票友,演唱义务戏两夜，用筹经费。票价：包厢特等三十元、头级二十元、三级十元；散座分一元及五角两种。值此气爽秋高，想都门仕女定当联翩往观，共襄盛举也。第一日戏目为《大回朝》《六王殿》《二进宫》《女起解》《骂曹》《射戟》《盘河战》《辞曹》《五人义》《钓龟》《失街亭》《青石山》。第二日为《山海关》《天齐庙》《上天台》《乌龙院》《武家坡》《岳母刺字》《英雄义》《能仁寺》《长寿星》《斩子》《铁笼山》。每晚六时开演云。

（署名"菊"。1922年10月2日，第3张第3页，"京华剧讯"）

慈善之代价

客有问于记者曰：慈善之代价等于几？记者曰：慈善之代价等于零。因慈善家之施与，无论若何之巨，其所得之代价，充其量不过受惠者之感戴而已。如谓得受惠者之感戴，谓为即慈善之代价，无乃不可乎。盖此种感戴，只由受惠者个人心理作用，慈善家初无所得也。故记者谓慈善之代价等于零。

客曰：今乃不然矣。何则？曰：今日慈善家出洋数元数十元，来此观剧，在受惠者，固与平时无若何之轩轾。而慈善家，乃得聆空前之好剧，享无上之娱乐，是慈善家之施与，已得相当之酬报矣。至于受惠者之感戴，犹其余事。况又非慈善家之所计及者乎。

（署名"然犀"。1922年12月18日，第3张第3页）

评义务戏之第一日

义务戏之第一日，所得成绩颇佳，上座足十成。此外以不得座位，徒呼负负而去者，正不知其几许也。

记者对于评剧一道，久矣不弹此调。昨晚本约有评剧家数人，嗣以所定厢位，无端被人私自卖去，评剧家久候多时，无所栖枝。因不欲受此冷淡，均不愿而去。记者恐本栏坍台，不得已，聊涂鸦塞责焉。第以管窥蠡测，自知语不中肯，方家其勿哂。

余等莅时，台上之《娘子军》已过半矣。朱桂芳扮相，于婀娜之中寓英武之态，气力始终不懈，不失为名家之作。许德义之兀术，亦差强人意。第朱湘泉之韩世忠，气宇不足。金兀术跌下马来（为地毡所绊）为美中不足耳。

第二出为《连环套》。杨小楼之天霸，扮相庄严，态度雄健，唱作念白，无暇可指。以此后尚有一大轴之《长坂坡》，故此次决不敢十分卖力。不知者方误为松懈，岂料其留有余地步，为二次之预备也。总计全出，始终不失大体。其落落大方，稳重安娴之气概，要非俗伶所能企及。侯喜瑞之窦二东，平稳而已，乏善可述。

第三出为《二进宫》。陈德霖之李后，可谓玉润珠圆，以六十四岁老人，试闭目听之，几误为妙龄女子，宁非咄咄怪事，实以天赋之才，非人力所能为也。至于腔调之幽扬雅韵，后进焉能望其项背哉。裘桂仙之杨勃，声韵不减当年，实属难能可贵。王凤卿唱作老道，汪派之得延一线者，正赖此子矣。进宫时三人合唱，珠联璧合、瑜亮并生，而台下彩声，亦与余表同情焉。

第四出为《定军山》。余叔岩去黄忠，拌相一宗老谭，念白不失谭派，惜嗓音太弱，不能厌顾曲者之欲望。太远之座，几不能辨只字，奈何奈何。然不得不恨天公付与之有限也。"背地里可恼诸葛亮"几句快板，极精采。至于刀花之娴熟，在得有真传者，固操之易易耳。上马姿势极佳。见备时之表演，亦极潇洒。"在黄罗宝帐领将令"一段二六，及"吾王爷攻打葭萌关"一段快板，均有得心应口之妙。"这对书信来的巧"一段数板，痛快淋漓，唱时姿势亦颇秀丽。"换将"一场精神抖擞，始终未懈。

第五出所演者，为梅兰芳之杰作，驰名遐迩、中外同钦之《天女散花》也。此剧以歌舞见长，梅饰天女，"天香"一场，所唱二黄慢板，清新雅韵，荡人心魄。"云路"一场，配以云景，梅郎于海阔天空之际且歌且舞，妙态环生，姿势跌宕。古人谓长袖善舞，今始知善舞者不在袖之长也。盖此种舞全用飘带，昔所谓飞仙者，勿乃类是。观其以身引带，以带缠身，舞蹈之际，如祥云缭绕，如长虹经天，令人目醉神迷，几疑为天女下凡也。"花舞"一场乃易黄陂，为昆曲，笙箫并奏，佐以法鼓云璈，如闻钧天之乐。想此曲只应天上有，殆非复人间矣。散花时且歌且舞，映以五色电光，令人生美术的感想。而天女若远若近，若隐若显，此时是幻是真，恐梅郎亦自不解矣。及落英缤纷，万花齐落，又疑春在人间也。至于扮相之美，记者乏五彩之笔，实难描摹于万一。纵世真有天女，吾恐对梅郎，亦当相形见绌。配角姚玉芙，扮相美丽，秀色可餐。其唱作之佳，几与梅埒，然终觉逊梅一筹者。余亦不解其故。第知舍梅而外，无出玉芙之右者矣。

第六出为《钓金龟》。此戏由张义钓龟起，不同俗唱。王长林之张义，几句四平调，颇佳。龚云甫嗓音，素有云遮月之目。乃此日非常润朗，诚数年不经见之事，不可谓非津人之耳福。尤能于喜怒哀惧，表演逼真。及闻张义突出不孝之言，其一种惊惶之态，足能写当日康氏之窘状。其最佳者，当属"康氏女在寒窑"两句慢板，及"二十四孝"之原板。收板则如悬崖勒马，顿促有法。及被张义推倒，唱"大胆贼子大欺心"一段摇板，恰如行云流水，挥洒自如。王长林之表情入彀，作工精干，无过火之病。康氏送子时叫头及摇板，有石破天惊之概，作工亦细腻入微，吾于是叹观止矣。总之有调皆圆，无韵不佳。下场时，台下鼓掌者不绝于耳。可见美恶自有公论，非记者之谀也。

殿军之剧，为《长板坡》。杨小楼之赵子龙，英雄气概，溢于眉宇，实他人所望尘莫及。靡夫人本属王瑶卿，嗣以瑶卿临时请病假，因以陈德霖代。以故登场时，台下彩声雷动，盖惊奇之中，益以愉快也。李鸣玉代王凤卿饰刘备，唱作均佳。王惠芳之甘夫人，扮相慧丽。唱时以德霖故，未见佳处。允以皓月当前，虽珠玉亦难发辉，况此又非惠芳所长耶。小楼之念白沉着，一字不苟，固属伊之本等。唱时声调醇然，别绕风趣，武工稳练，枪法娴熟，人间无两矣。钱金之张飞，台风甚好。较诸《定军山》之夏侯渊，判若两人，念白雄厚，作工亦颇不恶。当阳桥见云时，子龙闻张飞代之挡曹一语，冷笑一声，能将当日常山将军之忠心耿耿、目空一世之情，表写无遗。唱"岂能怕死与贪生"，如斩钉截铁，描写雄心壮胆入微。"接主"一场，小楼表情细腻，惠芳作工亦佳。惜当时顾客，已意兴珊阑,不待终场而散,时已一钟五分矣。

归来拉杂记之,以苍卒之作,工拙不计也。且限于篇幅,未能尽力刻画。邑之评剧家,如不吝教,请赐珠玉,以广见闻。敢以此篇,姑作砖引,望同志指谬焉。然犀附识。

(1922年12月18日,第3张第3页)

评义务戏之第二日

余到时稍迟,《得意缘》早成尾声,《徐母骂曹》之曹操,已登场矣。侯喜瑞昨日去曹操,今日又去曹操,可谓曹操星照命者。一笑。袭处去徐母,嗓音较昨日不少差。大引颇韵,二簧慢板,及行路时西皮慢板,均字正腔圆,无一些疵处,彩声报之不绝。"见操"一场,念白清韵,使听者心旷神怡。侯喜瑞念白,铿锵可听,不愧为喜连成(今改富连成)弟子。徐母骂曹时,责以大义,声色具厉,足令权奸心折。一段二六及西皮摇板,卖尽十分气力。赦回时,呼程昱为程先生,不然之意,溢于言表矣。

《八大锤》,钱金福去兀术,台风甚佳,扮相得法,念白尚可。杨小楼之陆文龙,扮相儒雅,不失少年气概。与昨日之赵云,另易一态矣。工架稳健,一举手,一投足,无不中节。彼徒持大腿之外江武生,对之宁勿羞煞。连战四将,一次有一欠工架,一次有一次枪花,绝无抄袭雷同之点,有得心应手之妙,四下手亦与小楼工力相敌。余叔岩之王佐,嗓音较昨日为佳。廉内倒板,已能令听者满意。二簧原板,清韵幽扬,老谭不过如是,殊出观者意料之外(此日观者心理,强半疑叔岩之断臂,未必能佳,不谓乃得如是成绩)。断臂颇简捷,掉毛亦圆,非得有真传,不能到此地步。见乳母时,念作皆有情趣。罗福山之乳母,念作均佳,不失为名手。叔岩之一段摇板甚妙。讲书时,念白如铿金戛玉、气象安闲。小楼之工作念白皆妙,能将少年好奇之陆文龙表演无遗,不失童駿心理。尤能将喜怒悲惊形诸眉宇,盖演剧者非演剧,乃演故事耳。小楼早得此中三昧,演来故能逼真。演至陆氏惨史，乳母不觉悲从中来，非若寻常角包之呆如木鸡也。后见兀术，文陆满腹不悦，形容尽致。逃走时之念白作工皆佳。刺术时。金福念作的（得）当，小楼神色并妙。真杰作也。

《醉酒》一出，梅郎曾学自路三宝，能其得真传。扮相富丽，几段平板，均极幽娴贞静之妙，姿态亦可见。唱"当空雁"时，台步妙绝。见高力士进同消酒时，能将美人姿态，使观者神驰。醉时娇惰之态，妩媚之至，作工如初写黄庭，恰到好时。三宝当年，恐亦未必过之。第一场台步工稳，伏身一蹭，柔若无骨。妃子懒骨毕现，进酒时，柳腰款扭，圆转自如，非有真工夫，何能臻此。接驾时形容醉态，淋漓尽致。思春时演来无过火之处，且终不失醉态。大家作工，当如是也。煞尾唱来，如春鸟晴喧。听者精神，为之一振。

《武家坡》，王凤卿之仁贵，首段西皮二板，一泻汪洋，畅快极矣。陈德霖之宝川（钏），西皮慢板唱来，婉转秀丽，余音绕梁，丹田之气颇足。他且勿论，即所拖一双鞋子，仍系几十年前旧样，未失当年规矩，非若时髦青衣，只图美观者可比，老名宿自不离老绳墨。对唱时五雀六燕，互相颉顽，盖各不相下也。德霖台步极为活泼，使台下几不信其为年逾耳顺者。凤卿之西皮原板与德霖西皮二六，均唱至妙境。吾书至此，深惧今后演《武家坡》者，必再难落好矣，奈何奈何。

压轴之《八蜡庙》，杨小楼之费德功，扮相雄武，念唱苍老，工架大方。姚玉芙之小姐，因地位所限，长才难展，然亦无可如何耳。张春彦之院子，作工老练。迟月亭之天霸，扮相念作亦佳。侯喜瑞之金大力，粗得有趣。刘宗杨之贺仁杰，以数载不见小儿，旋周于诸前辈之间，从容不迫，并毫无孩子气。刘宗杨真不愧为宗杨者（此子系小楼外孙、刘砚亭之子也）。王长林之朱光祖，念白清脆明朗，精神抖擞。近日开口跳中，当无出其右者。王凤卿之施公，念白颇佳。梅兰芳饰张桂兰，俏丽英武，致使观者反疑前此演《醉酒》者为另一人，化妆之妙，巧夺天工矣。行路工架台步，均极佳妙，不知者，方疑其本工为武旦矣。余每谓兰芳能集旦角之大成，非虚誉也。叔岩之褚彪，念作皆妙。令人回想老谭当年演《庆顶珠》情态。抢背跌扑，系按家数。宗杨之念作皆臻上乘。洞房时，小楼唱"洞房内会会兰芳"一句，甚趣。以后朱桂芳之桂兰，扮相袅娜，跷工稳健，武工亦佳。小楼、叔岩、宗杨，精神始终贯澈。总之，是剧集名角于一台，所谓百美骈臻者，此剧足以当之矣。

（署名"然犀"。1922年12月19日，第3张第3页）

南善堂为恤嫠招梅郎演剧

咳唾无声静不哗，春灯影里看梅花。
琐儿弦索玲郎技。我进伶官入世家。
萧管声遒迫向晨，清歌一曲抵阳春。
拼将十万缠头锦，半付空房夜织人。
玉箫声咽笛声闷，愁绝青衫旧酒痕。
五万莺花迷泪眼，长安今日几朱门。
中年哀乐感前尘，见惯英雄忆未真。
一事只今索梦毂，年年总寄陇头春。

（1922年12月19日，第3张第3页）

评义务戏之第末日

《打瓜园》，范宝庭之郑恩，脸谱不像老郑，然数年不见，武工长进如许矣。士别之日，尚当括（刮）目相见，况数年乎。王长林之陶洪，腿脚便利，武工娴熟，自是上乘。

《御果园》，裘桂仙之尉迟恭，唱作不失其正。余子碌碌，乏善可述。

《御果园》即毕，《雁门关》开场矣。龚云甫之太君，姚玉芙之碧莲，王惠芳之青莲，朱桂芳之蔡氏，王立卿之孟氏。玉芙、桂芳扮相皆丽，真妙绝一对旗姐。陈德霖之萧后，扮相庄重，不失番后身分，念白清脆俏皮。玉芙嗓音甚媚。惠芳近来嗓常失润，几不能成调，余亦爱莫能讳矣。龚云甫之西皮流水板，跌宕抑扬。嗓音之润，三日如一。

《雁门关》即阕,有南善堂董事演说,大致述演义务戏之经过。并代表嫠妇,鸣谢来宾,兼募临时之捐。

演说约五分钟。《琼林宴》上场,由"问樵"起。王长林之樵夫,念作唱皆佳,以六七十岁老伶公,真属难得。余叔岩之范仲禹,扮相颇好,疯态可掬。"问樵"时,二人作工念白,均臻上乘,可称瑜亮并生,叹为一时杰作。二场四句摇板,调极凄凉,抢背系中规矩,"闹府"时作工极跳脱,神色亦佳。侯喜瑞之葛登云,念唱得法。叔岩唱"我本是一寒儒"一段原板,听来疑谭老板犹在人间矣。钱金福之煞神,起墉(霸)工架安详,念白亦佳。叔岩三段四平调,于幽扬之中,含有无限凄其之韵。是范仲禹,是好伶工。老谭子不象贤,幸有叔岩"广陆散",岂终成绝调耶。打棍时作工妙极。王长林改串报子,念白有"穿上官衣,即是官人。脱了官衣,不防劫道"数语言来,绝似近日之兵匪,殆借题以讽者欤。叔岩出箱时之打挺,令人不可思议。与报子对作时,怡似近日之催眠术,谁谓我国学术非先进哉。叔岩几段平调,如出岫之云,悠然意远。殆歌罢下场,余为之吟,曲终人不见,江上数峰青不置。

《霸王别姬》上场,时方十钟,在津为初次般演。第一场"点兵"。王凤卿之韩信,扮相念白,皆佳。第二场,小楼之项羽上,点绛唇唱得铿锵有致,扮相绝佳,定场时念白,均非俗伶所能梦到。李鸣山之李左车,念白颇韵。第三场,千呼万唤之虞姬登场矣,兰芳扮相,芙蓉初日,仪态万芳。谏羽时念白,如黄莺娇啭,的是动听。第以虞美人之慧丽,配一莽夫,未免有彩凤随鸦之叹矣。一笑。第四场,小楼马上工架,令人叫绝。虞妃之大红斗蓬,尤足烘托兰芳之美丽。无怪近时,市之女金斗,不绝于路也,至是乃知皆师兰芳。第六场"排阵",脱胎"十面",乏善可述。闯阵时,小楼连战十余将,枪法纯熟,工架稳重,完全脱胎于《铁龙山》,入后则似《战皖城》。小楼之气力,可谓卖到二十分矣。第七场兰芳之西皮慢板,歌喉婉转,有德霖风味,益之以容貌之秀丽。其随侍之八宫女中,有一二女角,平时扮相,颇觉俊俏,不知何故,今日视之,如土鸡瓦狗。想顾曲诸君,必有与余表同情者。项王回营,与虞姬借酒消愁。二人对唱西皮慢板,各尽其妙。曹二庚之更夫打诨云"我的脑袋不尖,若是尖的,东钻西钻,早就抖起来了",云云。语中有刺，颇似记者之作小言。兰芳之南梆子，极为可听。更夫谋逃时，曹一庚谓随在抢掠，可饱载而归，将来看有谁势力，可投奔谁去云云。讥刺时人不少。闻楚歌时，兰芳、小楼表情均入彀，两次闻报，神色各异。叹雅念"英雄无武之地"一语，闻之不禁身世之感，及呼"酒来"，语带凄其，所谓慨当以慷者也。而"力拔山兮"一歌，悲壮苍凉，而不失沉雄气魄，可为项王生色。"舞剑"一场，且歌且舞，刚健婀娜，剑法均有结构，非率而学步可比。二次舞剑，轻如飞隼，捷如撒椒，浏漓顿挫，的见实技。"别姬"一场，大有儿女情长、英雄气短之慨。虞姬夺剑自裁，兰芳将贞淑智勇发挥无遗，虞姬不死矣。以后小楼作工念白，均宗史材。及至乌江自刎，始终奇绝、妙绝。至是，观者有观止之叹，记者亦瞠目不能赞一词。时已十二钟又半矣。尽兴归来，记其大略如此。他日有缘，再聆佳奏可耳。余企望之。

（署名"然犀"。1922年12月20日，第3张第3页）

弦外余音

北京名伶杨小楼、梅兰芳等，随十七日早车来津，十一点半抵东站。南善堂年高董事二十余位，备汽车多辆赴站去接。

梅兰芳、王凤卿、姚玉芙、姜妙香、王惠芳均住德义楼旅馆之新楼中。

杨小楼、陈德霖、龚云甫等，均住中国旅馆。

其余配角，则分住中和栈及泰安栈。

是日南善堂假座明湖春，宴一般名伶，盖洗尘也。除龚云甫因事、余叔岩因病未到外，到者为杨小楼、梅兰芳、陈德霖、姚玉芙、王凤卿、姜妙香、王长林、王惠芳、朱桂芳、朱湘泉、刘砚芳、范宝亭、慈瑞泉、许德义、申振亭、徐兰园、郭景义、杨玉坤、邓焕庭、王清山、孙惠亭。倍（陪）客为南善重要董事。一时觥筹加错，尽欢而散去。

前日梅兰芳演《天女散花》时，西人皆浮以大白。既毕，皆联袂而去。某西人谓其华友云，明日如仍演此剧，吾等必再临也。于是可见《天女散花》之出，其倾创西宾，有如此者。

第二日上座较第一日稍杀，然亦在九成五以上。

第三日上座之多，殊可惊人。小楼、兰芳之《霸王别姬》，号招之力也。先声夺人一语，其此剧之谓欤。然龚、陈之《雁门关》，余叔岩之《打棍出箱》，不得谓无一部份势力也。

（署名"然犀"。1922年12月20日，第3张第3页）

义务戏大满人意

林颦卿碰来碰去　　梅程尚余各自成班

京师剧界情形，以第一舞台窝窝头会之两晚全体名伶出演为最热闹外，其开明一夕，为外交部所组织之棉衣义务戏，有梅兰芳、红豆主人、杨小楼、小翠花等之五出戏。又梅兰芳在真光演两晚，一为头二本《虹霓关》，一为《玉簪记》。在开明演两晚，一为龚云甫、陈德林之《探母回令》。此皆能满人意者也。高庆奎、小翠花在华乐园连演三日《七擒孟获》。第一日七百人，第二日四百余人，第三日二百余人而已。老十三旦、三麻子，共一百五十岁，在庆乐园演两日，大扣其锅。二老者掩旗息鼓而遁。白牡丹还京后，闭门谢客，屡传有与杨小楼成班之信，终难实现。林颦卿碰来碰去，终不得一安身之地，闻开春与李兰亭合班，在吉祥园出演，外江派志同道合，或可与花灯时间，混过两三星期也。目下男班之完全者，惟尚小云、王瑶卿、马连良、谭小培等之在中和园，每日大卖力气，尚算不错。开春以后，有被约赴沪者，则此班又恐生变化矣。最近发现二班，则为程艳秋、王又宸、王惠芳、郭仲衡、郝寿辰等之和声社，组织初成，在华乐园演唱，此犹之异军突起，旌旗变色，剧界又有一番新舞象矣。

京师剧团主人，无雄厚之资本，全恃拉拢一二台柱以为支持，若台柱有所摇动，则全班必须改组。京中名伶虽多，其有叫座之能力者，不过数人。此外过去人物，无力量之可言，不过供陈列品而已，预计明春之剧班，梅兰芳、王凤卿等为一班，出演于真光、开明。程艳秋、王又宸等为一班，出演于乐华。尚小云、王瑶卿等为一班，出演于中和。余叔岩、俞振庭为一班，出演于三庆。此已定局者也。计未定局者，为杨小楼、白牡丹一班，或出演于文明、庆乐之两处。林颦卿、李兰亭为一班，出演于吉祥。至于龚云甫、陈德霖，则向不搭长班，惟间一加入出演而已。此外无所附丽者，看其投奔何所，必不能出于以上各班之外，可断然也。或竟无人问津，望花灯而流涕，则又霉之又霉，无可如何者矣。

（署名"醉"。1923年1月31日，第3张第3页，"都门菊讯"）

晨钟社开游艺会

天津晨钟社因为儿童义务学校筹捐，故定于三月十号即夏历正月二十三日，即星期六下午七钟，借鼓楼南广东会馆开游艺大会一次。内容有相声、双簧、唱歌、文明双学艺、催眠术、演说、武术、音乐、幻术、笑剧、（新剧）《异男儿》。望诸位先生前往一观。

（1923年3月10日，第3张第2页）

空前未有之鄂赈义务剧

京津著名艺员一律加入　楼上楼下均男女合座

湖北旅京同乡会发起之鄂灾筹赈会，为筹募急赈起见，特约京津著名艺员于六月二号、三号（即阴历四月十八日、十九日）下午六时起，在西珠市口第一舞台演义务夜剧，现在虎坊桥湖广会馆卖票。正厅前七排四元，后十一排三元，傍厅及三层楼二元，东西木坑四元，楼上后背一元，包厢头级八十元，二级六十元，三级四十元。楼上楼下，概准男女合座。

临时并不募捐。现在存票无多,各界仕女无不争先购买云。兹将该会两日剧目及扮演艺员姓名,探志如左。

第一日(六月二日即阴历四月十八日),《铁公鸡》(李兰亭),《鸿惊喜》(林颦卿),《宝蟾送酒》(小翠花、徐碧云),《捉放曹》(王又宸、裘桂仙),全本《雁门关》(陈德霖、龚云甫、王惠芳、谭小培、姚玉芙),《戏凤》(梅兰芳、余叔岩),《花舫缘》(程艳秋、张春彦),《蜡蚨庙》(杨小楼、余叔岩、梅兰芳、俞振庭、王凤卿、钱金福)。

第二日(六月三日即阴历四月十九日),《乾坤圈》(李兰亭),《卖身投靠》(林颦卿),《祥梅寺》(钱金福、王长林),《坐楼杀媳[惜]》(小翠花、贯大元),《探母回令》〔龚云甫、陈德霖、程艳秋、王凤卿盒(?)王又震[宸]、姚玉芙),《红线盗》(梅兰芳、张春彦),《八大锤》带《断臂》(杨小楼、余叔岩、钱金福、鲍吉祥)。

(1923 年 5 月 31 日,第 2 张第 2 页)

正义贫民学校义务戏展期

特别第二区内正义贫民学校日前本拟演戏筹款,以助校中经费,嗣因该校校长患病,遂行展期。一俟该校长病愈,再行订日补行云。

(1923 年 6 月 26 日,第 2 张第 2 页)

育校同学会开游艺会

育德庵小学校同学会拟于七月二十九日(即阴历六月十九日)开游艺会,并举行六次同学会,备有各种游艺以助余兴。兹预其秩序单于左:(一)国语。(二)校长致开会词。(三)迎宾词。(四)来宾演说。(五)音乐。(六)武术。(七)相声。(八)幻术。(九)双簧。(十)苏格兰跳舞。(十一)滑稽谈。(十二)中国音乐。(十三)中国戏法。(十四)滑稽戏。

(十五）牛西兰跳舞。（十六）相声。（十七）音乐。（十八）风琴独奏。（十九）千层人。（二十）奏乐闭会。并通知各同学通函云：径启者：我校拟于七月二十九日（夏历六月十六日）举行第六次同学会，备有各种游艺，藉以联络感情，并预备刊同学录。届期务于下午一点拨冗驾临是幸。专此布达，云云。

（1923年7月26日，第2张第2页）

男女青年会之游艺会

天津男女青年会于前日（十八）下午七时，在男青年会大礼堂举行夏令儿童游戏与游艺大会，到会者男女来宾约有一千余人，裙屐履舄交错，裙履翩联，颇极一时之盛。由男青年会体育部干事顾平立主席，其开会秩序如下：（一）振铃开会。（二）主席报告开会宗旨。（三）演说（陈君文海、言女士剑秋）。（四）儿童游戏（游戏场全体儿童）。（五）发奖（言剑秋女士）。（六）音乐（音乐团）。（七）相声（王华九）。（八）火棒（瑞荣长）。（九）映照活动电影（陆克笑片）。（十）闭会。时已九句半钟矣。

（1923年8月20日，第2张第2页）

济青间之日赈游艺大会

济南在商埠公园　青岛在齐燕会馆

自督军署会议发起救济日灾会以来，所有筹垫之款四万元早由银行界拨兑，至关于归还垫款，除军政商教各界以及各县分别担任外，并在商埠公园开一筹赈游艺大会，以广募集。开幕日期自二十五日起至二十七日止，共举行三日。每日早十一点至夜十一点。入场券分两种，优待券五角，普通券二角，园内概不募捐。至游艺会中之设备，计有虎豹熊象、奇兽珍禽、大戏、半班戏、名花歌唱、司令部技术队、督署军乐队、杜大桂、王文慧之大鼓，第一师范、第一中学、正谊中学之雅乐，种种门类，无美不臻。此外并有日本大阪《朝日新闻》所摄东京大火影片，已于二十五日晚由青岛运行至济南。时值仲秋，气清神爽，尽观花好，夜望月圆，各界士女既得游览之娱，又得慈善之实，故皆踊跃前往，肩摩踵接。本日（二十日）为开幕之第二日，记者亦前往观光，见公园前车马水龙，道路为塞，园内人山人海，几无立足之地。游览者既兴高采烈，而各艺员献技者更精神倍增。据筹备处会计股某君云，本日自午前十一时至午后四时，售出票价已约在三千余元之谱。由此观之，将来巨款不难立集，诚胜举也。

又青岛为赈济日灾，亦开游艺大会，于二十二日开幕。会场假齐燕会馆，午前八时各职员均先后到会。照例买入场券后即各就担任之职务。秩序井然、有条不紊。其内容组织大概如下：（一）齐燕会馆及青岛总商会共同担任中国戏剧，青岛商业公所担任售卖包子。（二）三阳楼专卖酒菜（去本捐利）。（三）华德泰贩卖罐头洋烟（去本捐利）。（四）开泰祥及祥云寿贩卖化妆品洋广杂货（去本捐利）。（五）南货店专卖月饼（去本捐利）。（六）别有天担任茶点加丝竹。（七）学生贩卖部。（八）畜产公会担任洋货。（九）中国青年会担任学生贩卖部文明新剧技术。（十）市民公会担任售卖茶水及西洋各国魔术电光影戏。（十一）市民公会、三江会馆青年会联名共组武术团。（十二）南洋兄弟烟草公司捐助香烟，并在游艺场内卖烟得款全数助赈。（十三）广东会馆捐大鼓书。（十四）傅炳昭、张鸣銮、宋雨亭诸君，售卖洋酒洋烟及咖啡茶助赈。（十五）大学同志会售卖洋酒西菜及鲜果。（十六）商业公所担任卖包子、茶水。（十七）英美烟公司售烟得款全数助赈。（十八）电气公司捐助大鼓书并卖茶点。（十九）东西镇两商会担任卖洋酒。（二十）律师公会担任卖茶点。（二十一）市场事务所担任卖水果。（二十二）职业学校学生贩卖食物及物品。以上所列大略若是。各团体人员，莫不踊跃从事，不辞辛劳。而青年会与三江会馆合组之武术，大学同志会之音乐，尤为特色云。（九月二十六日）

(1923年9月28日，第1张第3页)

天津急赈会启

径启者：敝会前因日本发生奇灾筹办赈济，所有经收捐款及关系事件历承贵报代为刊布具征，慈善为怀，当仁不让，曷胜钦服。兹者日本灾情影片业已继续运津，敝会拟定期假上平安电影园演映，所得票资全数充作赈款，另具启事一则，拟请登入新闻栏内，俾广闻知，是为至何。此颂

著祺

天津急赈会启

（1923年10月8日，第2张第2页，"来函照登"）

快看日本震灾电影

日本此次地震奇灾为亘古所未有，如火山爆裂，地陷海啸，房居倒塌，各街市同时发火，种种之惨剧均已照成详细影片，兹择订（定）于本月八九日即阴历二十八二十九两日早晚，假南市上平安电影园开演，得资全数充作日本赈款。兹将票价及代售处列后：包厢二元、头等座三角、二等座二角。代售票处：华洋书庄（大胡同）、国货售品所（北马路）、新民意报社（南市）、新教育书社（文昌宫西）。

（1923年10月8日，第2张第2页）

女星社今晚的新剧

为女星补习学校募捐　有女子排演的新闻记者

女星第一补习学校因经费不足，特请同志新剧社及女星社员于今晚八时假北马路国货售品所演剧募捐。入场券每张售大洋五角，已志本报。据

闻今晚所演剧目为《一念差》与《新闻记者》两出。后者为独幕剧，内容系表演一女子同时有两男子向其求婚，其一为某报馆主笔姓胡，女因能诗且常以作品投稿，某报胡某极力为之鼓吹，称为当代不可多得之女作家。而胡之目的乃在与之结婚，不料胡某向女求婚时竟被拒绝。胡愤极，以宣布女父私事为恐吓。正当被困之际，女之表兄突至为解围，并以正义责胡，某女感表兄义气，允谐自首，至此而幕闭。扮演者为女星社女社员，排演已三星期，极为纯熟，表情亦甚佳，想必为天津人士所乐观者也。剧目而外，尚所唱歌、火棒、双簧，以助兴趣云。

(1923 年 11 月 10 日，第 2 张第 2 页)

南开女中之游艺大会

南开女子中学自治会拟于十三年一月一日晚七点在南开礼堂开游艺大会。开会目的一为捐款，一为庆祝新年。内容有钢琴独奏、英汉文唱歌、丝弦合奏、徒手操、戏剧（车夫的婚姻）等。票价分两种：一、特别，每张最低价额为五角。二、普通，每张三角。各项演作者均为该会会员。此次为南开女中第一次游艺大会，恐届时定有一番盛况云云。

(1923 年 12 月 29 日，第 2 张第 2 页)

旅津德人开游艺会

本埠德国人士前晚特开游艺大会，为旅津德国学校筹款，文学艺术名家，俱各呈其技能，并有戏法音乐助兴，末复演德剧名剧。赴会来宾，各国人士俱有。所得捐款，俱拨归德国学校作为经费云。

(1924 年 4 月 28 日，第 2 张第 2 页)

北京市民学校演剧筹款

定二十八夜在湖广会馆演义务戏

北京市民学校设在西城南草厂大后仓，开办以来，成绩甚佳，入学者亦极为踊跃。近因校址迫窄，不敷应用，欲另觅相当地点，又感经费困难。故特定下星期六（即二十八日）在虎坊桥湖广会馆演义务夜戏一日。筹补助费，并约名角元元旦及新自上海回京之杨宝忠等出演。凡热心市民教育者，不妨力予赞助云。

（1924年6月22日，第1张第3页）

顺直被灾中之急赈

各县之放赈情形　各方之赞同函电　伶界之襄助义界

顺直水灾急赈会，自成立以来，对于募捐放赈，均在积极进行之中。现查京兆被灾县分，为宛平、涿县、良乡、宝坻、武清、通县、永清、香河、霸县，计九县。其宛平、涿县、良乡、宝坻、霸县，顺治水灾急赈会已拨款赈济。余四县除由京兆尹公署等发急赈外，昨已致函顺直水灾急赈会，请求拨款赈济矣。至天津方面，如高邑、邢台、南和、平乡、唐山，灾情亦极重大，亦当次第放赈。连日该会接到各地赞同之函电甚多，择要如下。

▲王承斌电　高会长、吴陆两副会长鉴，专电袛悉，此间被水灾各县，除清苑、万全等县前已电呈外，复据阜平、南河、平乡、高阳、邢台等县先后分报灾情，现正妥筹赈抚。准电前因，除分行广为劝募，俟集有成数，再由本署汇寄外，特先奉复。王承斌马。

▲张锡元电　个电敬悉。贵会悯念死亡难民，介绍红十字会赶为掩埋，以重卫生，远企仁风，莫名钦佩，除饬属从速募夫傅用外，特复查

照。张锡元祃。

▲马福祥电　（上略）云雨为灾，畿辅一带，河流泛溢，人民失所，殊深系念，贵会筹办急赈，至堪钦佩。绥区僻处边隅，久稍瘠贫，救恤之义，谊不容己。兹承电嘱，自当分行劝募。一俟集有成数，即行随时汇解。特复。马福祥漾。

▲王士珍函　敬复者，顷奉惠函，祗悉种切，吾直水灾奇重，实堪怜悯。诸善士仁慈为怀，慷慨好义，筹设顺直水灾急赈会，既推鄙人为发起人，应即随同诸善士努力办理，拯救灾黎。专肃奉复。祗颂筹绥。王士珍复。七月二十二日。

又闻伶界自动发起水灾义务戏一节，昨日（二十四），军警各要人与急赈会同人及杨小楼、梅兰芳、尚小云、小翠花、余振庭、余叔岩诸名伶，在得兴堂筵会席次，讨论戏码之支配。闻大多数主张实行名伶大会串戏，求其精不求其多（不过八出），时间则至迟不得过夜间两点。戏价则仍为五元、三元数种。大致决定后，即可印票分售。大约不出一礼拜，此项义务戏，总可演唱矣。

（1924年7月25日，第1张第2页）

湖南赈灾将演义务戏

京中名角应有尽有　　大角每日两出

此次湖南水灾为亘古所未有，早经各报陆续登载。兹闻该省旅京筹赈会，订于旧历八月二十一二十二两日，假第一舞台演戏助赈，所有京中名角如梅兰芳、杨小楼、余叔岩、尚小云、朱琴心、程艳秋、时慧宝、韩世昌、白牡丹、小翠花、陈德霖、李万春、王凤卿等。皆愿现身舞台，共襄义举。而梅杨余诸大角，并担任每日两出。都人士咸谓如此盛会，万万不容错过。预料是日第一舞台，必有人满难容之况。

（1924年9月16日，第1张第4版）

育德小学演剧筹款

顷闻仓门口育德初级小学校为捐款事,已约定天津同志新剧社于阳历十月十八日星期六晚八点在广东会馆演作新剧。该社本为我津商学报宗教教育各界名流所组织,对于新剧,素有研究,成立以来,颇为社会所称誉。此次该社采用之剧本,为北京人艺戏剧专门学校校长蒲伯英先生所编著。上次在北京曾经一度演作,已哄动一时。此次再经同志新剧社社员演作,想必锦上添花也。票价每张洋五角。售票处为商务印书馆、北马路国货售品所等处。爱新剧诸君,当以先睹为快也。又闻该社演剧捐款,购票者甚为踊跃,闻黎黄陂亦购票一百张,以倡新剧而资兴学云。

(1924年10月15日,第2张第6版)

大中公学力谋发展

宴董事及教职员　学生举行游艺会　添办俄文专修班　筹办成绩展览会

北京大中公学开办不过月余,教职员任事授课,均非常热心,学生已有二百余人,男女同校,活泼天真,秩序井然,诚私立学校中之唯一仅见者。兹闻该校昨在撷英番菜馆宴请董事及全体教职员,到者约四十人。首由总务邹得高君致词,略谓本校成立,端赖各位董事及教职员诸先生热心维持,至深感谢。惟校地狭隘颇不敷用,如再扩充,即不可能。应请另觅校址,以便扩充,至如经费,虽可对付,然学校收入有限,非有特定经费,不能维持。如再扩充,尤须大宗巨款及充分基金,方能济事。究应如何进行,尚希诸先生切实指导云云。当由蒋梦麟先生演说,学校经济困难,乃普通现象,非但私立学校,闻国立学校亦极感困难。然如国立八校之终不至关门者,完全持有一种之特殊之精神而已。即如北大尤为显然,虽如何困苦艰难，犹能支持者，惟赖此特殊精神耳。有学款殷实之某校，以重资聘请北大某教授，而某教授严拒之。叩以何故，则云北大空气甚佳，不忍舍去耳。此非有特殊精神不能。大中公学开学以来，董事及教职员诸先生即具有一种特殊精神，而又全为同志，则物资的困难，自能解决，可勿顾虑，惟祝诸同志努力奋斗而已。个人当尽其棉（绵）薄，以相援助也。继由教务陈兆彬君报告校课中往重国文、外国语、数学及体育，并决定开办俄文专修班，聘请俄使馆廖女士教授，以迎合时代潮流，适应社会需要。关于功课及训育，决取严格主义，以挽救"五四"以来之流弊云。复由蒋先生续述学校虽注重中英及体育并严格训练之必要。末由李兰昌等演说。济济跄跄，颇极一时之盛。是日该校学生自治会亦举行游艺会，新旧剧、魔术、音乐、双簧等，甚有可观。并闻该校将于春季举办成绩展览会，特别招待教育界、新闻界及学生家长，外宾云云。

(1924 年 11 月 7 日，第 2 张第 5 版)

记吉祥园毅成学校义务戏

豆腐池胡同毅成学校因经费困难，约高庆奎等假吉祥园演义务戏一日，以资筹款。是日往观，值赵凤鸣、王连浦演《黄金台》。凤鸣是为正乐社著名脚色，倒嗓后，今年始复出，喉咙虽不如昔，而台步做工，尚属自然。该剧田单，颇能对付。连浦伊俚，以架子较好，念"这孩子往那儿克拉"之"克"字，系已故金秀山所兴。金为旗人，"克"作去字讲，非旗人不道。不意秀山物故后，唱花脸者皆袭此，足见名伶之一字一唱均有人仿效。《金沙滩》刘凤奎饰杨七郎，武功勇猛，不弱许德义。正乐人材小云外，凤奎亦特色者。《百草山》因九阵风赴津未归，由刘连湘代女妖，武功视岚秋不弱，惜扮相较蠢，故有老母猪之绰号。王长林之《巧炉匠》，口白颇有趣味，然属歇工戏也。《美人计》《回荆州》需人甚多，自刘备以至鲁肃，均须名角合凑，否则不克生色。是剧庆奎饰刘备，幼卿饰孙尚香，瑞安饰赵云，喜瑞饰张飞，鸣才饰乔阁老，多奎饰吴国太，仲仁饰周瑜，鲍吉祥饰鲁肃，济济人材，洵谓完全无缺。庆奎之刘备，态度自然，唱做并佳。幼卿尚香，扮相庄重，唱甚悠扬。多奎改老旦，愈见进步，饰吴国太之唱，较文亮臣有过之无不逮。其他瑞安、喜瑞、仲仁、鸣才等，均能引人入胜。就中鸣才之戏料尤觉增高，渐有贾洪林之风范也。

（1924 年 12 月 18 日，第 2 张第 8 版）

旅顺会仙台之义务戏

前日休沐，偕友宗万君，同往城内会仙舞台旧址观义务剧。名伶票友，齐集一堂，甚盛事也。余等至时，琴淑舫之《晴雯补裘》适告终止，未饱眼福，颇以为憾。齐育善君与吴铸经君合演之《平贵别窑》，大致无差，且肯卖力。两人对唱西皮原板，字眼清晰，流利自然，确为研究有素者。下为《桑园会》。巧玉兰近来歌喉微见竭蹶，无复从前之响遏行云矣，乃复不知自爱，与王鸿林任意调谑，置剧情于不顾，不知是何居心。无以名之，曰"老不要脸"。讷禹竹、王桐轩两君之《青峰寨》，着实卖力。忆于旅京时，曾睹郝寿臣、侯喜瑞演此，工架做派，一时推为绝唱。今观两君演来，几乎可与颉颃。是日之戏以此为第一，非呵好也。金紫之《双珠凤》，平平无疵。压轴为《战宛城》，陆福来之张绣，无长足录；田少梅之婶，亦不敢赞成，不过尚能循规蹈矩做去，不存苟且遂便之心，较巧玉兰固胜一筹矣。以时间关系，未能竟演。总之此次镇威军为战地余生筹赈，既为义务性质，在诸伶则不得不存一为善之心，决不可出以轻率，令人訾议也。是日诸剧，如无票友诸君为之生色。观众决无满意者。此其故盖可思矣。

（署名"越生"。1925 年 1 月 7 日，第 2 张第 8 版）

志星期二夕之义务戏

　　镇威军赈务处假德胜大舞台，演唱筹赈义务戏。有朋友送我两张入场卷，星期二这晚上，我就跑去了，共听得八出戏。志之如左。
　　一为《越虎城》。陆荣廷去秦怀玉，武技虽欠精妙，神气尚属充足。陈浩然去罗通，高玉兀去盖苏文，确是一对饭筒。
　　二为《江东计》。富贵红去孔明，唱秦腔尚有些苍凉悲壮的意味，比一般胡喊乱叫者，高乎千万。林春阳去鲁肃，不过混场而已。
　　三为《天女散花》。琴淑芳去大女大致不差，尚欠细腻风光。于风云去花奴，配搭生疏，不甚合手。
　　四为《拾万金》。巧玉兰去李翠莲，玉兰昔日之唱工，本不乏动听之处。近因马齿加增，又兼不知振作，故颇有江河日下之势焉。谷瑞林去刘全，好歹尚不必论，而火气太盛，即为一最大的毛病。
　　五为《行路训子》。赵子书去康氏，腔调工稳，板眼分明，惟是夕嗓音不甚痛快，故唱时稍觉吃力，是为美中不足耳。

（1925年1月12日，第2张第8版）

康德学校演戏筹款

　　康德学校因扩充校舍筹款，特请雅韵国风全体会员诸君，于旧历正月二十二日假座鼓楼南广东会馆演唱义务夜戏。闻所约均系津埠大名鼎鼎之票友，谭汪孙各派包罗净尽，实为不可多得的好机会。望热心公益诸君，及有周郎之癖者，速往观之。兹志是日预定所演剧目如下：王洪奎《大回朝》，阎寿卿《彩楼配》，张君仲三《张义得宝》，金九龄《捉放曹》，刘君秉祁、邢兰芳《坐宫》，王君玉茹《黄鹤楼》，陈君焕之《盗宗卷》，王君竹笙《雍凉关》，赵君锡卿《落花园》，刘君子卿《群臣宴》，崔君捷三

《定军山》代《斩渊》，并有仝乐体育大会全体会员加演中国武技云。

(1925年2月6日，第2张第6版)

豫同乡将演剧募捐

河南禹县屠城以后，又遭兵灾，除死者不计外，灾民数万，无家可归，流离失所，惨苦情形，不堪言状。闻者无不生怜悯之心。旅京津豫人，迭次设法募捐，迄未得相当机会。现旅津豫人，因闻梅兰芳将在皇宫电影园献技，拟约其演义务剧，为禹县灾民筹款。惟梅伶前年为乐善堂演义务剧，曾遭物议，立誓不再来津献艺，现该同乡已烦人向梅伶解释一切，以不负热心慈善之盛誉。而设法使灾民咸蒙其惠。并闻名伶杨小楼、陈德霖等向称热心公益，亦经该同乡聘请，想必踊跃应聘云。

(1925年4月25日，第2张第6版)

青年会之音乐大会

本埠东马路青年会定于本月十四日举行世界音乐大会，专为学生夏令会筹款。所聘请诸音乐大家咸为专门歌诗家。如在平日，非得数元门票，不能瞻慕其风采，而青年会只售票价一二元。其中如俄女跳舞，尤为绝世著名角色，嗜音乐者，盍往一观以新耳目。兹志其内容秩序如下：（一）波尔吉斯钢琴独奏唱歌。（二）日人歌满得霖。（三）苏格兰唱歌。（四）黑人彩衣双舞。（五）英国军士木屐跳舞。（六）义（意）大利音乐及手琴。（七）广东音乐。（八）美国军士赛蛇风笛。（九）俄国幼童跳舞。（十）三人合唱。（十一）王君直先生彼（皮）簧。（十二）俄国歌诗家独唱。

(1925年5月8日，第2张第6版)

新学书院观剧记

新学书院为筹集惠华美学基金事，特由学生排演中西剧，以收票资拨充该校的款，法至善也。十三日晚演西剧。剧情系脱胎于林译之外国小说《肉券》，而加以增减。该校学生表演西剧，素具经验，故演来惟妙惟肖，无懈可击。记者不谙英文，未便妄加评论。十四日晚演中剧，名《富人之子》。剧本系黄君文卿编述。并由黄君为导演员，经数星期之训练，今始公开表演。然该院演中剧此为破天荒第一次，故于制备行头租借场面，耗费数百金。将来再演中剧时则轻而易举矣。兹将剧情述左。

有陈伯明者，显官也。然宅心光明，治国齐家，均甚得体。中年得子，名克励，方在岁龆龄。伯明恐克励纵情骄养，染成纨绔习气，而堕祖业，故深引为惧。一日有挚友吴实甫，造访闲谈，各诉衷曲。时吴在教育界作事，膝前有一女，名淑兰，幼于克励一岁。吴以家产微薄，恐无力教育女儿，遂吴陈商议互换子女而教育之。关于克励读书费用，由伯明补助之。当时两一无猜，舞众（象）舞勺，固不知互易父母也。光阴迅速，忽忽十余年，克励卒业于中华大学，淑兰亦由师范毕业，遂由陈伯明、吴实甫宣布实情，子女大梦方醒，皆感悟。因感生情，遂结良缘焉。

全剧着眼点，在针砭世俗。其义意则包含改良家庭，打破贫富阶级，提倡爱国思想。第其难点在"易子"一场，因为母子天性，一日割舍，实为常人所难办到。然使当日格于贫富，限于儿女情长而不互易，则克励不因金钱与环境而堕落者几希，而淑兰不因无方教育而失学者又几希耶。（未完）

（署名"朱晓芙"。1925年5月15日，第2张第8版，"剧谈"）

新学书院观剧记（续）

  记者莅场稍晚，第一幕陈伯英"易子"已演毕，第二幕方开始，为吴实甫之家庭，克励与淑兰琴歌酬唱，极天伦之乐事，而金玉良缘即基于此饰女仆者，憨态可噱。第三幕为克励之旧斋。时已毕业于中学，自知家业式微，入大学之希望恐不能达，故于手卷阅书时，忧愁萃于眉际。忽窜[实]甫自外归，知其子志在大学，乃与克励核计，每年学馔等费须五百金，自审力不能逮，而又不忍其子之失学，忧愁焦急现于颜表，可谓妙到秋毫。继得陈伯明承认担任学费，克励于感激之中微带欣喜之色。吴翁训子数语，亦警惕动人。第四幕为"陈翁会客"。虽与剧情无甚关联，惟形容官僚政客之趋炎龌龊，乃益显周校长品格之清高。饰梅小斋者尤能刻画入微，此君似富于官场经验者也。饰听差者，身段腔调极合分寸，为全剧提起精神不少。第五幕克励从中华大学毕业回家，与学友计划事业一段，惜未能发挥尽致。周立人为某报社来聘克励任编辑，似嫌直率。盖剧情愈曲折，则感人愈深也。第六幕克励赴陈翁寓，与淑兰叙契阔。饰淑兰者虽姣好如处女，惜表情不甚绮丽细致，想亦由于秉赋所限，不能强至耳。陈吴二翁说明真相后，为克励、淑兰撮合时，注意征求男女双方同意，颇能迎合潮流，打破专制婚姻之恶习。第七幕为"结婚典礼"，想阅者习见不鲜，故不赘矣。

  全剧闭幕后，一般睹客深加赞许。要求于星期六晚（十六日）再演一次，以免未观者之向隅。闻已蒙允再演云云。（完）

  （署名"朱晓芙"。1925年5月16日，第2张第8版，"剧谈"）

新新戏院将开演援护义务电影

准于本月十八十九两日场开演　开演白丽华女士主演《双美疑案》

本埠法界华商新新戏院同人，素具爱国热心，此次对于沪案发生，尤深愤奋。闻其为援助失业工人起见，拟开演援护义务电影两场，收入票资悉助工人。兹将其号外启事，录之于后。

自沪案发生，举国共愤，凡属同胞，无不力争。本院同人，亦国民一分子，对于此案，援助工人，当尤表同情。爰于星期四五阳历六月十八十九两日日场，开演援护义务电影两场，所收入票资，悉数拨交沪上总商会，援助失业工人。

该日所演之影片，为大名鼎鼎、浪漫明星白丽华女士一人双串二角、译名《双美疑案》，剧情奇，摄影奇，而表演尤奇，洵一出侦探奇情佳片也。本院开演此片，戏价不加，以期多得爱国同胞共赏焉。呜呼！吾国十四年来，外侮频仍，国权丧尽，长此以往，国几不国。夫国亡而家犹能存乎？家亡而身犹能存乎？此所以沪发生后，而全国沸腾也。此所以凡属同胞，莫不大声疾呼，共起援助也。本院此举，效力虽薄，然众志成城，不无小补。尚希爱国诸公，共起赞助，以达沪案最后之胜利，则国幸甚，同胞幸甚。

（1925年6月16日，第2张第6版）

南开学生演剧筹款

南开中学高三年级学生邀请票友名伶，于本月一二两日，假广东会馆演剧，筹款接济上海工人，各情已志本报。兹悉两日来宾非常踊跃，并有丽康化妆品公司、广隆泰糖果公司、华北烟草公司、光明汽水公司卖资助款。闻两日收入票资约在一千四百元，光明汽水售得大洋二十五元余，广隆泰售洋一百四十八元，丽康售洋一百六十元，华北烟草售洋七元。其中以丽康成绩最佳。查该公司系前财政总长陈锦涛君独资创办。各种丽蝶牌化妆品，曾经来宾当场试用，均称赞品质良优。本埠该公司经理徐燕秋君，亦莅场售货，倍极热心。并悉该公司出品奉农商部准免税厘，藉以提倡，此尤为特异之点也。此外尚有剑影铎声社教授会员听差等共捐洋二十四元，益友社捐洋二十三元，冯海清先生捐洋三元，直隶第一女子师范由《国耻》周刊总售款内提捐铜子一千枚，于此可见急公奸（好）义之一班（斑）。所可异者，广生行南洋兄弟烟草公司马玉山等商店，对有公益善举，素极热心，此次均未到场售货员。据闻该公司等因事前南开学生未去敦请。迨至六月三十日始去邀约，该公司等诿为事忙筹备不及之言拒绝。其实南开学生于七月二日即在本埠各报刊登广告，欢迎各大国货公司到场售货助捐，不啻变相之道歉。不料该公司等依然未至。仅广大罐头公司惠然肯来，其当仁不让之心，殊足钦佩也。并闻南开学生公议，稍缓一两旬，再演剧三日，接济上海工人，至于此次所有收入，刻在核算中，不日即向各报公布账目云。

(1925 年 7 月 5 日，第 2 张第 5 版)

大规模义务戏之先声

南开大学学生会自沪案发生后，即组织后援会，如演讲及筹款以接济沪上之罢工团体等，呼号奔走，不遗余力。所募之款，亦颇可观。惟究系杯（水）车薪，且暴英少悔祸之心。罢工已入于持久状态，交涉之胜利与否，全在不合作主义之能否坚持到底。今鉴于罢工团之经费，大有不能维持之势，而前途颇形危急。故该大学学生，特请津门绅商两界之热心国事者，发起演义务戏两天。择于八月一二两日，一准开演。闻演员均系票界及内行中之著名人物，各演拿手杰作。刻由该会挽请某君等，组织特别委员会，分股办事，非常认真云。

(1925 年 7 月 26 日，第 2 张第 5 版)

天津国民同志会沪案后援会演剧助捐

自沪案发生，我工界同胞因之失业者，不可胜数，生活断绝，待救孔殷。为此本会特提倡演剧助捐以图救济。现约定在津最负盛名之新民新剧社。于阳八月八日（星期六）起，至十日止，假座城内鼓楼南广东会馆，演三天日戏，所得票价，除开销，全数助捐。（戏目）八日《亡国痛史》，九日《华工血泪》，十日《五卅惨案》。这三本戏，原起来于我们现在国家，实有极大助力，很可以启发各界爱国思想。最好者为《五卅惨案》，因此事始末真象，这般演员全是由上海亲眼看来的，并还有亲身经历者，一经开演，较比旁处演的一定要真确详实。请各界爱国男女同胞去参观参观吧，票价只不过大洋五毛，既可以见"五卅惨案"的真象，又可以间接救济同胞之失业痛苦，一举两得。爱国诸君盍与乎来。

（1925年8月2日，第2张第5版）

八善堂义务戏续志

天津八善堂救济会于前日下午五钟由杜主任笑山召集会议，讨论义务剧各事，议决：（一）函请桑铁老为本会会员，公推杜筱琴、张荫棠、高聚五、赵善卿四君往拜。（二）赴日租界警察署谒领事长官，请其保护义务剧事。公推杜主任、高聚五、李政菴、汪春斋、张荫棠、赵善卿。（三）赴京奉铁路局谒常局长，请其维持京角火车事，公推主任杜笑山，总董张荫棠、杜筱琴、赵善卿、李雅泉。（四）致函赵鹤舫君，并附寄座位厢图。（五）前台招待公推会员王芸生、王聘臣，后台招待公推会员程性源、钱玉堂、王松樵、刘秀斋、陆小山。（六）义务戏票价，计花楼三百元；头级厢八十元、二级厢六十元、三级厢四十元；月台六元；头级池十元、二级池八元、三级池六元；头级廊六元、二级廊五元。现该会已将各票印，如欲购票，可至南马路天津八善堂事务所（即南善堂内）购买云。

（1926年9月15日，第7版）

三天义务戏的收入

除开销实得一五四四六元五三

八善堂救济会于旧历八月二十六七八日三晚，在新明大戏院演唱义务戏。昨经报告，计八月二十六日晚，特级厢售洋九百元，一级厢二千三百二十元，二级厢九百六十元，三级厢一百二十元；月台九百十二元；一级池二千九百六十元，二级池一千一百七十六元，三级池五百零四元；一级廊二百七十元，二级廊四百二十元：共计一万零零五百四十二元。八月二十七日晚花楼六百元；特级厢九百元，一级厢二千二百四十元，二级厢九百六十元，三级厢一百二十元；月台一千一百十六元；一级池四千三百十元，二级池一千二百零八元，三级池五百二十二元；一级廊七百三十二元，二级廊六百八十元：共计一万三千三百八十八元。八月二十八晚，花楼四百元；一级厢一千六百二十元，二级厢三百二十元；月台五百三十七元；一级池一千九百六十四元，二级池三百十五元，三级池一百十元；廊七百二十七元五角：共计五千九百九十三元五角。三晚共收票价二万九千九百二十三元五角。又收捐：张督办太太二百元，卢嘉帅二百元，陈大帅二十元，李督办公馆三十元，张少帅太太十元，庄交涉司二十元，锄经堂一百元，百忍堂王四十元，桑铁珊二十元，松寿堂一百元，王祝三四十元，仲司令三元，靳少卿二十元，无名氏一百元，财迷李国臣二元，无名女士二十元、又十元、又十元，天祥二十元，官产处二十元，刘公馆三十元，华公馆三十元，无名氏十元、又五元、又十元、又四元、又五元、又二元、又三元四角、又十元，隐名氏三元、又二元，訾质甫五元，訾钰甫一元，丁二太太五元，刘太太五元，章公馆十元，何作南十元，庄太太十元，潘公馆十元，郭先生十元，凌月波十元，王清泉十元，陆先生五元，冬凤池十元，王郅卿五元，李翰臣五元，张先生二元，刘公馆四角，谢金翠五元；英美烟公司三晚售烟特助洋三百十元七角，内有杨太太一元：共收捐款洋一千五百二十八元五角。连同票价共收洋三万一千四百五十二元。开销：京角酬送第一二晚洋八千一百三十六元，第三晚洋四千七百六十元；京角会餐洋五十元；新明戏院三晚班底二千一百五十九元，三行赏洋二十一元，戏票戏单传单一百十五元八角七分，又印戏报工料并贴报人工共洋四十二元，京彩洋七十二元，桌灯赁价三十元，电灯花灯工料洋四十元，京角来回旅费洋五百七十九元六角。共洋一万六千零零五元四角七分，除开销实得洋一万五千四百四十六元五角三分。

（1926年10月15日，第7版）

后日起又有热闹游艺会

盲童学校募集基金　　地点在平安电影院

英国扶轮会天津分会自开办以来，信守该会规章，举办种种有益于社会之事业。河北四马路宇纬路口之天津盲童学校，亦系该会所倡办。该校房舍，系本埠某慈善家捐助。自开校以来，成绩颇为优美，惟因缺乏基金，发展深感困难，因此该会会员曾于十月间举行红狗夜游艺会，特为盲童学校募集基金，结果异常美满。兹因当时主办者多为本埠外侨，该会中国会员认国人对于此种慈善事业，亦应有充分之表示，故约该本埠各界同人组织盲童学校募集基金游艺会特别委员会，业经开会数次，现已决定于阳历十二月一二两晚假英租界平安电影院举行游艺大会，兹将两日游艺节目详列于下。

第一日

一、西乐；二、电影（《盲人生活》）；三、中国音乐；四、《电棍》（董守义君）；五、《拾金》（第一本）（王华甫君）；休息；六、《游龙戏凤》（蒋君、稼君、杨宝忠君）；七、音乐（华侨音乐团）；八、滑稽电影。

第二日

一、西乐；二、电影《盲人生活》；三、中国音乐；四、《电棍》（董守义君）；五、《拾金》（第二本王华甫君）；六、《四郎探母》（蒋君、稼君、杨宝忠君）；七、音乐（华侨音乐团）；八、滑稽电影。

特别委员会系下列诸君所组织：梁玉亭（会长）、李组才（副会长）、叶庸方（会计）、胡叔潜（文书）、张公扬、关颂声、董显光、陈巨熙、王钟水、王恭宽、卞淑成、尹劭训。游艺会入场券分三元、二元两种，除业已由特别委员会委员担任销售外，并委托青年会并平安影院代售云。

（1926年11月29日，第7版）

昨夜扶轮会游艺大会参观记

天津扶轮会为募集盲童学校基金，特于昨夜两晚借小营门平安电影院举行游艺大会。昨晚为第一夜，记者前往参观。八时许，座客陆续至，可七八百人。八时半，首由平安音乐队奏乐，次即映演华洋救盲会所制摄之《盲人生活》影片。该片系在北京实地摄取，写盲目者生活之片段，与夫致盲之各种原因，一由于不谙眼睛卫生，如以拂拭灰尘之布巾拭目，每致眼部受伤而至于盲；二、由于不正当之治疗，如眼病求治于江湖医生，药品既无研究，所用器具尤无消毒之手续，使求治者愈陷于不可救之地步；三、由于内症影响眼部致盲，其最大病根，即为梅毒之传染。该片并揭橥防盲方法：一、于婴儿初生时，用温水为洗净眼部，并注射以百分之一之硝酸银；二、为防梅毒之传染，则须布种牛痘。片中并映出眼病之现象，有一婴孩，右目生瘤，大小如拳，见之尤足使人警惕也。影片映毕，由南开音乐会合奏中国音乐，弦器占多数，抑扬曲折，极柔和优美之致。次幕由董守义君舞电棒，院中灯光全熄，董君举电棒，环回飞舞，彩光缭绕，幻作奇观。又次为王华甫君之京剧《拾黄金》，诙谐多趣。王复效西洋教士用华语讲道之口吻，语法声调，丝毫不差，场中西人谙华语者多，闻之几无一人不掩口胡卢者。演艺至此，稍行休息，由檀香山华侨音乐团奏西洋弦乐，亦颇可听。次即为蒋君稼、杨宝忠之京剧《游龙戏凤》。蒋于戏剧有研究，始终精神饱满，做派说白俨然梅兰芳也。剧毕，华侨乐团复奏乐。最后殿以百代影片公司之笑片《Our gang》，小演员串演，全剧结构及布置，无不吻合儿童心理与环境小，盖导演者于剧本编就后一听演员之自动支配与演作，故无牵强之弊，虽为两本短片，亦能引起观众兴味不少。至十一时半，游艺完毕，始行散会。

(署名"天鹅"。1926年12月2日，第3版)

冬赈会对邻县有心无力

前日股员会纪事　目前款项拮据　官厅协助实惠未得　武清县合作成立分会　不久即演戏筹款

天津八善堂冬赈救济会于日前（十二日星期三）开股员会，到会者赵会长代表曹鲁勋，会董张月丹、汪春斋、钱玉堂、杨连舫、杜筱琴、张荫堂、赵善卿、陆筱山、张捷选、刘秀斋、郑宝臣、程性源、吴曜堂、高聚五、杜笑山、杨仲芳等四十余人，又武清县代表齐家塾、陈祖培、孟以铨、刘树淼、刘存英等五人，先由董事长杜笑山主席，查放股各董事报告所查各区情形。汪股长春斋报告施放特别文贫情形，张荫堂报告赴京公干情形毕。继由曹代会长主席、董事长杜笑山报告近日会务经过各事件，所有收支单据文件，经各负责会董盖章。又报告武清县请赈事，已经本会议决函复该县署并参事会，请将受灾最重极贫民户调查造册送会。现该县各代表携带公文清册到会，究竟如何，宜有具体的办法。又谓若依前所议决，由近及远，量入为出，办法不为不当，但慈善二字，原无畛域，上天既有好生之德，故办善事者亦不可顾此失彼，致抱向隅。但目下款项办理城厢赈务，尚可勉为其难，外县事又当别论矣。张荫棠云，本会去年因援邻县枪林弹雨中之灾民，故未顾及城厢，今天流落在津之灾民大多数，实为当务之急。临县之赈，并未议及，而救灾恤邻，亦不可缓，惟款项均为募到，而各董事所垫之款，已届年关，势须归还，似此两难，必须慎重云云。继又有武清县代表报告该县受灾情形，并谓贵会去年之成绩，敝县有口皆碑，今次贵会成立冬赈会，鄙人遂冒然而来，实因敝县受灾较他县为尤甚，其惨况早在洞鉴，谅不以所请为唐突也，敝县灾民不胜引领以待，遂又当场宣读该县受灾最重各区贫户数目，请议办法。张阴棠云，如款项可恃，预算可以推及临县，赈济临县，首在武清。如款有不足，爱何能助。若以前此报纸所载官府协助情形，固可赈及临县，而一日未接到现款，即一日不能毅然进行，诸公皆热心桑梓，请合力并作云云。于是众议结果，双方议订公同扶助赈务名目。由武清县代表回武清联合同志，组织善会，并为募款，定名为天津八善堂冬赈救济会武清县分会，众赞成。董事长云，武清既承认合作，则今日即请各位就职为分会董事，俟回武清组织如何，再报告总会（众鼓掌）。武清各代表遂与辞而退。旋复讨论演戏筹款办法，公决仍假东天仙举办义务戏。计阴历十九日、二十日、二十一日早晚三日，至详细手续，再为公议，众赞成。当场又公推志善社董事张筱波君为会员，至六钟乃闭会云。

（1927 年 1 月 14 日，第 7 版）

妇女之友社游艺会记

北京通讯：组织宗旨再述　游艺正剧《复活》

妇女之友社，自去年秋天由张挹兰、傅相、韩桂琴等发起组织，到去年十二月二十五日才正式成立，他们的宣言大意，只在"谋妇女人格的独立，谋妇女信仰的自由，谋权利义务的平等，谋全人类全社会的进化"四句口号里，便可以表示通篇意思。所取的步骤是：（一）利用文字，作一种普通的宣传；（二）和全国任何阶级的妇女，任何阶级的妇女团体，作一种大规模的联合；（三）不论性别，不分国界，联合各种阶级、各种情形的被压迫者；（四）实地预备妇女人材，社中的组织分为总务、组织、宣传三部，不设社长，引用委员制，不过各部举行互选法，推出正副主任各一人。社刊每半月一期，起初是赠送的，自第五期起才实行收费。现在已出到第十期了。关于妇女之友社的成立和经过,既约略说明,便将转入正文,详细纪载昨今两日该社的游艺大会了。

这次的游艺大会的起因,是为社里本来没有基金,现在既欲扩充,遂不得不设法募集,这个决议,已在一月廿日左右了。当时便先选出俄国托尔斯泰的名著《复活》,请民大教授潘廷幹译成中文,排演舞台剧,作为号召的焦点。这情形已经在本报纪述过了。在短促的时间里,能够实行出演,邢(那)种精神,实在是可钦佩的。

会中的项目,除了这正文《复活》之外,还有青年俱乐部的跳舞、国技、魔术,师大女生燕景缇、汪绮的跳舞,乐乐社的琵琶合奏、钢琴连弹,许秉鹿的二胡独奏,等等。两天是完全相同的。

票价以座位的前中后排,分为一元、八角、六角三种,另有特别座一种,是在前排的中间,列着二十个靠椅,据记者今日的亲见(昨天没去),却没有一个座位上有主顾,不过有一位在《复活》剧中扮演医生的萧昆女士,穿了一身纯粹的男子西装,坐在中间。据说这座位的代价是每个大洋十元。

这次的门票,大部分都是由各大学、各影戏院经售的,票上的地址是"南沟沿艺术大学",其实正确的地址却是"西京畿道艺专大礼堂",因此很有许多不熟悉西城地理的观众,走尽(进)了一条长约五六里的南沟沿,才摸到转湾的京畿道的。

记者到会的时候,已经五时四十五分了,在票上是注明六时起的,但是记者在那里等着等着,只看见台上因风摇曳的随幕,等得不耐烦了,摸出表来一看,偏偏无巧不巧的停了,会场里又没有钟,直到观众三番五次的鼓掌,才见主席张挹兰登台报告,接着是韩桂琴的演讲,也是一种代表该社的活宣言,不过他口述的宗旨是:(一)谋得经济独立;(二)谋得精神身体完全自由;(三)与男子共同工作(这是未易一字的原文)。似乎与印刷出来的宣言微有出入,大概倒是"由衷之谈"。

表演的次序,因为表演者的便利起见,一概不照预发的秩序单,都是临时宣布的。记者看了四节跳舞,一节钢琴独奏,一节国乐,都非常满意,尤其是仙人舞最得观众的赞许。但是去时既没吃晚饭,而且听说散会至早要一点钟,便只得中途退了出来,走到外面一看,钟上已是九点一刻了。

主要的《复活》虽没看见，却得到译句兼导演者潘廷幹先生的一番谈话，可以介绍给读者（以下都是潘先生的话了）。

> 直到一月底，才叫我选剧本，这《复活》实在是好的，但是她们那里演得来。导演吧，那里是我导演她们，我说要这样做，她们语不能，或是不肯，有什么办法，简直是她们导演我罢了。譬如像剧中的公爵，演来一无表情，偏又不肯男女合演，否则不是我自己扮演。艺专戏剧系里的王泊生倒也可以演的，昨天刚第一幕开幕的时候，台下很静，但是越演越糟，到底吴瑞燕是个老手，比较的好些，其余只有萧昆活灵点儿。总之女子们要真正的办事，第一先要去掉她们的自信自傲的心……

会场里除了该社的会员担任招待纠察外，还有四五位男士和两个警察往来巡梭，但是秩序并不见佳。

三类门票的销额，两天合计，大约一千稍零。一请再请的顾维钧夫人、熊希龄夫人，始终没有请到。

附录：《复活》主要剧中人与扮演者

剧中人	扮演者
陪审官公爵	杨泽蘅
女囚卡秋霞	吴瑞燕
女囚费悦特西亚	陈学钦
女囚大露西亚	黄玉如
看守	何予淑
律师	刘庆蘅
院长	袁世桐
医生	萧　昆

（署名"零零"。1927 年 2 月 22 日，第 6 版）

绅商官伶各界发起演戏筹款兴学

老伶孙菊仙登台　将在新明大戏院

　　新城旅津同乡鲍祝三、李吉瑞等,近为新城县筹措教育基金,约请天津耆绅赞助,演义务戏数日,并已请妥年将九十老伶孙菊仙重登台,以襄义举。兹将其缘起照录于下:"径启者:我直保属新城县僻处一隅,黉舍虽备,为数无多,当今义务教育,急不可缓,学龄儿童,无地容纳。吉瑞等目睹故里之情,怒焉忧之。适本县士绅来津,约正乐育化会各员演唱义务戏,为立学校,藉筹基金。吉瑞忝充会长,且为桑梓兴学,爰邀本会全体会员,并恳前辈老乡亲先生,且烦王君玉如转请各界著名票友诸位先生,共襄斯举。老乡亲年已八十有七而犹精神矍铄、乐善不倦。各位票友,不惜误公,见义勇为。择日假座新明大戏院演唱义务戏,各献绝技,以助雅兴。届时务望各界人士,热心教育,早临是幸。"发起人李吉瑞、鲍祝三谨启。赞成人严范荪、丁振芝、杜筱琴、周龢甫、赵幼梅、郑镜泉、王君直、王玉如、张品题、郭少岚、陈星彩、柴馨山。"附启者:老乡亲先生玉振金声,早已脍炙人口。前绅学各界约为帮忙,以天时关系,未能如愿,深滋歉仄。此次经吉瑞再三面恳,不得已始蒙允诺。然实久已不弹此调,以若大年纪,息养多年,深恐不足副诸君雅望,特嘱附缀数语,代乞各界原谅。九十登台,自古罕见,望以人瑞观之,幸勿吹求为荷。"

(1927 年 3 月 20 日,第 7 版)

津海中学游艺会

三十日在青年会举行

　　津海中学校刻为筹募校中经费,将于四月三十日下午假青年会礼堂举行大游艺会。其节目有南大之丝弦合奏,刘友銮君之相声,北京燕大前国文系主任陈哲甫君之津《子弟书》，及殷明珠女士主演之国产名片《传家宝》等项。

(1927年4月25日，第7版)

青年会感谢金文弼

为尽义务献技募捐

本埠青年会历年乘各校暑假之期，召集多数学生举行夏令会，成绩颇有足述。今年该会仍拟照例举行，惟以财政困难，进行不易。幸得魔术大家金文弼君，于五月二十八日晚，在该会献技募捐，纯尽义务，所得票资，完全充本年学生夏令会之经费。金君急公好义之精神，该会深表谢意云。

(1927年5月30日，第7版)

俄国名剧家将演技

十七日在戈登堂

俄国前皇家大剧院著名演员伯乐兴等现来津，拟于本月十七日（即星期五）、十八日（星期六），在英租界中街花园旁戈登堂跳舞场内演剧两晚，得价捐助八善堂，作为赈济贫民之用。每晚由九点开幕，至十二点止。票价一级三元、二级二元、三级一元，特级随意捐助。

(1927年6月8日，第7版)

南开新民小学演剧筹募经费

南开新民小学校为筹募经费起见，特约开滦国剧社，于本月十七日、十八日，假法租界新新戏院演唱旧戏。十七日有李吉瑞《落马湖》，马艳云、王庚生等《打渔杀家》；十八日李吉瑞《翠屏山》，寄豪居士、王素忱《骂曹》，马艳云、王庚生之《宋十回》。戏目颇多，票价只一元。届时想热心顾曲者定多云。

（1927年9月11日，第7版）

济南演剧大会极盛一时

济南通信：双十节到，专车迎接名伶，在商埠上舞台戏园，开演赈灾义务夜戏及派送戏券各节，已略志报端。兹闻此次戏券之支配，共分由督署副官处、省署政务厅、省会警察厅三大机关经手办理。戏券总价额为每一日一万元为限，十月一日至七日共收入约七万元。对于军界，统归副官处分派，共约券价二万元。政学两界，归政务厅分派，共券价一万八千元。警绅商三界，归警察厅分派，共券价三万二千元。惟军界恐难派二万元之多。有余之数，即在戏园售卖，俾普通观众，得以购票入场，以免向隅。并闻各名伶二十九日晚间便可到济。头三日戏目已议定，计十月一日，黄润卿、芙蓉草合演《樊江关》，赵少云演《上天台》，杨菊芬、杨菊秋合演《武家坡》，刘玉琴演《贵妃醉酒》，周瑞安、李春利合演《英雄义》，卧云居士、王华甫合演《钓金龟》，李万春、蓝月春、毛庆来合演《林冲奔月》，言菊朋、于云鹏合演《击鼓骂曹》，程艳秋、侯喜瑞、文亮臣合演全本《牧羊卷》，郭仲衡、王又荃、曹二庚合演全本《珠痕记》。十月二日，黄润卿、芙蓉草、玉玲珑、赵少云合演《南阳关》，刘玉琴演《打花鼓》，杨菊秋、杨菊芬合演《南天门》，周瑞安、侯喜瑞、傅小山合演《连环套》，卧云居士、王华甫、高庆奎合演《行路训子》，李万春、蓝月春、毛庆来合演《安天会》，程艳秋、言菊朋合演《探母回令》。十月三日，黄润卿、芙蓉草合演《胭脂虎》，赵少云、杨秋菊合演《汾河湾》，刘玉琴、杨菊芬合演《龙戏凤》，卧云居士、于云鹏合演《徐母骂曹》，李万春、蓝月春、毛庆来、裴元庆、言菊朋、陈宝瑞、李洪春合演《定军山》，程艳秋、郭仲衡、王又荃、曹二庚合演《法门寺》。其余各日，尚未定出云。（九月廿八日夜十一时发）

（1927 年 10 月 1 日，第 3 版）

赈灾游艺会赶办结束

游艺会以第三日最为热闹　各机关派票之数目及收入之款数

济南通信：济南各慈善体团（团体）发起临时难民赈捐游艺大会，定本月十六、十七、十八三日，在济南商埠公园举行各节，已详志前报。兹闻赈捐游艺会，已于十八日晚十二时闭幕。游艺会开幕之第一日，因筹备仓促，外间尚多有未知者，故到会人数甚少。第二日人数即异常拥挤，而尤以第三日（即十八日）最为热闹。园中除京剧、文明戏、大鼓、菊花展览会、美术展览会、魔术大会、古玩展览会等外，临时警察厅历城县又传令新市场、东安市场、趵突泉、劝业场等处之各种说书、大鼓、杂耍等，于第三日完全赴公园献技。是以，第三日到会之人士，人山人海，而尤以看京剧之人最多，几乎挤出人命，其热闹于此可见一斑。园内各地由名妓爱奎、小奎、宝琴、金宝、桂芳、银凤、桂香、小凤等劝售南洋公司捐助之纸烟。以爱奎、小奎二人所售者最多。闻余下之纸烟，由商埠商会坐办陈震声及商埠二区巡官赵廉堂二君担任向各商家派销。闻此次派出之票，计督署五千元，副官处一千元，戒严司令部一千元，宪兵司令部一千元，省署两千元，实业厅二百元，教育厅一千元，财政厅二千元，盐运使署二千元，烟酒公卖局三百元，货税局一千元，官印刷局五百元，济南道署二百元，历城县署一百元，警察厅二千元，清乡局一百元，禁烟局五百元，矿政公署三百元，祝占俊二百元，中照局三百元，营业牌照税局五百元，市政厅三百元、交涉公署一百元，省议会二百元，电政监督处三百元，王栋三百元，卷烟特税局三百元，滕殿英五百元，印花税处三百元，路政局二百元，胶济路货捐局三百元，津浦路办公室五百元，兵工厂三百元，胶济路办公处三百元，高等审判厅、高等检察厅、地方审判厅、地方检察厅、公债局各一百元，省银行二千元，总商会及商埠商会各五千元，河务局三百元。继续捐款者，又有金寿良捐洋五百元，王谨诚捐洋二百元，张太太捐现洋五十元，朱种德堂捐洋四十元，刘子美捐洋五元。游艺会除派出之票及售出之票外，尚余票一万零一百余元，预计可收入票款四万七千余元。省长林宪祖已允许代为掉换现洋，以惠济难民。游艺会筹备处现正赶办结束，预备发公函向各要人及各机关索取票价及捐款，如有推托不给者，即率领难民前往哀求云。（十一月十九日）

（署名"云生"。1927年11月22日，第6版）

牺牲色相　粉墨登场

南开"家庭学校"筹备新年同乐会

本埠南开学校教员、学生，拟在新年假期中组织新年同乐会。其通启颇足表示该校力图师主［生］感情融洽之一斑。兹录载如次：

光阴过的真快！一年容易，转眼间又要过十七年的新年了。我校每届新年元旦，辄映演电影，以娱我留校的师生，一时轩鼕鼓舞，真是快乐非常。今年的新年，正当学校风潮平静之后，大家心里，特别的痛快。那么仅演电影，必不足以发舒我们快乐的情绪。所以本会计画着，今年的新年，要大大的热闹上三天。白天映演著名的电影，夜晚除表演之外，什么中西音乐咧、相声笑话咧、唱歌咧、跳舞咧、幻术咧，尽着我们师生之所长，大家都要牺牲色相，粉墨登场，热热闹闹的过这三天。再者，往岁的新年同乐会，男女两部，分别举行。但是，本会以为，我校是家庭学校，与他校的性质不同。一家子的姊妹弟兄，平常日子一宅两院，各自读书，到了新年，却应当一处团聚。所以，这次同乐会，男女两部同在男中礼堂举行。还有一件值得声明的事，就是这次的同乐会，无论电影新剧以及其他游艺，凡属我校师生一律不必买票，一律欢迎。敬此预告，详细项目，容再宣布。南开师生新年同乐会启，十二月二十八日。

又，该校中学部高三年级全体学生，以寒假在迩，为振作已往疲乏之精神，并联络师生间感情起见，于昨日下午在该校大礼堂举行师生联欢大会。内容除校长张伯苓讲演外，尚有各种游艺表演，如音乐、相声、唱歌等，并表演新剧《压迫》，旧剧《南天门》《碰碑》《瞎子逛灯》。所有演员完全为该级学生。游艺完毕，复集全体师生于该校第一食堂，举行会餐，直至夜九时始散。

(1927年12月29日，第7版)

著名票友团演剧助赈

国闻通信社云：北京著名票友团体公余雅集社同人，鉴于直鲁灾区惨状，未肯后人，爰应华洋义赈总会之请，定于四月二日、三日（星期一及星期二）两晚，在西珠市口开明戏院排演义务戏剧，集资助赈。券资定六角、一元两种，前排四人厢十二元，后排五人厢八元。其戏目二日为刘阶冀之《五台山》，陶善庭之《六殿》，费君武之《打渔杀家》，关哲民之《斩子》，张稔年、孙润亭、傅小山之《连环套》，张泽圃、管绍华、小桂花之《珠帘寨》。三日为刘阶冀之《大回朝》，陶善庭之《行路训子》，费君武之《南阳关》，李乐亭、关哲民、王少华之《斩黄袍》，管绍华之《洪羊[洋]洞》，王少华、张稔年、福寿山、小桂花、傅小山之《战宛城》等。至售券处所，则由华洋义赈总会、欧美同学会及公余雅集同人处分别担任。值此春光明媚，出资有限，既可听戏，又可赈灾。想届时期前往者，必甚踊跃云。

(1928年3月22日，第2版)

难民之福音：华北电影公司热心振灾

三院均将演振灾电影

本埠华北电影公司，因四乡难民来津者甚多，曾议决救济办法。昨日，该公司特派职员金君，访问本报救灾委员会，讨论关于募款之方法。该公司愿将所属平安、皇宫、光明三处电影院，自下星期，连续开演日场电影。所有券资，悉数交本报救灾委员会，办理难民救济事宜。至每日演片名目，则届时当登报宣布。深望各界士女，共襄盛举。则难民生活，得以维持。且津埠为华北枢纽，富商大贾，云集于此，尚望继起捐输。本报同人誓以纯粹之义务，为诸大善士效力，俾使一粟一钱均得普沾难民也。

(1928年6月20日，第7版)

红十字会今晚演戏办赈

尚小云演《闹学》

红十字会今晚在法租界春和大戏院演戏助赈。其戏目如下：尚小云、王又宸《南天门》《走雪山》，章遏云《贺后骂殿》，尚小云《春香闹学》，九阵风《大泗洲城》。

(1928年7月2日，第7版)

义务小学筹款

春和将演义务戏

本埠南关北清真寺附设义务小学校，内容组织非常完备，每年造就人材不少，热心捐助。惟迩来经费，缺乏异常，已亏负千余元。近由刘某连合泰康商场、欣声舞台园主米玉华等，邀请名票友刘叔度、王虞［庚］生、李克昌及名伶李吉瑞，自阴历九月初十日起，假春和戏院演唱三日，所入票资，闻完全捐助该校，补偿亏累云。

（1928 年 10 月 14 日，第 5 版）

新明院义务戏之热潮

本埠名票与男女名伶大会串

武清县第六区杨村镇四十八村，每年水患频仍，荒废田禾，影响民生，极为重大（按吾人每当夏秋之交，于平津道上，过杨村时，必见一片汪洋，可见历年水灾之重）。今由四十八村合组委员会，拟在杨村铁道北端，建筑通河水闸一处，以便疏浚；并由《新天津报》经理刘髯公君发起，在新明大戏院约集本埠著名票友及男女名伶，自十八日起演剧三日，筹款接济。此事早载本报。现闻十八、十九两晚，新明院座客，均颇繁盛。而二十日之一夜，下午六钟即已上座，至九钟时，全院楼上、下无一插足地，人山人海、满坑满谷，拥挤之状，为近顷各园所未见。其原因则以是夜戏码特别加硬。而刘髯公君，自身亦登场一试，戏价最贵又不过一元，以故津人争先恐后，蔚为一时盛况。记者是夕九点钟往，遍觅不得一座，乃奔走于前后台，调查一切。是时，台上邢玉明之武戏已将演毕。次为女伶张妙闻之《骂殿》，闻妙闻新病甫愈，临时加入，其热心公益，殊为难能。此剧唱工，极见抑扬顿挫之妙，亦属不易。再下为童伶马最良与女伶胡碧兰之《汾河湾》。碧兰唱腔，饶有韵致，扮像亦见丰美。最良唱作，似不及乃兄连良之老练，然声调清越，扮像英俊，他日造诣，或且在乃兄上也。此时场中座客，不但台下人满，即台上之坐者立者，亦异常众多。及《汾河湾》下，《黄鹤楼》上场，刘髯公君扮刘备出台，一时自后台涌至台上者更多，幸经招待员竭力劝告，故上场、下场之两条路，总算未被隔绝。刘君此剧，系第一次出台，唱白均尚老当。台下大众，以其为此次义务戏之主办人，对之均极表欢迎，掌声几欲震屋。王庚生君扮赵云,英姿飒爽,唱工学小楼处,颇有韵味,身段工架,均极纯熟。陈焕之君扮孔明,亦复稳练。李克昌君扮张飞,唱工非常爽快,做作亦有精采。票友中之唱花脸者,当推李君为巨擘矣。铁麟甫君扮周瑜,亦极妥当。此剧全体主角,均有票友组织,配搭极形整齐,而场面上则由薛月楼君掌鼓板,张乃权君操弦索,亦均系票友,洵属盛会。此出演毕,尚有刘叔度君之《斩子》及吴铁庵之《空城计》。记者以立观过久,两腿不支,只得追步听花先生"仓皇出园"矣。是夕看客因座满见遗者,竟有数百人之多。主持者已商得诸票友及名伶同意,于昨日(二十一日)续演一晚,以免向隅。闻刘髯公君言,四晚售票,总计可收入六千元。杨村修闸一事,不久当可实现,此诚杨村四十八村居民之福音也。

(1929年3月22日,第3张第10版)

红十字会义务戏

救济陕甘难民　本月十八演唱

中国红十字会天津分会为救济陕甘两省难民起见,特发起演唱义务戏,已定于本月十八、十九、二十、二十一四天,假新明大戏院演唱。角色有梅兰芳、杨小楼、程艳秋、马连良、侯喜瑞、韩世昌、钱金福等人,极为齐全,戏码极硬。津沽人士,既饱耳福,又结善缘。届时车水马龙,可预卜焉云云。

(1929年4月15日,第3张第10版)

救济冀鲁难民　卍字会办游艺会募捐

吉林通信:吉林红卍字会为救济难民事,特发起举办游艺会,以资广募捐款。兹记其启事如下:灾民难民,纷来东北,流离困苦,悲惨万状,欲图救济,必筹慈金。兹由本会征请各界诸大善士,共组难民救济会,以筹救济。深荷辽宁华美福乐班班主张君象辰暨全体艺员热心慈业，同尽义务。订于阳历四月二十九号、三十号、五月一号，假松江剧场献艺，请诸大善士届时莅场，掷游艺之金，作救济之费，消遣耳目，同泛慈航，是为切祷。㊀艺目：大魔术、幻术、灯下火彩、武术、冰盘、球棒、催眠术、十样杂耍、相声、滑稽、音乐、中国戏法。㊁发启人刘玉书、冯寿山、曾瑞甫、路敬之、戴笠僧、宋祖培、谷香国、李敬山、张湘远、张从和、范久元、曹子珍、文福申、温品之、江大峰、沈纶阁、曲春服、王素慷、张长公、刘旭东、伊纪书、潘汉章。（二十八日）

（1929 年 5 月 3 日，第 2 张第 7 版）

汇文夏令平民学校　昨开募捐游艺大会

音乐新剧项目繁多

天津汇文中学校为夏令平民学校募捐，昨日下午二时，假春和大戏院举行游艺大会，到来宾约三百余人。项目繁多，观者皆极满意，至五时许散会。开会之际，汇文校长刘芳致开会词后，即开始游艺。兹就所见略述如后：㊀美军军乐，全体共二十余人，乐声抑扬顿挫，不少雄壮之气，连奏三曲，掌声如雷。㊁诗歌合唱，系中西女学校学生，所歌系《圣经》，极婉转之致，固非易易也。㊂国乐，系由汇文国乐团表演。团员皆着学生装，白裤灰褂，极见精神；丝弦合奏，为声清越，高低急徐，俱有节致，听者神往。㊃苏格兰乐，由驻津英兵乐队奏演。所奏系笛乐，共分三部，进行曲中较慢，第三部之第三折最快，弥复可听，激扬奋发，兼而有之。昨日音乐中，要以此最受欢迎。㊄女子师范学生奏国乐，曲皆趋重平稳，音韵极协和，惜场中稍觉嚣张，为憾耳。㊅《回家以后》，系独幕剧，由中西女校表演。系一留美学生，在海外与某女士结责婚，家中有妻置不顾。其后渐为其家庭查觉，父母责不孝妻不义，致无地自容。系一婚姻问题剧，演来淋漓尽致。吴女士所饰之某生，举止极流利；饰其妻自芳之张女士，口齿甚清；饰小婢香儿之叶女士，娇小玲珑，神情活泼，语复多趣；其余亦各尽厥职。所差者惜有数扮男子者，发音尚觉不足，虽是小疵，然关系极巨也。㈦昆曲，由师范学生清唱。一约四十许之男士执鼓板，想系对昆曲之经验者，昆曲最难唱，此尽人皆知，此次结果，尚属圆满也。㈧汇文新剧团表演《复活的玫瑰》，此剧系侯曜所作，公演者甚多。上海民新公司亦曾摄成影片，剧情尽人皆知，毋庸赘述。全剧共分五幕，饰女角林秀云者系范万红，身材较高，扮相尚好，发音上稍次练习，然演来极尽哀艳之致；饰余晓星陈希周，悲愤神情，形容极佳，吐字每觉太快，是属小疵，未碍大体也；李印来饰李心灵，活画一无知识青年，与刘秉钧所饰英勇有为之林天健，正复有相当功力也；而最足惹人发噱者，莫如饰李老太之陈静斋若（陈系约人者），句句逼真，将一势利妇人，形容极肖；其余扮演者亦尽表演能事，惜在招笑处，每有过火处，是大毛病，如余好古告其子晓星订婚事，种种神态，绝不相似，且父对子讲话，亦不当有该种情形也。

（署名"恺"。1929年6月9日，第3张第10版）

群一社今晚筹赈游艺会

在国民饭店之梦不来兮花园举行　各种跳舞外并有昆曲、皮簧之清唱

本埠群一社今晚在国民饭店举办河北水灾筹赈会一事，曾志前报。兹闻今晚九时，该会开幕，内容所设游艺，种类甚多。跳舞一项，系由梦不来兮花园之跳舞团依次表演，计有：㈠哀鸿舞、㈡俄国风土舞、㈢马司加舞、㈣登高舞、㈤胡拉舞等五种节目。昆曲方面，有屠顾寄云夫人与陈文娣女士歌唱。皮簧方面，有名票刘叔度、叶庸方、李白水、张璧如诸君及社友潘君等演唱。其表演次序，大致为艺术之后，继以来宾之交际舞，交际舞毕，即为各票友之清唱，如是轮番表演，可谓极视听之娱。又闻屠顾奇［寄］云夫人及陈文娣女士，以明晚须在明星院同咏社串剧，故今晚拟提前歌唱，以便提早休息。嗜曲者幸勿到场过迟云。

（1929年8月20日，第3张第10版）

总工会义务戏

　　天津总工会拟演唱义务戏，救济失业工友，该会日昨又发出传单云：诸位同胞们，两月以来，提花失业的工友，已达三四百人，他们谋事不成，归家不得，流离失所，生活断绝，实在可怜极了。现在总工会特种委员会，定于本月二十七、八、九三晚，假南市大舞台演唱义务夜戏，筹款设立工厂，来救济这一般苦工友们。所请的角色，除去著名票友以外，还有雷喜福、安舒元、王少楼、胡碧兰、李艳香、金钢钻等诸名伶，演唱拿手的好戏，票价只售大洋一元。希望诸位到那天去看戏，又救济苦同胞的生路，真所谓一举两得之事。代售戏票处，东马路东门南宜文斋南纸局。票价，池子大洋一元，廊子大洋六角。存票无多，赶快去买吧。

（1929年9月26日，第3张第10版）

劳军义务戏杂讯片片

三夜戏目非常精彩　梅杨诸伶明日同来

　　对俄外交后援会，举办义务好戏，筹款慰劳边防军队，业志各报。目下此事完全定妥，所约梅杨诸名伶，亦均已首肯，定于后晚（十五晚）起在春和大戏院演唱三夜。第一夜为梅、杨与王凤卿等合演《回荆州》，程艳秋《红拂传》，尚小云《得意缘》，杨宝忠《骂曹》。第二夜，杨与小翠花合演《战宛城》，梅演《奇双会》，小云、艳秋双演《探母》。第三夜，梅、杨合演《别姬》，小云《玉堂春》，艳秋《女起解》，翠花《醉酒》。戏目分配，异常精彩。小楼前日在春和演毕，原拟留津小住，以便出演此次义务戏。嗣以北平织云公所有堂会戏之约，故已先返平一行，定于明日偕兰芳等同来。又此次义务戏中，惟余叔岩、荀慧生未参加，闻叔岩托病不肯来津，只得作罢云。又尚小云在天升院，亦系十五晚起登台，与春和义务戏同时。天升院拟展期演唱,如不展期,则小云当先在春和演毕,再到天升。一夜之间,奔走两处,亦可谓不辞劳瘁矣。

(1929 年 11 月 13 日,第 3 张第 10 版)

义务戏消息

下月慈惠女校义务戏　平津昆曲名宿大合作

慈惠女学校为汤斐漪夫人等发起组织成立,已有年余。兹以扩充校务,经济未充,特请平津著名曲家暨名伶汇串,以昆剧为主,附加京剧数出,假座春和大戏院,入场券价目分一、二、三元三等,厢券十六元。其预定戏目如下:(一)八日戏目,全本《贩马记》(红豆馆主、尚小云),《长生殿》弹词(沧浪客、童曼秋君),全本《金锁记》(朱作舟夫人),《雅观楼》(包丹庭君);(二)九日戏目,《千忠戮》、《搜山打车》(红豆馆主、包丹庭君),《孽海记》、《思凡》(辛爱真夫人),《铁龙山》(朱作舟君),《骂殿》(朱作舟夫人),《玉簪记》、《问病》(童曼秋君、庞世奇)。此次义务戏,红豆馆主之《搜山打车》,朱作舟君之《铁龙山》,辛爱真夫人之《思凡》,朱作舟夫人之《骂殿》,均为处女作。届时奏演,自必大有可观也。

(1929 年 12 月 12 日,第 3 张第 10 版)

华北电影公司捐助有声电影救灾

因对陕西奇灾发生怜悯同情　本月八日开演《歌舞升平》一场　所有券资悉数汇陕充作捐款　为灾黎请求慈善界赞助此举

本市华北电影公司,历来对于慈善事业,提倡不遗余力。最近因见本报刊登陕灾惨状,令人目怵心惊,该公司特发起慈善电影,定于本月八日(星期三)在小营门平安电影院,将前期映演曾受热烈欢迎之五彩有声电影《歌舞升平》一片，于是日下午三时开演一场。所有收入，全数汇陕充赈，藉以救助灾民。当此天寒风厉之际，吾人坐拥轻裘，而陕省人民啼饥号，寒惨死于风天雪地之中。凡有人心。当为动容，兹附录该公司来函如下。

敬启者：国事蜩螗，民生多难。每读贵报名言谠论，切中时艰，曷胜景仰。而于公益善举，尤复见义勇为，树之风声，至深钦佩。今晨由津来平，复见贵报登载陕灾惨状，令人不忍卒读。敝公司向以益世劝善为职志，为善之心，未敢后人。徒以年来国都南迁，市况萧条，敝公司竭蹶经营，辄鲜余力。然而灾况如此，何忍坐视！爰拟稍尽棉薄，藉兹有声影片来津之始，定于本月八日（星期三）下午三点在天津平安影院开演慈善有声电影一场。所有收入，即全数拨请贵报主持，即日汇陕充赈，以昭征信。虽明知杯水车薪，所裨实鲜，然而微弱呼声，或能激起各界同情，尤望贵报俯予提倡，藉仗鼎言，以收宏效。俾赈务前途，能获更佳之成绩，则感荷无极云云。

（1930年1月6日，第3张第11版）

青年会西北筹赈会

昨日又开第三次大会　将演义务戏举行募捐

本市青年会，为救济西北灾民之筹赈会于昨日下午四时，复在该会开三次大会。出席者有张周新、赵慕尧、汪松年、郝金佩、陈锡三、王锡昌、王浚源、王晋生、于鹤年、杨幼莲、杨宝虞、郭玉山、宋愚溪、陈洁清等十余人，由会长张周新主席，文书杨幼莲报告上次大会经过及收到外来之文件毕，即讨论会务。张周新氏对会长一职，要求另行推举，并推荐王浚源氏为会长。王亦谦辞，只允担任募捐股长职。众对张亦一致挽留，结果张打销辞意。汪松年因事冗请辞宣传股长职，甚坚决，由众另推于鹤年氏继任。对会务进行，游艺股已与郝寿臣商妥，郝允代演义务戏一日，并代邀朱琴心同来，惟老生一角请在津另物色。决由游艺股请杜耀庭氏接洽在津票友帮忙。并赶速商借戏院，以便趁阴历年封箱停戏之际举行，并拟于今晨派人赴平正式与郝商定戏码，以便售票。关于募捐之进行，已先印妥捐启三十本，交募捐股分头劝募，并请张兰阁、杨豹灵、宋愚溪、王晋生、何庭流诸氏加入募捐股，并由该会函各大公司、大洋行，请捐助物品，俟集有成数，由会发一种奖券，即以各处捐助之物品充奖品。关于募集物品，请募捐股亦担任募集，并由会函请各教会及各学校，请酌量举行游艺会代募捐款。本星期二游艺股各集会议一次，报告进行状况。青年会拟召集基本会员大会一次，请各基本会员一律参加筹赈会工作。至七时许散会云。

（1930年1月23日，第3张第9版）

青年会西北筹赈会努力募捐工作

张周新氏奔走演讲不遗余力　华北公司捐借影片售票充赈

本市青年会同人发起之西北筹赈会，于昨日下午四时，复在该会内开第六次全体职员大会，出席者有张周新、赵慕尧、陈洁清、郝金佩、宋愚溪、陈锡三、王锡昌、杨宝虞。由会长张周新主席报告一周内进行之经过后，即由列席诸人各自报告本人担任工作进行程度，讨论事项、议决。由宋愚溪君于今日与青年会全体接洽，每人送捐册一份，请其代为劝募捐款。并由会内预备竹筒若干个，收集零星小数捐款，由会中名义，再致函本市总商会及商民协会，请其代为劝募捐款。并请宋愚溪、赵慕尧二君亲至两会接洽一次，庶易进行。同时印制宣传品，在各大饭庄张贴，唤起食客之注意。每饭庄各存捐册一本，有愿捐者即可随意乐助。关于游艺募捐计划，旧戏须俟再与平津票友艺员接洽，方能决定。电影已由华北电影公司允借《海滨奇缘》影片，定于本月七、八两日在青年会礼堂开映，每日开映两场，为下午三时一次及八时一次。售票所得之款，全数助赈。讨论完毕遂散会。至募捐工作，该会同人均极努力。会长张周新氏终日奔走，讲演灾况，昨日在维斯礼堂公开演讲，听者均极为感动，当时在座者均踊跃解囊助捐，立得八十余元，即连日送款至该会者，亦得五十余元。足见社会人士对西北灾情之同情心固甚大也。

（1930 年 2 月 3 日，第 3 张第 11 版）

大连之慈善义务戏

马德成《打渔杀家》极出色　孟丽君《莲香传》博得好评

大连消息：大连东西两公议会，为救济贫民施设粥厂，特举行义务戏三天，门票收入约在三万元左右，而当场所募得捐款，亦在一万元之谱。记者于前两日因事未及时前往，第三日始往参观，计到观众二千人，可谓极一时之盛。今晚戏码，为《得胜回朝》《虹霓关》《一口剑》《葭萌关》《寿山会》《庆顶珠》《莲香传》七出。记者入座时，已在第四剧之中场。《葭萌关》由张凤楼饰赵云，高登云之莽张飞，演来颇有精彩。《寿山会》乃滑稽剧，由王雪艳、吴喜昆合演，亦博得大众鼓掌。《庆顶珠》由老伶马德成扮演萧恩，刘兰秋饰其女，丑角吴喜昆饰教师爷，搭配齐全，颇足为全剧生色不少。马在关外，颇享盛名，今晚唱做均佳。兰秋亦尝献技平津一带，在东北亦占相当地位，因台步身段，摹仿小翠花，闻有神似之处，近则嗓音略差，故不似昔日之红，但在本剧中则殊卖力。最后压轴戏为孟丽君之《莲香传》，取材《聊斋志异》，以一孤鬼而规戒淫朋，大有警世之意。此剧在大连，前曾由花玉莲演过一次，因花之色艺太差，故人不重视。孟丽君演来，居然博得全场彩声，亦可谓盛况也。闻孟曾隶天津天华景舞台，亦为津人所欢迎。记此藉告一班倾心于孟家班子者，知伊在大连实大有声光也。（四日·凤竹寄）

（1930 年 3 月 8 日，第 3 张第 10 版）

观义务戏记

　　津市男女名票，前、昨两晚，在春和院演唱义务戏，为北平粥厂及慈惠女校筹款。记者两晚均到场，兹先将前晚所观各剧，列记于下：
　　㈠乌石山人之《骂曹》，唱念均尚平稳，打鼓手婉亦佳，闻系杨宝忠所授，惟似略少舞台经验，故不免稍见胆怯之状。㈡倪淑贞女士之《二进宫》，唱工沉稳，嗓音亦颇婉转；徐觉民、刘献廷一生一净，各极其妙。此剧配搭，颇为佳胜。㈢朱作舟之《铁龙山》，起霸之工架，与起打后之把子，比上次益见熟练，其气派之阔大雄浑，洵为武票中所罕见；配角中以方连元之武旦为最好。㈣绿槐簃主之《女起解》，扮像清秀，唱工稳当，嗓音亦善于运行，故反调及西皮各段，唱来均有可听。㈤王惜惜女士之《玉堂春》，扮像身段，均极美观；嗓音清脆圆润，高下咸宜；唱西皮倒板、慢板、二六快板各段，无不婉折，而两句南梆子腔，尤为动听。步月居士扮王公子，说白神气，非常幽雅，作工均有研究，迥异流俗。刘叔度饰蓝袍，问审苏三，调侃公子，念白神情，均见俊妙。赵星缘饰红袍，亦妥。散戏时已一钟矣。

（1930年4月26日，第3张第10版）

观义务戏记（二）

　　半夜之《青石山》捉妖
　　第二晚九点半入场，所观各剧如下：（一）徐觉民之《举鼎》，二簧各段，唱工甚为响亮，且且韵味。（二）李非厂之《捉放曹》扮陈宫，闻系初次登场，仅练习二三星期，居然稳当无疵，洵属不易，唱工虽调门不高，而颇有韵味，再加研究，当更进展，配以马连昆之曹操，极为生色。（三）倪淑贞女士之《金锁记》，唱二簧原板各段，抑扬顿挫，曲尽真致，带演法场，由朱稷生君接演，唱工亦颇可听。（四）刘先礼之《汾河湾》，台容神气，均极生动，惟觉用力稍过，唱工甚有味，嗓音颇肖余叔岩；进窑后唱作念亦尚可观。旦角原定毛芝瑛女士，因嗓哑，临时改约绿槐簃主，唱作非常稳重，身段亦佳，表演悲欢神态，均恰到好处，较第一晚之《女起解》更见佳胜。（五）王惜惜女士之《宇宙锋》，嗓音清朗，唱工极见婉妙，反二簧行腔，恰如行云流水，纯任自然，而自饶韵致，《金殿》一场，说白清晰，神情俊美，座客无不大为赞赏。（六）《大青石山》湖扬居士扮王半仙，做作说白，圆到已极，且能随机应变，科诨增趣，洵不愧为老斫轮手。此时已将二钟，湖杨居士出台，滑稽百出，竟使人醒睡忘倦，其艺事之纯练可知矣。王庚生扮老苍头，亦极有趣；徐觉民扮吕洞宾，一句西皮倒板，压倒四座；童曼秋扮女妖，起打各场，把子尚熟，耍下场尤稳；朱作舟之关平，气度工架，均雄伟不凡，耍大刀更形得手，大有举重若轻之概，其工夫之深邃，自不待言。剧终已将三钟，座客多直待散场始去。可见《青石山》一出，固有羁縻观众之力量也。

（1930年4月27日，第3张第10版）

一宵两院之陕灾义务戏

明星各角均极卖力　　春和名票演作亦佳

前晚商报馆所办与王元龙等所办之陕灾义务戏，同时在明星与春和两院分别开演。记者奔走两处，调查情形，兹以闻见所及，略记如下：

明星之戏，九时一刻，程继仙与萧长华之连升三级，已演至一半，此剧长华、继仙合演，早已脍炙人口，座客极感趣味。此下为王凤卿、荀慧生及寒云主人之《审头刺汤》。凤卿此剧，轻易不演，而说白神气，高贵不俗；慧生唱白均极细微；寒云之汤勤，说白笑貌，无不极见精胜。再下为《长坂坡》。小楼之赵云，最受欢迎，说白唱工之宏亮，做工神气之精到，实可称并世无两，是晚又特别卖力，以故掌声不绝。慧生之糜夫人，被张郃追逐一场，身段台步，均极佳胜，见赵云时之唱白，亦颇婉析。此剧带演《汉津口》，以王凤卿扮关公，一段西皮原板，音节苍凉，加以乃子少卿胡琴之烘托，倍见精彩；郝寿臣之曹操，气派雄阔，做工老当；钱金福之张飞，稳练之至；张荣奎之刘备，亦极精当。综观全剧，配搭之佳，演唱之妙，均为近日剧场所绝不多观。是夜座客甚满，无不兴高采烈，叹为盛事也。

春和院方面，座客亦有九成，以票友到场稍迟，开戏以后，不免垫戏。及玉如女士之《起解》出场，已九点三刻。其下为徐觉民之《捉放》，嗓音极佳。再下为瘦菊主人之《奇冤报》，嗓音甚亮，而饶有韵味，在票界殊不易得。《奇冤报》演毕，朱作舟之《金钱豹》出台，声势煊赫，工架老当，具见真实功夫。此下为王清尘与沈丽英女士之《打渔杀家》，王君唱作，均颇老练，调门甚高，沈女士娇小轻盈。及《杀家》演毕，已十二点半。明星方面，业已散戏，而春和则《群英会》方上场，王元龙扮黄盖，揭帘而出，起霸甚稳，念白亦沉着可听，电影明星有此成绩，殊属难得。王庚生扮鲁肃，刘叔度扮孔明，张子焕扮周瑜，均熟练可观。王刘合作，此系初次，刘以调门过高，王无法迁就，只好以两把胡琴分拉，多加武场。《草船借箭》演毕，已二时有半，及《交令》《打盖》演毕，为时过迟，遂将《借风》一折删去。散戏时已三时十分矣。

(1930年5月30日，第3张第10版)

参观梦不来兮花园赈灾慈善舞蹈会纪

中俄慈善家联合发起助振　　中外士女赴会者极为踊跃

本市消息：本市特别三区官民及侨店之俄人，为赈济陕灾筹款起见，特公同发起，于昨晚九时半，假梦不来兮花园开赈灾慈善舞蹈大会。一时中外宾客赴会者络绎不绝，介于英租界与特三区之摆渡，荡漾两岸之间，异常忙碌，而门前车马更盛极一时。该区王主任在门前照料，入场游人如蚁，拥挤杂沓。平时来此者，多黄发碧眼者流，昨日华人独多。入门售门票每张二元，并售代价券，可任意购买，因场内购物，均须用此券也。本市美育社特制精美纸花、灯罩、糖果等物，在场兜售，服务者类皆闺秀小姐，到处询问，态度蔼然。又各慈善家捐助该会之物品甚多，如古董香炉及日常用品，因恐一时不能售出，故设摇彩处，彩票每张五角，彩彩不空，但取得物品则凭幸运耳，小者得火柴一盒，亦趣事也。维多利亚药房，亦于场内捐售纸花，设半圆形之幔帐，装饰极为华丽。有西妇据案四座，着中国衫，为时下最流行之式样。舞台设园中，四围缀以五色电灯，异常耀目，顶上更悬各色纸条，随风飘动，置身其间，当有天上人间之感。东面为音乐台，背影饰以美丽图案。至十时来宾益众，少数女郎，华服奇装，为场内增添不少旖旎风光。而着礼服之男女事务员，来往售卖代价券，售纸花劝募于贵宾之前，并有西妇亦极热心，诚可感佩。舞台之右有空场，汽灯通明，陈列枪戟刀剑，光明闪烁，为特三区警察表演武术之地。已而乐声起，尚无舞者登场，有某女士之独唱，歌声婉转动听，非一朝一夕之功矣。更有某女士之钢琴独奏，先后媲美。待第三次管弦声起，已有舞侣蹁跹场上，相继者更多，应律合节，极尽妍态。一时灯光舞影，参观者不禁神往。时已夜深，记者买车归。闻场中最盛景况，须至午夜之后也。

(1930年6月30日，第1张第4版)

今日青年会之赈灾游艺会的介绍

音乐演奏都是些名手名曲　体育指导忙煞新郎董守义　三幕短剧揭破官场黑幕　有声有色的盛会恕我们先得欣赏

市立音乐体育传习所与公安局合组的赈灾游艺会，今天要在东马路青年会表演了。该会为熟习各项游艺，前晚曾在河东中学试演一次，记者曾到场参观，成绩很好。现在简单的介绍给一般读者。

各项游艺，除去军乐与国术，由公安局担任外，其余二十多项节目，都是传习所学员的表演，钢琴独奏前后共有《思家》《小夜歌》《歌剧舞曲》《西班牙舞曲》四段，技术都十分纯熟。该所的钢琴教师 Mrs. Nina 担任教职有年，不但个人的艺术造诣极深，对于教授也极有经验，所以学员的成绩，自然很可观了。

怀琴合奏，亦是极动听的一节。怀琴是该所所长最擅长的乐器，一年来教授学生，进步很快。此次表演，奏《大进行曲》，并且由所长亲自参加。提琴独奏有汪家宝的《花颂》。汪君是从前南开音乐会里的铮铮者，自加入传习所后，益见进步，当可给听众一个很好的印象。

提琴合奏是名曲《怀感》，有八九人之多，由提琴教师訾朗士指挥。訾君矢志牺牲于音乐，对于教授不遗余力。由这次演奏，便可看出他的精神。唱歌有男女学员三部合唱的《杜鹃歌》，雅乐《大嘉兴》，由教师与学员合奏。昆曲有《赐福》《弹词》《游园》三出，都有相当的练习。

关于体育部份，有"木马双杠""火棒""电棒""堆塔"几项。该所的体育教员，就是"才做新郎"的董守义君。董君在体育界素负盛名，成绩自然不坏。自远东归来，一边忙着结婚，一边忙着指导，尤可见体育家之精神。

许多节目中，新剧《刀痕》全由该所女学员表演，述小学教员向教育部索薪，讽刺教育官的腐败，纯洁的恋爱与合理的婚姻，穿插其间，虽仅短的三幕，演来非常紧凑，其中以"冯某事"那种"不负责任""虚伪""诱惑"的态度，揭穿了官场的黑幕，表演得也最逼真。至于白素水女士，坚强的意志与追寻人生意义的精神，对现代新旧过渡的社会中误解恋爱的青年，给一种很大的教训。全剧里的发声对白，清晰适中，演员亦分配得很恰当。听说这是国语教师陈荫佛所导演，余如化装跳舞等杂耍，可以担保看了一定会笑口常开的。

（1930年7月7日，第2张第7版）

新艳秋助赈

今晚北平吉祥园之好戏　戏单系一圆形不分次序

新艳秋在北平吉祥戏园，举办陕灾义务戏一节，已志昨报。兹又接北平通信，此项义务戏，定于今晚演唱，其所印戏单，系作一大圆形，不分戏码先后，以取圆满善果之意。朱庆澜将军对于新伶此举，极为赞美，特为题"艺林珠王"四字，并为题词。兹将朱氏题词及新伶启事二则，照录如下，以告关心善举并爱好剧曲者。

△朱将军题词：

庚午夏，予主办陕灾急赈事宜，任各方本人类同情之念，自动输将，无或勉强。一日女艺员新艳秋，倩人来会，拟自动演唱义务戏，所得票价悉数归赈，其班底及零星一切开销，均由自备。晚近江河日下，人心不古，艳秋以弱女子，于精研艺术之外，尤关心慈善，其毅力热忱，有足多者。爰书数字，用策来兹，艳秋勉旃。

△新艳秋启事二则：

（一）陕灾奇重，海内同悲。幸经慈善诸公，竭力提倡，全活甚众。惟秋以棉薄未尽，于心不安，特约共和社全体同人王艺员又荃，贯艺员太元，茹艺员富兰，郭艺员仲衡等及友人宝棻、慧贞两女士暨各界名票，定期于八月十二日，假本市吉祥戏院表演陕灾义务夜戏一次，班底开支，由秋自备。售票收入，由陕灾急赈委员会派员经理，全数补充赈灾之用。自知长林片叶，莫补慈云。然当此创痛已深，即涓涘亦犹甘露。伏望各界诸公，本胞与之怀，救涸辙之鲋，踊跃购票，届时惠临。虽秋以靡靡之音，难登大雅，而诸公惠赐灾黎之德，将更无穷矣。谨此布达，诸希亮照不宣。新艳秋拜启

（二）此次表演陕灾义务戏，荷蒙各界名票及共和社全体艺员热心善举，踊跃参加，戏码难于排列，惟以事关善举，即应泯除旧习。故此次戏码，概无次序分别，义取圆满诸公善果之意，自作圆形，特此敬布。新艳秋谨启

（1930年8月12日，第2张第8版，"游艺消息"）

假座法租界新新大戏院　文华学校义务夜戏

【国历九月三日（星期三日）晚演】

艳克琴、张津民《红鸾禧》。

刘振庭《送亲演礼》。

倪淑贞女士、徐君觉民《贺后骂殿》。

黄楚宝、李春恒《失街亭》《空城计》《斩马谡》。

龙沙散人、湖扬居士《艳阳楼》。

【国历九月四日（星期四日）晚演】

艳克琴、张津民《幽界关》。

刘振庭《普球山》。

诸君稷生《六月雪》。

黄楚宝、李春恒、艳克琴《困曹府》。

龙沙散人、湖扬居士、众武行《大金钱豹》。

先期售票　购者从速

(1930年9月1日，第2张第8版)

辽灾义务戏

梅杨余将合演四大名剧　尚小云今晚自动演双出

　　辽宁水灾急赈会游艺股，昨晚在大华饭店开会，由王小隐报告赴平接洽演员结果。梅兰芳业已完全应允，捐演三晚。杨小楼亦极愿来津助演，已派其婿刘砚芳先行来津接洽戏码。余叔岩因在病中，未能立即来津。但余病已大见起色，届时如能离开病榻，极愿来津为辽灾稍尽义务。此外王凤卿、钱金福等均来。张于凤至夫人已将办理梅杨余合演赈灾义务戏事，让归天津辽灾急赈会办理。剧员来津，由会代向北宁路交涉车票免费。至一切开消极省,而戏价亦从廉。闻戏码已规定《回荆州》《长坂坡》《霸王别姬》,分三晚演唱,地点则定春和戏院,余叔岩如来则唱《四郎探母》。此数名剧,由梅杨合演,年来未能多睹。闻现已规定自下月二日起四日止,明星戏院梅剧演毕,梅杨合演之赈灾义务戏立即登场云。

又尚小云、谭富英等此次携协庆社全体,在春和演剧,业于昨晚,全部演毕。近以辽宁水灾,待赈孔亟,特自动于今晚续演一日,所收票价,悉数充作赈款。春和院方面,亦愿将院址义务借用,以襄盛举。小云今晚特演《南天门》《降龙木》两出,皆系唱作繁重之戏。女伶胡碧兰亦自请加入演唱《女起解》一出,此外,九阵风、小翠花、裘桂仙、侯喜瑞等亦均有表演。全体纯尽义务,热心赈济,洵有足多。今晚春和院中之盛况,自不待言也。

(1930年9月2日,第2张第8版)

辽赈篮球赛

昨晚青年会之战况

本市青年会体育科及黑白篮球队主办之辽西水灾筹赈篮球比赛,昨晚七时起在东马路青年会健身室举行友谊比赛。七时起为女子队,女师对南开小羊队,八时起为南开中学队对黑白队。到场参观者楼上下约三百余人,楼上门票二角,楼下四角,全部收入为五十一元六角。兹志男女两局盛况如下:

女师大胜小羊

女师队为师范等院及女师校队二队之精锐,而南开小羊合新组之异军,但实力甚弱,交锋后由陶少甫任裁判员。女师左锋王敏贞首开记录,继之又获一分。未几小羊犯规二次,由陈志兰先后罚入二分。第一局终为四比零,女师占先。第二局女师中锋李淑敏先后获得七分,而小羊则由胡文苓罚入三分,前半告终。结果十三比三,女师仍占先。后半开始,女师左锋王敏贞、中锋李淑敏等大事压迫,建功颇多。而小羊屡失机会,胡文苓射篮四次，均未命中。第三局结果，八比零，女师已胜。第四局中女师队员犯规甚多，先后被罚十余次，中锋李淑敏、左锋顾融珍先后被罚出场。小羊右锋胡文苓又以发球获得二分。至全剧告终，总结果成二十七对五之比，女师大胜。

南开力战黑白

女师小羊之赛既毕，继之以黑白对南开。黑白队名手倍出，如唐宝堃、王锡良、何步云及沈氏昆仲，如虎添翼，其势莫当。而南开中学队全体队员皆属新进，尚乏经验。但昨晚之战，该队成绩出人意外，第一局持平无胜负。两队交锋第一局中，黑白沈聿勤罚中一分，首开记录。继之南开张承吉亦罚入一球，至第一局终成八对八之比，无胜负。第二局黑白猛攻，唐宝堃先后罚入三球，射入二球；南开仅张承吉攻入二球，结果十比四，黑白占先。后半开始，黑白唐宝堃连射四球，军威大振，南开几经反攻，卒无进步，至第三局终，结果十二比七。最后一局中，南开力争，仍无转机。及全局告终，总结果成三十八对二十三之比，黑白大胜云。

（1930年11月23日，第2张第8版）

春和院中之义务戏

昨日厚植学校沈丽莺博好评　前晚杨村修闸昆乱皮簧俱备

厚植学校昨今两日日场，在春和戏院演唱义务戏。昨日为第一日，记者入场时，值沈丽莺女士之《玉堂春》出场。此剧系因张仰民之《六月雪》因故未唱，由王庚生君特烦出演。沈扮像略似幼年之韩世昌，而嗓音尤为清脆，几段二六及原板，唱来丝丝入扣，足见颇有真实功夫，身段亦甚可观，极博观众好评。其下为王庚生、王者相两君之《调寇》《审潘洪》，庚生饰寇准，扮像清秀，审潘四段口白，皓肖连良；者相饰潘洪，亦黄钟大吕，毫不示弱，均博得观众彩声不少，闻今天日戏，压场为王庚生、沈丽莺之《庆顶珠》云。

武清修闸义务戏，在春和院演两晚，成绩极佳，昆腔、皮簧、老梆子，色色俱备，可谓义务戏中之新组织。记者两晚均在场，兹将诸伶所演各剧略评如下：陈碧霞为山西老梆子之著名女角，刻在泰康商场、共和茶园演唱，极受欢迎。此次演《凤台阁》《阴魂阵》，均系唱作武工，兼重并顾。陈演之均甚出色也。庞世奇第一夜之《思凡》、第二夜之《惊梦》，唱作均极细致，身段尤为美妙，艺事比前更进。第一晚系王益友吹笛，第二晚系徐惠如吹笛，配柳梦梅者为昆曲家张企元，亦殊老当也。李香匀两晚戏目，为《祭江》与《彩楼》，皆为青衣正工戏。香匀嗓音极好，座客大为击节，其扮像［相］身段，亦均可观，诚后起美才也。孟小冬之《捉放》《街亭》两剧，字正腔圆，于规矩之中神而明之，唱工做派，均落落大方，无丝毫小家气，尤为难得。《街亭》一剧之唱作，比《捉放》尤为精彩。此两夜佳奏，诚足使戏迷过瘾云。

(1930 年 12 月 19 日，第 2 张第 8 版)

救世新教会两晚义务剧在春和院中演唱

本市救世新教会最近举办冬振义务戏，地点已择定春和。

十四日晚剧目，有娇凤女士之《女起解》，吴雁衡之《挑华车》，庞世奇之《乔醋》，华慧麟、杨宝忠之《御碑亭》，十五日晚剧目有王瑞符之《醉皂》，吴雁衡之《两将军》，杨宝忠之《骂曹》，华慧麟之《丹阳恨》。闻票价包厢分十二元、十元，池座则为二元、一元五、一元，楼上散座则售一元二角及八角云。又闻华伶此来，与乃师王瑶卿偕来，届时亦许登台一现色相，以慰津人之望也。

(1931 年 1 月 8 日，第 2 张第 7 版)

伶界救济同业

北平今晚之义务戏　梅程荀王均将登台

伶界贫民，为数甚夥。北平梨园公会，例于旧历年终，演义务戏一晚，以救济贫苦同业。昨晤在津之梨园公会某职员，据云，本年此项义务戏，定于今晚在北平第一台举行。预定戏目，有梅兰芳、王凤卿之《回荆州》，程艳秋之《骂殿》，荀慧生之《得意缘》诸剧。售价分四元、二元两种。梅兰芳已于前早自津返平。又北平伶界贫民，约一千五百余人。现梨园公会已存赈款三笔，（一）上海闻人黄金荣捐款，（二）红卍字会捐款，（三）梅兰芳在沪演赈灾戏之余款。以上三笔，合共三千余元。连此次义务戏收入，约可得四千余元，但以一千五百余人，分配此数，每人约仅得三元有余，能否以此度岁，尚未可知云。

(1931年2月14日，第2张第7版)

普惠学校演剧

四月六日在青年会举行

本市英租界普惠学校，开办已历二载，成绩斐然。惟因经费拮据，每感发展困难。近有热心教育者数人，约请天津国剧社全体及名票金鹤年等，于四月六日晚七时假东马路青年会大礼堂，演义务戏一晚。该社及金君皆本市票界名宿，想届时必将有以饱津市士女之眼福云。

(1931年3月31日，第2张第7版)

大同中学演剧　孙菊仙热心公益

本市私立大同中学校近为筹款，特定二十一、二十二两晚，在春和大戏院演唱义务戏，并已约定菊（园？）人瑞孙菊仙粉墨登场。兹志其两晚剧目于后。第一晚，朱作舟《金钱豹》，尚小云《玉春堂》，孙菊仙《渑池会》。第二晚，邹剑佩《春香闹学》，朱作舟、尚小云《青石山》，孙菊仙《托兆碰碑》。闻票价定为前排二元五，后排二元。

（1931年4月18日，第2张第7版）

票友义务戏

今晚及十四日在北洋演唱

今晚津埠名票龙沙散人诸君，在北洋戏院为慈善惠女学校演义务戏。其重要剧目有龙沙散人之《莲花河》，倪女士之《二进宫》，郭修仁、李非庵之《汾河湾》，吴颂平之《飞虎山》，王涵芳女士之《虹霓关》，陆国达之《问樵》《闹府》等剧。座价分楼下前排二元，后排一元五角，楼上前排一元五角，后排一元；包厢十二元，特座二元五角。

又阳秋社票房，为公民学校筹款，定于本月十四日，仍在北洋戏院，演日夜两场。其剧目探录如下：日场下午一点半演，（一）许君笏紫《托兆碰碑》，（二）王君有雄《英雄义》，（三）道厂居士、霞慧女史《宝莲灯》，（四）歇浦书佣、惕身馆主《贞娥虎刺》，（五）刘君冰心、苏君啸宇、王君玉宸、刘君荫棠《法门寺》带《大审》。夜场下午八点开演：（一）董君善甫《草桥关》，（二）崔君正才、许君笏紫、李君殿卿《失街亭》，（三）道厂居士《连营案》，（四）惕身馆主、歇浦书佣、麟青居士、艳宝女史《连环计》，（五）刘君冰心、苏君啸宇、蒋君子玉《鸿鸾禧》带《棒打》。

（1931年6月10日，第2张第7版）

本报发起"救灾日"运动

本报日来仅凭秃笔，呼吁救灾。历承各界善士，慨予同情，自动捐款，不期而集者户限为穿，于此证明社会慈善心之发达，诚不难化除凶戾，感召祥和。而朱子桥先生以六十之年，乘坐飞机，视察灾区，其宅心之仁，赴义之勇，尤足以激发吾人之良知。本社前日所汇承收之捐款四千元，除捐户指定地点已由朱君声明分别照办外，其他之款，预料已由朱君之手，亲自施放于被难同胞之身。诸君捐赈之德，实惠及民，同人经收之责，幸未延误。现在灾区如此之广，待救如此之殷。吾人惟望我亲爱之全国读者，效法朱先生之仁慈勇毅，积极奋起，努力输将，使同人得追随诸大善士之后，为受难同胞，多数微劳。此固同人所引为荣幸者也。

虽然，方今国内各地，经济同感困难。各界人士，生活同感苦痛，将欲舍己救人，必须多方筹画。同人不敏，特发起"救灾日"运动，且愿首自牺牲，以身作则，谨举办法，求正公众。

一、无论公私各界，政商机关、家庭、学校，均可自行择定一日，为其"救灾日"。

一、凡"救灾日"，所有是日公私收入，概行捐充赈灾。其各公私机关服务人员或有职业之人，可按薪给收入标准，捐出一日应得之数助赈，为灾民服劳。其愿多捐者，自是多多益善。

一、"救灾日"，无论公私机关、家庭学校，均应节食减膳，停止娱乐。各人除自尽其捐赈义务外，更应分往亲友家宣传灾情，劝导捐赈；或帮助各筹赈机关，分担事务。务将此日一身之时间，精力，献纳于捐赈，劝赈，或办赈工作，为灾民服务。

以上办法，可大可小，无论公私，不拘贫富，均可实行。大之各公私实业机关，小之各种劳工分子，亦可择定一日，以全数收入，捐出作赈。此法重在普遍切实，盖己饥己溺，人有同心。然而，或以道路所阻，或为职业所羁，既不能躬往灾区，借同办赈诸大善士，与灾民共甘苦。只有择定一日，将此身整个奉献于灾民，以纳付捐款，帮同劝赈，表现其诚意，聊尽其天职。退一步言之，机关收入，或个人进款，姑作小建之月，少收一日，权作牺牲何如？藉曰困难，当不致不胜担负，此事比较轻而易举，故吾人敢于提议。吾人既倡斯议，颇效先驱，决以九月一日，即本报复刊五周年纪念日，定为"大公报馆救灾日"。所有本报是日营业应收之报费、广告费，概行牺牲，全部捐出，并纸张油墨各种垫办之成本，亦不复收回，以示决心。此外，各部工作同人，各按薪工数目，捐出三十分之一，为基本数，其自愿多捐者听，悉数加入助赈之内，详细数目捐款名单，当于九月二日公布。读者须知，本报乃营业性质，同人系劳工生活。值此金贵银贱、材料昂贵之时，本非有利可图。而同人服务本社，仰事俯畜，亦决非有产阶级可比。所为奋勉牺牲，不过为求得安慰，谨述缘起，伫仰同情。本报全国读者中，各界各业均有，财力优于本报，热心过于同人者，夫岂在少？如果全国各地，胥有"救灾日"之提倡，则集腋成裘、聚沙为塔，巨款立集，可为断言。如有与本报同定九月一日为"救灾日"，则尤为欢迎。其他有择定"救灾日"者，所有工作成绩，本报亦乐于表扬，敬布诚悃，惟读者察之。

（1931年8月26日，第1张第2版，"社评"）

北平图书馆赈灾展览会盛况

国闻社云：国立北平图书馆昨日上午九时假该馆新屋举行赈灾展览会。西边大陈列室为各图书馆、各藏书家及西北科学考查团所得竹简及古本图书。杂志阅览室陈列四库全书、唐人写经、满蒙藏文书籍、日本美术书记等。大阅览室为该馆旧存及新购各种古书、舆图。阅览室陈列各种舆图会议室陈列古佛绘像及德人穆林德氏遗书，古色古香，目为之眩。同□各书库及模型室一律开放。此次展览出品之多，实为北平文艺界破天荒之盛举。又该馆展览会陈列书籍除一部系借用平津各藏书家书籍外，商务印书馆北平分馆经理孙伯恒，复以其所陈列之《周易义海撮要》《研几图》

《周易说翼》等十数种，悉数出售，即以售价全部委托该馆代汇灾区，作为赈款云。

(1931年9月20日，第1张第4版)

梅兰芳义务戏得洋三千余汇沪充伤兵医药费

本社昨接梅兰芳君来函云：

敬启者：前读本月一日贵报载上海电称，伤兵医费缺乏云云，至为怀轸。当即商得承华社同人及开明戏院同意，于本月十一、十三、十四演剧三日。前后台均尽义务，所有收入，除贫寒角色场面照例酌为开销外，所余三千零零五元，扫数汇交上海银行公会，并指明作为伤兵医药费。此皆舆论指导之力，兼荷社会玉成诸同人协助，兰芳不胜感幸。但愿前线诸君，得以裹创歌凯，则兰芳等涓埃之助，虽至微末，亦于心稍安。至该款系于本月十六日汇出，并承中国银行免收汇费，极为纫感。唯复电至今未到，度系手续延阁，兹先将收支数目，附呈贵报社，祈为公布，俾资征信，曷胜厚幸。此致《大公报》社。

梅兰芳敬启　三月二十二日

计开：承华社梅兰芳等三月十一、十三、十四三日，在北平开明戏院演《刺虎》《西施》等剧。三日共入票价三千九百八十三元一角正，支出班底开销三日共支九百七十八元一角正，净余洋三千零零五元正。业于三月十六日由中国银行汇往上海银行公会，指定拨充伤兵医药费。

(1932年3月23日，第1张第4版)

平市名伶将演义务戏

为平民学校筹款

平讯：平市名伶梅兰芳等，以公安局所属各民众学校校款支绌，特定于五月十日假第一舞台演唱义务夜戏一次，将所售票价，拨充全校经费。其戏目现已预定者，为梅（兰芳）、杨（小楼）合演之《霸王别姬》，尚小云之《婕妤当熊》，荀慧生、小翠花之《双沙河》，周瑞安之《神亭岭》，王又宸之《闹府》等佳剧云。

(1932年4月29日，第1张第5版)

义务戏

既充工联会基金　又作救国飞机捐

本市工联会因经费问题，筹演义务戏。兹闻大致决定，由电话等五会票友演唱，地点为荣业大街升平舞台，并定于下星期五（八日）举行全体代表大会讨论一切。届时义务戏演唱日期及票价，即可完全决定。闻该会此次之义务戏，对于票价，甚有把握。所得票款，除留存该会基金外，并将提出全数十分之二或十分之三，拨捐救国飞机之用云。

(1932年7月3日，第3张第11版)

圣功女学钢琴演奏会

下月三日在维思理堂举行　原因乃募款增筑新式楼房

圣功女学校近乘暑假期间，为扩充教室，拟增筑新式楼房。建筑费虽经该校校董捐助八千元，然犹感不足。现该校为筹款起见，特邀钢琴名家夏志真女士及其学习多年之学生，举行钢琴演奏会。日期定于九月三日晚九时，假法租界维斯理堂。夏女士之钢琴，素来闻名于社会。此次奏演，更有其得意弟子二十余人参加，届时当更有一番盛况。闻入场券定为二元，现已出售，爱好音乐者，可往该校购买。兹将随同夏女士奏演者之芳名列下名［名列下］：张淑好、张隽伟、张隽汉、张淑敏、庄束珍、沈佩芬、池丽贞、陆敏嫣、王荃、雷爱嫱、朱淇筠、朱宝珍、经心兰、王瑞驯、蔡国英、张隽业、卢津如、章通、赵玉玲、蔡兰馨、蔡慧娟。

(1932年8月16日，第3张第11版)

救济妇孺会

拟遣送被拐妇孺　今明日唱义务戏

救济妇孺会天津分会，秉承上海总会意旨，专以救济妇孺为职责，成立迄今已十余载。历年由各机关送来被拐无依妇孺，经该会给资遣送者，每年平均数十起。惟以经费拮据，进行困难。复因各处送来妇孺，亟应遣送者，有增无减。迭开董事会议，除举办义务戏外别无补助良策。业经函请社会局、公安局准予援助，已定于今明两日，假北马路华北戏院，演唱义务戏两昼夜，以资筹款。想社会慈善人士，必能乐予赞助也。

(1932年9月3日，第3张第11版)

永兴国剧社今明晚演纪念剧

提出票价工成作飞机捐

永兴国剧社于今明两晚，借北洋大戏院，循往年旧例，公演二周年纪念剧。并以国难方殷，特将两晚票收入，提出二成，交由本报，捐充救国基金，以备将来购置飞机之一助。虽为数无多，而用意可取，所谓娱乐不忘救国，庶几近之。又两晚座券及厢票，于十一月内，均可换得该社出版之纪念册一厚本，内容图画文字，备极丰美，亦复大有可观。兹将两晚详细戏目，照录如下：

十八晚剧目为周奇浊之《战太平》，王君度之《射戟》，陈福康、杨维娜之《汾河湾》，听鹂馆主、陈鹏程之《替夫报仇》，林玉英、刘春荣之《金锁记》，张润甫、冯邦杰、张穋公、杨乐彭、沈怡然、朗月馆主、夏铁夫、王华甫、谢吉人之《龙凤呈祥》《美人计》《甘露寺》《回荆州》《芦花荡》。十九晚所演，陈福康、杨维娜之《别窑》，张子卿、魏病侠、颍川居士、冯邦杰之《两将军》，徐卧庐之《空城计》，王华甫、步月居士、余楣声、沈怡然之《御碑亭》，张石夫、吴六如、余乃赓、朗月馆主之《九龙山》，陈湘君、冯邦杰之《坐楼杀惜》，陈福康、杨乐彭、邱玺臣、王华甫、朗月馆主之《打渔杀家》。

（1932年10月18日，第3张第11版）

北宁花园元旦起演剧振灾民

自一日至三日为止　由北宁国剧部表演

北宁铁路所建宁园管理委员会昨发通启云：敬启者：上年本路与开滦煤矿，因解决多年悬案，承开滦拨赠五十万元，指定为本路同人公益营构基金，不能移作他用，当经拟定计划，分期建筑宿舍、医院，别以一部份款项筹建同人公共场所。适本路购得河北种植园旧址，颇具山水之胜，爰加以修葺，略事点缀，增建礼堂厅事，用为宴集之地。嗣以津沽人士，联翩莅止，咸认此园足供游览，一再要求扩充开放。复承河北实业厅、高等法院及博物馆，先后拨赠转让毗连之地百余亩，益以本路余地，共得四百亩弱。就其水流土山，疏浚堆叠，种植花木，布置修廊，俾成公园形式，计工程设备，支出二十一万余元。惟以限于专款数额，未能力求美备，用将本园经过撮要胪陈，尚希公鉴。兹者东北被难同胞，以不堪压迫，退入关内者，为数甚多，流离颠沛，笔难罄述。本园本救恤之义，特定于元旦起至三日止，由本路国剧部同人，在礼堂表演国剧三日。所收券资，悉充捐款，聊为壤土涓流之助。兹将办法列左：（一）自元旦起至三日止，本园仍开放不收门券，其内部设备击球等，仍照章收费。（二）自一日至三日，由本路国剧部同人表演国剧，酌收票价如下：（前排）六角，（后排）四角，（楼上散座）六角，（包厢）三座者每厢两元、四座每厢二元六角。临时售票，对号入座。（三）所有三日内全园一切收入，除饮食店系商人承办者不计外，无论收款多寡，悉数拨作救济东北难民捐款。再者，本园此后更当以辅助社会之精神，计画有益公众之事务，如奖励国货则指定相当地点，招国货商临时陈列，举行国货周，以资提倡；或则注意文化事业之传播，如书画、雕刻，及美术品之展览等。正在详切研究之中，不及一一列举。总之，宁园虽属公园性质，而其意不仅限于游览，是则本局区区初计，愿各界人士亮察援助，并时加指导，曷胜感幸云云。

（1932年12月23日，第3张第11版）

育仁学校募基金演义务戏

二十四日在春和院举行

本市育仁学校因筹集基金，特请本市名票于本月二十四日串演义务戏一日。比年以还，津市义务戏屡不出穷，社会人士亦司空见惯。此次育仁之义剧，所集名票较之他处，有足多者。王庚生君，为天津票界名宿，近虽不时出演，从未日夜演剧四阕。此次应育仁学校之请，日夜各演两剧，而四剧均为谭派名作。又如最近当选天津小姐之陈湘君女士，津人士欲睹陈女士色相者，大不乏人。此次经烦演《梅龙镇》及《宝莲灯》，均唱作兼重之剧。女士对戏剧天资独厚，且研究有素。津人士既获睹天津小姐色相，复聆佳剧，眼福耳福，岂浅鲜哉。此外，若王氏秋舫、菊舫昆仲，为新近美材；陈湖扬君，为剧学名家；王受生及路介二君，均为新闻界中人；又王庚生君介弟者相，梦鸿及剑影锋声社票友陆敬伯君，永兴国剧社名票友冯邦杰君。人材既蔚然荟萃，所演之戏亦多为平时快心之作。兹将戏码列后：计日场，（王者相君）《草桥关》，（王梦鸿君）《当锏卖马》，

（王者相君、路介白君、王受成君）《法门寺》，（陆敏伯君）《塔洼奇闻》，（傅艳寰女士、冯邦杰君）《四郎探母》，（陈湘君女士、王庚生君）《游龙戏凤》，（王梦鸿君、王庚生君、李子玉君）全本《天雷报》。晚场，（王梦鸿君）《火牛阵》，（王受生君）《九更天》，（陆敬伯君）《捉放曹》，（王庚生君、王秋舫君）《九龙山》，（王菊舫君）《女起解》，（陈湘君女士、冯邦杰君）《宝莲灯》，（王者相君、雅趣馆主、王庚生君、湖扬居士、王梦鸿君）全本《群英会》《借东风》。

（1933年1月23日，第3张第11版）

光陆影院救济难民

首创扣一成在票价内扣除　公司戏院合作期限定半年

　　光陆电影院鉴于国难殷重，东北难民流离失所，乃会商影片公司方面，于每日收入内提扣一成，捐作救济东北被难同胞。系在原订票价内提出一成，交由特别一区公署转缴，订期半年，自三月一日开始，八月底止。按，自榆关事变以来，本市各影院纷纷开特别早场，以收入供济前方将士，或被难同胞。但收入为数过少，杯水车薪，又不能源源接济。光陆电影院首创此举，诚可谓法善意美。深希望各界人士予以同情，共襄义举也。

（1933年2月28日，第4张第13版）

平艺院音乐系演奏慰劳将士

定十九、二十日分别举行

　　平艺术学院音乐系学生等，鉴于前线将士终日在枪林弹雨之下与强敌相抗，以致断胫残肢、断臂裂肤，莫不忠勇异常。兹以该将士等之爱国热忱，诚堪钦佩。兹为慰劳起见，特定于十九日在该院大礼堂，二十日在协和医校大礼堂，举行音乐会，表演音乐，即将所得票款，悉数拨充慰劳前方将士之用。除已着手筹备外，并分呈北平戒严司令部立案，届期请派军警弹压。

又该院前经布告限令学生缴费注册后，该院学生等知难再观望，乃纷纷履行缴费注册手续。迄至昨日止，全校学生，其缴费注册者已有十分之六七。因此，该院职员等工作异常紧张，其尚未缴费各生，该院又行催交，不得再事观望，致贻误学业云。

(1933年3月17日，第4张第13版)

防假借慈善团体名义演唱义务戏

平市府已定限制办法

平市府以各慈善团体名义演唱义务戏者，所收票价，任意开销。故昨特指令公安、社会两局，嗣后凡有请求举办义务戏者，应由主办人将开支呈报，以开支一百元为限，藉杜流弊。原令谓：查本市公益慈善团体筹款限制办法，及本市私立学校教育处所演剧暨游艺会筹款限制办法，业经本府核准，转饬施行在案。乃近来本市时有假藉教育或慈善名义，举办义务戏剧者，往往以所收票价，任意开销，余款无几，甚有不敷开支者。此种举动，对于教育、慈善，既鲜实际裨益，而强售戏票，要求免捐，公私交受其弊，殊乖演唱义务戏剧之本意。嗣后如有请求举办义务戏剧者，应由该局等转饬主办人将用途开支一并呈核。其开支费用，应以一百元为限，凡开支超越此数者，不得援用义务戏剧名义，以副名实，而杜流弊。至所收票价及开支，实数并应于三日内登报公布，用昭信守。除分令外，合行令仰该局并行切实遵照办理云云。

(1933年4月11日，第4张第13版)

春和演义务戏

扫数接济后方医院

公艺国剧社社长张子良等,鉴于前方抗日战事复趋剧烈,连日伤兵运到甚多为接济后方医院起见,定于十六晚假座春和戏院,演唱义务戏一夜,所得票资,扫数拨充后方医院。演员多系平津男女名票。戏目为赵瑞远之《忠孝全》,秋英、娟娟、若珊三女士之《二进宫》,张子栋、张忠娴之《三娘教子》,段国定、高富远之《女起解》,张子良、蒋子玉、夏铁夫之《玉堂春》,云云、立青、退厂、伴厂四女士之全本《困龙床》云。

(1933年5月13日,第4张第13版)

光明星期早场救济难民

收入全数交由本报代收

迩来战区难民,纷纷逃津避难。故津郊一带,遍地哀鸿,餐风宿露,嗷嗷待哺,情状至为可悯。光明大戏院有鉴于此,特定本星期日早时十时,开演特别早场,以全部收入,拨交《大公报》代收,用资救济。闻所演片已选定第一国家公司出版之《血战余生》。此片光明尚未映过,叙述欧战英德两军交锋史,血战之激烈,虽《西线无战事》亦不是过。此片与《航空敢死队》《海战狂波》可称鼎足而三之巨片。观众费些微之代价,既可得增广见闻,间接复有利于难民,一举两得。嗜影诸君,又何乐而不为耶。

(1933年6月2日,第4张第13版)

两剧团合演振济难民

三三晦明联合演剧　七月十二日在春和

三三剧团与晦明剧社,首次联合公演。经数日筹备,现已决定于七月十二日下午三时,假座法租界春和大戏院举行。剧目有:㈠余异之《丰年》,㈡辛克莱之《居住二楼的人》,㈢张季纯之《二伤兵》,㈣田汉之《梅雨》。票价前排六角,后排四角。现已开始售票。此次公演所有收入,除开销外扫数捐与东局子难民。

(1933年7月3日,第4张第13版)

艺人热心赈灾

王殿玉刘续章决卖艺募捐　赴鲁东表演得款悉数移赈

济南通信:在济南游艺园表演丝弦之瞽者王殿玉及表演飞车之刘续章,递呈省府,略称为赈济水灾难民起见,共同商酌,拟赴鲁东各市县区域,为青岛、威海、烟台、潍县、益都、周村、博山等处献艺。除每日应取最低之生活费外,所有听众所给代价,悉数拨作赈款。日所得收入,绝不由本人经手,拟请推举各当地公正士绅经管,直接寄交省赈务会,转发办赈。如蒙俯允,即当□道。并请转函青岛市政府,并分令上开各地县政府,俟到达时,派负协助,以利进行等语。韩〔复榘〕极为嘉奖,已批准照办云。

(1933年9月16日,第3张第9版)

山东同乡水灾急赈会举办义务戏

假座北洋戏院演唱二夜

山东旅津同乡水灾急赈会成立以来，进行募捐施赈，不遗余力。最近复特约津市名票多人，于国历本月十一日、十二日两夜，假北洋戏院演唱义务戏两天。十一夜戏码计为张孟雄、张金铭二君《骂殿》，童曼秋君《泗洲城》，松泳居士、徐觉民二君《坐楼杀惜》，刘叔度君《文昭关》，朱作舟君《铁龙山》《代草上坡》。十二夜戏为张孟雄君《托兆碰碑》，张金铭《女起解》，松咏居士、步月居士二君《鸿銮［鸾］禧》，朱作舟、童曼秋二君《莲花湖》，倪叔贞女士及徐觉民君《审头刺汤》，刘叔度君《辕门斩子》。票价，包厢八元；池座前排一元五角，后排一元；楼上前排一元，后排六角。现已开始在法租界北洋戏院及二十七号路蓬莱春饭庄售票。戏码既佳，昆簧俱备，又系义举，预料届时当有一番盛况云。

（1933年10月7日，第3张第10版）

树德小学开游艺会

日期：十一、十二两日

本埠英租界五十三号路树德小学，为邢撷秋女士所创办，于兹七载，成绩优良。近该校为扩充儿童图书馆，绌于经费，拟开游艺会，以票价所得，作补助购置图书之用。游艺会现已筹备就绪，准于本星期六及星期日（十一月十一、十二）两日，借座英租界黎家花园举行。其游艺会表演节目甚多，计有夏志真女士之钢琴独奏，某君等之口琴合奏，某校国乐团之丝竹合奏，新剧有《回家以后》及《艺术家》，歌剧有《小小画家》等，名目繁多，票价仅售五角云云。

（1933年11月6日，第4张第13版）

青年会为贫民儿募捐游艺会

本市青年会少年部，月前曾发起贫儿调查，经热心会员分赴河东、河北、南关、西广开等地，历时两周，始告完竣。所调查之贫儿，统计不下二千人。除向本市各慈善团体捐募大批衣物外，并于今日下午七时半在该会大礼堂举行筹款游艺会。游艺项目有吹笙、相声、口琴、国乐、笑林、歌舞、火棒、琵琶、拉锯、提琴，以及话剧《压迫》与《瞎了一只眼》等项。票价前排四角，后排两角。目的在得一百八十元，扫数购物，分送贫儿云。

（1933年12月15日，第4张第13版）

平妇女界筹款赈灾游艺会将开幕

平讯：平市三妇女团体发起之冬赈黄灾慈善游艺会，定于本月十二日晚在北京饭店举行，会前分向各界征求捐赠物品，现已收到一百余种。并将于会场中出售彩券，当场抽彩。兹志其头十彩之赠品如下：（一）白狐女斗蓬［篷］一件，（二）湘绣带框玻璃屏四幅，（三）紫缎倭刀腿皮袍一件，（四）子昂三星图一幅，（五）最新式西洋儿童卧车一辆，（六）杭州西湖织锦带框玻璃屏四幅，（七）雕刻寿星人一座，（八）华丽春季女大氅一件，（九）仁立地毯公司（礼券），（十）永年地毯三块。

（1934年1月9日，第4版）

平市三妇女团体赈灾游艺会志盛

八龄幼女代为灾难贫民请命　妇女服装表演堪作新娘模范

北平通信：北平市妇女会、妇女十人团和女青年会三团体，为办理冬赈救济黄灾以及进行慈善事业，联合举行游艺大会。在这样冰天雪地的严冬，贫苦难民当然热烈希望他们得到丰富的收获，就是一般市民也无不渴望会期的到来。经热心妇女筹备了许多时日，到十二日晚九时开幕，竟会有千二百余人前往参加。原来会场只能容纳半数，到会观众因为这是义举，虽然感觉拥挤，也多容忍下去，因为后至者还都被挤于会场之外呢。

素日办理慈善事业的妇女，对大会供献固然不少。就是军政各界的夫人也都竭力协助，并且还约了她们的先生们亲自参加。

游艺会会场设在北京饭店西楼下跳舞厅内。大会开幕的前一天，各组女职员都亲自到场设计布置，所以很精美雅致。会场正北为戏台，上置旧戏背影和一切应用的旗锣伞鼓之类。奏乐处设在台的西部，样样配置都很周备。

因为观众过于踊跃，八时半会场门前停止售票。但是，要求购票参加的仍然是源源而来。收票和维持秩序由王子文夫人与蒋陶曾谷女士负责，到这紧急关头就不得不婉辞谢绝了。因为临时添置座席，秩序上一时稍嫌紊乱，不过旋见平静。九时由大会主席王子文夫人宣布开会，并向观众表示歉意。后游艺开始，北平歌咏团登场，奏唱海潮及佛曲，声音铿锵和谐，会场空气顿时呈现肃静。歌咏团是平市贝满、慕贞、培华、财商、辅仁、师大等校学生所组织成的，歌前并由领袖李仁公先为介绍。

唱歌毕，朱桂芳氏接演《青石山》一剧。舞剑一幕，颇得好评，唱作均见功夫。未几，一白须老者带盔着甲登场，引吭高歌，极卖力气，是为《珠帘寨》之一幕。然而剧中主角之李克用，谁又知其即为孟小冬女士。继由许李灵爱女士所指导的少女舞团表演舞蹈，参加少女四人，都不过是七八岁的少女，演来极活泼可爱。令人想到灾区男女幼童，在这欢乐愉快中，不禁感觉到一种惨痛之苦。

后由平市名闺表演中国新嫁娘服装演变及时装表演，为大会生色不少，可谓为游艺会中最精彩的节目。开始表演前，乐声大作，似乎是在欢迎这般新妇的出场。先是丁维柔女士表演新婚服装，着红缎绣花袍，由幼女扶纱，在台上绕行一周；后由丁惟庄女士表演满装新嫁娘服装，着缎袍，上绣金龙花样，精细别致，由陪嫁娘陪伴出场，也在台上绕行一周。第三为费路路女士表演一九一〇年新嫁娘服装，费着红缎上衣，绣蝴蝶花样，下着红裙。第四为张广绩夫人饰一新受西洋潮流洗礼之新嫁娘，身着黑缎上衣，缀以珠花，下着红裙。第五为王遵倜女士，饰一九一八年之新嫁娘服装，已用白色，并带面纱，手持黄色花束。第六为黄瑶珠女士，饰一九二二年新嫁娘，着方角红缎上衣及裙。第七为吴玉娇女士，饰一九二六年新嫁娘，着圆角上衣及裙。此外，尚有饰时代新嫁娘者，为龚小姐、汪太太及徐太太等，装束甚为新奇、美观、入时。一般摩登小姐，大可拜彼等为师也。

新嫁娘服装表演后，继续表演时装。参加表演者计有朱九小姐、朱六小姐、朱十小姐、朱五小姐、黄小姐、梁小姐、龚小姐及费二云女士等八人。其表演方法，与新嫁娘服装表演相同。其服装多为新制，争奇斗异，大为观众所赞许。继黄瑶珠女士表演月里嫦娥。最后表演歌舞，仍由许李灵爱女士所教授之少女表演，参加者计陈韵修、陈韵仪、张淑云等三人，成绩甚佳。至十一时十五分游艺表演方告完毕。

这时，观众充满了快乐的情绪，不久就要抽彩开奖，空气突然转变。乃先休息片刻，十一时半开始抽彩，彩票每张一元，共售出二千三百余张，奖品多系各处捐来，共有一百九十九奖。第一奖为白狐皮披肩，最惹人注意，由章元善、方颐积及管翼贤夫人等处理抽奖事宜，至十二时半方始完毕。第一奖为一五一六号，当抽奖时，外间开始跳舞并进茶点，至昨晨三时许始尽欢而散。总计前日共售门票一千余张，彩票二千余张，可得捐款五千元左右云。

（1934年1月14日，第1张第4版）

北平梨园公益总会今晚演唱义务戏

票款全数救济贫苦同业　平市名伶全体登台演唱

北平通信：北平梨园公益总会为救济贫苦同业，特定今日（十日）晚在第一舞台演唱义务戏。剧目计富连成《太湖山》，时慧宝《碌砂痣》，周瑞安、吴彦衡、孙毓堃《青石山》，杨宝忠、刘砚亭《群臣宴》，李万春《师生反目》，高庆奎、小翠花《乌龙院》，尚小云、王又宸、谭富英、贯大元、程继仙《探母回令》，杨小楼、程砚秋、王少楼、郝寿臣《法门寺》，程砚秋、杨小楼、高庆奎、尚小云、郝寿臣、朱桂芳、小翠花、侯喜瑞、贯大元《八蜡庙》等。在平全体名伶，皆登台演唱。票价计分六元、四元、三元三种。所得票款，将全数救济贫苦同业云。（九日）

(1934年2月10日，第4张第13版)

励青社举行募款游艺会

本月二十八日举行　《锄头健儿》将公演

本市法租界巴黎路青年会会员二十余人，于民国二十一年组织励青社，以服务社会为目的。曾先后举办各种演讲会及服务抗日负伤将士等工作，成绩昭著。近拟在东马路崇仁宫地方，设立民众补习学校一处，分高、初级教授，凡无力就学之有志青年，均免费收纳。每年约需经常费数百元，除由该社社员本身出助者外，特定于本月二十八日（星期六）晚七时半，在东马路青年会礼堂，举行募款游艺大会，内容如池丽贞女士之钢琴独奏，培才小学校之歌舞，余如琵琶、二胡合奏、火棒、口琴队合奏及本市著名西乐家伍仲贤等之西乐，女师艺术促进会怀琴队合奏，青年会绎纯国剧社之中乐，王兰荪、刘文梁二君之相声等。该社社员并鉴于津市话剧运动之不景气，特约请艺专毕业高材生王家齐君，导演熊佛西作品《锄头健儿》三幕剧。该剧乃描写我国乡村迷信之风应亟破除及讽刺一般盲从青年之恶根性，实为熊氏改变作风后最得意之杰作，加以王导演之手腕灵活，经验丰富，其成功当可预卜也。演员则有省立第一中学校以演剧闻名之侯君饰健儿，姚君饰斗儿，及桂逢伯，孟保罗二君分饰信天与古城二老者，并由陈羽荚女士饰秋莲。票价一元与五角两种，现已由青年会及该社社员，分头售票云。

（1934 年 4 月 19 日）

梅兰芳等演赈灾义务戏

▲梅兰芳、王又宸定月杪由沪赴开封，演赈灾义务戏。姜妙香、萧长华、朱桂芳、刘连荣等均将前往。

（1934 年 5 月 19 日，第 4 张第 13 版，"旧京菊讯"）

女青年会平校筹款游艺会

明晚在伦敦堂举行　内容丰富临时售票

本市女青年会所举办之平民学校筹款游艺大会，已决定于月之十六日假海大道伦敦会礼堂准晚七时半举行。内计有钢琴独奏、单人舞、歌诗、舞蹈（《桃李争春》）提琴独奏、土风舞、却尔斯登舞、锯药乐、新剧《兰芝与仲卿》及《往那里去》等。

闻土风舞一项为陶少甫太太所导演，演员为该会英文班学生，奏乐系夏志真先生得意门生张隽伟先生担任。新剧《兰芝与仲卿》为该会英文班学生所演，导演为桂逢伯先生。闻该学生均具演剧天才，想届时定有可观。《往那里去》一剧，完全为该会劳工部学生所演。该生等终日在工厂中，由早至晚辛勤工作，工作后并在女青年会所设立劳工学校读书。该生等于工作后及课余之外，抽暇演剧，实属不易，且该剧完全表现城市中工人失业及乡村中农民受苛捐杂税之困苦情形。闻该会演此剧之目的有三：㈠欲该会劳工部学生自己感觉有负该校经济之责任；㈡欲藉此会使社会人士多多明了劳工事业；㈢欲稍得进款补助该校之经费。闻其他项目聘请外界担任，想届时定有一番盛况云。

（1934 年 6 月 15 日，第 4 张第 13 版）

黄灾画展延长参观钟点

黄灾画展在美术馆开会，购买者甚为踊跃。该会近日捐赠与购买者，乃属有加无已。昨本省于主席所书二联及其女公子斐君女士花卉条幅册页，已为热心赈务、笃嗜美术者悉数购去。再除捐品外，有天津崇化学会主讲章式之先生，允于该会展览期间售书助赈。先生为曲园高足，凤擅书名，欲得先生法书者，亦一良好机会也。又该会参观期间，原定每日晚六钟止。因现在长夏，六钟后正值晚凉。为便利观众起见，自即日起，将每日参观时间延长一点钟，至七点为止云。

（1934 年 7 月 6 日，第 4 张第 13 版）

青年会分会举行音乐联欢会

欢迎旅行全球之歌唱家

旅行全球之俄国歌唱家司提瑞尔高夫氏（S. Strelkoff）于日前抵津，下榻青年会。司氏自本年一月底由好莱坞出发，途径檀香山，日本东京，上海、青岛等处，屡次举行公开演奏，倍受热烈欢迎。此次来津，约勾留三五日，即须赴平，转往哈尔滨、西比利亚、义大利等地。预定明年一月返美，仍将服务于好莱坞。以留津日期短促，不及举行大规模之音乐演奏会。除在扶轮社、狮子社表演外，本市青年会巴黎路分会特约请司氏于三十一(星期五)晚八时在该会举行音乐欢迎会。除司氏个人独唱外,并有本市音乐家曹丝尔、刘海皋二君之合唱及司塔瑞司其克之提琴独奏。闻该会已柬请本市爱好音乐者及帮忙该会举办国际音乐大会之音乐家届时与会。惟以礼堂狭小,外宾概不招待云。

(1934年8月30日,第4张第13版)

春和义剧之一夕

小票友唱做难能　梁秀娟名实相符

本市各大戏院,迩自受社会经济不景气之影响,营业均颇不振。故冬季虽为业梨园者之旺月,而近日津市亦殊乏好戏可听。北洋戏院自经整顿,连期上座,除程(砚秋)、孟(小冬)外,均不见佳。春和且以某项纠纷而停业。本月十七、八两日,杨村新津小学校特假春和演唱义剧,上座之盛,叹为近日仅见。此可证一般人士对公益事项之热心,未始非社会好现象也。

十七日晚场,戏码为小票友刘承光之《五台山》,稚兰女士及关宏星之《女起解》,而以坤伶梁秀娟演玉堂春。刘承光为本市新天津报社长刘髯公之次子,习铜锤,其戏为金寿臣所教。按,金天赋嗓子甚厚,惜近来演戏失之于懈怠,颇有暮气。承光演此,抬手动脚,均与寿臣相差无多,虽动作稍带稚气,而在才近十龄之幼童演来,实为难能可贵,将来造诣,殊未可量。下为稚兰与关宏星之《女起解》,此二小天使,年龄似较承光为尤小。关略带"科班"气;稚兰一举一动,均有尺寸,嗓音虽嫌略小,亦是声带发育关系,未便苛求,至全剧精神贯注,始终不懈,尤属难得之至。大轴梁桂亭与女侄秀娟之《玉堂春》。"假马连良"(按名金振声,为金鹤年之子,习老生,扮相、台步、身段均与连良相仿佛,惜无嗓,顾曲者称为"假马连良")红袍,而以李洪春为蓝袍。梁秀娟嗓子尚佳,扮相"娟秀",名实恰符云。

(1934年11月19日,第4张第13版)

又一冬赈义务戏

男女名票合作　明晚北洋登台

本市北洋大戏院，明晚（二月一日）有男女名票多人，演唱冬赈义务戏。闻系黄梅轩夫人康［明］敏女士所发起。所有登台各位名票，一切开销，完全自备，纯尽义务。所有售票收入，悉数交由《益世报》社会服务版，代为发放。此种善举，可使贫民获得多少实惠。康女士之热诚救济，允为难得。至明晚剧目，戏券上均已印就，但现已略有更动。兹特刊布如下：（一）康［明］敏女士《女起解》；（二）钟启英君《别窑》；（三）徐君《乌盆记》；（四）咏吉庐主丹邱君昆曲《望乡》；（五）卓景榕君、陈碧华女士《坐宫》（此剧演否未定）；（六）杨维娜女士《虹霓关》；（七）璧君馆主《审头刺汤》。以上各位名票，均系平日极难得登台者。座券只售一元，可谓低廉云。

（1935年1月31日，第4张第16版）

记冬赈义剧

康明敏女士主办

黄梅轩夫人康明敏女士鉴于贫民之饥寒交迫，特发起主办一冬赈义剧，已于二月一日晚七时假座北洋大戏院公演。所得票款，除开销外，悉数捐助冬赈，此种热诚，殊堪钦佩。是日节目，首场为康明敏女士之《女起解》，由名票刘君叔度操琴，女士歌喉曼妙，扮相秀丽，反二簧"崇老伯……"一大段，凄楚动人，大有绕梁三日之势，其动作、表情均有独到之处。次为徐寿民君之《乌盆记》，"未曾开言……"一大段，引吭悲歌，亦颇动人。《平贵别窑》为钟君启英及田君小鲁合演，钟、田二君均为北宁国剧社名票，每一唱做则彩声四起，由此可见二君之艺术矣。是晚项目最罕见者厥为谢吉人君及童曼秋二君之昆曲《苏武牧羊》，虽词曲高超而和者亦颇众多。压轴为杨维娜女士之《虹霓关》，杨女士扮相秀丽大方，表情绝佳，其与王伯党交战之一景，更逼真逼肖。津地女票虽多，而能演刀马旦者当推杨女士矣。大轴为璧君馆主及念五居士之《雪艳娘》，陆炳神气十足，雪娘子娇艳嫉人，可谓珠联璧合，极一时之盛云。

(署名"不凡"。1935年2月7日，第4张第15版)

北洋义剧记

本市女子工读学校，日前假座北洋戏院演剧筹款。记者入场时，已唱至静宜轩主之《骂金殿》，字正腔圆，颇得好评。继为赵瑞臣君之《艳阳楼》，由赵饰高登，扮相脸谱颇佳，台步武功甚热，配角亦属不恶。大轴为王庚生君之《问樵闹府》，由金鹤年配樵夫，李克昌配葛登云，王是日嗓音大佳，歌来韵味无穷，尤以问樵时之身段，醉后之唱工表情，最为动人，彩声不止，后因时晚，未带《出箱》。闻该校此次结果尚佳云。(却酬)

(署名"芳"。1935年3月19日，第4张第16版)

名票会串义务戏

天津市私立老西开女子完全小学校，兹为扩充及增加设备起见，特于六月一日即本星期六晚，在春和大戏院演义务剧一晚。所约均系平津男女名票。剧目有刘君晋臣、徐君寿民《捉放曹》，吴君子涛、钟君启英、卓君景榕《八大锤》代《说书》，陈碧华女士、吴绛如女士《坐宫》《盗令》，李君东园、邢兰芳女士小客串《黑水国》《桑园寄子》，吴班齐女士、李君东序《宝莲灯》，念五居士、璧君馆主《大登殿》，高君海澄、吴浩然女士《空城计》。

(1935年5月28日，第4张第16版)

水灾音乐会

<small>清华大学军乐队第二次的演奏　本日在中山公园来今雨轩举行</small>

湛自平寄：清华大学军乐队主办之水灾音乐会，第一次演奏，已于上星期日，假中山公园春明馆举行，曾志本刊。是日成绩极佳，听众异常拥挤，现为便于维持秩序起见，本次（即今日）之演奏，改在中山公园来今雨轩举行。兹将演奏之乐曲，略为介绍如下：

（一）《船歌》——为俄芬龙哈所作。俄芬龙哈，犹太人，生于一八一九哥罗赖，一八八〇死于巴黎，是喜歌剧之名作家。他的作品，是浅俗的风格，而饱含着讽刺的意味。《船歌》一曲，是他的名作《荷夫曼的故事》一剧中的一节，斯剧述富翁名林多夫者，恋爱女郎斯忒拉，同时诗人荷夫曼亦恋此女。因此彼此变成仇敌。后林设法，离间他们，使斯去看荷酒后的醉态。盖荷在一酒店中被学生们包围，举杯畅谈其过去的三种恋爱失败。于是林的计画成功，而荷的恋爱又失败了。人们散后，荷尚独留酒馆，拿着酒瓶说："我要拥抱的只有你一人呀。"

（二）维也纳歌剧作家苏佩之名曲《维也纳之晨夕》。斯曲描写维也纳之绮丽风光，非常秀丽典雅。

（三）《夜曲》——十九世纪浪漫派大师门楼尔宋所作。门楼尔宋是大哲学家摩西氏门楼尔宋的儿孙，九岁时即出席音乐会演奏。家道富有，一生不知愁苦为何物。在他的乐曲里，常会流露出一种华贵的整洁的与中庸的思想及情感。这个人的气质非常豪爽、稳重而热情。他的杰作有《中夏夜之梦》及《无言之歌》等。

《夜曲》是在晚上演奏的音乐，使人听着如入梦境，如在朦胧月色中投在恋人怀抱里。旋律终是美丽的带着浪漫的色彩。

（四）《快乐寡妇》——这是从人人习知的、通俗的喜剧《快乐寡妇》中选择出来美妙的曲子。

（五）《艺人的生活》——这是华而兹（Waellz）曲作家约翰·斯特拉斯作的一支华而兹曲，旋律极其幽雅而富于维也纳的情调。

该乐队总共将作四次演奏。每次演奏，并不收入门券，由听众自由捐助云。

（1935 年 8 月 18 日，第 4 张第 15 版）

关紫翔赈灾提琴独奏会

今晚在北平协和礼堂举行

今晚（二十六日）八点半在北平协和礼堂，将有一个小提琴的独奏会，演奏人是关紫翔。

个人提琴演奏的音乐会，在平津的国人中这是创举；因为这不是一件容易事。关君在提琴的技巧上、表情上，以及各方面均有相当造诣，这自然是他的勤奋与努力之所造成。虽然我们不能就说他的技艺是成熟了，但是他很年青，这样吃重的一个音乐会，证明了他的前途是有希望的。

节目中的前半部，包括了两个曲子，第一个是古典派的天才大音乐家 Mozat 的 Sonata No. 4，第二个是比国小提琴家 Beriot 所作的 Fantaisie Ballet Op. 100。

后半部的初一项，是德国大音乐家 Brahma 的 Waltz op. 39 的 Hungarlan Wance No. 5。其次是黑人圣诗。再次就是 Kreisler 改编 Ramean 的 Tambourin 和 Sarasate 的 Malaguena op. 21 No. 1。最后一个仍是 Kreisler 的作的 Tambourinchinols No. 3，这是他到中国后听了中国的大鼓所得的印象而作成的，是现代提琴曲中的名作。在这后面的两个曲子上就可以与演奏者的技术一个估价了。

这自然是一个尝试。我们应该佩服他的大胆——这种大胆不是自己觉得不错而就出台的大胆。乃是敢于以自己的技艺来为灾民请命的大胆，平津音乐界以及各校音乐教授不乏知名之士，也许会有这种助赈演奏会继续出现。则抛砖引玉，应该是他更大的功绩了。

爱好音乐的人和关心灾民的人，似乎全不应错过这个机会。票价是一元。

（署名"金"。1935 年 9 月 26 日，第 4 张第 15 版）

南开校友会主办救灾游艺大会今晚揭幕！

本市南开学校校友会主办救灾游艺大会事，已迭志本报。该会准于今日（二日）下午七时起，在东马路青年会举行，内容丰富，可谓空前盛会。至其内容及秩序，兹略有更易，再志如次：

国剧部：共有七出，计伉聘卿君之《吊金龟》，李培基君之《武家坡》，陆寄躬、刘仲鸣二君之《定军山》，王守瑗、缪雪亚、刘友銮、訾牧斋、王世瀛、卢金铭诸君之《庆顶珠》，颜贤喆君之《女起解》，赵湘白、陆仲吾、李培基三君之《玉堂春》，朱小姐、周培生之《小放牛》。以上诸剧，均为精心杰奏，各具精彩，尤以赵湘白、颜贤喆二君之全本《玉堂春》为佳。颜君饰《起解》之苏三，赵饰《会审》时之玉堂春。名票名剧相得益彰。至王守瑗、缪雪亚二君，原拟合演《十三妹》。嗣以二女士刻罹病未愈，不克演此繁重之剧，乃力疾登场，改演《庆顶珠》。

游艺部：此部节目，大致已见前报，惟白云生、马祥麟二艺员之《琴挑》，约在九时左右登台，请注意。

杂艺部：杂艺部之希奇古怪、幻化迷离，读者只有身临其境，方可体会得出其佳趣。

各商店助赈：又此次该会杂艺部，特在青年会客厅台球间设立拍卖场。事先向本市各商店征得助赈物品多种，当众拍卖，所得货款，均捐入赈款。输捐商店计有正兴德捐茶叶一千盒；华竹捐寒暑表一百五十个，手巾一百五十条；仁昌捐手巾十打，康宁皂二十打；商务印书馆捐条幅字画七种；艺新衬衫公司捐象头牌内衣二十件；凤祥金店捐救灾纪念银盾一座。以上各物，均以极低价格出售捐赈云。

（1935 年 10 月 2 日，第 4 张第 13 版）

东大赈灾游艺会

定今晚在该校举行　中旅剧团参加表演

潘彦自北平寄：从各地的水灾惨声，惊动了遐迩。大家都各尽能力的所及，协力赈济，举行展览会的，或办游艺会的，指不胜屈。平市西直门东北大学的水灾赈济会，决心举行游艺会，和各类游艺专家接洽帮忙，已经慨允协助。特别是这次新自天津载誉归来的"中国旅行剧团"，更对此举表示同情。该会于是辟该校（西直门）大礼堂为游艺会场，前排入场券仅国币一元，后排入场券只售五角。并已决定在今日（十一月三日）在该大学大礼堂内举行。时间为下午五时半至十时半。表演游艺的项目：（一）杂技；（二）国术；（三）歌舞；（四）音乐；（五）话剧（中国旅行剧团）。每项的游艺，都是精心之作，而且在项目的次序上，动静的调整，非常有条理。给不同心理、不同嗜好的观众们，各个一项喜好的游艺。而以多数人欢迎的，中国旅行剧团的话剧殿其后。中国旅行剧团，唐槐秋、唐若青父女和其他演员，到平以来，每个礼拜为优待学界，特在西城哈尔飞剧院加演早场一次。学生在时间与经济两方面都感觉着便利，所以场场座满。这样，学生对他们的艺术起了浓厚的信仰。东北大学礼堂内，今晚为灾民请赈的一夕表演，预计更可以给多数观众一个圆满的兴趣。

(1935年11月3日，第4张第15版)

《财狂》再度公演　南开校友会冬赈筹款

日期：本月十五下午二时　地点：南开中学瑞庭礼堂

本市南开校友会为天津市冬赈及贫儿救济筹款，特请前次公演大获成功之南开新剧团，于十二月十五日（星期日）下午二时，再度公演《财狂》一天。该会本拟在租界内借一剧院公演，旋因该剧布景非常伟大而精致，租界内尚无适宜剧院。将布景加以改造，又恐减去该剧之艺术成分。故地点仍决定在可称中国第一话剧舞台南开中学瑞庭礼堂。票价非常便宜，甲种五角，乙种三角。售票地点：南开大学、中学庶务课，东马路青年会，法租界青年会，法租界天津书局，法租界北洋药房及南开校友会等处。

(1935年12月11日，第3张第11版)

天津市慈善事业联合会启事

敬启者：本会此次筹办冬振，适在市井萧条、来源断绝之时，百计图维，异常艰困。至不得已始有演剧助振之举，已与十二月廿一、二两晚假北洋戏院举行。蒙诸大善士毅力维持，或慨予捐施或代销戏券，湛恩汪惠，纫佩靡涯。兹将收支各项分别胪列，计两日共售票款八千六百六十九元，除开销外，净余五千二百十三元三角四分，连同临时捐助洋二百九十九元，共计五千五百十二元三角四分。以上所收各款，除完全购买米煤分发各粥厂逐日散放，并将收支数目呈报市政府社会局备案外，特将详细数目公布于后，即希公鉴。

计开　收入项下：一、收戏票售款洋八千六百六十九元；一、收各大善士捐款洋二百九十九元。以上共收洋八千九百六十八元。支出项下：一、支黄咏霓女士两天开消洋一百七十元；一、支各艺员两天场面开消洋一千六百六十元〇五角；一、支王又宸艺员二天场面开消洋二百元；一、支北洋戏院院租班底洋四百十五元；一、支平津往返旅费及运行李戏箱等洋三百五十三元七角九分；一、支各艺员及配角膳宿费洋三百七十四元三角；一、支印刷广告费一百三十五元；一、支杂项洋一百四十七元另[零]七分。以上共支洋三千四百五十五元六角六分。收支两抵，净余洋五千五百十二元三角四分。

(1936年1月17日，第2张第5版)

山东水灾义务戏

▲山东水灾义务戏,二十九晚在中和演唱。程砚秋《红拂传》,谭富英《定军山》,韩世昌《狮吼记》,王幼卿《穆天王》,茹富兰《夜奔》。戏票售出,甚为踊跃。

(1936年2月27日,第3张第11版,"旧京剧屑")

李桂云即将出演北洋

坤伶梁韵秋同老生崔仲麟今晚(二十七)开始在北洋大戏院演唱四天,戏码均颇精彩。

北洋下期戏,由三月六日至八日,邀秦腔坤伶李桂云及老生王金城、东方艳等演唱。剧目:头晚《算粮登殿》。次日早《铡美案》,晚《大拾万金》。第三日早《三娘教子》及《翠屏山》,晚《万里长城》。李桂云前为奎德社坤班之台柱,最近在平又组班改演秦腔戏云。又在李出演期间,名须生谭富英亦适在明星登台(由三月四日至八日),未知桂云此番来津是否受其影响也。

(署名"炎"。1936年2月27日,第3张第11版)

戏专今天好戏

王金璐《落马湖》　宋德珠《杀四门》

戏校此次来津,王金璐饱受欢迎。今日白天,又将演其拿手杰作《落马湖》。是剧纯宗小楼《问樵》《酒楼》两场,说白神情,极属到家,吐字有力。同场宋德珠将演二十年来歌坛失传之《杀四门》。是剧演刘金定下南唐故事，为老伶工九阵风所授，名贵可知。今天夜场金璐演《夜奔》。此剧在平不轻出演，前于水灾义务戏会一演之。此次特演，盖北洋戏院所转烦云。

（1936年3月24日，第4张第13版）

津电国剧社为私立模范学校筹款

在青年会演唱义务戏

本市河东李公楼私立模范小学校，创立于民国五年，至今已有二十年历史，成绩甚佳。刻因经费不足，拟演义务戏筹款，遂由该校教务主任赵悲士，奔走各方接洽。刻已蒙本市电报局国剧社慨允，特定于四月十一日（星期六）假座东马路青年会礼堂演唱会。

（1936年4月8日，第4张第13版）

程砚秋自渝赴蓉演义务戏三日

在渝表演二十日成绩良好　剧团一行定明日启程返平

重庆航信：程砚秋自来渝在一园演戏以来，计由五月十二日登台起至三日，天天满座，戏码亦天天更换。有好多戏在平津很少排演的，在此也唱了。上星期演《荒山泪》一剧时，颇得观众的同情，因为剧情与从前四川情形相仿佛，加以程砚秋演来更深刻，所以很博得观众的同情。票价最高四元，最低五角，好座都早已订售，临时不易觅得座位。该剧团演至六月三（日）为止，四、五两日应巴县、江北两县官绅之请，演赈灾义务戏二天，演完后即赴成都。只程砚秋个人带琴师等定六日乘汽车赴蓉，演义务戏三天，剧目定为《汾河湾》《骂殿》等。配角即由成都万［方］面票友组织。程在蓉演毕，即游峨嵋，然后再赴上海。其剧团一行，拟七日由此乘轮赴汉转平。因各伶离平已久，现值北方时局紧张，亟欲早日回平。

此间各界虽恳留数日，但程剧团一行思归甚切，未能应允。此间一二小报对程不免有不满表示，以为程此来甚赚钱，应拿出来赈济灾民。据程对人表示，该剧团此次入川演剧，旅费及各角色戏份，开支浩大，无利可图。况且一连排演二十余日，精神上已感疲乏。重庆气候又热，此行成绩，但求不赔钱，即属万幸。故成都各界来函邀往表演，亦只得由本人单独前往，演义务戏三天云云。

（署名"一日"。1936年6月6日，第3张第10版）

名坤伶新艳秋明晚在北洋登台

打泡戏为全部《玉堂春》　票友王莉珠将演义务戏

名坤伶新艳秋，扮相秀丽妩媚，歌喉圆润悦耳，年来艺技猛进，声誉蒸蒸日上，历次出演南北，莫不大博好评。近日由沪返平，即受本市北洋戏院之聘，订于明晚（十七）起，露演三天五工，剧目为《玉堂春》《奇双会》《赚文娟》《探母回令》《貂蝉》等大块重头戏。同台登场角色，有老生管绍华、花脸李克昌、坤伶小生梁桂亭诸人。原拟邀侯喜瑞、周瑞安同来，因故未果。

新伶等准予明晚开始登台。头天压轴为管绍华与李克昌之《击鼓骂曹》，大轴为新艳秋、梁桂亭等合演之名剧全部《玉堂春》。按，《玉堂春》一剧，为时下最流行之一出旦角戏，熟而又熟，角无男女，凡唱旦者，几于无人不演，但演全而好者，却不多见。在坤伶中，新艳秋此剧最称拿手，出演各地，当以之打泡。今番在北洋登台，又于头晚首演斯剧，由《嫖院》起直至《团圆》止，艳秋饰通场苏三，梁桂亭配王金龙公子。前部以花衫调情取胜，后部《起解》《会审》趋重唱工。全剧有喜、有悲、有羞、有怨，表情唱念，繁重之至。值兹炎夏，演此硬戏，非有相当功夫者，必致费力不讨好。艳秋长于唱念，尤擅表情，自能驾轻就熟，得心应手，况此剧又为其撒手锏，演来自不同凡响也。

又讯：近有人准备约请名票王莉珠君主演一次义务戏，俟新艳秋一组演毕，即假座北洋戏院举行。王君年少英俊，性嗜国剧，工青衣、花旦，向不轻易牺牲色相，今番应友人敦请，毅然允许粉墨登场。闻老生一角，业已约妥王清尘合作云。

（署名"炎臣"。1936年7月16日，第4张第13版）

梅兰芳飞平

夫人福芝芳等同来　　在平勾留一月来津演唱

北平通信：名伶梅兰芳，离平日久。近为扫墓，昨晨偕夫人福芝芳女士及姚玉芙等，由沪乘中国航空公司巨型机北飞，十二时十分抵南苑。

飞机场上　平方得讯，梨园公会全体执监委，当乘大汽车执欢迎旗先到机场候迎。名伶如尚小云、马连良、李万春、王又宸、王幼卿、刘砚芳及梅之琴师徐兰元、王少卿等，亦纷纷到场欢迎。其他各界代表，如国剧学会齐如山、新华银行经理曹少璋、市政府专员吉世安等，共二百余人。飞机到达降落后，全体欢迎人一致鼓掌，梅氏于掌声如雷中，偕夫人下楼，与欢迎者一一寒暄。梅着灰色西服，面容虽见衰老，但仪态不减当年，精神甚佳。寒暄后，当乘汽车入城，下榻北京饭店一百四十号。当时往访者甚多。梅氏定本月六、七两日，在第一舞台为梨园公会筹募基金，演唱义务戏二晚，并拟单独在平单独在评演戏数次，藉与北平人士一叙阔别之意。梨园公会刻正筹备举行欢迎大会，日期现尚未定。

对记者谈　记者午赴北京饭店访晤梅氏，当由梅氏在北京饭店客厅内，与记者畅谈，并介绍梅夫人与记者晤面。据梅氏谈称："余离平日久，此次北来，因故都戚友甚多，特来探望，并扫祭祖墓。北平梨园公会为筹募基金，决定演唱义务戏二晚，戏目已如报载。再旧日梅剧团同人，亦甚望余能在平演戏数日，余已决定从命，以副雅望。但何日开始演唱，戏码如何，刻均未决。余在平约留一月后，赴津演唱，然后赴青岛。在青岛亦将演唱义务戏，已有接洽。余返沪后，不拟他往，但甚愿能再赴美一行。欧洲各国及澳洲，与予接洽出国演唱者甚多，但目前尚均难谈到。余酷爱北平,将来则仍拟迁回至可爱之故都久居"。继有人询梅发表改革旧剧意见,梅谈:中国旧剧,有其固有之精神,不能与西洋戏剧合而为一。中国旧剧,欲图改革,亦甚困难。此时正应保存中国旧剧之美点,另创新的戏剧。依余经验,中国旧剧,原则上不应利用布景,若利用布景,反减失剧中之精彩处。但旧剧舞台布置、声学、光学之研究,以及戏园中之清洁等,实均有研究改革必要,希艺术界多加指教云云。

(1936年9月3日,第2张第6版)

北平梨园公会大义务戏全部戏码

全国平剧精华荟萃空前盛举　今日开始售票六七两晚出演

北平通信:北平梨园公会筹款大义务戏,定本月六日、七日两晚,在前外西柳树井第一舞台举行。除余叔岩不参加,谭富英远在济南(须九日自济启程),高庆奎来津调理治嗓外,四大名旦以次全体平戏艺员,均一致参加。程砚秋原应南京方面邀请,日内去首都主演筹款义务戏,因梨园公会邀请,亦行加入,戏目票价已完全商定。戏码方面,第一日前场原为李盛藻、杨盛春合演《连营寨》,因与大轴《甘露寺》冲突(同为三国戏),李盛藻改演《火牛阵》,杨盛春改演《四白水滩》。票价最高为八元,最低一元。自今日(三日)起,在前外樱桃斜街梨园公会内开始售票。时间为每日上午八时至下午五时止,戏票戏单已印制,昨晚十时交件。预计第一舞台可容三千二百余人,平均两晚售票可得七八千元之谱。园租为二百元,除去开销花费外,以三千元偿还去冬债款,余并分发救济贫苦同业及施舍棺木慈善事项之用。第一舞台方面,已行布置,原来大条椅,损坏十分之一,刻已赶修。此次前后台主持其事者,后台为赵砚奎、于永立;前台为刘砚芳、迟绍峰。查票各项职务,由经励科分别担任。当场概不募捐。兹志全部详细戏单票价于后:

本月六日(星期日)夜戏

(准七时半开锣)

《富贵长春》：李春义、陈少五、焦凤池、董富森、存平全、孙庆发、唐福顺、赵斌芝、张奎斌、周益瑞、杨士珍、李德奎、孟庆会、何堃璋、王盛如、张蕊香、罗五十、钱三桂。

《泗州城》：富连成众学生。

《碌砂痣》：时慧宝、吴彩霞、张菊舫、高荣亭、张凤祥、贾松龄。

《四白水滩》：杨盛春、张云溪、刘宗扬、高盛麟、韩盛信、张连廷、奎富光、方连元。

《火牛阵》：李盛藻（田单）、孙盛文（伊立）。

《武松打店》：李万春（武松）、毛庆来（蒋门神）、刘斌升、王德俊、张福华、张永禄。

《樊江关》：尚小云（薛金莲）、荀慧生（樊梨花）、茹富兰（丫环）、孙甫亭、贾多才（中军）、王多寿、常连太。

《拾玉镯》：小翠花（孙玉姣）、金仲仁（傅朋）、马富禄（刘媒婆）。

《法门寺·大审》：王又宸（赵廉）、程砚秋（宋巧姣）、郝寿臣（刘瑾）、马连昆（刘彪）、芙蓉草（孙玉姣）、慈瑞泉（贾贵）、震仲三、李四广（刘公道）、徐寿琪、哈宝山（宋国士）、刘玉泰、张连升、韩金福、慈少泉、律佩芳。

《甘露寺》：马连良（乔玄）、李洪福（鲁肃）、刘连荣（孙权）、张澍田、李连英、贾多才、姜连彩、袁增福、袁海林。（全武行）

《回荆州》：杨小楼（后部赵云）、梅兰芳（孙尚香）、程继仙（周瑜）、侯喜瑞（张飞）、李多奎（国太）、萧长华、孙毓堃（前部赵云）、鲍吉祥、侯海林、陈玉惠、林四祥。（全武行）

《芦花荡》：王凤卿（后部刘备）、王少亭（前部刘备）、韩福元、胡长泰、芮宝珍、陈文英。（全武行）

九月七日（星期一）夜戏

《龙虎门》：陈少五、裘盛戎、王田甫、林四祥、李二格、赵春锦。

《白良关》：王泉奎、褚子良、慈永胜、董碧兰、贾松龄、高荣亭、存平全、董宝森。

《古城会》：李洪春（关公）、马连昆、宋遇春、杨春奎、律佩芳、姜连彩、孟庆会。（全武行）

《大妞蜡庙》：张云溪、刘宗扬、李盛藻、杨盛春、高盛麟、奎富光、张世桐、韩盛信、方连元、张连廷、刘玉太、钱少卿、陆喜才、赵斌芝、丝凤池、陈玉会、何堃章、常连太、张澍田、杜俊芳。

三本铁《公鸡》：李万春、刘斌升、毛庆来、陈富瑞、张永禄、王德禄、陈喜光、张裕华、韩福三。（全武行）

《双摇会》：荀慧生（二奶奶）、小翠花（大奶奶）、金仲仁、马富禄、贾多才、王盛如。（邻居）

《武家坡》：程砚秋（王宝川）、王又宸（薛平贵）。

《打鱼杀家》：尚小云（萧桂英）、马连良（萧恩）、慈瑞泉（教师爷）、侯喜瑞（倪荣）、李洪福、王多寿、周瑞祥、高富远。

《霸王别姬》：杨小楼（霸王）、梅兰芳（虞姬）、王又荃（虞子期）、张春彦（李左车）、王凤卿（韩信）、刘砚亭（项伯）、许德义（鐘离昧）、宋继亭、迟月亭、王福山、李玉广、萧长华（更夫）、罗文奎、徐寿琪、甄洪奎、李春义、韩金福、郭春山、霍仲三。（全武行）

票价

池座前七排八元，中七排六元，后三排三元。

后四排二元，旁厅二元五角，木炕二元。

后厅一元，三层楼木炕一元。

包厢：一级厢八座六十元，一级六座四十元。

二级四座厢三十元，三级八座厢三十二元。

三级后八座十六元。

（署名"黄华"。1936年9月3日，第4张第13版）

梅兰芳昨抵津筹演义务戏

辅助津市慈善事业　程砚秋愿合作

本报特讯：名伶梅兰芳应本市中国大戏院之聘，并就便出演李企韩宅堂会，于昨日下午六时八分，乘北宁第五次快车来津。

新华大楼昨晚盛宴 晚七时半，与名伶程砚秋，同应本市商品检验局局长常鸿钧，及交通银行经理徐柏图之欢迎，宴于新华大楼。同时被邀者，尚有津市长张自忠，秘书长马彦翀，各局局长程希贤、李在中、凌勉之，名流陆宗舆、边洁卿，绅商王晓岩、张浙洲、王文典、孟少臣、赵聘卿、纪仲石及各银行经理等六十余人。觥筹交错，热闹异常。席间由常鸿钧分别介绍并说明设宴本意，拟请梅、程在津演唱义剧数日，以扶助津市慈善事业。梅、程先后致答，略谓承主人邀宴，介绍各界领袖，无任荣幸，义务戏义不容辞，如时间许可，决唱数日。继由商会整委纪仲石代表津市绅商致词，对梅、程允在津演唱义剧，表示伸谢，直至晚九时许，始尽欢而散。

当夜出演李宅堂会 梅氏当晚在明星李宅堂会演唱《宇宙锋》"装疯""金殿"二场。今日起即出演中国大戏院，预定演期为一星期。必要时或将延长。记者于散席后，走访梅氏于英租界利顺德饭店。因梅氏自游俄归来，历在各大埠表演，最近返平，报纸上发表谈话甚多，不再赘述。记者嗣问梅氏此来规程，据答："本人系四年前出演中国银行卞经理宅堂会戏后，离开天津。今日始获与津门人士相会。在津演毕，将赴济南。拟明春再度出洋，先赴美洲，刻已有人前来接洽。以后将由美赴欧，周游列国"。

梅氏谈称厌倦唱戏 记者询以对于彼个人之生活与事业之感想如何，梅氏答称："本人年华老大，久已厌倦唱戏生活。向曾自己规定，再唱几年，即行休息。奈嗣后各方友人要求，欲罢不能，至今仍难说何日可以脱离红毡。将来若能休息，决将从事剧本之改善，俾在戏剧上有所供［贡］献。津市绅商约唱义务戏，决当尽力，至日期戏码，将另由管事人商定"云云。闻本市公安局定今日仍在新华大楼宴梅云。

（1936 年 10 月 17 日，第 2 张第 6 版）

南开校友筹款援绥　国剧节目极精彩

南开国剧社名票多人参加演唱　二十九日下午一时在南中举行

百灵庙克复了，真是可喜的消息，这是为民族争光的前线战士们所奋斗的成绩。站在后方的全国国民，都应当努力来援助那在寒天雪地的民族英雄们。我们援助的方法，最好的当然是捐款了。如今全国各地的同胞们都竭力的募款，送往前方，南开校友们当然也要尽一份国民的天职。所以订于本月二十九日（星期日）下午一时，假南开中学瑞廷大礼堂演剧筹款，剧目计有：

一、《断后》——伉聘卿。

二、《盗御马》——爱吾卢主。

三、《射戟》——郑继先。

四、《辕门斩子》——王运新、伉聘卿、胡吹彭、李鹤年。

五、《坐宫》——王思珍、李培基。

六、《哭监》《写状》——沈希咏、静一馆主、郑绳武。

七、《空城计》——远尘逸士、爱吾卢主、王世瀛。

伉聘卿为南开国剧社中老旦人才之佼佼者，扮像［相］苍老，嗓音苍脆，实有龚处之原味，堪与李多奎比美。《盗御马》为架子花重要戏，爱吾卢主对此颇有研究。郑继先之小生，久已脍炙人口，嗓音婉转自如，身段活泼，表情细腻，实为小生中杰出人才。以王运新之宏亮嗓音，歌《斩子》一剧，当有意外收获。《坐宫》乃王、李二君擅长之剧目，尤以李君之四郎，直若菊朋在望。大轴之《贩马计》，为沈希咏女士之拿手杰作。沈女士研究国剧数载，独于此剧颇有心得，每以此剧自赋，是证此剧堪称女士之得意佳作。再加静一馆主之老生，郑绳武之小生，配搭齐整，届时定当有一番精彩表演。压轴为远尘逸士之《空城计》，远尘逸士之学谭，大有登堂入室之概，深得老谭之三昧，为远尘逸士研究国剧数年来轻未露演之佳剧。只《城楼》一场，足堪听闻，况由《失街亭》直至《斩谡》之全剧乎。马谡为演《盗马》之爱吾卢主，当更生色不少矣。

票价非常低廉，前排五角，后排三角。售票处在大胡同大东书局、东马路青年会、法租界佩文斋、中国摄影公司及南开学校大中女小四部。

南开校友学办此种筹款运动，实为我津人士捐款爱国一好机会，况又聆佳剧，诸士媛当从连购票也。

（1936年11月26日，第4张第13版）

蓝卍字会冬赈戏

邀名票记者大会串一晚　故都评剧界多参加演剧

北平通信：北平蓝卍字会决举办"冬赈慈善义务戏"一场，邀平市名票记者多人，参加演剧大会串一晚，已定本星期六（二十八日）晚在华乐戏院举行。登场者多为故都评剧界知名之士，程派名票李熙文君及立言报戏剧编辑吴宗祜亦被邀请加入。音乐场面由程砚秋剧团担任。全部戏码如后：㈠大轴《黄鹤楼》（吴宗祜饰刘备，李熙文反串周瑜，吴幻荪饰孔明，翁藕虹饰张飞，段鸿轩饰赵云，场面：程剧团）。㈡昆曲《长生殿》弹词（叶仰曦李龟年，景孤血李牧，场面：谭子和等）。㈢《秋胡戏妻》（李熙文罗氏，文亮晨秋母，哈宝山秋胡，场面：程剧团）。㈣《李刚打朝》（叶荣庭饰李刚）。㈤《双摇会》（景孤血李相公，阎世燮二奶奶，承玉辉大奶奶，吴逸民邻居）。票价前七排一元，后十排六角，厅廊三角，头级四座厢四元，二级十座厢六元。

（署名"黄华"。1936年11月26日，第4张第13版）

华乐、中和戏院举办义务戏

▲马连良此次在华乐戏院露演义务戏，成绩甚佳，除开销外净余四百一十元八角八分，业已购买赈粮，分发故都西郊难民。又马连良为料理私

务,于前日来津,定今日返平,明晚在华乐演双出,一为《打渔杀家》,一为《甘露寺》。

▲故都票界赈济赤贫义务戏,定十一月二十九日晚在中和戏院举行。所订剧目,异常精彩,计有南铁生、李洪春、金钟仁之《万里缘》,俞振飞、听风舍主、曹二庚之《长生殿》,味根园主、张泽圃、张稔年之《群英会》。

(署名"伦"。1936年11月26日,第4张第13版)

平市教育文化记者主办赈灾音乐会

慕贞等校歌咏队合唱爱国歌曲　著名作曲家齐尔品亦参加演奏

二十八日晚假协和礼堂举行

北平通讯:平市教育文化记者定于本星期(二十八日)晚八时,假东单三条协和礼堂举行盛大音乐会,募款购药赈灾。现大体已布置就绪,因举行目的,除募款外,并注重引起听众强烈情绪,故节目特别慷慨激昂。已约定驰名平市善于唱歌之慕贞女中、贝满女中、育英中学三校歌咏队一百人,合唱爱国节目,并有平市小学生一百人登台高歌。此外有北平口琴会之口琴,中国教育音乐促进会之国乐,李雅妹、陆以循之提琴合奏,蒋凤之、郑曾祐之二胡及新由日本返来之世界故派作曲名家齐尔品之钢琴表演。齐氏已二年不在平市献技,此次特出席表演,殊为难得,必引人入胜,自无疑问。票价分一元及五角两种,分在男女青年会,协和堂等处出售云。

(1936年11月26日,第4张第13版)

南大音乐学会主办募款音乐会

日期：本月十九日（星期六）　时间：晚九时整

地点：法租界维斯理堂　票价：各座一律一元，学生五角

内容：

（一）大合唱——南开男女中学歌咏团

（二）大合唱——南开大学歌咏团

（三）男音四部合唱——南开大学歌咏团

（四）口琴合奏——向子刚、陆亮元、赵镫、张宪虞四君

（五）口琴独奏——韩扶生君

（六）独唱——伍檀生女士

（七）手【钢？】琴独奏——斯维特君（Mr. Norman Surift）

（八）钢琴独奏——程娜女士

（九）提琴独奏——杨天一君

（十）独唱——莫乐夫人（Mr. Surift）

（十一）大提琴独奏——斯达捷克君（Mr. Stareschek）

（十二）钢琴独奏——容慕云女士

（1936年12月15日，第4张第13版）

本市妇女界慈善游艺会盛况

张厚文女士舞剑一幕最精彩　时装表演新奇别致富丽堂皇

月之十二日晚，为天津妇女急赈慈善游艺会假座西湖饭店举行之期，事前售票已达八百余张。故来宾上座极盛，未及九时，已满坑满谷，闻所备之椅桌均已告罄，临时借来二百余张以应急需。甫入门，即有青年学生四人，衣整洁之礼服，司检票之职。票未撕下，即为一群手捧花篮之摩登

小姐所包围，若不破费一元买来鲜花，恐不能破此重围。将花戴在衣襟上，抬头一看，突见白纸黑字大书"窝窝头、大米粥，每位五角"之招牌，盖备作粥厂售粥之用也。会场四周，座客已盈两匝，过道亦几为阻塞，幸遇数友人，始克拼桌而坐。每桌均有节目二三册，内容精致，皆刊赞助各大商家之广告。秩序中西皆备，文武皆有。每场由郑汝铨女士用西电有声电影公司之放音机用华，英语向观众报告节目及表演者姓名。闻致开幕词之朱唐婉宜夫人，向众报告此次筹备经过情形甚详，并分配捐款办法，口齿清晰，声音明朗，态度尤为大方，颇受欢迎。节目首为朱小棣君之国术，继以张慧衷女士之"吉他"琴独奏，吴小姐及丽娜女士之四重钢琴独奏。国剧清唱为王孟钟夫人及卢开瑷夫人之《珠帘寨》，临时又加入名票刘叔度、陈湘君、韩慎仙等。国剧为朱文菊小票友之《醉酒》，年甫十二龄，尤为外宾所赞许。舞剑为平市名闺张文忠公之孙女厚文小姐，于掌声中持剑出演，取《别姬》剧中之"夜深沉"一段，载歌载舞，韵调身段，备臻声容之美，若非有国剧及武术相当根底者，不能有此成绩。且张小姐之容雍华贵，绮年玉貌，及其艺术天才，尤非他人可同日而语也。此场可称是夕最精美之一幕。压轴为十四位小姐之时装表演，每排以二人出场，鱼贯而行，极华丽堂皇之至。第一排张厚文、周白蒂，第二排为朱尚柔、张美达，第三排为朱小来、王遵俣，第四排蔡芝馨、朱浣筠，第五排项亚男、岳小梅，第六排蔡兰馨、李莲贞，第七排为王文贞、陈秀曼。诸小姐有玉立婷婷者，有娇小玲珑者，备婀娜健康之丽，云鬟花影，罗裙绣履，诚中外今古服装大观。闻各式时装皆出诸参加者之别出心裁，一切费用，亦均自备，其热心于慈善事业，尤堪赞佩也。每次节目间，均参以交际舞。十二时许，由林伯铸太太及费娜小姐大卖窝窝头、大米饭，每位五角，味甚鲜美，食者尤为拥挤，其用意尤为深切。时及一时，于爵士音乐中买车归寓作此。

（署名"孤剑"。1936年12月15日，第4张第13版）

其他报纸

出版部告白

顷由培华女学校交来游艺会入场券五张。据称该校游艺会向不收费。现因新筑校舍，需款甚多，拟定每券售票洋二元，以为集腋成裘之助。本校同学诸君有愿热心赞助者，即至本部购买可也。兹将时期、地点、开会次序列后：（一）时期：五月四日（星期六）下午三时；（二）地点：宣武门内绒线胡同本校；（三）开会次序：一、唱歌"英文"，二、钢琴合奏，三、法文启事，四、钢琴独奏，五、英文背诵，六、体操，七、钢琴合奏，八、唱歌"英文"，九、英文启事，十、唱歌"华文"，十一、"唱歌英文"，十二、钢琴独奏，十三、英文故事，十四、钢琴合奏，十五、唱歌"英文"，十六、钢琴独奏，十七、英文故事，十八、中国剑术，十九、中国古琴，二十、中国历史剧《缇萦救父》，二十一、钢琴独奏，二十二、中华国旗歌。

（《北京大学日刊》1918年5月2日，第126号，第2版）

学生游艺大会筹备会门券部启事

游艺会入门券现已印就，计分三种，兹列之如下：

一、普通券　每券现洋一元。托资助本会者销售，于二十四日领票，二十八日下午来会报告销满十张者，赠券一张。

二、优待券　每券票洋一元。本校职教员、同学签名后得购买之。每人以购二张为限。销售地点如下：（一）职教员，新大楼会计课。（二）文科学生，文科出版部。（三）法商科学生，法科出版部。（四）理工科学生，理科出版部。

三、特别优待券　由本会赠送对于此次游艺大会异常出力襄助者。

（《北京大学日刊》1919年1月24日，第295号，第2版）

学生游艺大会筹备会总务部启事

游艺会职员、艺员、资助员、照料员诸先生公鉴：本会兹定于二月二日正午十二点开幕。是日十一时半，敬希诸先生惠临法科，在号房领取徽章，齐集大场摄影，并由蔡校长亲致开会词，以昭盛典，谨此布闻。

（《北京大学日刊》1919年1月29日，第298号，第3版）

学生游艺大会启事

本会现添请刘兆琪、许葆初二君与职教员接洽购票及应求代销事，此启。
学生游艺大会筹备会门票部启事
本部因优待本校职教员同学起见，特发行一种优待券，每张票洋一元。业请会计课、文理法三科出版部代为销售。全校人士签名后，皆得购买。惟人数过多，票数有限，故每人只得以购二张为限。代售处各存票二百张，于二十日起售购买。倘优待券已经售罄，后来者只得购价值现洋一元之普通券。望诸君及早购买。

（《北京大学日刊》1919年1月29日，第298号，第3版）

游艺大会筹备会门券部启事

本部为优待校内人士起见，爰印优待券一千张，每张票洋一元，分于会计课、文理法三科出版部及东西斋号房分销，早已宣布日刊。但三日以来，购者殊不踊跃，而普通券一方面则已悉数发出，校外人士欲享优待权利来会请求者，日有其人。本部为尊重同学权利起见，概未允许。惟会期已迫，票数未便久留。兹特通告大众二十九日午后三时本部存优待票仅有五百二十一张，倘三十日晚上十时，如诸君再不来买，只得悉数售于校外。幸各从速，毋再观望。此启。

(《北京大学日刊》1919 年 1 月 30 日，第 300 号，第 2 版)

成美学校演剧筹款

天津成美学校学生团为筹款项，特请群仙乐新剧团假广东会馆，于阳历本月二十七、二十八两日早晚演《鲁凤刚捉拿盗印贼》《五千金》《使女雪仇记》《衣冠禽兽》四剧，并加演《外行行医》《谁先死》《饭桶家人》《新笑柄》等各滑稽剧。场内布置男女分座。无论风雨概不延期云。

(《益世报》1919 年 12 月 27 日，第 3 张第 10 版)

日刊课启事

本课代售北京女子高等师范赈灾游艺会游艺券，头等每张现洋一元，二等每张现洋六角，以上券十七日以前出售。

(《北京大学日刊》1920 年 10 月 16 日，第 718 号，第 2 版)

中国大学筹赈游艺会启事

敬启者：民生不幸，灾祸频仍，岁逼三冬，地连五省，流离冻饿，奔走呼号，惨目伤心，人所同慨，感邻邦之助赈，荷各界之筹捐，人之好善，孰不如我？惟本校经费既绌，同人等又力薄如棉。兹特牺牲色相，游艺赈灾，约同校友及新旧剧学名家登场演奏，售票作赈，敬希各界士女惠然肯来，共襄善举。既可得耳目之娱，又可遂慈善之旨，一举两得，想亦各界所赞同也。

剧目：新（一）：趣剧《双解放》（本校新剧团）；新（二）：正剧《恶少年》（本校新团）。旧：《断后龙袍》（万君），《落马湖》（果君、潘君），《捉放曹》（王君、姚君、刘君）。

本游艺会当场概不写捐。

票价：

一、拍卖厢壹间（临时拍卖），陈纪念银杯壹对；

二、特别厢两间（每间现洋参拾元），敬备上等茶点；

三、包厢头等（现洋拾贰元），二等（现洋捌元）；

四、散座头等（现洋壹元），二等（票洋壹元）。

日期：（新历十一月八号，旧历九月二十八日，星期一）晚六时开演。

售票处：

（一）本校工读团营业组；

（二）北京第五国货及分店；

（三）各学校各机关。

地点：借座香厂新明大戏院。

（《北京大学日刊》1920年11月2日，第732号，第1版）

耶稣教会举行友谊会

天津中国耶稣教会，定于四月二日（星期六）晚七钟，在本会礼堂举行全体教友第一次交谊大会。藉以联络全体之感情，奋兴教友之灵力。现已函知全体教友，协力赞襄，庶斯会兴趣勃兴，主爱克全。交谊会秩序：一、歌诗二百三十五首；二、开会词，章辑五先生；三、音乐《四品歌》；四、演说，美以美会会督材尼君；五、音乐独唱；六、演说（王化卿牧师）；七、游艺；八、茶话；九、音乐，南开大学音乐团；十、歌诗三百八十三首；十一、音乐，官立中学。

（《益世报》1921年4月2日，第3张第10版）

急振会演义务戏助振

天津急振会发起赈灾义务戏通启云：启者：近因苏、浙、皖、鲁洪水为患，灾民流离，哀鸿遍野，惨不忍闻。同人等为筹办赈款起见，商同正乐育化会，特于阴历九月初一、初二、初三，假座大舞台，筹办江苏、浙江、安徽、山东四省义务戏三日。所得戏资，除开销外，尽数汇交四省，充作急赈，以襄善举，特登报章，以供周知。此启云云。

天津急赈会，代募江苏、浙江、安徽、山东四省赈捐大会义务戏，发起人：张亦湘、方药雨、郭芸夫、姒继先、杨敬林、刘俊卿、曹秉权、王彦侯、陆梦孚、齐裴章、叶星海、严焦铭、吕幼才、宋峻岐、杨庆明、杨青甫、姬吟愚、赵近宸、周寅初、王伯辰、丁振芝、王品南、周弼辰、赵润泉、刘岐山、陈泽久、朱富庭、德寿松。赞成人：李桂春、李吉瑞、杨瑞亭、马兰亭、黄润卿、赵趾斋、刘永奎、邓兰卿。

（《益世报》1921年9月28日，第3张第10版）

南开学校四省同乡筹赈

南开学校苏、浙、鲁、皖四省同乡会，前提议筹赈一节，已志本报。兹闻原拟本星期六演新剧筹赈，因筹备不及，现改下星期六（即十二日）晚七时，在该校大礼堂演剧。剧名是《一元钱》。票分特、优、甲三等，价定一元、六角、四角。按：《一元钱》系南开学校前数年所编，后流行社会，此次重复排演，必定当有可观。届时必有一番盛况云。

（《益世报》1921年11月4日，第3张第11版）

北大第二平民学校启事

本校因春假后扩充校务，增开班次，兹定于四月一、二两日晚七时起在第三院大礼堂开筹款游艺会。谨请北大职教员诸先生及大同学到场赐教，曷胜荣幸！兹将节目列下：

第一天：1. 本校男女合唱；2. 北京中乐会雅乐；3. 燕大女校音乐；4. 北大音乐会（ORCHESTRA）；5. 北大戏剧实验社社员、北京实验剧社社员，新剧（一）《母》、（二）《幽兰女士》。

第二天：1. 本校男女生合唱；2. 北京中乐会雅乐；3. 爱罗先珂先生独唱；4. 北大戏剧实验社社员、北京实验剧社社员，新剧（一）《爱国贼》、（二）《良心》。

票价：优待北大同学，只售三角；

票价处：北大三院三斋号房；

每日下午一时至四时展览成绩，欢迎批评。

（《北京大学日刊》1922 年 3 月 28 日，第 993 号，第 4 版；3 月 29 日，第 994 号，第 4 版；3 月 30 日，第 995 号，第 4 版）

北大平民夜校启事

兹将本校此次游艺会售出之票数及所得之票开列如左：

共售出五角票一百四十二张，三角和四十八枚票三百十九张，十五枚票五百十三张。共赠给学生家长、本校教职员、特请演员、各平民学校、各报馆、北大各机关……五角优待票五百零三张。共收入票钱大洋一百三十九元零一角、广东洋钱六角、小洋四角、铜元七千六百三十二枚。又收入贩卖部赚大洋一元、铜元六百七十枚。此次游艺会共支出大洋六十五元九角五分、铜元三千四百六十二枚（详账载在三月二十和二十三日日刊上）。收入与支出两下相抵外净赚大洋七十四元一角五分、广东洋钱六角、小洋四角、铜元四千八百四十枚（共赚约有一百零四元，尚有十余元欠账不在内）。

本校承蒙诸君子热心购票捐助，理应将购票芳名一一登出，以表谢忱。惟《日刊》篇幅有限，不能如愿，尚望见谅（另用油印誊写，散给本校教职员，便知底里）。

（《北京大学日刊》1922年4月13日，第999号，第4版）

请同学诸君注意

中央公园此次游艺会，纯为哈尔滨东华学校筹款而举行。自中俄关系变更以来，哈埠之重要，已为中外人士所公认，而该地华人之本国教育，言之殊足骇人听闻，并且令人几欲泪下，即仅有此"东华学校"为该地之最高教育机关是已。又因系私人设立（校长为邓洁民先生），经费困难，已近不支，前途异常危险，特在公园举行游艺会三日，只有今日一天矣。望同学诸君幸特别注意（园内游艺极好，尤以女高跳舞及女青年联合剧《烟火》、尚义女师等校游艺为最）。罗敦伟、周长宪、林振声、李世璋、戴朝震、黄绍谷、刘明源等同启。

（《北京大学日刊》1922年6月14日，第1052号，第4版）

北京世界语专门学校筹款游艺会启事

本会定于六月七日（星期四）下午一时起，在东安门外真光剧场开会。游艺种类有新剧、旧剧、音乐、歌舞、世界话剧、世界语歌等。票价普通二元，学生减半。售票处本校号房。望同学诸君幸勿交臂失之。

（《北京大学日刊》1923年6月5日，第1257号，第3版；
6月7日，第1258号，第3版）

演剧助捐

南开大学沪案后援会,特请津门绅商两界之热心国事者,赞襄演大规模之义务戏。今闻已组织一委员会,分股办事,设总办事处于法界允元公司内。入场券无论男女老幼每位一元。地点在城内广东会馆。售券处则在法界李同益等各大商号。演员亦请就票界中之包丹亭、松介眉、蒋君稼、刘叔度,及著名内行大角李吉瑞、杨宝忠、郭仲衡、侯喜瑞、王文荃等,各演拿手好戏。场内布置备极周到,除夏令应用之茶水、汽水、烟卷等外,其余之物一概禁售云。

(《益世报》1925年7月26日,第3张第11版)

演剧筹款报告

敬启者:前为敝会会员省一中学教授刘君激清家属筹募恤金,曾于四月十九日晚假河北安徽会馆演作新剧一次,荷蒙各界赞助,无任感谢。现已将票价结束完毕。所有收入支出各款分别详细报告于后,即希公鉴。天津县教育局、天津县教育会、直隶省立第一中学校天津同志新剧社同启。

收入各款列下:王少泉先生十元、乔宋先生五元、卞俶成先生二元、杨敬林先生三十元、叶兰舫先生五元、徐朴庵先生二元、徐子升先生一元、王儼如先生二元、王益孙先生五元、王竹林先生五元、朱弼臣先生一元、黎宋卿先生三十元、崔守信先生一元、张伯苓先生五元、范正鸿先生二元、王浚明先生二元、陈芝琴先生二元、周拂坐先生四元、张春华先生五元、解从善先生一元、孙金鹏先生一元、陈延熙先生一元、公升庆实号二元、冯恩炎先生一元、聂士琛先生一元、齐耀城先生三十元,以上共捐款一百五十六元。

(《益世报》1925年8月6日,第3张第11页)

演剧筹款报告（续）

卖出剧票七百八十六张七百八十六元、卖出包厢票七张七十元；以上共收入银元一千零一十二元。支出各款列下：送信茶房四元、买纸六角四分、墨汁一角八分、茶叶六角四分、点心一角八分、鲜货四角八分、煤钱九角、纸烟一角五分、邮票二角、毛巾三角一分、刮脸三角五分、买花一元八角一分、车钱八元八角七分、饭钱五元九角七分、化妆零物一元三角七分、茶碗三角九分、会场茶房五元八角、印二元九角、印剧票八元九角、赏教育会听差三元、修理景子二十五元、景工钱八元、会馆租三十元、馆役茶水四元五角、赁板凳十五元、电灯费十二元、电灯匠酒钱一元，以上共支出一百七十五元一角九分收入，除支出实余银元八百三十六元八角一分。

（《益世报》1925年8月7日，第3张第12页）

义工部局函请取缔戏棚

本埠义国工部局，日前致特别二区公函云：战争时期，地方治安极关重要，略有疏怠最易发生事端。查贵区界内新货场地方有戏棚一座，人色最杂，诚恐宵小混迹，乘机扰乱所关重，应请贵区设法取缔，令其暂行停演。嗣地方稍靖，再行恢复营业云云。闻该区主任周鼎年接函后，尚无表示云云。

（《益世报》1928年6月4日，第3张第11版）

特训：筹款游艺会圆满闭幕

联太平洋会、联青社、中华麻疯救济会，为筹集我国出席檀香山联太平洋妇女大会代表川资及联青社儿童施诊所、中华麻疯救济经费，特联合举行游艺大会，以资补助等情，已志上期本刊。兹悉该项游艺会连日在大华饭店及光陆大戏院开会表演，颇极一时之盛。六月一、二日之茶舞，节目中有黄倩鸿女士及萧智吉女公子嘉珍女士之钢琴独奏。六、七两号之节目中，有林引凤女士之舞蹈、曾毓荣之滑稽铅画、林全盛独奏、李时敏之 A Scene From Oliver Twist-The Prisoner、霄霓乐社之中国古乐、黄倩仪女士及黄仁霖先生之趣剧、郎德山之新奇幻术，八号之节目为今昔装表演，扮演者为王志仁君、李时敏君、韦悫夫人、萧智吉夫人、黄仁霖君、陆梅僧君等。该会等此举，各界人士，赞助者甚多。闻陈芝芳医生亦为售券四百元云。

（《寰球中国学生会周刊》1928年6月9日，第316期第4版）

津埠剧院之进步

天津一埠为人文荟萃之区，但在数十年前则海滨一县治耳。黄沙平壤，一望而空。既无山林之清景，足以寻探。复少茂林丰草，以供游赏。人口既无，生活演进，而娱乐一项，乃成问题。在昔之戏馆茶园，设备既属简单，建筑尤形恶窳，身入园门，腥臊之气，直触鼻端，使人望而却步。于是剧院改进问题，遂为有识者所共同注意。拥有多金之资本家，亦多愿出巨金，为此项之投资，更有组织大规模之托辣（拉）斯性质的公司，联合数家、共同营业者。而剧院之设备及建筑，乃由穷奢极侈之观，如近来平安、皇宫、光明及天升、新新，其渐端之尤著者也。

于此吾人之拜赐者，为有可以驻足而观之场所，无掩鼻之烦，有拭目之乐。但有一端，吾辈寒士所最感觉痛苦者，即票价一层，动辄数金以上，昂贵与日俱增，为一般之人所难负担。若谓剧院之设，端为贵族财阀，则一般社会原不需此，大背乎公共娱乐之旨趣。若犹有为进步而进步，非为谋利而进步之心，其视线稍移向社会的普遍的，则票价一节似不妨为普通人士设身处地一思，此原不关乎身价与声誉，无所用其高抬身分也。

吾知吾为此言，为院之主人者，必且斤斤而言曰：吾之本心，亦非必欲居奇勒索也。特以成本关系，不得不恃此抱注，以免赔累耳。然则剧院成本，非以伶人俸金为最大之部分耶？吾则对此问题，请更有言以说之。

（《益世报》1929年2月25日，第3张第12版）

宝坻演剧兴学风行一时

宝坻城内喻氏小学校因添设高级，购办图书仪器，款无所出，于夏历正月初旬，呈明县政府演唱义务戏，藉资筹款。城内喜娱乐者，于是应觉斯戏，由京津邀来名坤等角开演，来观者甚多，堪极一时之盛。第六区黄庄镇、第八区大口屯镇，睹此情形，亦援例呈请开演筹款，扩充学校。所得票款，虽有多寡之分，然当此训政时期，庙场停止演戏，乡人藉此风景，可排除无量忧闷，是以地方多赞成斯举。第九区新开口镇，今日（五日）亦援例筹办开演。所到名角，较前尤众，将来效果，更可乐观。按乡人俚语，多谓戏场为是非地。今演唱月余，竟告平靖如常者，皆赖县政府与公安局之维持也。

（《益世报》1929年4月11日，第2张第7版）

津门游艺界所闻见（一）

太平戏剧学校经过 津中太平科班之设，至今已开办年余。闻系由董某所发起，延名伶程艳秋为校长。每日课程，除旧剧应有之各种技艺学科外，并有体操、武术、常识、读书等科目。入校学生已有六十余人，年来进步非常，有出人意表之成绩，将来必有可造之人材也。闻再有一年以上之练习期间，即可仿平中富连成科班办法，假一戏园，公开表演，以作实习。藉此可得舞台上之经验，并可赖售票所得，维持校内经常用，但现在则太早计耳。日前春和戏院，有程艳秋、周瑞安等演唱数日，即系为该校筹款。艳秋以身为校长，故纯尽帮忙之义务，其余各角及下手开销，则均照给。一星期来所得，闻有数千元之谱，日昨此类戏演毕，并东约新闻界，请为舆论上之策助云。

新明影院开幕延期 新明戏院改组电影各节，已详志前报。该院原定旧历初四日□□□□□□□□□促，赶办不及，园主又为求得社会好评，避免一切缺憾起见，各种布置，不厌求精，以故虽已修饰完成，而又重事更张，几经数次，益未能克期成就，兹已大致就绪。又定于旧历初八日开幕，若无特殊情形，或不致再事变更矣。

鹤鸣社参观记 其一泰来昨日星期，为本埠鹤鸣社票房彩排之期，余偕友人往观焉，当日天气清明，并不售票，顾客拥挤异常，台前台后，已不隙地。是日戏码为黄云汉之《碰碑》，饰杨七郎，嗓音过尖，若唱黑头之戏，稍欠圆满。下场为周虎文之《宇宙锋》，饰小姐，颇卖力气。《宇宙锋》《祭江》等戏，最为难唱，非有十分把握，绝不敢登台演奏。今日周君所唱，并无特别坏处，然行腔多有字音不正之处，将来再用功夫、专心研究，定能出色当行。下场后为张敬熙之《坐宫》，饰杨延辉，嗓音虽不甚高，唱工颇能圆满，台步从容，扮相□□□□□□□，颇获顾客之欢心，彩声博得不少。下场后，为陈虎扬、夏楚卿、卞惠吾之《盗宗卷》，陈虎扬饰张苍，唱作俱佳，念白亦甚清楚，惟台步稍欠熟练，夏楚卿饰陈平，扮相甚佳，举止大方，唱工亦有可取之处，至与张苍《要宗卷》一场，形容异肖，真所谓棋逢对手者也。卞惠吾饰丑好诙谐，引得哄堂大笑，可谓票界名丑也。末场为王竹生之《天水关》。余因有事出伤，未得与闻，诚憾事耳。公余之暇，濡墨记，以志盛。

（《益世报》1929 年 5 月 15 日，第 3 张第 12 版）

津门游艺界所闻见（二）

春和义务戏之结束 农工军警医院之募款义务戏已于日昨结束。闻四日之中，卖座情形以第四日为最佳，其余各日，亦均在八成左右。较之上次新明义务，结束之佳，相去不可以道里计。今闻经手承办方面，已决计将数日所得，统计列表，宣之有众，以昭大信，而一雪前此义务戏声名不良之耻。此表不日即可公表矣。

新明影戏成绩甚佳 新明影院自初八日起，改演影戏开幕以来，结果极佳，为各园之冠，实以售价低廉，且优待学工界有以致之也。闻不日将开演世界名片《乱世英雄》，此片在世界著名影片中，颇占重要地位。前年虽已经公演，但艺术价值，本不以时间为限，仍能号召一时也。

各旧剧场之概观 □□□□□□□□四日，天华景自雪艳琴加入后，营业为之一振，虽日来有春和之大规模义务戏与相对抗，但上座仍在六七成以上，殊为不易也，前经营泰康商场楼上新声舞台之米某，近有承租天祥市场楼上新欣舞台消息，并拟约胡碧兰、邢雨昆诸伶加入，张妙闻如痼疾能痊，或亦加入演作。

鹤鸣社筹办义务 本埠学界俱乐部内之鹤鸣社票房，自经孙菊仙、林墨青二公成立以来，迄今两月有余，社员加入者已有三百余人之多，人才济济，大有一日千里之势，足征社章良好。孙林二公及诸位理事先生，运筹有方，有以致之，再事努力，当可在津郡票房中，首屈一指矣。该社组织之初，本负有筹划广智馆建筑费之使命。社内当局，以成立日期，已经不少，广智馆现已鸠工建筑，对于筹款演唱义务一节，认为时机将至，现在已有着手进行之必要。昨日该社，已发出公函数件，约请京角帮忙，惟开演日期及地点尚在斟酌，容待调查，再为续志。

（《益世报》1929 年 5 月 19 日，第 3 张第 12 版）

津埠游艺界所闻见（三）

慈善学校演戏所得大直沽志修堂公所之慈善小学校，日前演戏筹款四日，结果闻除开销之外，净得洋六百三十元之谱。兹得该校寄来收支报告之份，特为转刊如下，计开收项：收售戏票洋九百八十六元二角五分，收紫竹林起卸行助洋五十元，收沈荫卿先生助洋二十元，收东发顺米庄助洋二十元，收义聚永酒店助洋十五元，收三义庄街村公所助洋十元，收陈子臣先生助洋十元，收李云先生助洋十元，收钱子彬先生助洋五元，收孙德永先生助洋五元，收石文奎先生助洋五元，收义丰和酒店助洋三元，收同兴和酒店助洋二元。出项：付前台洋六十六元，付后台底包洋二百三十五元七角六分，付汽车费洋七十八元，付饭费洋六十五元，付杂项洋六十六元九角九分，以上收□□三项，共收洋一千一百四十一元二角五分，付出五项，共付洋五百十一元七角五分，实在筹得洋六百二十九元五角正云云。

（《益世报》1929 年 5 月 26 日，第 3 张第 12 版）

津埠游艺界所闻见（四）

新明未来之义务戏 日界新明戏院，日前忽又有将演义务戏之讯，闻亦由杨小楼、梅兰芳合演，三日戏码并已定出，大致有《安天会》《天女散花》《霸王别姬》等，日期则定在阳历六月二、三、四日，出头承办者，闻为女子航业传习所，此名前未曾闻，或系新组织之事业也。戏价闻在五元左右，但同时春和戏院已经贴出梅兰芳来演海报，戏码定为《太真外传》《凤还巢》《双珠凤》等，日期则为阴历本月二十五、六、七三日，按之阳历亦恰在二、三、四号,此二种开演时期,显然冲突,未知当事人有何妙法能解此纠纷也。岂故意有开顽笑之意味欤?又据新明影戏院园主方面所谈,则所谓女子航业传习所至义务戏也者,事前并已正式交纳房金二百元之谱,则此事又似必待演成之势。

(《益世报》1929年5月28日,第3张第12版)

津门游艺界所闻见(五)

新明戏院自改演电影以后,营业情形较前略佳,盖以片好价廉也。近闻将约王瑶卿、程继仙等,来津在该院演全本《雁门关》,已有成议,实现当不在远。瑶卿在近年以来,设帐授徒,已不出台演唱,而八本《雁门关》者,又为其拿手杰作。今为该院礼聘来津,自能为沽上梨园放一异采也。

日前赵子英假地新明戏院,演搭桌戏,所约有票友刘叔度等,内行胡碧兰等,结果成绩极佳,共售洋一千五六百元,除去前后台开销净得余利千金之谱。戏票因多先期兜售,而临时院内柜台售票,竟亦达二三百元,实为少见之盛况也。

新明搭桌戏,主事人事先并未调查园内共有包厢若干,乃贸然将厢票派售过额,至时竟发生有票无厢之事,顾客之持有厢票而不得厢位者,多向新明方面公事房质问,殊不知新明方面除只得照例之园租外,其余并不过问。于是事再觅搭桌戏之管事人,竟已避走一空矣。无可如何,终以包厢戏票,设坐楼上月台散座,以为通融之地。若此荒堂,亦闻所未闻者也。

前哄传一时之鹤鸣社义务戏,近已与新明借妥园址。日期大约在旧历十五日左右,菊坛名宿之老乡亲,闻亦出台告奋勇。记者昨在赵幼梅宅内酬酢相遇,精神尚极矍铄,九十老翁,兴复不浅,幼梅抱鼓盆之痛,孙老犹劝其重续鸾胶。虽是戏言,彼盖自忘其年事之高矣。

(《益世报》1929年6月16日,第5张第18版)

管理娱乐场所市府昨开审查会议

　　市区娱乐场所管理规则及取缔办法，关系社会教育及公共娱乐綦重。社会局提议市府后，市政会议议决分付审查，业于昨日（十五）下午三时，在市府后楼，由市府参事陈宝泉为主席，正式召集审查会议。出席审委为社会教育公安三局及三特区暨工巡捐务处等数关系机关长官或代表。该案发生起源，系因前次教育局筹组检查电影委员会，曾拟具扩大计划，除电影检查外，将戏剧、歌曲、评书等民众娱乐艺术包括在内，嗣因与部令略有出入，市府业饬遵令办理，缩小范围，仍以检查影片为专责。至戏剧歌曲评书等，则另以营业范围为单位，由社会局起草管理娱乐场所规则。凡戏院、歌楼、评书馆、杂耍场，以及武术团球房等百戏杂技，均在管理之列，并订有取缔专条。经课交市政会议，以原案之执行，关系公安、教育、社会三方面。而因月捐问题，又与工巡捐务处有关，当经公决原案交付审查，以资详核。据闻此项审查内容，约分两项：第一项侧重调查，须先将各娱乐场之组织营业、性质及负责人等，列表查填，再为整个之核议。第二项侧重取缔，内中又分两点，第一点关于演技之取缔：一、违反三民主义；二、背离党国立场；三、宣传反动；四、败坏善良风俗；五、诲盗诲淫之戏曲；六、残忍危险；七、有碍人道之武技等，一律禁止演奏。第二点关于营业之取缔：一、禁止观客点戏点曲；二、禁止演员陪客；三、禁止观客入后台；四、禁止茶役勒索；五、禁止迹近赌博性质之营业云。

　　　　　　　　（《益世报》1929 年 11 月 16 日，第 3 张第 10 版）

娱乐场所踊跃助赈

陕灾急赈募款委员会昨（二十三）开第六次常务干事会议，冯司直主席，开会如仪后，即分别报告如下：①主席报告上次会议录。②王吉生报告共收款十万一千，共汇出十一万零九百元。③李志报告共发函七十八件。④主席报告：一、各影院剧场，经接洽结果，明星允于二十七日，以日场收入捐助本会。新新夹蝶允加演六早场，收入统捐本会，权乐允于二十六日捐助日夜两场，群英及燕乐生平，各捐日夜两场，但日期未定，其余春和大华尚在接洽中，光明及皇宫因业已捐助西北赈灾会故未接洽。二、书画鬻价助赈会现正在进行，最近又发出征求入会函数十件，大意希望其将旧存字画捐助本会，但自动鬻价，或介绍转卖，亦所欢迎此外本会复收到陈宝琛捐助对联一付，又折扇数柄，均为陈氏个人亲笔，颇足珍贵。张伯翔所书金刚经，亦将捐助本会。三、《庸报》现发起救灾十人团，系由卢干事接洽结果，业定于明（二十四）日开始进行。四、锦县青年会现汇来大洋五百元，并在该县发起急赈会，宣传募捐。五、溥浩然皮物展览，已决明（二十四）日举行，一切准备均经就绪，招待人员，亦已派定。六、卢开瑗报告：①外人方面，经本人多方接洽，现商会会长皮提司及华北明星达特法克司，均愿热心赞助，其募款办法，拟即仿照扶轮社游艺大会之成例，再举行游艺大会一星期，此外并纠合各商家在此期内以售货所得纯利，扫数捐助本会。据前此所闻，扶轮社上次成绩极有可观，该时有商家数十家，踊跃加入，现在天气甚好，故预料必有极好之结果。除此两项办法以外，同时并卖花卖茶卖酒所得，均捐助大会，现在接洽中者，计有天津俱乐部、扶轮社及 Coun Try Club 等，俱乐部约有十四五家，又小俱乐部，亦在十四五家，将来拟即共同联合举办一大规模之游艺会，业定今（二十三）晚在华北明星接洽，以资决定进行办法及游艺日期。②工部局方面均允予帮忙，惟须由大会去一公函，顷已与主席商妥，即由会及市长出名，即日致函各工部局。③十人团系《庸报》及《大华》等发起，该项办法，轻而易举、收效甚大。④松声画会前在大华展览售卖，现该社拟将所有作品捐助本会，各闺媛并拟各画折扇五柄，捐赠本会云云。报告毕，最后决定撰拟广告两条，送登各报，一为展览会开幕期，一为代收书画地点，议毕散会。

(《益世报》1930年5月24日，第3张第10版)

名伶吃灾民

辽灾义务戏，协庆社前晚在春和露演，成绩甚佳，收入达一千九百六十八元九角，已扫数解缴急赈会，前后台班底龙套园子均纯粹义务，衣食住自掏腰包，急赈会对此极致感谢，已决议致函尚小云协庆社、胡碧兰、李华亭、春和戏院等道谢。又戏票系大华饭店捐助，急赈会亦决议一并致谢。除此以外，杨梅之义务戏原本拟由急赈会在沈阳举办，现已决定移交急赈会在津举行，王小隐前此被推赴平负责接洽，现已返津。据云接洽结果，第一次赴平，梅兰芳即完全首肯。杨小楼经第二次到平后，始经决定，余叔岩尚在病中，恐难来津。晤余时，并曾以医士诊断书相示，想非伪托。返津后，王即与辽灾各委商定剧目，并决定下月二、三、四三日举行。其剧目：计第一日杨双出、梅单出，杨为《殷家堡》及与梅合演之《回荆州》，第二日梅双出、杨单出，梅一出为《汾河湾》，另外一出即杨梅合演之《长坂坡》，第三日杨梅合演最繁重之《霸王别姬》。关于开销一层，梅方除梅个人完全义务外，其配手须稍有点缀，经一再协议结果，最先所开花单，须带一百二十八人，开销三日共六千九百元，诚属骇人听闻。三日食住尚须另外再议，王比因辽灾奇重，多一文收入，灾民即多一分实惠，若照原单规定，无异空存义务之名，恐除开销以外，所余无几，经切实交涉，配角除必需者一律别带，开销亦特别从减，经与杨及梅之代表交涉，结果始决定每天五百元，三日共合一千五百元，班底每天七十元，三天合二百一十元。现梅方已照此规定，杨方亦希望照此办理，但截至昨早尚无复讯，王小隐拟于晚间再以电话与杨交涉，倘能承认，合计杨梅三日共三千元，配角三日之食住，预算需七百元，两班底最高暂定六百元，再益以园子租价三日四百五十元，全部预拟以五千元为最高准则，收入方面按照希望每天可达六千元，三日合一万八千元，除五千元外，尚余一万三千元。倘能作到如此成绩，固自大佳，否则亦决以全副精神努力促其办到。此项意见及经过情形，王小隐曾于昨日据以报告急赈会，经大会决议，交付游艺股负责进行，王等即定今（二十五）日下午再继续讨论，关于地点，拟在明星，并拟提前卖票，以免临期匆忙，同时急赈会游艺股，经赵道生之提议，并将举行大规模之游艺募捐大会，其中分电影、跳舞、时装赛美、汽车赛会、照像摇彩，预定下月十五十六两日在特一区大华电影院及其附近院落举行，入场券规定五元两千张，可收入一万，摇彩可收入五千。赈灾徽章，普通一元一张，可收入一千。特别徽章可收入两千，照像亦可有一部份收入，开支预算由两千至五千，除刨除开销，净剩以一万五千为标准，大会中推举会长一人、干事一人，急赈会对此已决议交付游艺股负责进行，该股定今日下午二时在大华饭店开会讨论筹备方针。

（《益世报》1930年10月25日，第2张第7版）

南开学生当仁不让纷起救灾

本市南开学校学生鉴于各省水灾奇重，被灾各地居民凄惨万状，遂组织水灾救济会，分股办理募捐事宜。现为该校考试新生之期，凡投考新生，于入考场时，即有人在门前劝募，是以前昨两日，募得款项不少。前日约百九十元，昨日则二百元左右，该校除劝募捐款外，并拟定发起举办电片募捐，已与华北电影公司接洽。闻由该公司捐影片四套，不日即可开，演所收票价，用作赈灾。又拟办理游艺会，定开学后第一个星期六日（九月五日）举行，现推定严仁颖等负责筹备一切，又发起赈灾排球赛，拟定本月二十八二十九两日下午在该校操场，由该校排球队与北平民队对比赛，并请朝阳及妙队两女子排球队表演，票价二角，所收完全充作赈灾云。

（《益世报》1931年8月26日，第3张第10版）

津市各界踊跃救灾

本市各界人士对于救灾水灾，虽尚未达于极热烈之程度，但各尽其力，纷纷兴起者已日形踊跃。兹将本报昨日所接各方之报告，汇志如次。天祥市场三楼广东音乐会，现连晚排演新戏。预备于下月五、六两晚，演唱水灾义务戏，地址已假定新新戏院。戏目：第一晚为《荒城剑侣》及《西蓬击掌》，皆为古装剧；第二日为《拉车被辱》及《举狮观图》，前者为滑稽剧，后者为古装剧，皆系粤剧中之佳作云云。

(《益世报》1931年8月27日，第3张第10版)

市救济会昨开第二次全体委员会
决先集六万元汇交朱庆澜

本市市政府以全国各省区水灾奇重，日前召集本市各界，成立本市水灾救济会，当场推定委员长及副委员长与总务赈务两部长，即规定募款办法，积极进行，并派代表与银行公会钱商公会接洽，要求先由两会垫款汇往灾区，然后再由本市各界捐募之款补还，亦由两会允即开会讨论。昨日（二十九）下午五时，本市救济水灾委员会，假社会局举行第二次全体大会，讨论各项提案，直至下午七时，始行闭会。兹将各情分志如下。其他募捐办法：①水灾赛马；②书画展览会；③演义务戏；④华洋跳舞会；⑤游艺大会；⑥十人团；⑦劝捐衣服；⑧电影募捐；⑨函商会劝各商自认捐款；⑩函市党部及社会局倡导各级工会自认捐款；⑪函教育局令各学校自动捐款等项，议决交大会照办。又印发捐启及发表中外宣言，议决照办，该会各股主任及干事议决，由会函聘，至七时散会，兹将银行公会之复函志下。

(《益世报》1931年8月30日，第3张第10版)

救济会全体干事会议

华北电影公司函送演义务有声电影详细办法，并请推销案。原函：

敬复者：九月二日大函收到，承询赈灾电影办法。敝公司拟特开义务有声电影六场，所需影片场所、电流、广告、人工等，一切开销，统由敝公司完全报效，将所有收入，全数赈捐，勉效棉薄，借资救助。深仰贵会慈善为怀，宏施博济，用特奉陈一切，敢请向市内各界暨各商店等，鼎力代为分派推销，俾增收入，用惠灾黎，如何处之，尚希查照示复为荷。义务电影详细办法：①平安电影院，（甲）拟开有声电影三场；（乙）连演三天，每天下午三时至五时；（丙）每场容七百五十人；（丁）共需推销票数二千三百张；（戊）票价一律一元。②皇宫电影院，（甲）拟开有声电影三场；（乙）连演三天，每天下午五点半至七点半；（丙）每场容六百六十人；（丁）共需销票数一千九百八十张；（戊）票价楼上六角，楼下四角。议决通过，即派人与该电影公司接洽，规定日期。

（《益世报》1931年9月5日，第3张第10版）

慈联会昨日开会通过本年冬赈实施方案

实施方案：甲、关于调查放赈面办法。一、调查表式，二、初查办法，三、复查办法，四、施放办法均议决通过；乙、关于垫款募款办法。一、垫款办法，可由银钱两公会设法预借，募进赈款，即时归还。议决推雍剑秋、赵聘卿、萧少棠、李律阁四委员前往商洽；二、募款分三项办法，（1）仿北平窝头会办法，所有本市各娱乐场每处尽一日义务，除去挑费概助本会，议决通过。（2）各报社登报代募全数助本会，议决通过。（3）各团体或士绅，预料在可能范围，每年照例助款者，分头携捐启劝募，捐启以少发多写，直接办理为最简便而收效较大，此外不滥寄发，议决通过。丙、关于冬赈临时收容办法。残废贫民，由警所送红十字会之残废院收容，由本会补助其费用。普通无归流民，由救济院临时扩充地点，代设收容所，暂行收容，每日两粥，以三个月为限，由本会酌给少数津贴，其煤米水等项，由本会供给之，以资熟手，而省经费议决通过。丁、关于各厂组织及观察日报表等手续，一概照旧办理。惟视查员可函请各区署所长就近查阅盖章，既省经费，又示大公，总视查一人，由常会公推，以昭郑重，议决推雍剑秋委员为总视察、刘道平为副视察。

（《益世报》1932年10月18日，第2张第6版）

犹太慈善跳舞大会下月十六日举行

本市犹太慈善会，因流落津门之犹太人日益增多，请求经济资助者甚夥。该会亦感于无款捐出，昨特具□市政府定十一月十六日假西湖饭店开慈善跳舞大会，以资筹款，对于犹太学校所有儿童，无论其信仰为何国籍概免费收纳，以示体恤云。

（《益世报》1932年10月20日，第2张第6版）

社会局取缔滥行募捐

社会局昨发出布告，严禁滥行劝募捐款。其文略谓，案查监督慈善团体法施行规则第七条规定，慈善团体如须募款时，应先得主管官署之许可，其收据捐册，并须编号送由主管官署盖印，方为有效等语。本局于十九年十二月间，曾经呈奉市政府指令遵照上项规定，切实施行，并通令各善团暨布告全市民众，一体遵照办理各在案。兹查现值办理冬赈时期，竟发现假借慈善名义，借端敛财情事，甚至有未经向本局呈准立案之各善团，随意印送捐册，滥行劝募，尤属非是。月前更有假借本局名义，向商号捐敛款项者，比经查获，转送警所究办在案。似此情形，非特有违定章亦且违反刑律，自应严行查禁，以重善政而杜冒滥，除饬属随时严查、并通令各善团一体遵照外，合行出示布告，仰市民人等一体知照。倘有以未经本局盖印之捐册，滥行劝募者，应即报告本局，以凭究办云。

（《益世报》1932年11月21日，第2张第6版）

共济会成立

市自治界，当前时局危迫时，徇各区坊市民之请，依据市组织法之规定，组织一永久慈善团体，定名为自治团体共济会，专辅助各善团办理一切救灾恤贫等事项。自上周呈奉社会局批准备案后，复经多日之筹备以诸端就绪，特于昨（二十）晨九时假北马路华北电影院举行成立会，到区长兼该会筹备委员王墨林、徐翰臣、董绍轩、李少棠、蒋志林、苏竹湘、王士林、刘鸿绩等八人，及各区会员三百五十五人，自治监理处刘处长孟扬、社会局代表张永康，均莅场监视，推王墨林为临时主席，行礼如仪后，首由主席报告筹备经过，旋即散票分别选举正副会长，并由会员公推王小松、任继伊、张耀东、杨云清四人为开票监视人，以昭郑重，当场开□票，唱结果王墨林得一百九十七票为最多数，当选正会长。李少棠一百一十七票、徐翰臣一百一十三票为次多数，当选为副会长。揭示后，刘孟扬起致训词，大意勖全体会员遇事和衷共济、扶危救难、始终如一，期于共济二字相符合云云。次由王墨林答辞，略事谦逊，至一时许散会。闻该会即将当选人姓名、履历呈报社会局暨监理处备案云。

（《益世报》1933年6月21日，第2张第6版）

河北贞淑女校昨举行游艺大会

　　本市河北望海楼私立贞淑女子学校，自成立以来成绩卓著，办理得当，为河北附近女子小学之冠。全校学生三百余人，分高级、初级及幼稚园各班。今届该校高级十五班毕业，于昨晨（二日）举行毕业游艺大会。今明两日，并开展览会，陈设各生成绩，欢迎学生家长及各处来宾参观。兹将昨晨游艺大会详情述之如下：该校礼堂较狭，事先在园内搭有席棚，设有座位，男女来宾分别入席，秩序井然。是日阴云蔽天，气候凉爽，极称人意，故到会来宾十分踊跃，一时座为之满，约有六七百人，颇极一时之盛。八时开会，行礼如仪，由该校刘院长报告开会意义，并致谢各来宾光临之盛意。报告毕，即开始表演，前数幕皆系幼稚生歌舞表演，钢琴雅乐同时并奏，加以歌声婉转、清脆动听，闻者咸为之抚掌。后续演新剧，以《聪明的孟甘》一幕，叙述一失学女子，天资颖慧，口齿敏捷，颇多精采，而所谓压场戏之《露德圣母》一幕，装饰典丽，表演入神，虽近于古典艺剧，然亦能描写入化，良非易得。闻此次演剧之学生，皆系初二三年级之鬈龄幼童，实天才也。至十二时演毕，来宾皆欢喜而散，记者因亦参加，故濡笔记之，以饷阅者。

（《益世报》1933年7月5日，第2张第7版）

小广寒冬赈义剧

　　本市法租界天祥市场小广寒戏院，日昨发起演唱义剧，捐助本市冬赈，已志前报。兹悉该院于本月六七两日，共演早晚四场，计售得票款洋一千二百九十九元，当场并由梁化侬女士向观众劝募洋一百四十七元三角，除前后台开销二百四十五元外，净得一千二百零一元三角，全数送交本市慈善事业联合会充作冬赈。至此次成绩所以能如此良好者，实因该院经理王文华、李树棠、张绍庭,暨同德社社长常樾乔、执事刘荫庭、宋文玉、胡占元等热心善举,加以同德社干部张蕴馨、刘又萱、盖荣萱、于紫仙诸女士之色艺超群,故观众异常拥挤,无日不告满座。尤难得者,当梁化侬女士向来宾劝募时,态度和蔼、言词恳挚,故座客均乐为将输云。

(《益世报》1933年11月9日,第2张第5版)

青年会为黄灾筹赈

本市东马路青年会,近鉴于黄灾奇重,冬寒飞雪,灾黎痛苦可知,故特定期举办游艺会,以资筹款,闻该会已约津市大鼓名手刘宝全及荣剑尘、张寿臣、吉评三等演唱各种游艺。大戏方面,并约有名票刘叔度、徐觉民、纪书元等,彩唱戏目,已定有《捉放曹》《孟津河》《宝莲灯》《辕门斩子》,票价规定每张一元,售出款项,悉数汇往灾区,日期则在一月十三日晚七时。闻此次会务费用,统由该会小团体捐助,决不动用票款云云。

(《益世报》1934年1月5日,第2张第5版)

八国联合演奏国际音乐会

本市青年会每年春夏之交,为童子军远道露营募集经费,举办国际音乐会,各友邦人士莫不乐于协助。今年又届露营之期,该会已定六月一日在东马路会所,再举行此项国际音乐会。昨晚七时特假座大华饭店宴请中外音乐家及各报记者,决定筹备办法,到美兵营卜拉特上校,意军官阿梯里阿,德音乐家斯塔捷,圣公会德牧师、刘海皋、李恩科、吴润苏及各报记者数人,由该会总干事陈锡三、干事毛骏民及王鹏云出席作陪。餐毕由王鹏云君起立致词,表示对友邦人士及到会诸君协助盛意后,即由毛干事征求到会各音乐家预定贡献之项目。不及半小时,大致拟定二三十项之多。其中最精彩者，为美意兵营之音乐队及军乐奏演、本市德侨十四人之合奏、犹太学校之狐克歌、英法各国音乐家之个人独唱及各项西乐之演奏。国乐方面，除个人表演外，有女师、中西之中西乐团之参加。门票预定每张一元，不日即开始出售。此次参加人士共八国之多，被邀演奏者均系本市中外第一流音乐家，为空前之完善音乐会。爱好音乐者，不可多得之机会云。

（《益世报》1934年5月14日，第2张第5版）

本路济南站员工举办赈灾游艺会
自六日起演国剧三天票款悉数助赈

本路济南车站各部分员工以救灾恤难，古有明训。本年黄水为灾，鲁省适当其冲，被灾地域广至数十县，灾民数百万，死亡流离伤心惨目。现鲁省各界筹赈会，正分途并举。惟值次巨灾，救济安抚，须群策群力，事方有济。该路贯通鲁省南北，襄赞善举，义不容辞，因之驻济各部同人，决定组织津浦铁路济南员工筹赈鲁省水灾游艺会，并于本月六日至八日表演国剧三天，所得票资，悉数助赈，至演员则以该路济南车站、车房及大槐树机厂各俱乐部社员为基础，并向临城、兖州两站员工俱乐部邀请演员二十人参加表演，藉壮斯举。该会以筹备业经就绪，特于日昨检同简章暨职员名单等向呈请该路党务特派员办事处备案，闻办事处据呈后，以该会热心救灾演剧助赈，除准予备案外，并指令嘉奖。

（《工迅周刊》1935年9月9日，第4版）

本路成立救济水灾会

由党部路局及工会等共同组织　前举行首次会议

本年江河泛滥，南北各省皆被水灾，而情之重与夫区域之广，实为历来所未有，目前各地灾民流离失所，待救孔急。中央鉴于灾情之惨重，曾令饬各省市连办赈灾工作，以收普遍救济之效。本路党务特派员办事处奉令后，党派该处职工科职员详细调查浦口以及该路各地被灾实况，以为救济之准备。日前该处举行设计委员会议时，对此问题，复提出讨论，经详细研讨之后，决定由党务特派员办事处会同路局率领公会，组织救济水灾募捐委员会，从事募捐赈灾。至于该会募捐方法以及手续等问题，均待于该会成立后决定。

又讯：本路救济水灾募捐委员会，于五日上午十时，在浦口党务特派员办事处正式成立，同时并举行首次会议，讨论一切进行事宜云。

（《工迅周刊》1935年9月9日，第4版）

社会局再举办冬赈义务戏

名媛及名坤票均在被邀之列　白玉霜亦定期延长义务戏

市息：北京市社会局冬赈义务戏前后共办五次，所得票款业经分别支配。兹闻该局准备于最短期间，再举办一次，参加义务戏者为京市名媛及名坤票，如吕宝芬小姐等均在被邀之列。地点拟假北京饭店。票价不分等级，一律两元。详细办法，该局冬赈义务戏筹备委员会定日内开会讨论，俟办法确定，即定期举行。

又名评戏坤角白玉霜，今日可到京，出演开明戏院半个月后，再赴广德楼露演。白玉霜因市内贫民众多，曾自动向社会局呈请，愿于开明广德两处露演后，定期演义务戏一日，将票款所得全部捐充冬赈之用云。

（《燕京时报》1937年12月9日）

辅大慈善音乐会明晚举行

辅仁大学订本星期六晚在该校礼堂举办慈善音乐会，节目精彩，有名提琴家托诺夫、钢琴名家马克利若夫演奏。

(《新北京报》1943年4月9日，综合版)

后晚新新演唱大义务戏

丁杨演王宝钏　　金萧演审李七

本市诸闻人主办之天津慈惠学校募款戏，已定廿四日晚在新新露演，戏码计为：丁至云、杨宝森、叶盛兰、李多奎、任志秋之《红鬃烈马》，金少山、萧长华之《李七长亭》，李金鸿之《瑞草园》。戏码之硬，为近来义务戏中罕见。

(《新北京报》1943年4月22日，综合版)

辅大同学举行急赈游艺会一日在长安

本市辅大同学鉴于近来饥荒荐臻、饿殍□途，每思救济之方，但绵力微薄，杯水车薪，与事无补。适闻市商会主办饥民急赈□会，乃由该校同学进行联络，今经商会包董事介绍协助，复经情报局市商会作为后援，而举办辅大同学临时急赈游艺会，项目繁多，且多约本市知名人士登台演奏，预想届时必有空前盛况。闻所牧票款，先存入积生银行，转拨市商会主办急赈会发放、救济饥民。似此善举，望各界多加协助，共襄义举。该会定为本月十一日，在长安大戏院举行，不日即可售票。

(《新北京报》1943年5月2日，综合版)

辅大同学急赈游艺会节目蔚为大观

吴素秋演大轴黄玉华唱流行歌　中西音乐齐演出现已开始售票

辅仁大学同学黄秉达、陈梅、管壬武等悯念京市贫黎，饥饿压迫，死亡极众，救济工作，刻不容缓，故特响应京市商会之急赈会而举办临时急赈游艺会。该同学等经多日之奔走筹备，已经决定本月十一日（星期二）夜场在长安大戏院举行。游艺节目之最精彩者有老志诚之钢琴，辅仁乐队之夏威夷音乐及军乐，燕社之广东音乐，并请名坤伶黄玉霜登场唱流行歌，大轴为吴素秋演《人面桃花》，长安彩头班蓉明社更加入《斗牛宫》最精采之一场。节目之繁多火炽，中西合璧，可谓蔚然大观。慈善家既看好戏、听歌乐，同时救了穷人，一举数得，盍兴乎来？现已开始售票，地点在辅大号房、灯市口二号东亚印刷局、东亚摄影室，票价分三、四、五、六、七元五种。又该会主办人昨假长安餐厅招待该会顾问包炳浩等，及新闻界报告该会之举办主旨云。

（《新北京报》1943年5月6日，综合版）

辅大同学急赈游艺会
吴素秋黄玉华决唱流行歌

便装登场各献杰作　史德化演《尼姑思凡》

辅仁大学同学临时急赈游艺会，已定于十一日夜场在长安戏院举行。该会之目的纯为筹款救贫。对于节目力求精彩，以期吸引大量观众，多售票、多救穷人。凡属参加演奏者亦均抱济贫热诚，皆愿贡献各人杰作。名坤伶黄玉华已决定便装登场，唱其所演影片《盘丝洞》之主题歌，及流行歌《花开等郎来》两曲。吴素秋亦于大轴《人面桃花》之前，便装登场唱《郎是春日风》及《魂断蓝桥》二名曲。吴黄二伶之轻歌妙舞，久已脍炙人口，此番更以庐山真面唱悠扬动听之名曲于广大观众之前，可谓当仁不让、贫民福音。又名坤伶史德化，更以完全义务演杰作《尼姑思凡》昆曲，以上皆为该日最可欣赏之节目，他如钢琴、西乐、国乐等亦无一不精，爱好游艺与热心慈善者，不可不即速购票。售票处除昨载辅大号房、灯市口东亚印刷局外，更增加长安戏院、居士林等处云。

（《新北京报》1943 年 5 月 7 日，综合版）

辅大同学急赈游艺会特别加强阵容

——加请梁秀娟唱流行歌

辅大同学主办之急赈游艺会，详情已志本报。今为加强阵容起见，特加请息影京都六载之名坤伶梁秀娟，时装登台，唱流行歌《梦断关山》及《春风秋雨》二曲。此为梁秀娟由津门返京之首次登台，且唱流行歌又系处女作，颇为难得，京中仕媛可谓耳福不浅也。

（《新北京报》1943 年 5 月 8 日，综合版）

急赈话剧十六日演出

——艺术与生活社　筹款施放粥厂

本市艺术与生活社社长袁笑星、编辑顾孝，邀请古城剧人王钦明、郑天健联合举办急赈话剧公演，藉售票所得，交内务总署急赈粥厂作购米之用。现定本月十六日（星期日）假真光公演，剧目串场为《儿女风云》，日场及夜场演在四幕爱情悲剧《花溅泪》。票价分二元、三元、四元三种，日内即开始售票。

（《新北京报》1943 年 5 月 10 日，综合版）

辅大同学急赈游艺会特刊

今晚八时演出　地点长安戏院

我们的立场

辅大同学临时　急赈游艺大会

鉴于京市饥民载途的现象，激起我们深刻同情，因而发起组织了辅大同学临时急赈游艺会。但是我们自己深知力量的微薄，担当不起这种急赈的事业，幸而有市商会包价宸董事的介绍协助，市商会作为后援，我们游艺会的组织上、进行上方奠定了基石。并且又取得政委会情报局管局长的莫大之同情与谅解，赐与我们多方面的指导与援助，使我们才有更大的勇气来负担这种重责。而且在会务进行上，由于市商会与情报局的支援，也就更顺利了。

在学校里，我们所接受到的教育精神是"舍己救人"，那末，我们这一次主办游艺会，也正可以说是这种精神的实际的表现。但是，我们自己是最明了自己的力量的薄弱，经验的不足，不都是足以影响我们会务进行的吗？然而，我们受着热情的鼓舞、热情的催促，使我们尽了最大的努力，来从事社会服务，把整个的身体献给社会事业，固然，我们不能去盲目的蛮干。现在我们所感到荣幸的，是获得了社会上最大多数人们的谅解与同情。

我们主办急赈游艺会，是为了救济本市贫苦的饥民。同时也是在表现着辅仁一家的精神，尽量的使我们发挥出团体的力量。于是，我们在这个坚强的信念下，迈着整齐的步伐，走向我们的理想。并且只要环境及精力允许我们，我们将再举办第二次、第三次急赈急赈游艺会。但是，终归我们的力量是薄弱的。因而在这里我们有一个更广大的希冀：希望社会上的有力的人士，自动的再多组织急赈会，自动的捐助我们贫苦的同胞。我们相信热情是珍贵的。我们期待着我们的热情更为汹涌，更期待着由我们的热情激荡起所有人士的热情，都向着饥苦的同胞伸出伟大的援手！

在我们有衣有食的时候，应当顾念着那些无衣无食的人们；在我们快乐的时候，也要顾念着别人的痛苦。我们是同胞，我们应有着广大的同情，而且也更有着互相扶助的义务，所以，在我们举办急赈游艺会，当然是义不容辞的事！同时，这样我们可以尽一些同胞应尽的责任，于我们的良心上，也可以获得些微的慰安。

我们不会把自己的快乐建筑在别人的病苦上。同时，也不忍看着别人受苦难而袖手旁观，所以，鼓舞起我们的勇气，发起组织了这一个急赈游艺会。参加市商会的饥民急赈会主办急赈，但是使我们最痛心的是我们力量薄弱，不能给我们饥苦的同胞以更广泛的援手！

为了游艺会的节目，使我们绞尽了脑汁，费去了许多的时间。然而为了救饥民是我们最终目的，所以不得不把节目的范围扩充、兴趣的范畴增广，使社会上每一个圈子里的人都能够欣赏，这一点是需要社会人士相当谅解的。"为达到某种目的，不惜采用一切手段"，这句话似乎很可以说是我们现时心情的写照。

所收到的票款，在会务结束以前先存入积生银行，然后全部移交市商会急赈会。账目将在大会终了之后，呈交情报局及市商会，并且也将在本市各新闻报纸上刊载。在大会终了的时间，我们的组织也就随之解散。这点是特别应该声明的。

最后，希望社会人士加以援手！

三坤伶唱流行歌乃为京市游艺会之创举（兵郎）

名坤伶唱时代歌曲，在京市各游艺会中实属罕见，此次辅大游艺会多方进行，约妥名坤伶黄玉华、吴素秋、梁秀娟时装登台，歌唱名曲，其中吴素秋之唱流行歌目《纺棉花》辍演后，想观众久已望穿秋水。黄玉华除其主演《盘丝洞》，开映时一度登台歌唱，观者叹为佳妙。梁秀娟之唱流行歌则系处女作，届时莺声婉转动人心脾，当为今晚大会之最富趣味者。

梦娜、陈丽华二小姐，均本市名闺。本次也参加歌唱，亦为大会生色不少。

音乐节目演员介绍

本次游艺会节目可谓五花八门，应有尽有，除了旧剧和坤伶歌唱外，所订中日音乐节目。乃延聘一流音乐专家和团体担任，值得介绍。

辅大军乐队——系由辅大爱好音乐之二十余同学组成。盖修士领队，阵容完整，技术纯精，其拿手杰作，即为最负盛名之德国古典进行曲。

张德年小姐——张小姐为京市名闺，现肄业于本市某女中，年岁虽轻，而其音乐造诣殊深。盖张小姐自幼即性嗜音乐，并从名师练习，尤其嗓音之圆润，颇为惊人，将来之成就，殊堪期待也。

星社粤乐团——纯系业余之音乐团体，所灌留声片，久已风靡全国。今晚之演出乃由名家穆家麒、周骥、周彦三君合奏。该社素少公开演奏，此次能在舞台上与观众相见。凡属今晚之观客，耳福可谓不浅。

李一鸣先生——提琴成为国手。去岁于北京饭店举行独奏，名满九城。此次由李夫人以钢琴伴奏，必有极精彩之演出。

陆大亨先生——陆氏前于辅大就读时，即对口琴有特殊嗜好，技术超群。今为中华口琴会北京分队领导，本次所奏二曲，均陆氏精熟之作。

黄健先生——黄氏既为市内著名之体育家，又为驰名之音乐家，声音之雄厚，其独唱必受欢迎。

六弦琴乐队——亦为辅大同学组成，其领导为彭仁喻先生。彭氏早已驰名音乐界，技术精绝。此次演来，通力合作，乐声铿锵，极富热带色彩。

老志诚先生——老氏为音乐界闻人，尤以钢琴最负盛名，且其琴音传神，更属难得。此次为辅大游艺会演奏二世界名曲，当更为该会生色不少也。

慈善家们盍兴乎来！

辅大同学举办之急赈游艺会，决于今晚在长安演出矣。其所订节目之繁多与精采，那一样都值几块钱，姑无论其节目如何，站在救济贫苦同胞的道义立场上讲，也应该买张票去看看，慈善家们盍兴乎来！今日下午四时，仍可在长安临时购票。

（《新北京报》1943年5月11日，综合版）

长安戏院昨夜盛况
辅大举办急赈游艺会圆满演出

三坤伶两名闺流行歌最受欢迎　吴素秋画扇当场以八百元售出

特写：辅仁大学同学为救济本市贫胞而举办之临时急赈游艺会，经多日之奔走筹备，于大众渴望之下于昨晚在长安演出矣。因节目繁多别致，而且精彩，又系纯粹慈善性质，故招致大量观众而告客满。主办人辅大同学黄秉达（急赈游艺会理事长，即名作家左金）、陈梅（游艺会秘书长）、该会顾问包炳浩以及辅大同学数十人均到场料理一切，奔走忙碌，皆汗流浃背而不辞劳苦，尤其黄、包、陈诸君为此次游艺会出力至巨，充分发挥青年之热情，其努力善举之精神，至堪钦佩。八时开场，开场前，先由该会理事长黄秉达讲演，开明该会举办之意义，系基于救济贫民之天赋良心，而受热情之催促，乃不揣棉力而举办游艺会，希望各界援助指导等语，辞极谦挹，全场报以掌声。旋即开始游艺节目，首为各项音乐，京市名家皆网罗无遗，中西乐曲凡十余项，一场比一场精采，盛况为历次游艺会所无。继即开始名坤伶唱流行歌，首为梦娜小姐与傅金石君唱《扁舟情侣》，次为王素鸾小姐唱《千里送京娘》及《卖相思》，歌来悠扬动听，颇受观众欢迎；继而为从未便装登场之梁幼娟上□，唱《春风秋雨》及《相思泪》两曲，观众击节称赞；其后吴素秋上场，素秋久以棉花女郎歌喉宛妙驰誉剧坛，昨唱《郎是春日风》，秋辞，临时更被烦加唱《四季相思》一折及《花好月圆》，果然与众不同，观众掌声雷动。吴后则为黄玉华登场，黄以妙龄年华，月貌花容，方以《盘丝洞》影片声动京市，昨亦唱《盘丝洞》主题歌及《小山歌》两曲，歌来别饶风趣，闻其《小山歌》为临时购留声机学会者，热心善举，精神可佩。再后为史德化小姐之昆曲《尼姑思凡》，大轴为吴素秋之京剧《人面桃花》，均为两氏杰作。吴并当场绘扇，以八百元代价由无名氏购去，大会于观众满意之下圆满闭幕。

（《新北京报》1943 年 5 月 12 日，综合版）

女三中举办济贫游艺会廿二廿三举行

本市市立女三中，为救济贫民，特发起济贫游艺会，日期是五月廿二、廿三，时间是上午十二时至四时。下午五时至九时，节目为纯粹话剧，有《雷雨》《镀金》《母归》等，最后并有舞蹈、清唱等，地点在女三中本校，希各界仁人善士踊跃购票。

(《新北京报》1943年5月13日，综合版)

海会寺贫儿院音乐演奏会纯属善举

本市海会寺贫儿院近以经费支绌，儿童衣食，不能维持，定十五日举行音乐演奏会于中央公园音乐堂，藉筹经费，经各界慈善家及该院董事、各业公会，竞相赞助，成绩定可乐观。唯此举纯代一般无告贫儿呼□，愿诸大善士本人类□情，竭力赞助，能于娱乐之中成就功德，□此数十贫儿被恩无量。

(《新北京报》1943年5月14日，综合版)

师大话剧团济贫公演

六月初旬举行　地点北京饭店

师范大学因贫民日多，乃决定筹备济贫话剧公演，由该校师大话剧团主演，定六月初在北京饭店举行。剧本决定后即由导师张鸣崎负责导排。预料可筹二千元，分作济贫用。

(《新北京报》1943年5月19日，综合版)

辅大急赈游艺会账目已结清

  余三千八百元 已交商会急赈会

  辅大同学主办之临时急赈游艺会,已于本月十一日晚假长安大戏院举行,结果极为圆满,收支数目如次:(收入)售票四千八百一十二元。该会理事长黄秉达捐助开办费及杂费六百八十二元七角七分,合计五千四百九十四元七角七分。(支出)一、开办费三百五十元。二、杂费三百三十二元七角七分。三、印刷费、广告费、广告费、账本、印章,二百九十元九角四分(戏剧报广告义务)。四、招待记者顾问金石乐队餐费,四百一十五元五角。五、秋文社底包、彩子费、布景工匠饭洋、灯光拉幕、工人赏钱,六百二十二元(史德化文场义务)。六、租长安戏院、购戏剧报、扩音器、钢琴、汽车,四百八十一元。合计二千四百九十二元二角一分。(结余)净余洋三千零二元五角六分,连同画款八百元,共三千八百零二元五角六分(已全数移交市商会主办急赈,所有开支收据现存市商会备查)。

(《新北京报》1943年5月21日,综合版)

北方中学举行募款音乐会

  下月十二日 在亚斯利堂

  北方中学学生赵音恒、马宝生、徐家福、铉褚祥、杜家栋等。鉴于该校理化室及应充实整理,定于六月十二日假座崇内亚斯利堂,举办建筑理化室募款音乐会,特请京市第一流独唱家吕培生、师大古普克高足阎绍武之钢琴独奏,并有声华合唱团参加助演,预料是时必有一番盛况。

(《新北京报》1943年5月22日,综合版)

艺生急赈话剧月底可演出

艺术与生活社主办之急赈话剧，延至本月底可望演出，剧目地点均仍旧云。

（《新北京报》1943年5月22日）

青年会急赈音乐会今明两晚举行

多数歌唱家音乐家合作　演唱汉译创造曲

本市青年会急赈音乐大会定于今明两晚，分别假米市大街教会举行汉译海顿名歌《创造曲》一大本，即可送之古都人士耳中，序乐乐器部分，由老志诚、关紫祥、张维之、赵年魁、刘光汉诸氏，分别担任钢琴、小大提琴之演奏。独唱由祈玉珍（女高音）、刘俊峰（男高音）、郑汝嵩（男次音）、杨荣东（男低音）诸名家担任。琴师由前燕大音乐系名手关颂珊、韩德常、黄仁若夫人三女士合奏，规模可称空前。今晚特别优待青年会会员，仅收入场券一元，明晚入场券现仍在青年会及各著名乐社发售。

（《新北京报》1943年6月4日，综合版）

青年会急赈话剧《月缺花残》

由王宝初导演青年会举办之急振游艺会，定本月廿日下午新二时半，在崇内亚斯立堂公演《月缺花残》《春闺选婿》。由晨光团演出，王宝初氏导演，并演《御夫奇术》等。票价一律两元，今日在该会百货售品所、银宫摄影室等处售票。

（《新北京报》1943年6月9日）

北方中学重建理化室募款音乐会

今日下午盛大举行

私立北方中学，年来校务至为发达。昨下午三时，该校校长罗庆山氏在校务待本市新闻界。由罗校长报告校务推进状况，并请参观校内设备。该校同学赵普恒、马宝生、钟绪祥、杜家栋、徐家福为重建理化实验室，自动举办理化教育捐款音乐会。今日下午三时卅分起，在崇内亚斯立堂举行，特请一流音乐家多人担任演奏。节目如次：演奏节目：①合唱《校歌》及《玫瑰花苞》等三曲（北方中学女校合唱）；②提琴独奏《音乐的瞬息》等四曲（赵普恒）；③钢琴独奏（杨儒怀）；④独唱大伦等五曲（张树楠）；⑤钢琴联弹《赶战进行曲》（杨儒怀）；⑥提琴独奏《春之歌》等四曲（赵普恒）；⑦钢琴独奏《月光曲》（关绍武）；⑧独唱《农家乐》等三曲（吕培生）；⑨合唱《夏天来了》等四曲（北京声华合唱团等）。

（《新北京报》1943年6月12日，综合版）

北法急赈公演《茶花女》

定二十五日夜在长安演两场

国立北京大学法学院北法剧团，今春会演《沉渊》《结婚》等名剧，效果良好。今在市商会急赈会后援之下，举办急赈慈善公演，将所得票资悉数作济贫之用，剧目为《茶花女》。日期为本月廿五日，日夜两场，地点长安戏院，票价五元、三元、二元，百货售品所天津紫房子北京分社代售。

（《新北京报》1943年6月22日，综合版）

赈济音乐大会后晚在北京饭店举行

中国生活文化协会主办之赈济音乐大会,将于本月十七日晚八时,于北京饭店举行。演奏节目,中西乐并重,皆系名家,计有王君僅之琵琶,赵年魁之提琴,周希文之古筝,老志诚之钢琴,蒋风之南胡,郎毓秀女士高音独唱及华北广播协会合唱团之合唱。入场券已于孟广、天增、四海、副华等乐器店,先期售票。

(《新北京报》1943 年 10 月 15 日,综合版)

体育月报社主办慈善话剧

华北体育月报社社长吴逸民氏,联合本市剧人,举行冬赈慈善话剧大会,决演大悲剧《殉情》,排演二月现已纯熟,演期已定于下月五日日夜两场在吉祥戏院,现已开始售票,分三元、二元、一元,除正式开销外悉数充作冬赈。代售处:东城百货售品所、灯市口银宫摄影室、青年会等。

(《新北京报》1943 年 11 月 28 日,综合版)

辅大救济委员会主办慈善歌唱大会

辅仁大学救济委员会社会服务部自成立以来,即积极筹备粥厂等救济事业。昨约请该校歌咏团歌唱弥赛亚神曲,指导为高一志司铎。高司铎前曾于维也纳指导五百人之大合唱,极博好评。此次大会中并有女高音王复生之独唱及钢琴司伴。男低音已约请名家杨荣东担任,定于本月廿二日及廿三日晚假辅大礼堂举行。现已售票,票价分五元、三元、二元三种,辅大号房、天增、志同、田园等均有代售。票款所得办粥厂。

(《新北京报》1943 年 12 月 12 日,综合版)

> 期刊、画报

葆灵女学赈灾游艺会

【南昌】十月三十号，葆灵女学为北方旱灾筹款，特开游艺大会。售票赈灾，入场券分两种：一为学生券，每张售洋三角；一为普通券，每张售洋五角。届时男女来宾，约四百余人。开会时，有幼稚园游戏、锦带萦空、姊妹歌舞、缅纹跳舞、银花烂漫诸艺，洵得未曾有。

（署名"张贤渭"。上海《兴华》第17年第45册，
1920年11月24日，第14页）

济赈游艺会

北省灾荒，伤心惨目，南京发起华洋义振会，由交涉使署邀同南京青年会陈总干事绍唐协力组织。在会开幕，分请领袖领事齐副使、王专使莅会演说，至宁会单独进行，则特开济赈游艺大会，有军乐、雅乐、新剧、杂耍、武技、焰火、影片等，娱耳悦目，备受称许。来宾千人以上，只以各机关业经扣薪摊捐，于此不无影响，然于化装演讲，说至沉痛悲悯处，掷金饰银饼者，亦复有人。求实学校学生，特制备"爱"字旗二方，当场拍卖。第一日为会友邹又鼎君以十元购得一方。翌日，无名氏亦出十元，复购其一。设临时捐匦，旁悬灯四，上绘灾民情状，列之甬道，见者欷歔低徊，莫能逼视。学生出入，有投以铜钿者，而干事同人合捐六十六圆。宁会干事薪俸轻廉，亦难能已。是役也，合计获六百金，认捐数尚未齐集。明知杯水车薪，何济事实？特本会旨趣，此举固在醵资，而尤注意提倡救灾恤邻之精神，通告官绅，俾各天启其衷，及时助成此慈善事业。此宁会为北方灾民祷祀以求者也。当日承地方公会、总商会、督军署及各官

厅，赠以慈善为怀、救灾济困、热心济赈等字样，皆为北五省同胞致其感忱。兹将开会情形略为奉布，幸诸善长垂察焉。

（上海《青年进步》第 38 期，1920 年 12 月，第 87 页）

磁湾赈灾游艺会

【江苏·警防志】磁湾，邳宿交界之乡镇也。自游学宿迁崇实中校之二三同学，发起北省赈灾游艺会。绅商学各界好义之士，极力相助，遂议定以本镇福音堂为筹备处，以山西会馆为游艺场，定于阴历元月七日开幕，艺员悉为崇实学员，招待由绅商两界担任，场内出售瓜子黄梨零物，为本镇商业学员担任。连演三日文明新剧，各界乐捐，共收赈捐铜元一千多吊。以一乡镇，收如是巨款，诚乐善好施之风也。

（上海《兴华》第 18 年第 11 册，1921 年 3 月 23 日，第 25~26 页）

赈饥游艺会

北京为急赈募捐事，开放城中四大名胜，发券任人游览，如紫禁城、天坛、中央花园、农业场等，所收入场券，均特别减价。京中人士莅场颇形踊跃，青年会人员临时加入服务，会期前后三天，颇形热闹。第一日秩序有拳术、体操及军乐队等。次日有各种游艺，如哈克球、骑马跳栏、马戏、足球等。另有飞行家之献技，皆得未曾有，令人大开眼界。所得券资，悉供北省灾黎赈饥之用。

（上海《青年进步》第 43 期，1921 年 5 月，第 95 页）

山海关美以美会爱普务德会游艺会秩序

山海关美以美会爱普务德会游艺会秩序列左：

开会：1923年10月7号。

1. 祈祷（田荫清）；2. 歌诗（汇文中学）；3. 快乐歌（女中学）；4. 演说（尚瑞莲）；5. 莲花舞（女小学）；6. 笑林（石乃光）；7. 歌诗（女小学）；8. 文艺（汇文小学）；9. 戏法（才世恩赵文质）；10. 小游戏（竞贞女校）；11. 笑林（姜玉秀、王殿臣）；12. 歌诗（女校教育）；13. 文艺（汇文中学）；14. 小团体游戏（汇文中学）；15. 散会。

（上海《青年友》第3卷第11期，1923年11月，第45页）

京汉同人沿线灾区筹赈游艺会
假城南公园举行游艺大会启

传纪救灾，原关古谊训垂，游艺雅寓仁慈，值桂苑清秋，正谱霓裳之曲，仿梨园故事，藉悯鸿雁之哀。本会以本路沿线灾区嗷嗷待哺，特于九月八九两日假城南游艺园举行游艺大会。陈列同人书画，并家藏珍品，以及戏剧、电影、武术、中外跳舞、中西音乐等娱乐。以首都名胜，借作游观，集各家收藏，备供浏览，珠玑毕萃，数来尽属家珍，锦绣纷披，赏到无非国粹。镜幻电波之影，奇外生奇；花飞月殿之仙，戏中有戏。美聚中西跃舞，岂徒掠燕惊鸿；妙翻新旧歌词，非仅迴风转雪。而况出家藏之品，廉价堪沽，助余兴之欢，巨彩可获，不特徒饱眼福，亦且藉博腰缠也。所望中外诸君子，如期莅止，共作清游，惠然肯来，同全义举，庶几口碑载道，争歌一路福星，额颂满途，齐拜万家生佛。

（北京《交通丛报》第106期，1924年8月30日）

上海联青社破天荒游艺会在筹备中

联青社为留外学生返国后从事商业，雅负时望之青年人士所组织。迄今三载，叠有建设，颇为社会人士所敬仰。该社宗旨乃合力为社会服务，但利公众，牺牲不恤。性质与扶轮社大同小异。社员以每种行业限定二人。故均优秀分子，足以代表各界。现闻该社为筹集儿童施诊所经费起见，将定期举行大规模之游艺会。内容约分三种：（甲）时装表演，由社员之眷属及闺秀名媛担任之。新式服装、旧时衣裳；自春徂冬、四季毕备；新颖别致、雅饶兴趣，为沪上破天荒之表演。（乙）中西音乐，有古乐、西乐、歌唱、梵哑林等。（丙）短剧，剧本未定，或由社员自编。刻已分组委员，积极进行。大约十二月初即可举行云。

又闻各部职员已分别派定如下：会长李元信，总干事李迪度，施诊兼募捐总主任王志仁，义务医生徐逸民、徐乃礼、姚尔昌，时装展览部总干事范文照，其余各职员及闺秀名媛照片，须俟下次再行加入，为更完备之组织云。

（署名"景孤血"。上海《良友》第 10 期，
1926 年 11 月 15 日，第 1 页）

北平贝满女子中学举行游艺会

图 1　北平贝满女子中学举行游艺会募捐

北平贝满女子中学于日前为平民学校募捐，举行游艺会，并选举女王。（左图）为当选之女王李桂珍女士。惜摄影模糊，不能睹女士之真面目，容异日觅得清楚照片，再行刊登。（右图）《咖啡店之一夜》剧中之一幕，坐者为崔桂针女士，立者为王婉名女。（下图）为英文新剧之一幕，中立者李雅妹女士，（左）邵荃女士，（右）刘文汉女士。

（北京《霞光画报》第 29 期，1928 年 12 月 22 日，第 2 版）

赈灾游艺会化装室中之明星大会

图 2　赈灾游艺会化装室中之明星大会

（广州《白幔》第 8 期，1930 年）

三月来本馆各种重要活动事业进行状况

八、筹赈游艺会预志

本馆因鉴于此次江北水灾之奇重，同胞被难之众多，筹赈工作之进行，刻不容缓！故近一月来，除于馆中设置灾区情状宣传品，组织募捐队外，并定于九月十八日起，假伯先公园讲演厅，举行游艺大会六日，作大规模之筹赈运动。事先为慎重将事起见，特组织筹备委员会，负责规划一切。兹将筹备委员会工作情形，择要述之如下：

（一）筹备委员会设总务、宣传、会计、交际四股，分别进行一切。

（二）游艺节目以平剧为主，演员除请本馆平剧研究会会员担任外，并邀请本埠票友加入。

（三）入场券定为五千张，每张价一元，由交际、宣传两股会同本馆宣传委员会分赴各机关、各商家、各居户接洽推销。

（四）筹备经费，暂定四百五十元。

(镇江《民众教育通讯》第 1 卷第 6 期，1931 年 9 月，第 140 页)

吴素馨在"歌场春色"水灾游艺会中饰《苏三起解》

图 3　吴素馨在水灾游艺会上义演剧照

(上海《影戏生活》第 1 卷第 36 期，1931 年，第 2 页)

筹赈黄河水灾游艺会假大世界举行

图4 开会典礼中主席褚民宜氏报告时情形

(上海《良友》第81期,1933年10月,第20页)

北平"妇女三团体"主办冬赈黄灾游艺会

图 5　北平"妇女三团体"主办冬赈黄灾游艺会（国振裕摄）

新嫁娘服装表演由左至右吴玉姣女士、张广绩夫人（左图）；时装表演之三个时代姑娘（右图）；歌舞表演之五位天真美丽的少女（下图）。北平妇女会，女青年会，女十人团（简称"妇女三团体"）主办之冬赈黄灾慈善游艺会，该会内容有"时装之表演"，"新妇服装变迁之表演"及各种舞术等，参加者皆平市之名闺及交际花。其中令人尤为注目者，为平市最负盛名之一群鲜艳之交际花朱九小姐、洪君女士表演时装无人不向之行以注目礼，而九小姐频频向人点首，于是掌声雷动。九小姐风头极健。当表演《新妇服装变迁》自元而明而清，至最近由数十位未出阁之名闺表演。

每当周行于人业中无不羞人答答不敢仰视。表演后有摇彩。最为奇妙者为第一百零二号奖，闻为某大夫所得，亦可称为名符其实矣。

（《摄影画报》第 10 卷第 5 期，1934 年 1 月 29 日）

关于山东寿光县县长宋宪章热心灾赈的"训令"

山东省政府训令　民字第九六〇号　主席韩复榘。

令各厅各县市政府烟台龙口公安局

案准：山东省赈务会函开案据寿光县县长宋宪章呈称，窃县长鉴于鲁西被灾民众嗷嗷待哺，惨苦之状，不忍闻睹。为济难救危起见，当经全县大会时将此种意义宣传各机关及地方商绅，旋据各机关及地方商绅等拟组织赈灾游艺会，演唱旧新各剧，售票集款，以救灾黎。现已办理结束，计共实得赈款洋五百元。除呈报省政府民政厅备案外，理合将款封固备文呈解钧会鉴核兑收，并印发据备查等情，并捐款五百元到会。据此，查核县长宋宪章倡导募捐，热心灾赈，急公好义，惠及邻封，洵堪嘉尚，除电复并谢外，相应函请鉴核传令嘉奖，以资鼓励，等因。准此。经提本府第二九四次政务会议议决，照准记录在案，除函复并通令外，合行令仰该口即便知照。此令。

中华民国二十三年二月二日

（《山东省政府公报》第 271 期，1934 年 2 月 18 日，第 22 页）

汕市救济散兵难民

游艺会获利四千余元　拨还垫款后所存无几

赣匪未靖，继以八闽之变，赣闽边地灾黎，络续而来就食者为数颇众。汕市救济难民散兵委员会因经费无着，资遣乏力，存兹市面商业惨败之时，募捐又告无法。汕头市筹款做善事，三十六计，还是游艺较有把握。遂议决于本月十四日起假座大同戏场举行游艺会筹款。现游艺会已闭幕多日，该会昨天下午特召开结束会议，报告收支数目，计收支相抵，结存盈利四千零一十余元。同时该救济会属开第八次会议，到者市府方昌材、公安局李辉璧、诚敬社李栗珊、同济善堂方祖绳、存心善堂徐朋友、市商会戴文杰。主席方昌材报告：一、存心善堂报告先垫用资遣费至二月廿三日止共支大洋一千一百八十九元，公安局报告先垫用大洋五百八十五元三角三分五厘，市商会报告垫用一千三百一十元，总共三项共垫出大洋三千零八十四元三角三分五厘。讨论关于先用信之款，应如何办理案。表决由游艺会得利项内拨还。查游艺筹得款项共四千零一十余元，现拨还借用之款后，所存者只九百余云云。

(上海《广东旅沪同乡会月刊》第 1 卷第 6 期，
1934 年 3 月 16 日，第 33~34 页)

旱灾义务戏　梅兰芳戏目已排定
——《凤还巢》《花木兰》《霸王别姬》

南京旱灾会，自商得梅兰芳先生同意来京演唱后，即积极向沪平各埠添邀名角参加表演。现已邀到黑头巨擘金少山、林树森及萧长华、程继先等各名角，珠联璧合，届时定能一饱京中人士之眼福耳福也。闻日期以择定本月八、九、十三天，假本社大礼堂表演，剧目大致已排定，八日《凤还巢》，九日《花木兰》，十日《霸王别姬》等拿手好戏云。

(南京《励志》第 2 卷第 49 期，1934 年 12 月 9 日，第 14 页)

旱灾义务戏　梅兰芳出演盛况

本社各干事均任招待

各省救济旱灾南京分会，于八、九、十日假本社礼堂请梅兰芳先生表演义务戏，票价分五元、十元两种，各界人士，均共襄义举，所有招待事宜，均由本社各干事分别担任云。

（南京《励志》第2卷第50期，1934年12月16日，第28页）

赈灾游艺会花国总选举

迩来国内各省灾情奇重，本市各界为筹赈起见，特举行赈灾游艺大会三星期，已于十六日起正式开幕。

本星期二，该会员由责人假大西洋西菜社招待名花，到者甚众，当于席间议定花选办法，选举票随门票分赠，每票一权，当选者以票数多寡为序，按花国要人地位高下计算，共十九要人当选，计：

一、大总统；二、副总统；三、国务总理；四、参议院院长；五、副院长；六、众议院院长；七、副院长；八、貌部总长；九、次长；十、才部总长；十一、次长；十二、品部总长；十三、次长；十四、性部总长；十五、次长；十六、艺部总长；十七、次长；十八、术部总长；十九、次长。

如是善举，可谓一举三得，爱国筹赈水灾难民一也，获娱乐上之享受二也，君所爱好之花，可得荣誉上之美名三也，望各界善士，踊跃参加，诚为国为民之善举也。

（《影舞新闻》第1卷第7期，1935年8月17日，第7页）

水灾游艺会之举行

"中国是一个谜"，这句话我们自己也得承认。的确，我们是再奇怪不过。在外国，不要说遇到我们这样广大而又严重的水灾，就是一个城市遭灾，几架飞机蒙难，也要闹得风雨满城，捐款咧、赈灾咧、救济咧，奔走呼号咧，全国之人，如丧考妣！至于我们这个贵国就不同了。水灾不管几何省，遭难人民不管几千万，而跳舞的、玩游戏场的，以及大吃大喝狂嫖阔赌的公子哥儿阔官大老，还是依然挥金似土、骄奢淫逸，不知亡国之祸，遑论水灾之惨。要他们出钱来赈灾，那能愿意？筹赈的没有办法，于是想起一个娱乐救国的勾当。什么跳舞救国、看戏救国，应有尽有。现在在京戏之外，又发起举行各种水灾游艺会，并且有人发起花界选举。据报载，用意是要"引起北里诸姊妹之注意，得以多销游券，造福灾民。其被选职衔如下：花国大总统、副总统、国务总理、参议院议长、副议长、众议院议长、副议长、貌部总次长、才部总次长、品部总次长、性部总次长、艺部总次长、术部总次长等。当选者，除由该会颁发奖状大章外，并有国货工厂分赠名贵日用品。该会并委请市民日报发行花选特刊。"

呜呼灾民！呜呼中华民国！（光）

（署名"观鱼"。南京《民鸣周刊》第2卷第11期，1935年9月7日，第7页）

首都各界举行救灾游艺会　特邀梅兰芳赴京演出

图 6　梅兰芳于公余联欢社留影（图际社摄）

首都各界救济水灾募捐委员会，举行救灾游艺会，特请梅兰芳赴京表演。图为梅氏近留影于公余联欢社。

（京报《图画周刊》第 9 卷第 8 期，1935 年 9 月 8 日，第 3 页）

首都妇女赈灾会举行赈灾游艺会

图 7　参加"首都妇女赈灾会"的部分秦淮歌女（国际社摄）

Sing Song girls of NanKing offer their services to raise funds for the flood relief.

首都妇女赈灾会举行赈灾游艺会，并由秦淮歌女参加游艺节目，突围歌女代表之一部。

（上海《良友》第 109 期，1935 年 9 月 15 日，第 7 页）

致本市筹赈水灾游艺会函

【廿四年九月七日】接准大函，诵悉一是。本年水灾深重，同深轸念。所请代销游艺券一节，因邮局同人认销已多，且中央另有公务人员捐薪办法，故而实属无力再销。兹特由会中捐助十元，聊以报命，游艺券两百张，照数退还，并希察收给据是荷。此致，上海市各界筹赈水灾游艺大会。附国币十元、券两百张。

(上海《全国邮务职工总会半月刊》第 4 卷第 1 期，1935 年 10 月 1 日，第 13 页)

苏北黄灾

图 8　苏北黄灾

　　今年各地水灾。本刊前二期画报均有登载，兹再将苏省北部黄灾状况略为介绍，并附各地办理救灾照片，代为灾民呼吁。

　　上图：铜山县东北离徐州百二十里张谷山水势浩大，无数村落悉没水中。

　　中图左：铜山县之难民收容所。

　　中图右：徐属邳县灾民以木船搬运避灾。

　　下图左上：首都各界救济水灾游艺会特请梅兰芳至京表演，并公宴梅氏表示慰劳。

下图右：九月下旬，首都童子军全部出动为灾区捐募寒衣，挨户敲门劝捐（张览达）。

下图左下：我国驻秘鲁使馆亦举行赈灾游艺会，将筹得之款寄呈外埠转发。图为该会全体职员合影。

（上海《申报月刊》第 4 卷第 10 期，1935 年 10 月 15 日，第 1 页）

古香斋：花国总统之证书

（上海）水灾游艺会中选出之花国总统。某夜在新世界闭幕声中行授证礼。仪式隆重，居然有节目十八项之多。恐正式国家元首之就职典礼，不是过也。其妙者厥为证书上之大文，骈四俪六，古色古香，及录之如左：

夫秋高海国，旧属鱼龙漫衍之场。而水溢江河，远传鸿雁流离之讯。冯夷肆虐，将伯争呼。爰从北里以征求，也学东风之抬举。冠裳万众，鹄立无哗。粉黛三千，鹓联有序。看肉屏风之围绕，烦胱录事以宣传。选票投来，芳名唱出。于是雪飞其姝，眉史当选为花国大总统。择吉九月八日，行授证就职礼。群情推戴，百尔景从。一声雷平地相惊，羑尔公卿出白屋。三过门七年不入，借他施济福苍生。此证。中华民国廿四年九月五日。上海市各界筹赈水灾游艺大会会长王晓籁，副会长沈田莘、陈济成，理事长林康侯。

（上海《论语》第 74 期，1935 年 10 月 16 日，第 45 页）

童军参加赈灾游艺会

本校童军，声誉卓著。每次公共集会，无不函请参加。前周星期六日（十九日）午后，本市各界赈灾游艺会，举行于中山公园，亦请本校童军前往维持秩序,并劝募赈款。届时由童军教练曹邦俊,率领一小队前往参加。计三小时中,曾代为推销游艺入场券二百张云。

(《天府中学校刊》第 3 期,1935 年 10 月 26 日,第 7~8 页)

协助妇女赈灾游艺会

南昌市妇女赈灾游艺会,业于廿五、六、七日开幕,表演游艺,售票赈灾。该分社代总干事王作民氏,连日前往协助一切。艺术科陈俭同志亦连日往奏音乐。社员科谭克鹏同志亦连日指挥电影汽车往放影片,及播音工作,异常忙碌云。

(南京《励志》第 3 卷第 44 期,1935 年 11 月 3 日,第 16 页)

在电影界助赈游艺会后台花红柳绿

图 9 电影界助赈游艺会后台花红柳绿(严次平、陈韵璜、倪武林、张寅虎合摄)

①四姊妹唱"四姊妹歌"。②林楚楚亦同偕其爱子来后台。③龚秋霞小姐之脚尖舞。④胡霖等着上台表演。⑤童月娟在化装中。⑥周璇独唱凤

阳花鼓。⑦沙亚伦演出京剧《新访棉花》之化装女角。⑧小明星黎□唱"老公公"。⑨小妹妹胡蓉蓉唱"小宝宝"。⑩徐竞芳小姐在化装中。

（上海《青青电影》第 2 卷第 9 期，1935 年 11 月 5 日，第 21 页）

续电影界助赈游艺会

图 10　续电影界助赈游艺会

①小女伶出身之袁美云小姐，演出京剧，最为使人注意，每场必博彩声不少（严次平摄）。②舞星周美娟小姐参加表演京剧《梅龙镇》（倪武林摄）。③梁氏姐妹代表联华公司参加歌唱"四姐妹"（王仰樵摄）。

（上海《青青电影》第 2 卷第 9 期，1935 年 11 月 5 日，第 22 页）

沉醉的一夜　记赈灾游艺会

十一月十一号的晚上，中华口琴会主办了一个赈灾音乐大会，地点是在市民大礼堂。将近九时，我和庶常便做了不素之客，参预这盛会。

当然，这是岛上一个希罕而珍贵的集合。惜乎！吾是有耳如聋，痛快说，吾是"牛"耳，辜负了这美好的琴音。

有人说，国事如此，何必作乐。吾道为灾民的奏乐，的确合了一句古语——黄连树下弹琴，倒也未尝不可。

吾虽不是知音人，但是悠扬而婉美的调子，高亢而雄快的歌声，吾是一样会颤动吾的心弦，拨动吾的灵盛，应弦合节，溶化在甜蜜的氛围里（这几句新文学滥调，引用不谬，自浮三大白，请读者亦浮三大白，以赏吾文，兼赏妙音）。

吾最爱听的是何玉兰女士的"Solveig's song"响遏行云，细如游丝，袅袅乎，洋洋乎，直窝到心之深处。可惜全是英文，歌意一句不懂。

黄台路小学生的《桃李劫》，高唱如云，倒也很使吾兴奋一下子。圣功歌咏队，的确很好听！的确很好听！可惜又吃亏在不懂英文上。

何、高二君的提琴与笛合奏，吾这个外行，也觉悦耳。那位外国先生的笛，吾就代他使劲，在他曲终奏雅的时候，吾已筋疲力尽了。吾问问宏爱，据说绝佳，只怪吾不识货罢了，辜负妙音。该打，其实该打。

王应华君的口琴独奏，糊里糊涂，评他八个字，叫"短音促节，独冠一军"。同听的读者，不算我拍吧？

王重生、复生、何文雅、董均四女士的"八手钢琴"，雄快之至。口琴队的全体合奏，也留下一个美的印象。

外行只是外行话，就全体说起来，都好！（好好先生也）所差的就是偏于"欧化"一点，假使听众是外国人多，那末拍掌的声音，吾相信还要响十倍。

国乐国歌，如其再开音乐会的话，吾希望多加入一点，究竟知音人多些，兴味浓些。

选的歌、弹的乐，希望多取雄快激昂的调子，因为时代的要求，要刺激，甜迷迷的软洋洋的乐调，不由人要结眼皮，吾也知道那天的音乐歌唱，都是极高尚优雅的法曲，无奈曲高和寡，解人难得，这是吾的胡说。

还有一位先生提议，说青岛少一个"提琴会"，希望胶路同人起来组织。乘便介绍在这里，对不对，需要不需要，请行家说话，鄙人不赘一辞。

末后仅代灾民谢谢表演诸位的热心慈悲，乘便道歉吾胡说的不应该（——沉醉归来的一刹写出）。

（署名"白"。青岛《青岛画报》第19期，
1935年12月1日，第2页）

北平联青社举行联青夜慈善游艺会

图 11 北平联青社举行联青夜慈善游艺会

（上图）北平联青社于三月七日晚举行联青夜慈善游艺会，平市名媛之近六代服装表演（左至右）：（唐代）费路路女士、（宋代）孙苓女士、（元代）贺圣慈女士、（明代）孙苓女士、（清代）费克乐热女士、（民国）刘回雪女士。（下图）参加青联夜之三女士（左至右）：吕宝棻女士、吕宝柔女士、贺圣慈女士（四照李尧生摄）。

（《青岛画报》第 22 期，1936 年 4 月 10 日，第 1 页）

青岛市政府关于赈灾游艺会布置事项的"指令"

青岛市政府指令　第八六九二号

令公安局

呈一件呈报关于赈灾游艺会本局应行布置事项伏乞鉴核备案由

呈件均悉准予备案此令件存

中华民国二十四年九月二日

附原呈

窃查八月二十二日至二十五日，在汇泉马场举行救灾筹赈游艺会。关于本局应行布置之各事项，业经援照去年成例，分别布置妥善，理合缮同布置事项单一纸备文呈报伏乞

鉴核备查。谨呈

市长沈

附呈布置事项单及交通略图各一纸。

公安局局长王时泽

关于赈灾游艺会布置事项

甲　维持秩序

一、陆战队一分队、特务队一分队维持场内秩序；

二、保安队维持场外秩序；

三、特务队三十名以上押公共汽车；

四、侦缉队派员警十二员名负责侦缉窃犯。

乙　清洁

一、每日开会前，由清洁队将会场各处扫除清洁。

丙　消防

一、开会时间内，由消防队拨消防车一辆、派长警一班驻守场内。

丁　交通

一、行驶汇泉及其他各路线公共汽车一律延长至夜十二时停车；

二、游艺会期内加驶西岭路线；

三、规定会场入口前左边（文登路牟平路拐角处）为各种车辆乘客下车处；

四、各种车辆于乘客下车后，须驶赴规定各停车处停车各停车。处地点如附图。

五、以上各停车处均由本局树立停车牌以资标示。

戊　服务员警到场及离场之时间

服务员警一律于开会前一小时到场，散会后一小时离场。

（《青岛市政府市政公报》第 74 期，1936 年 8 月）

美国水灾：国际妇女友仁会北平分会举行游艺会作慈善救济

图 12　美国水灾：国际妇女友仁会北平分会举行游艺会作慈善救济

（左图）为表演唱歌之曹成贞女士。Miss Tsao Ching-chin, vocal soloist at the stage show given by the International Women Friends Association of PeiPing, in aid of the American floods relief funds. （右图）北平青年会主办的赈灾化装溜冰会，这里是一部分参加的热心人士（晨曦摄）。Participants of the skating meet sponsored by the Y. M. C. A. in Peiping to raise funds for the flood relief.

(上海《良友》第126期，1937年3月15日)

财政部解释所得税之疑义

五、游艺会所得

问：以法团名义筹款之游艺会，其所得如何课税？（广东省政府）

答：以法团名义筹赈款之游艺会，其所得除去必要开支外，所提拨法团部分，如用于公益或慈善事业者，应予免税。就其余额，照条例第四条税率课税。

(上海《绸缪月刊》第3卷第7期，1937年4月1日，第101页)

山西省政府关于小学会考经费不准移作游艺会之用的"指令"

山西省政府指令灵石县长以呈报小学会考既不举行

其经费可否移作游艺会之用应不准行由

山西省政府指令（教壹字第一九九三号）令灵石县长呈报小学会考既不举行，其经费可否移作游艺会之用请鉴核由。

呈悉。查小学毕业会考停止举办后，已决定举办高小学生成绩比赛会，所请拟将会考经费，移作游艺会之处，应不准行，仰即知照。此令。

中国民国二十六年四月三日

(《山西省政公报》第13期，1937年4月3日，第59~60页)

江海关平剧社救灾游艺会彩排

图 13　江海关平剧社救灾游艺会彩排（左赓生、薛宝录君合摄）

①《庆顶珠》中之萧恩，裘声禅君饰；桂英，张铁云君饰。②《群英会》中一场面，周瑜，张奎祥群饰；鲁肃，谢子健君饰；孔明，王在田君

饰。③《群英会》中之黄盖，张哲生君饰。④张蕴源君之《苏三起解》。⑤陈公亮君之《拿高登》。⑥《落马湖》中之黄天霸，胡宗邦君饰。⑦《群英会》中又一场面，密报军情之黄盖，张哲生君饰；周瑜，张奎祥君饰。⑧《庆顶珠》中萧恩，裴声禅君饰。⑨又一黄天霸，郁介夫君饰。⑩《群英会》中又一场面，鲁肃藏书，谢子健君饰。

(上海《关声》第 5 卷第 12 期，1937 年 6 月 25 日)

冬赈国剧表演剧目及演员（以出场先后为序）

廿七年一月一日在本会大礼堂 票价一元，优待会员一律五角

一、《大赐福》，何健之、关燕平、佟品心、舒又谦。

二、《双摇会》，承玉辉、袁永泉、佟品心、金秉武、王铁侠。

三、《庆顶珠》，杨轶厂、王振生、赵希孟、赵廷玉、张畏苍、祖树田、佟中宽、杨明保、左文学。

四、《八大锤》，关燕平、安子厚、王劲闻、史登勋、吴子年。

五、《女起解》，张泽圃、静仪。

六、《玉堂春》，金志良、安子厚、张畏苍、杨明保、金秉武、柯绶衡、傅振生。

七、《定军山》，吴子年、赵希孟、王铁侠、徐启章、杨明保、杨轶厂、祖树田、柯绶衡。

(《北京青年》第 29 卷第 2 期，1937 年 12 月 17 日，第 3 页)

冬赈游艺会秩序

1. 开会
2. 致词　艾德敷总干事
3. 歌唱　歌唱队

4. 口琴　口琴班

5. 中乐合奏《混江龙》　中乐社

6. 独唱伴奏　罗系云女士

7. 提琴、钢琴合奏《天使应曲卡第那》　邱铁耕先生、陆钦信女士

8. 琵琶独奏《楚汉相争》　双理轩主

9. 英文剧《主教的蜡台》

10. 歌唱　歌唱队

11. 中乐　中乐社

12. 口琴　口琴队

13. 独唱（钢琴伴奏）　赵秀琴女士、潘君芳女士

14. 口琴　周瑾

15. 话剧《皆大胜利》　导演：赵希孟先生、舒又谦先生

（《北京青年》第29卷第2期，1937年12月17日，第6页）

慈善卖物游艺会

图 14　慈善卖物游艺会（林隐贤摄）

　　香港英赈分会募捐委员会主办之慈善卖物游艺会，于二月二十六日在英皇书院举行开幕典礼。目的在筹募款项、救济难民。三日之中，共得万余元，成绩甚佳。①热心义卖的施宝芳小姐。②罗旭龢爵士举行开幕典礼。③来宾慷慨捐助。④大会主席郭琳弼夫人与一国际同情者。⑤慈善卖物游艺会和正门。

（上海《东方画刊》第 2 卷第 1 期，1939 年 4 月）

平各校团契主办冬赈游艺会

——假协和礼堂举行

北平基督教学校团契,日前曾在本校开退修大会,当时决定联合举办一冬赈游艺会。倾闻该会已订于十二月九日、十日假协和礼堂举行,时间为下午五点至七点。参加学校有燕大、协和、北京神学院、育英、贝满、慕贞、汇文等校。内容有评剧、合唱、独唱、国乐、狮队技术表演、钢琴独奏、宗教表演等;一切项目秩序正请范天祥先生编排中。闻该会票价拟定为二元、一元、五角三种。此次兴办之游艺会,目的在赈济灾民及贫困学生,故将全部收入皆捐为慈善事业之用云。

(北京《燕京新闻》第6卷第12期,1939年11月18日,第4版)

三十年前北京妇女匡学会义务戏传单

清末,有杭州贞文女学校董惠兴女士,因经费不足,上书副都统贵福。贵福不答,女士乃以身殉学。此稍习旧闻者共知之事也。及此噩耗传来,各界乃纷起为援,女界尤甚。于是"北京妇女匡学会"乃发起大规模之"筹款义务戏",当时撒有传单。顷承逸飞兄惠以一纸,色作橘红,三十年来,尚无破损,卒征保存得法,闻为其友某君所赠者。兹敬录于后,且略补以鄙人所知之轶事,兼对逸飞与某君致谢焉。

"禀立妇女匡学会演戏小启":"本会因杭州惠兴女士,自为学殉身后,经费仍不敷用,仝人拟代为筹款,以匡不逮。爰仿各国慈善会办法,演戏三日,专卖女座。经梨园善士,大众热心,允尽义务,所收戏价,除零碎开支外,全数汇交杭州将军,作为贞文女学堂经费。现蒙巡警部批准,定于三月初五、初九、十二日三天开会,凡女界中热心志士,有愿赞成此举者,均请于此三日前购票听戏,事竣后并将大名登诸报端,以彰美意。特此谨启。"

"批示":"据禀:惠兴女士创立贞文女学堂,嗣因经费不支,难偿初愿,竟以身殉,实属大义凛然,深甚嘉尚。该职员张毓书等,拟仿各慈善会办法,开立妇女匡学会,实为筹款接济该女学堂经费起见,实属可行,自应照准。该员等务当实心办理,以完惠兴女士未竟之志,庶于女学堂前途,足资裨益。所请演戏三日,应照准,不得逾限。惟有唱戏出,须于三日前禀报外城工巡总局查核,方准照演,仰即转饬遵照,并于开会日派捕妥为弹压可也。此批。十四日。"

"规则":"一:演戏地方,原订湖广会馆,今改在前门处打磨厂福寿堂。一:演戏时刻,早以十一点钟开演,夜以两点钟止。一:所有戏座,分为包箱,头等,次等,三种:每厢包间价洋三十元,头等每桌六座价洋十八元,单座每位三元。次等每桌六座,价洋十二元,单座每位二元。小孩自八岁以上至十三岁,均卖半价,仆妇五角。一:听戏者由本处备便席一餐,不另索价(晚四点钟便席,夜十二点灯火)。一:本会一概不卖男座。一:凡听戏诸位,须先期卖票,自本月二十六日起,每日早十二点钟至六点钟止,即在福寿堂卖票。早到者得好座,并不得强占它人已座之位。一:本会为匡学筹款起见,非借此射利营私,听戏诸女士,均因热心助善而来,总祈诸位谅此区区苦心戏,凡所用男丁,如车夫跟班人等,务须自为约束,令其在戏场外静待,不许擅入,以昭慎重,以省口角。如有买物套车等事,可令随带仆妇传言,即本会亦雇有女仆,预备使唤。一:此三日所演戏文,经工巡总局审定,均系光明正大之戏,凡有伤风化者,一概不演。"

"演戏诸善士姓名":"本会系玉成班作底,凡外约演戏诸位,均系当场出色,名动京师。今将惠兴女士兴学殉身原事实,排成新戏,三日分演。仅演女士者为田际云。并将潘子寅烈士投海事,亦排演成戏,仅演潘君者为京师票友乔荩臣,其余各种新戏,诸善士均具一片热心,慷慨好义,襄成善举。是日无论风雨,咸来助善。兹将姓名列后:俞润仙、谭鑫培、王桂芬、侯俊山、金秀山、罗寿山、余玉琴、郭宝臣、王楞仙、朱素云、陆华云、路三宝、许荫棠、王瑶卿、孙佩亭、杨筱亭、龚云甫、田桐秋、杨宝珍、德俊如、孙怡云、余振亭、刘鸿升、白鉴堂、瑞德宝、张福义、马林山、董春山、家洪林、陈德霖、姜妙香、王凤卿、何桂山、郭凤云、刘春喜、崔德云、于永海、穆长久、黄润甫、张喜华、刘保卿、郎得山、马德成、李连仲、朱文瑛、张麒麟、韩山、孙喜云、刘景然、钱金福、王长林、李顺亭、唐玉喜、高四保、傅小山、纪寿臣、陆杏林、杨永元、高得禄、周长顺、郑长泰、慈瑞泉、李寿山、袁子明、马连登、王月芳、周如奎。"

核之当时在京师之命令，殆已网罗无遗。惟此纸传单，仅有月日而无年代。以愚考之，此光绪丙午，三十二年之春也。因女士殉学位光绪己未（三十一年）之冬，而潘子寅烈士投海，则其同时事耳。

案：冒鹤亭（广生）之"小三吾亭词话"载一则曰："杭州惠兴女士，以身殉学，天下悲之。田伶际云，扩其遗事，排为乐府，座客为歊歔泣下者。琴南曾赋《齐天乐》云：'一襟天宝年间恨，凄凄寄怀筝住。小部花辰，离宫雁候，挑起愁无数。湖光正曙，看供奉宸班，按歌金缕。水碧山明，四弦能作海青语。歌喉初转变徵，替贞娥诉怨，何限凄楚？地下冤忠，人间酸泪，黯到无情飞絮。收场更苦：演独橒西泠，翠阴庭户。数编梨园，吉光流片羽。'翼日，田伶得其词，设宴以谢。"此词之制，当在三天义务戏后。因自此田伶虽在营业戏中亦常演此剧，遂了《孽海波澜》（演张傻子事），同为舞台上之习见者矣。

至潘自寅名宗礼，乃北通州人，自东瀛求学返国，于是年腊月粥日，行次仁川，翌日遂投海死，遗有条陈十四条，大旨则不外乎请速立害自强也。后京市学界，公设追悼会于松筠庵，其祭文亦为琴南所撰，文起首之四句，曰："沧海灏瀁，浪如崩山；凌岛灭礁，万古漫漫"云云。此剧脚本，后为王鸿寿（三麻子）所得，只一演之即止，以其太累，无歇场也。而"愚乔"（乔荩臣君别署）之愚，愈为不可及矣。

(署名"景孤血"。北京《立言画刊》第16期，1939年，第4~5页)

辅大急赈游艺会后记

本市辅仁大学对于社会公益事业向不后人,该校经济等系多人为怜悯穷黎起见,特组办急赈游艺会于长安戏院,又得各界之援助,故进行极为顺利。此次游艺项目相当繁多,集中西音乐及歌唱旧剧于一堂,演来颇多可观。是夕上座成绩甚佳,观众千余人,极尽一时之盛。会场内外全由辅大同学热心维持,秩序井然。兹追记当日情形于后:

辅大音乐队在该校已有数年之悠久历史,系由德人盖伐士指导,演奏欧西各名曲,歌声浩荡雄壮无比,全体队员之衣饰齐整精神奕奕益显其兴奋。小提琴家李一鸣夫妇合奏《美奴爱特》一曲后,观众多誉为吉妇之杰构,难得一饱耳福,音乐方面如老志诚之钢琴,彭仁愉领导之六弦琴乐队及陆大亨之口琴等均为个人得意名作。今番演出针锋相对、各逞其长,又如广东音乐家周彦、周继、穆家祺等联合表演古色古香、别致兴趣。歌唱方面有吕培生君、梦娜小姐等独唱及诸坤伶之流行曲,亟得观众好评旧剧共二出:一为史德化小姐之《尼姑思凡》,即为昆曲且又系拿手佳作,演出后以做之细腻见称;一即大轴吴素秋之《人面桃花》,演崔护与杜宜春之一段生死姻缘故事,素秋饰此少女极合其身份,几段唱腔婉转动听,佐以江世玉、李洪福等为配相得益彰。散场时已至深夜,观众于欢笑声中各奔其梦乡,而长安附近之穷黎早已同声扣福矣!

(署名"老寒"。北京《三六九画报》第 21 卷第 6 期,1943 年 5 月 19 日,第 14 页)

青年会少年组急赈游艺会

——晨光剧团上演《月缺花残》

中华基督教青年会曦光社于六月二十日在亚斯立堂公演《月缺花残》与《春闺选婿》两剧，前者是悲剧，要赚得不少观众的眼泪；后者是喜剧，要使观众笑破肚皮。在这两件不同的气氛中，相信曦光社的演员们一定会有着极优的成绩的。

他们这次的演出，诚然是一桩大胆的事，因为他们都很年幼，对于人世的观察太浅，尤其在戏剧的理论上和经验上都还没有深切了解，居然敢把不成熟的东西搬出来，这实在是一桩太大胆的事！

然而这正表现他们的热诚，他们的勇气，我不忍给他们灰心的打击，所以才答应他们来演出。第一，藉这一次练习，来增加些舞台的经验。第二，倘能得到戏剧前进者赐予些批评，使他们知道些戏剧的艰深更增加上探讨的努力，那么，希望看了这一次戏的诸君，成全了他们的志愿，不客气赐予一些公正的指教，赐予一盏引路的明灯，使他们的前途有所遵循。

曦光社是在成人组的一个团体，也是对于话剧有特别研究的热望的，与晨光团有很密切的关系，这次演出承他们社员赐予多方面的援助，晨光是非常感激的。

（署名"宝初"。北京《三六九画报》第 21 卷第 15 期，1943 年 6 月 19 日，第 19 页）

北大文学院冬赈游艺会追记

北京大学文学院，成立迄今四十五周年纪念，该校为庆祝起见，特定于三十二年除夕日夜于东城吉祥戏院开冬赈游艺会，日场为话剧《殉情》，昆曲《赐福》《惊变》《花荡》《牡丹亭》。夜场为京剧《打面缸》《春秋配》《探母回令》。是日吉祥满坑满谷，成绩空前，会场花絮零碎琐记于后。

"仆人滑稽"，话剧中之"殉情"仆人由盛弘扮饰，演来颇合乎身分。盛君台下作风，搬上舞台笑料百出，作戏精神颇佳。扮演费立诚之袁有奇，亦十分带戏。史宽演来雄壮，颇水准够合乎硬性角色。贾伯望由斐彤扮，亦不太坏。至珊珍毒发，全剧演至最高潮。该剧在短期中排成，不算很失败，演员之化装令人失望。

"多才多艺"，文院国文系代表李宝龙君素于昆曲颇有研究，所以在昆曲中十分卖力气，演有《赐福》寿星，《惊变》之明皇，《牡丹亭》之杜大人，尤以明皇演来殊佳，扮像大方，臻至妙点。多才多艺不愧矣！

"卢氏双鹤"，京剧与昆曲，以卢氏姐妹十分成功，该姐妹素对正宗青衣研究精细，卢鹤松扮《牡丹亭》杜丽娘，《春秋配》姜秋莲，《探母回令》之四夫人，唱作，均至佳境，其妹卢鹤柏扮《惊变》之贵妃，与《探母回令》之公主，扮像十分秀丽，作工大方，为今日票友佼佼者。

"《打面缸》逗"，夜场首出即为《打面缸》，该戏王书吏由刘德荣扮演，笑料百出，刘君之诙谐态度令人捧腹。大老爷由安云祺扮，十分诙谐。四老爷由王慎同扮，唱腔可笑。腊梅由法学沙铮扮，扮像娇柔，作工老练，亦可算至佳点。

"小生大徐"演《春秋配》之李春发与《探母》杨宗保，由徐寿耆扮演。徐君为文院篮球健将，今次上台，台风翩翩，风度令人销魂，可惜个子过于太高，扯四门唱完博得掌声不少。

"四郎被榨"，后部四郎由法院邵浩然扮饰，扮像较佳，唱腔很冲，在过关之掉毛，有如元宝翻身，令人可笑；在与六郎谈话时，忽然台上布景倒了，四郎被榨，观众哄然。结果没把四郎榨昏算是便宜，而把那绒球弄掉，届时亦成笑料。

"先须后净"，扮演六郎之法院"岑铁森"，合帘中之唱腔颇佳，而露台一句，即倒呛，博得倒声不少，后来岑君为施展其嗓过于太高反成净角之声，有如花脸出台，实所谓"先须后净"矣。

"八姐九妹"：八姐由白丽庄小姐扮，九妹由罗牧敖小姐扮，可惜作工过于太呆板，八姐过于神圣，九妹爱笑场，亦为一时笑料，在台下望之有如一对纸人，九妹哭时，还有不好意思态度。

"好戏未完"，是日以《探母回令》最好，可惜未得别家新钟近十二点了，为了使同学返校早些即未代《回令》，即便结束矣。

"胡琴妙手"，是日操琴由文院大洪操琴，洪家英为个人能力不够，便约医学院之陈文杰与师大名手高林，高君之胡琴托得字字不漏，可得观众不少掌声，亦为大会增色不少。

"龙套特请"，是日特请龙套四名，为文院哲学系朱起润、盛弘文题明，郭铃四人。四龙套有新台风，令人难记。

（署名"捷音"。北京《三六九画报》第 25 卷第 4、5 期，1944 年 1 月 13 日、16 日，第 16 页）

近云馆主演义务戏

三请萧氏父子不帮忙　代价七千元按原说原议

陈大濩——近云馆主，这次在天津中国戏院演三天义务戏。事先近云馆主，为了配角，曾大事张罗，曾派阎世喜约萧长华父子。"公事"说了个大致，萧先生得五千，萧盛萱二千了事。

后来馆主这边又托"小杨子"进行，本可顺利解决，不过有阎世喜说之在先，萧先生不愿意得罪人，坚持得维持原议，"爷儿俩"一共给七千，少了就襆被回京，不能从命。结果答应了萧先生这个数目，又我阎世喜出来，给圆上这个场。那天馆主方面请客，一死要请"小杨子"坐首席，以庆大功一件。

（北京《三六九画报》第 30 卷第 12 期，1944 年 12 月 9 日，第 16 页）

马连良七日飞沪与梅兰芳演义务戏

马连良应杜月笙先生之召,于三月七日上午九时坐飞机飞往上海,马之夫人陈慧琏及万子和均往机场送行。马之此行为与梅兰芳演赈济流亡灾民义务戏数场,闻地点已定为皇后戏院,此外孟小冬亦于马行前一日飞沪,此项戏冬皇亦将参加。

(北京《一四七画报》第 2 卷第 7 期,1946 年 3 月 11 日,第 12 页)

为中国艺术学会筹款:王泊生在平首演义务戏

今晚与张君秋、金少山在"新新"合演《二进宫》。

剧学专家王泊生先生自重庆飞返北平,已达三月,平市人士凡仰慕其八年前所演《打金砖》《大屠宫》者,无不盼其早日一演,以慰翘盼之殷望,而王氏则以进行各种有关建设复兴戏剧工作,亦苦于无过多时间,与观众作舞台上之公演晤面。顷以为中国艺术学会筹募基金,特联合平市名伶,于昨(三)今(四)两日在新新剧院,演唱义务戏两场!所定戏目均极精彩,所售尤极低廉,是以昨晚与尚小云之《奇双会》,与金少山、魏连芳等合演《逍遥津》几出,上座满坑满谷,致推崇,泊生之歌喉,较战前尤爽朗洪实,实为目下名伶中所仅见者。

今晚为第二场,主要戏目有杨宝森、小翠花(老生本定为啸伯)之《坐楼杀惜》,及泊生与张君秋、金少山、裘盛戎合演之《大保国》《叹皇灵》《二进宫》尤为标准之合作。盖自谭富英矢志戒烟后,一般人均苦于无高嗓须生可聆。今泊生以其从事抗战救国八年阔别之姿态,藉此义务戏机会,与平市观众相见实足珍贵,有志过戏瘾者不可交臂失之也。

(北京《一四七画报》第 3 卷第 2 期,1946 年 4 月 4 日,第 14 页)

中国艺术学会二期义务戏发生变化

程砚秋不忍"刨"了李世芳……

由王泊生主办的中国艺术学会筹款义务戏,已分两日公演于"新新",但因为捐税未能豁免,所以盈余无几。而原定昨今两晚在"花乐"演唱者,亦发生变化。变化的原因,上期的未剩钱,固然是个问题,而程砚秋不愿意唱也是很重要的原因。

砚秋的见解,是他如果在第二天(原定十四)演王宝钏,那们前一天所定李世芳的《探母》,必要受很大的影响,他不忍"刨"了这位小师弟,所以他表示谢绝了,而中国艺术学会第二期的义务戏也因此而打消!

(北京《一四七画报》第3卷第5期,1946年4月14日,第13页)

某文化团体筹款义务戏

程砚秋要演《御碑亭》　经过最后商洽或者有所变动

程砚秋自二次出台以来,完全为东北义演之后,就是桂灾义演。在桂灾义演的同时,天津也来约他,可是天津之行,要得等某文化团体筹款的义务戏演过之后,才能决定是否成行。

在某文化团体的义务戏,他声明要和谭富英合演《御碑亭》,可是为了角色和日子戏码的关系,怕要有所变动罢!

(北京《一四七画报》第4卷第1期,1946年5月11日,第14页)

七场大义务戏八月一日长安上演

戏码有程谭《硃痕记》

梨园公会救济贫苦同业义务戏，决定八月一日在长安连演七场，戏目尚未全部确定，日前开会讨论大致规定有谭富英、程砚秋《硃痕记》，金少山、王凤卿、李少春《战长沙》及全部《红鬃烈马》，由《彩楼》至《大登殿》。

（北京《一四七画报》第 5 卷第 2 期，1946 年 7 月 24 日，第 13 页）

李世芳奉梅博士电召廿三日飞沪

或许在那儿唱义务戏

当报上登着中航机在济南闹事的时候，梅兰芳博士曾给大马神庙王家来了一个长途电话，因为王少卿回来许多日子没有回信，所以梅博士很不放心，费了九牛二虎的力量，打个电话问一问。

可巧那天李世芳也在那里，当时也过去说了几句话，问他们先生和他师娘好。梅先生问他，你怎不到上海来玩儿呀，世芳回答我这就去瞧您。

果也二十三日的早，世芳就同叶氏双雄一同飞上海，据说在那儿要参加演义务戏罢。

（北京《一四七画报》第 5 卷第 3 期，1946 年 7 月 27 日，第 14 页）

北京饭店冬赈慈善游艺会之夜：历代妇女服装表演

图15 北京饭店冬赈慈善游艺会之夜：历代妇女服装表演（李尧生摄）

平市妇女界王子文夫人、凌其峻夫人等，组织之"北平妇女社会服务促进会"，于本月十四日晚八时，在北京饭店举办冬赈之夜，妇女界参加者极众，游艺项目计有袁敦礼夫人舞剑、陈霜元女士《醉酒》及化装跳舞等。其中尤以名媛三十四人之历代妇女服装表演最为精彩。本页即系该晚特摄之一部。

①（左）孙亦椒小姐（民十以后便服）（以下文字残缺——编者）。②清朝汉装与旗装：左叶瑞兰小姐（清朝汉装便服）；右：郭玉芬小姐（清朝旗装命妇）。③左：包静安小姐（清朝旗装新娘）；右：包嘉敏小姐（民十五年新娘装）。④明朝便装：（左）孙剑霞小姐，（中）石瑜华小姐。

（北京《一四七画报》第8卷第12期，1946年12月27日，第22页）

叶世长在沪大展身手　带着媳妇拜杜家

说要给李世芳唱场义务戏

须生叶世长，业搬出大中华饭店，乔迁孟德兰路九福里天蟾招待所，并悉叶伶夫妇曾于日前赴海上名流杜月笙公馆，晋谒杜先生。因杜半月前赴香港，故仅见及杜先生之长女公子。世长对故伶李世芳身后，决筹办义务戏募款以慰李之遗族。杜小姐已允极力赞助。

（北京《一四七画报》第10卷第8期，1947年3月4日，第13页）

义务戏应适可而止

否则各角又将挤往上海

近来好角儿好角，又有一个共同的尴尬面孔，和苦恼的申诉："喝！义务又来劲儿呀！"

为了公益慈善，或者是真正值得庆祝的事情而演义务戏，他们这些人头脑全是较比清楚一些的，多少他们知道尽一点艺人天职，而乐意参加公演的。可是，为什末又有了这种其繁琐的苦恼的表现呢？

在去年许许多多京角，全去上海了，一般人以为是营业不佳，与内部剥削和外在捐税过重的毛病。其实还有一样，那就是义务戏太多了！一次三四天，一聊好几次，一次一次的把社会的购买力威胁得非常微弱！一次义务费了好大力气唱下来，结果对方所获无几，这种现象是双方全感觉很悲观的。

同时，内行就有一个根本的理念，认为有一场大义务出现，而在这义务戏日期左近的营业戏，全要受到影响。在一场义务戏的收入，不足抵偿前后两三场营业戏的损失，所以在内行的心理，未免对义务戏有些观望。

其次是关于所派戏码的问题，譬如说在某一演员，认为是自己营业上最叫座的一出戏，可是在义务戏给排的不是地方，甚或这一场义务里也派定他们的叫座戏，那一场义务里也派定他们的拿手。他们对于前者叫作把戏给"糟蹋了"。对于后者当然更是有关于本身利害关系的，当然他们对于这种现象，感觉有一点头痛，而对于义务戏之找上门来，有些畏缩规避的表示。

现在许多内行，很希望义务戏能至最近在市立剧院、国民戏院、长安戏院演的这三场至止，以后切盼各方面对他们容让一个时期，不妨等到年底去再说。否则恐怕又群趋上海，在北平这个旧剧发祥地，将使他们不能立足了。何况天津市商会在去年就发出了哀鸣，对于摊派红票概不认购承销了呢。

（北京《一四七画报》第10卷第9期，1947年3月7日，第14页）

谭富英回演义务戏

三张药方作证明　这棚事的席面他很满意！

为了自己亲手"忙合"太太的白事，谭富英累得有点支持不住了，同时里外一跑，又着了重凉，在伴宿那天，他已勉强支持，周旋亲戚朋友，那已经吃过两剂中药了。

"发引"那他越发支持不住了，至大杠全走到粉房琉璃街口上，他才坐汽车赶了去，如果是别的事，他就得道谢。

星期六"华乐"义务戏，还有他的"甘露寺"刘备呢，他虽然有那份心，可是没有那份力量了，所以他把三张药方，交给万子和，让他代向主办人说明，实在唱不了的原因，于是推到下一个礼拜六。

富英对于这回白事，特别的注意"席面"与执事"杠"，可是这次的"席面"与"杠"，却让他满意！

（北京《一四七画报》第19卷第12期，1948年3月24日，第10页）

某学府主办义务戏　谭富英等参加

预定戏码《失街亭》《龙凤阁》等

某学府将于最近举办义务戏两场，日期约在四月中旬。角色谭富英、小翠花、奚啸伯、李多奎、孙毓堃、毛世来、裘盛戎等均将参加，戏码曾作初步措商，兹先披露于后：

第一场：（一）梁慧超《挑滑车》。（二）李多奎《钓金龟》。（三）毛世来、高荣安、孙盛武《铁弓缘》。（四）谭富英、侯喜瑞、孙盛武、郭元汾、李世琦《失街亭》。

第二场：（一）孙毓堃《铁龙山》。（二）小翠花、孙盛武《小放牛》。（三）奚啸伯、裘盛戎、梁小鸾《大保国》《探皇灵》《二进宫》。

（北京《一四七画报》第20卷第1期，1948年3月27日，第12页）

童芷苓留神

童芷苓留神！大义务中演《新戏迷传》

主管当局派人去调查：唱的完全戏中串戏，没有出规矩的地方。

某处的大义务戏中，童芷苓等于一枝光杆牡丹，主演了一场，所以主办人，派出了她的看家戏——《新戏迷传》。

那天某主管机关，临时打电话给"华乐"，让给留了两个座，对于她这出戏加以调查。结果她唱的完全是戏中串戏，没有杂耍，也没有流行歌曲，剧情穿插、举止动作，也没有出规矩的地方，调查的人员是满意而去。

（北京《一四七画报》第20卷第7期，1948年4月17日，第13页）

编 后 记

由于关注社会文化史研究，2006年我受周秋光先生之邀，为其《中国近代慈善简史》一书撰写书评。现在回想起来，那时确实是我精读论著和思考慈善义演相关问题的开始，由此收获新知、发现兴趣，进而深入思考问题。我认识到，人们若要投入慈善事业、参与慈善活动，除了被外在环境激发、感染而产生的激情、热情与奉献精神之外，还要具备一些"自身条件"，那就是知识、技术能力、一定财力和社会责任感等。

2012年暑期，我受邀参加国家社科基金重大项目"中国慈善通史"课题组在长沙市湖南师范大学举行的学术论坛，为准备该论坛的发言，一度颇费心力。其时，女儿正在王先明先生门下攻读博士学位，她已经在郑州大学任教，正由艺术教育转为历史学研究，而跨学科的学习与研究十分不易。在针对女儿博士论文选题的讨论中，我发现有关募款表演的文献相对集中。特别是在灾难来临之际，社会上出现的以演出活动募集资金去救助灾民的现象非常显眼，参与者以青年学生和演艺界人士为多。从一个普通人和史学研究者的视角思考问题，这项研究成为我之后的学术兴趣和关注点。当时我在指导研究生撰写论文，为了寻找社会文化史研究课题，正在积极思考并尝试从跨学科的视角发现论题，因此从传媒角度探讨慈善演艺和社会救助，成了这次发言的主题。这次论坛我的发言引起了一些与会学者的关注，会下与其他学者进行了交流，这样不断激发我去深思和探索：无论任何时代，在利益与需求面前人们都无法免俗。政府管理，应发现如何将人们的个体善意与国家的慈善事业相结合；还应通过利益动机去组织或激励演艺者和观赏者投入慈善事业；慈善演艺具有"实体传媒"的特征，传媒作为舆论工具，能够为慈善事业发挥正向的社会作用。有关慈善义演问题学术界成果不多，这是社会史研究不容忽视的关注点，也将是新的学术增长点。

然而，进一步的深入研究受到文献史料的严重束缚。鉴于学界对相关文献的失察与权威文献的缺乏，近年来我带领团队青年奔走各地搜集散见史料，逐步发现了一些档案文献和个人珍藏的相关收藏品等。我们的团队秉承"严谨细致"的准则，对于资料整理工作稳步开展，在经过多年的积累之后，收获颇丰。为了有利于相关研究的进一步开展，本书将部分研究成果和报纸文献结集出版。这些文献涉及与慈善义演相关的各类信息，包括相关的图片资料等，面向十分广泛。这次编辑出版的文献中，由于年代久远、印刷质量和保存不善等问题，不少文字及图片都模糊不清。我们尽可能精心核对，力争提供准确的文字信息。

目前，相关研究的综合性团队正在形成，做出重要贡献的学者，除了河南大学张宝明、关学增、翁有为、王明钦等教授之外，还有一批发表过研究成果的青年博士、高校教师，如关心、岳鹏星、张秀丽、李爱勇、刘英钦等。秀丽、爱勇、鹏星同志为本书的出版付出了整理、编校等烦琐与辛苦；相继走上工作岗位的硕士研究生王燕、刘继阳、郑利南、蒋泽航、孔路路等，他们由最初的学习、探索到参与和投入文献整理研究工作，在文献搜集、录入和整理过程中尽心尽力，不少人随我走南闯北奔波各地，且不辞劳苦、毫无怨言。高俊聪、桑慧荣博士，贾萌萌、张吉玉、梁家振硕士等还在攻读和学习阶段，由于团队的合力与影响，每个人都在学习进步，青年人的进步最为显著。期待他们茁壮成长，今后更多参与到这项有意义的文献整理和研究工作中。团队成员多数较为年轻，他们为文献搜集、整理和研究工作付出了时间、感情与汗水。感谢以上参与者的奉献，感谢团队成员的辛苦与付出！

最后，还要向河南大学历史文化学院和学校社科处负责同志，以及社科文献出版社宋荣欣女士表示感谢！向本书的责任编辑表达诚挚的敬意与谢意！专业书籍的编辑出版，需要具有专业能力与敬业精神的编辑把关。通过本书编校，我和参与工作的青年学者深深感到，其中的辛苦付出非常值得：我们为重大项目的顺利完成积累了经验，从中有了许多新的收获。

郭常英

2018 年 5 月 25 日

图书在版编目(CIP)数据

中国近代慈善义演文献及其研究 / 郭常英编著. --
北京：社会科学文献出版社，2018.9
ISBN 978-7-5201-2965-7

Ⅰ.①中… Ⅱ.①郭… Ⅲ.①慈善事业-文献-研究
-中国-近代 Ⅳ.①D693.66

中国版本图书馆CIP数据核字（2018）第141806号

中国近代慈善义演文献及其研究

编 著 者 / 郭常英

出 版 人 / 谢寿光
项目统筹 / 宋荣欣
责任编辑 / 宋　超

出　　版 / 社会科学文献出版社·近代史编辑室（010）59367256
　　　　　 地址：北京市北三环中路甲29号院华龙大厦　邮编：100029
　　　　　 网址：www.ssap.com.cn

发　　行 / 市场营销中心（010）59367081　59367018
印　　装 / 三河市尚艺印装有限公司

规　　格 / 开本：787mm×1092mm　1/16
　　　　　 印　张：23.25　字　数：362千字
版　　次 / 2018年9月第1版　2018年9月第1次印刷
书　　号 / ISBN 978-7-5201-2965-7
定　　价 / 118.00元

本书如有印装质量问题，请与读者服务中心（010-59367028）联系

版权所有 翻印必究